中国电子信息产业统计年鉴
（软件篇）

2015

工业和信息化部运行监测协调局

電子工業出版社
Publishing House of Electronics Industry
北京 • BEIJING

图书在版编目（CIP）数据

中国电子信息产业统计年鉴. 2015. 软件篇/工业和信息化部运行监测协调局编. —北京：电子工业出版社，2016.11

ISBN 978-7-121-29948-3

Ⅰ. ①中… Ⅱ. ①工… Ⅲ. ①电子信息产业－统计资料－中国－2015－年鉴②软件－电子计算机工业－统计资料－中国－2015－年鉴 Ⅳ. ①F492-66②F426.67-66

中国版本图书馆 CIP 数据核字（2016）第 228465 号

责任编辑：徐蕾薇　　特约编辑：劳嫦娟
印　　刷：涿州市京南印刷厂
装　　订：涿州市京南印刷厂
出版发行：电子工业出版社
　　　　　北京市海淀区万寿路 173 信箱　邮编　100036
开　　本：787×1 092　1/16　印张：21.25　字数：571 千字　彩插：4
版　　次：2016 年 11 月第 1 版
印　　次：2016 年 11 月第 1 次印刷
定　　价：368.00 元

ISBN 978-7-121-29948-3

凡所购买电子工业出版社图书有缺损问题，请向购买书店调换。若书店售缺，请与本社发行部联系，联系及邮购电话：（010）88254888，88258888。

质量投诉请发邮件至 zlts@phei.com.cn，盗版侵权举报请发邮件至 dbqq@phei.com.cn。

本书咨询联系方式：xuye@phei.com.cn。

编 辑 说 明

1.《中国电子信息产业统计年鉴（软件篇）2015》（以下简称本年鉴）是全面记载2015年度中国软件和信息技术服务业发展的综合统计资料，汇集了全国各地区软件和信息技术服务业发展情况及对产业发展细分领域的分析论述，系统反映了中国软件和信息技术服务业在2015年取得的成就、存在的问题和发展趋势。

2．本年鉴共分综述、综合统计、三资企业统计、内资企业统计四部分。

3．“综述”部分的内容：一是2015年中国软件和信息技术服务业发展概况及述评；二是重点产业发展领域及软件人才方面的概况及趋势；三是主要省、市2015年软件和信息技术服务业发展概况及趋势。

4．本年鉴统计范围：一是在我国境内注册（港、澳、台地区除外），主要从事软件研发、系统集成及相关信息技术服务等业务，且主营业务年收入100万元以上，具有独立法人资格的软件企业（含软件认证企业）；二是在我国境内注册，主营业务年收入500万元以上，并有软件研发、系统集成服务及相关信息技术服务收入，且该收入占本企业主营业务30%以上的独立法人单位；三是在我国境内注册，主要从事集成电路设计的企业或其集成电路设计和测试的收入占本企业主营业务60%以上，且主营业务年收入100万元以上的独立法人单位。

5．本年鉴统计数据来源于工业和信息化部统计年报，其中分省数据暂未包括西藏地区。

6．本年鉴统计数据不包括中国港、澳、台地区。

7．本年鉴由工业和信息化部运行监测协调局组织编写，并得到部内有关司局、省（区、市）工业和信息化主管部门、部直属单位、有关协会、企业及专家的大力支持，在此谨表谢意。

目　　录

I　综　　述

2015 年我国软件和信息技术服务业主要指标完成情况……2
2015 年我国软件和信息技术服务业统计概况图表……3
2015 年软件和信息技术服务业运行情况及 2015 年展望……11
2016 年（第 15 届）中国软件业务收入前百家企业发展评述……14
2015 年工业软件发展概况……18
2015 年信息安全领域发展概况……24
2015 年软件和信息技术服务外包发展概况……31
2015 年软件人才培养概况……39
2015 年人工智能发展概况……44
2015 年大数据产业发展概况……50
2015 年云计算发展概况……58
2015 年世界软件产业发展概况……65
2015 年北京市软件和信息技术服务业发展概况……75
2015 年天津市软件和信息技术服务业发展概况……80
2015 年河北省软件和信息技术服务业发展概况……82
2015 年山西省软件和信息技术服务业发展概况……85
2015 年辽宁省软件和信息技术服务业发展概况……89
2015 年吉林省软件和信息技术服务业发展概况……93
2015 年黑龙江省软件和信息技术服务业发展概况……104
2015 年上海市软件和信息技术服务业发展概况……109
2015 年江苏省软件和信息技术服务业发展概况……114
2015 年浙江省软件和信息技术服务业发展概况……118
2015 年安徽省软件和信息技术服务业发展概况……124
2015 年福建省软件和信息技术服务业发展概况……129
2015 年山东省软件和信息技术服务业发展概况……133
2015 年湖北省软件和信息技术服务业发展概况……137
2015 年湖南省软件和信息技术服务业发展概况……142
2015 年广东省软件和信息技术服务业发展概况……146
2015 年广西壮族自治区软件和信息技术服务业发展概况……152
2015 年海南省软件和信息技术服务业发展概况……157
2015 年重庆市软件和信息技术服务业发展概况……160
2015 年四川省软件和信息技术服务业发展概况……164
2015 年云南省软件和信息技术服务业发展概况……167

2015 年陕西省软件和信息技术服务业发展概况……170
2015 年甘肃省软件和信息技术服务业发展概况……177
2015 年青海省软件和信息技术服务业发展概况……180
2015 年新疆维吾尔自治区软件和信息技术服务业发展概况……184
2015 年大连市软件和信息技术服务业发展概况……190
2015 年宁波市软件和信息技术服务业发展概况……194
2015 年厦门市软件和信息技术服务业发展概况……200
2015 年青岛市软件和信息技术服务业发展概况……204
2015 年深圳市软件和信息技术服务业发展概况……208

Ⅱ 综合统计

2015 年软件和信息技术服务业主要指标汇总表（一）……216
2015 年软件和信息技术服务业主要指标汇总表（二）……222
2015 年软件和信息技术服务业主要指标汇总表（三）……225
2015 年软件和信息技术服务业主要指标汇总表（四）……228
2015 年软件和信息技术服务业主要指标汇总表（五）……231
2015 年软件和信息技术服务业主要指标汇总表（六）……234
2015 年软件和信息技术服务业主要指标汇总表（七）……237
2015 年软件和信息技术服务业分产品完成情况……240
2015 年软件和信息技术服务业出口国家和地区表（一）……244
2015 年软件和信息技术服务业出口国家和地区表（二）……246
2015 年软件和信息技术服务业出口国家和地区表（三）……248
2015 年软件和信息技术服务业出口国家和地区表（四）……250
2015 年各省市软件和信息技术服务业主要指标汇总表（一）……252
2015 年各省市软件和信息技术服务业主要指标汇总表（二）……256
2015 年各省市软件和信息技术服务业主要指标汇总表（三）……258
2015 年各省市软件和信息技术服务业主要指标汇总表（四）……260
2015 年各省市软件和信息技术服务业主要指标汇总表（五）……262
2015 年各省市软件和信息技术服务业主要指标汇总表（六）……264
2015 年各省市软件和信息技术服务业主要指标汇总表（七）……266
2015 年各省市软件和信息技术服务业分产品收入汇总表（一）……268
2015 年各省市软件和信息技术服务业分产品收入汇总表（二）……270
2015 年各省市软件和信息技术服务业分产品收入汇总表（三）……272

Ⅲ 三资企业统计

2015 年三资企业主要指标汇总表（一）……274
2015 年三资企业主要指标汇总表（二）……282
2015 年三资企业主要指标汇总表（三）……286
2015 年三资企业主要指标汇总表（四）……290

2015 年三资企业主要指标汇总表（五）……294
2015 年三资企业主要指标汇总表（六）……298
2015 年三资企业软件和信息技术服务业分产品完成情况……302

Ⅳ　内资企业统计

2015 年内资企业主要指标汇总表（一）……308
2015 年内资企业主要指标汇总表（二）……316
2015 年内资企业主要指标汇总表（三）……320
2015 年内资企业主要指标汇总表（四）……324
2015 年内资企业主要指标汇总表（五）……328
2015 年内资企业主要指标汇总表（六）……332
2015 年内资企业软件和信息技术服务业分产品完成情况……336

I 综　　述

2015 年我国软件和信息技术服务业主要指标完成情况

指 标 名 称	单 位	本年完成	指 标 名 称	单 位	本年完成
企业个数	个	38222	年末所有者权益	万元	301353459
软件业务收入	万元	428479159	年初所有者权益	万元	240323881
其中：1．软件产品收入	万元	136561432	应交所得税	万元	7152318
2．信息技术服务收入	万元	222109514	应交增值税	万元	11461565
3．嵌入式系统软件收入	万元	69808213	出口已退税额	万元	1187531
软件业务出口额	万美元	4948703	研发经费	万元	39069513
其中：软件外包服务出口额	万美元	960946	固定资产投资额	万元	16464418
嵌入式系统软件出口额	万美元	2292357	固定资产折旧	万元	20192012
主营业务成本	万元	378593978	从业人员年末人数	人	5742713
主营业务税金及附加	万元	8319325	其中：软件研发人员	人	2832712
利润总额	万元	57657000	管理人员	人	899139
流动资产平均余额	万元	332500339	其中：硕士以上	人	587234
资产合计	万元	618104968	大本	人	3166913
应收账款	万元	118051797	大专以下	人	1988449
负债合计	万元	316751509	从业人员年平均人数	人	5456347
应付账款	万元	81727383	本年应付职工薪酬	万元	59396494

2015 年我国软件和信息技术服务业统计概况图表

软件和信息技术服务业完成收入情况

单位:亿元

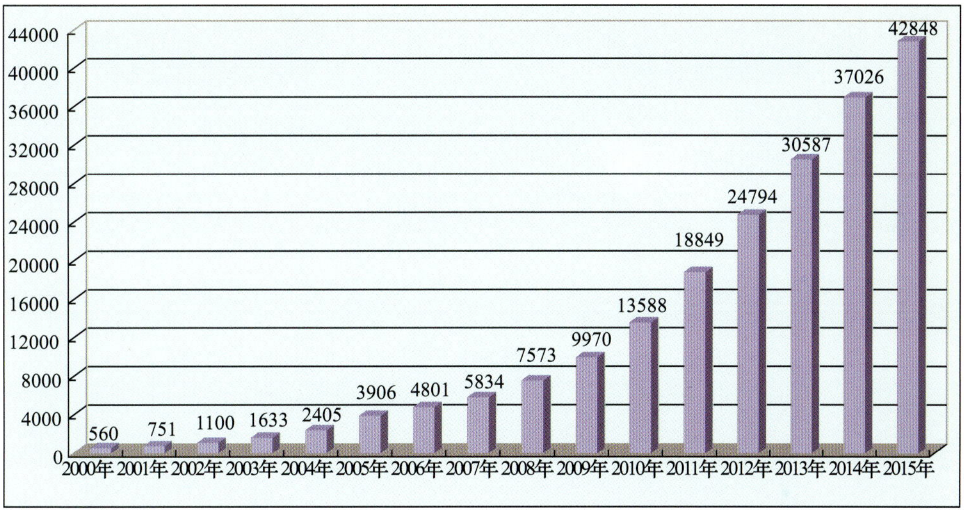

软件和信息技术服务业实现利润情况

单位:亿元

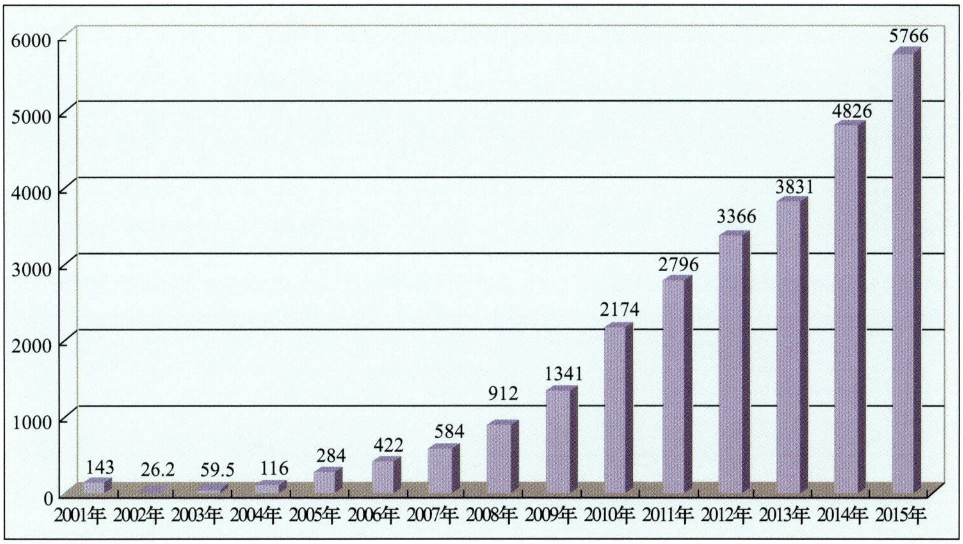

软件收入构成变化情况

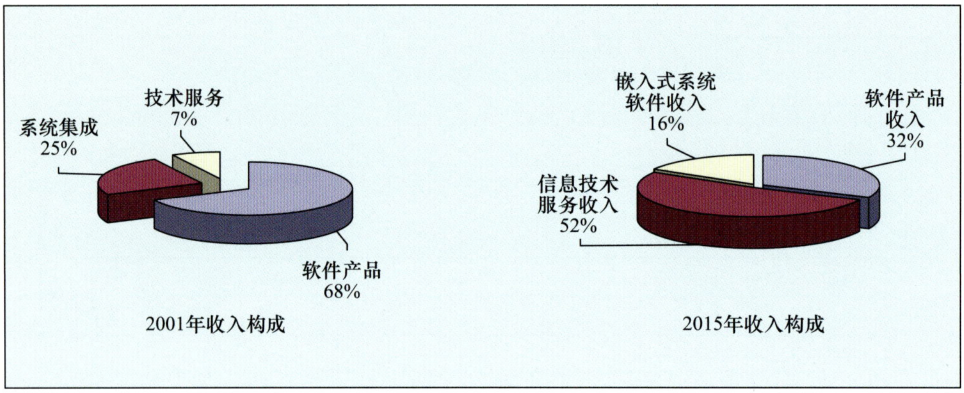

软件和信息技术服务业实现销售利润率、人均利税情况

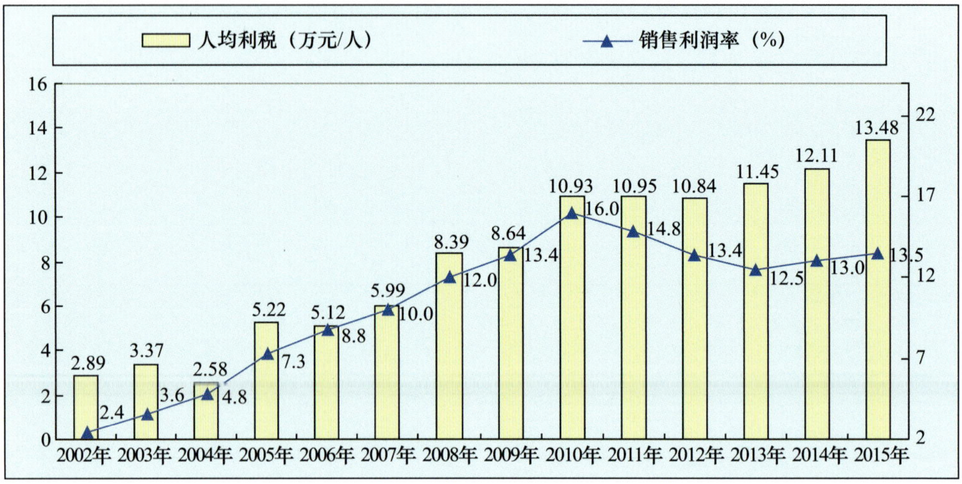

软件出口情况

单位：亿美元

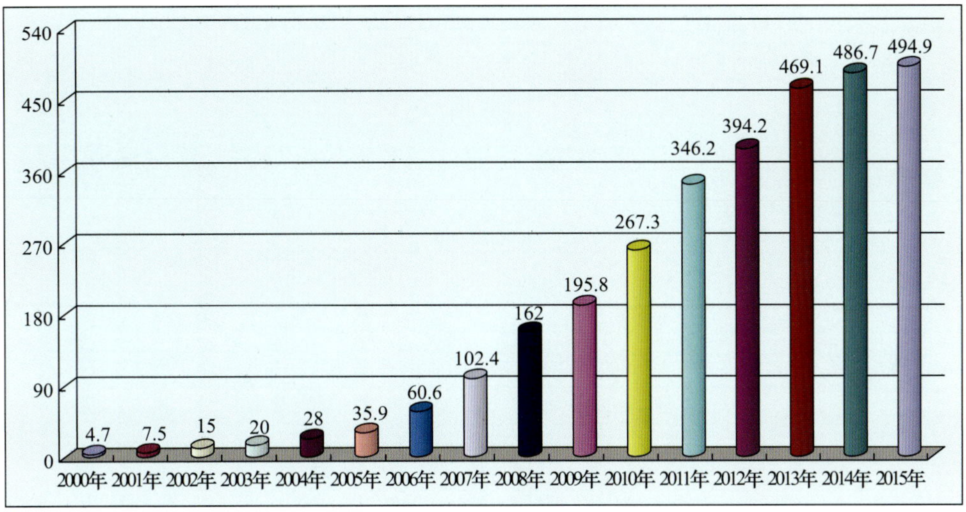

软件出口主要国家(地区)情况

单位：亿美元

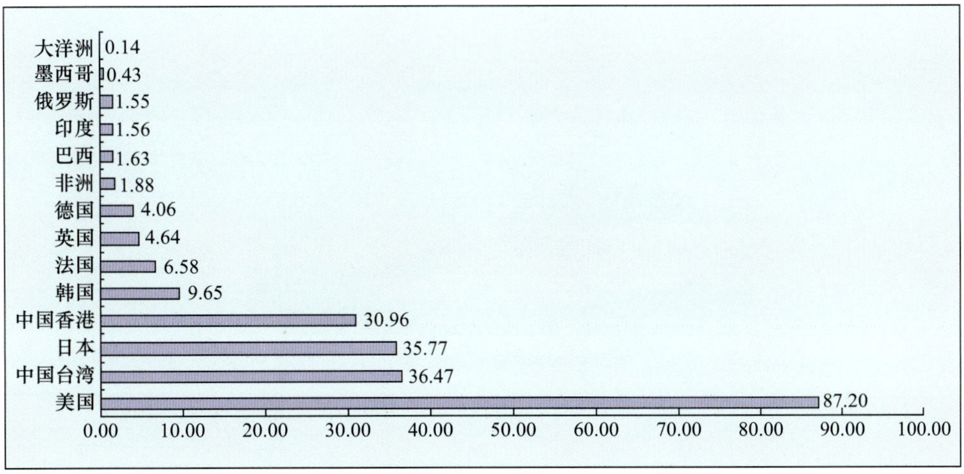

软件和信息技术服务企业规模构成情况

单位：个

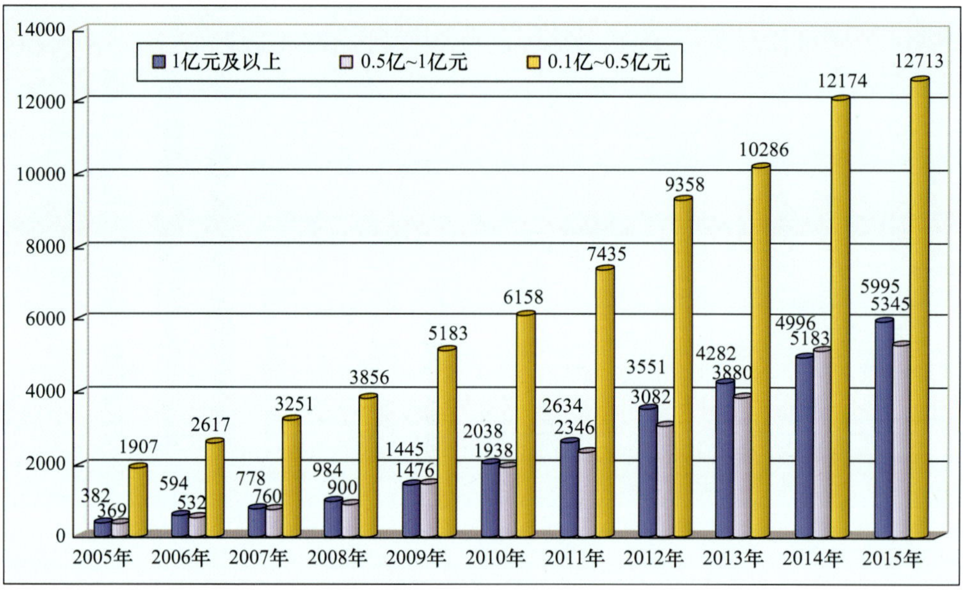

软件和信息技术服务企业按规模分布情况

单位：个

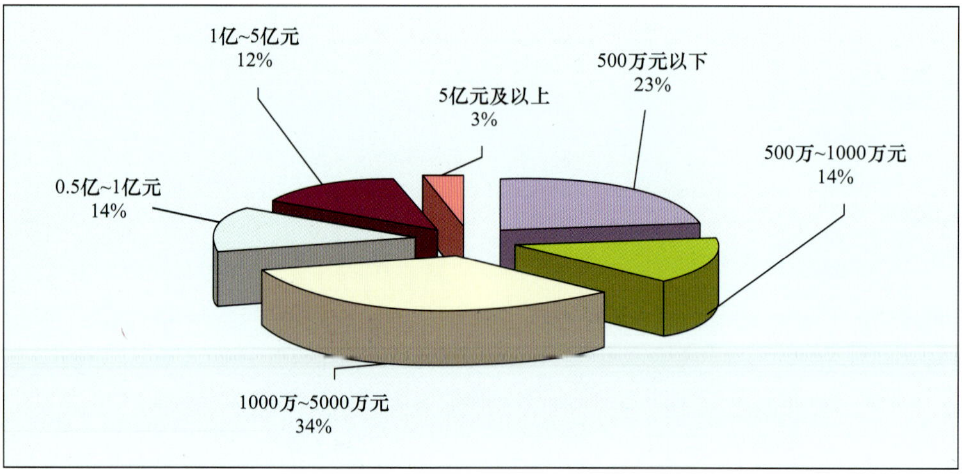

（注：分组中上组限不在内，下组限在内。）

软件产品收入构成情况

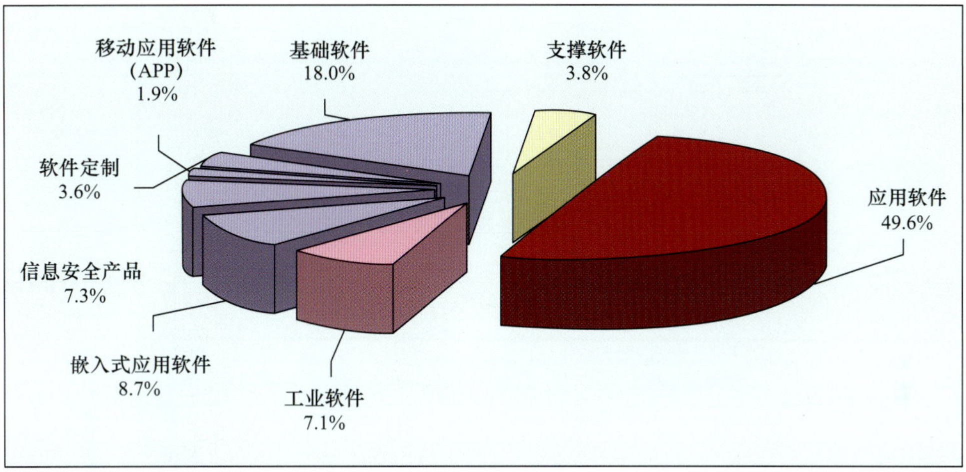

各控股类型软件和信息技术服务企业收入构成情况

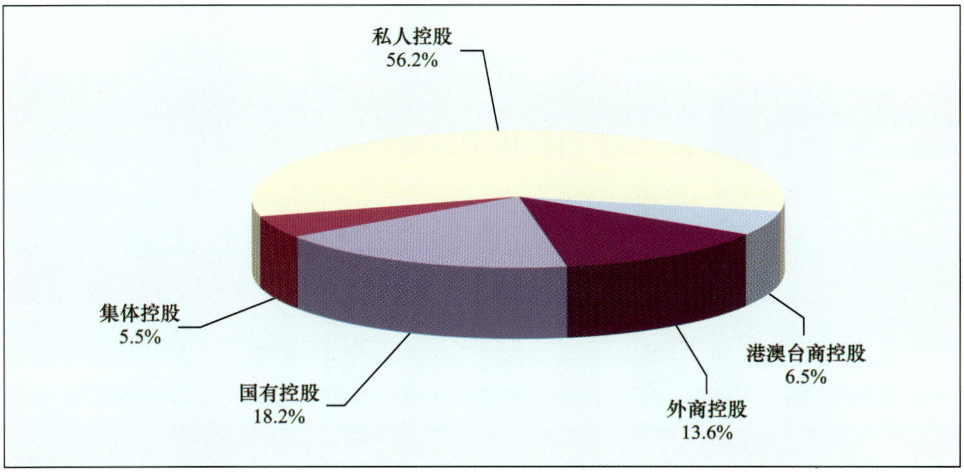

不同规模软件和信息技术服务企业收入构成情况

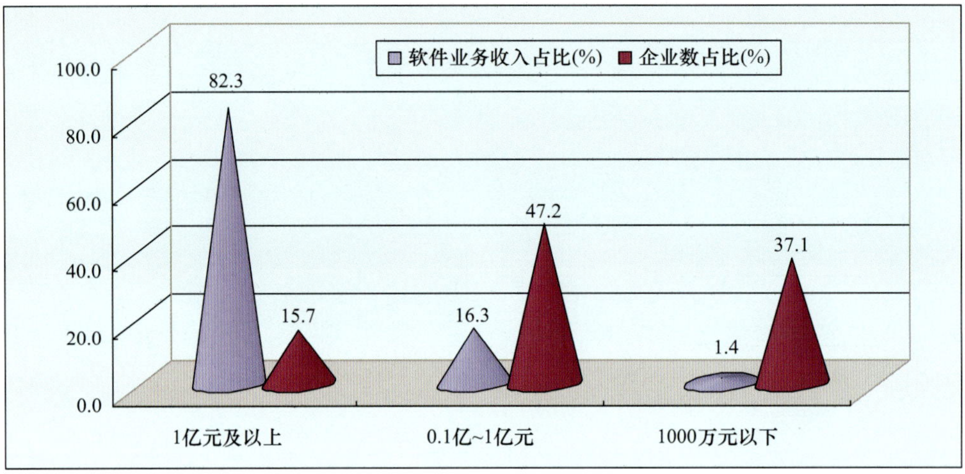

软件收入前十名省市情况

单位:亿元

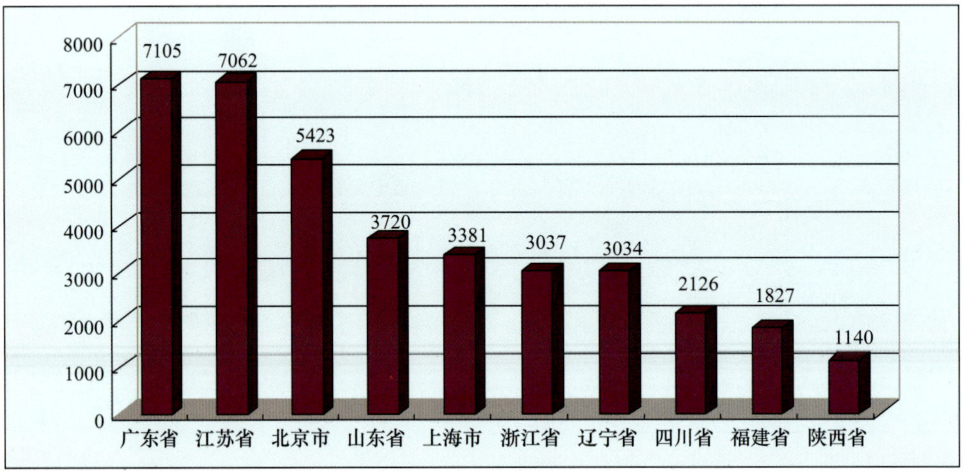

软件和信息技术服务业从业人员构成情况

单位：万人

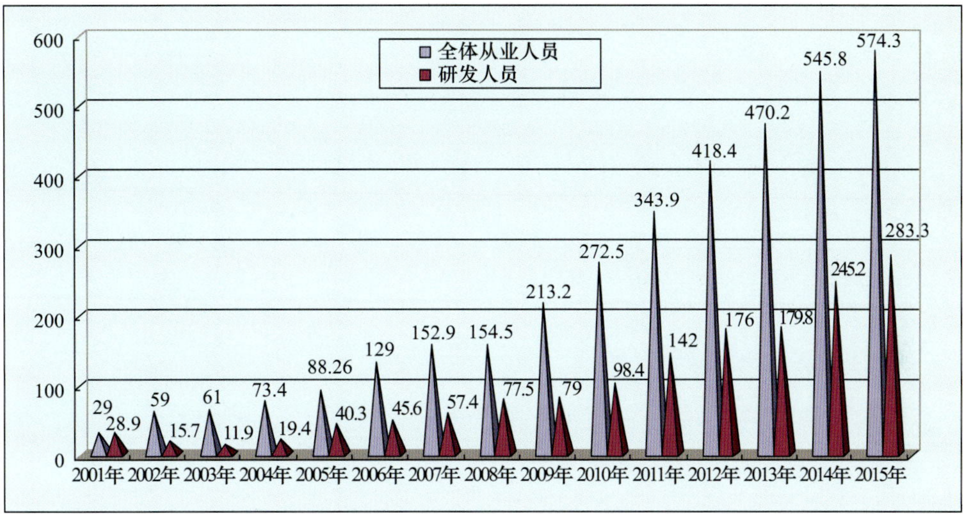

软件和信息技术服务业从业人员学历构成情况

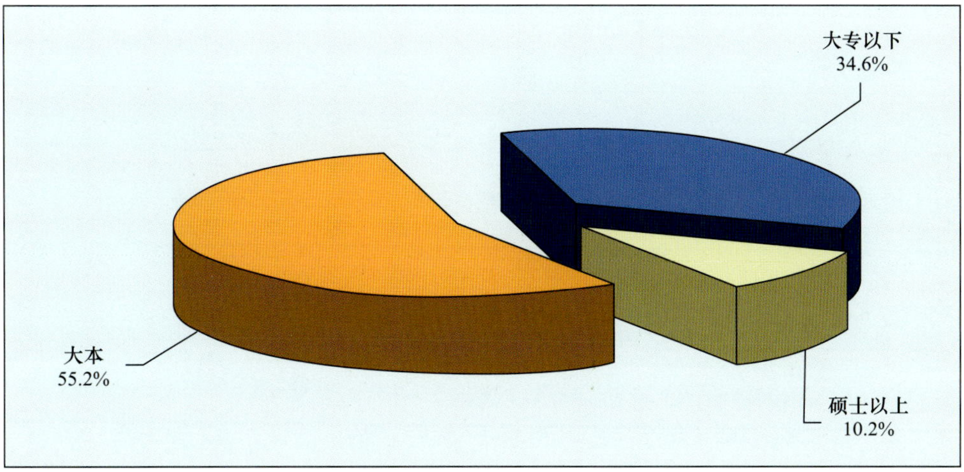

2015 年软件和信息技术服务业运行情况及 2015 年展望

2015 年，我国软件和信息技术服务业保持快速增长的发展态势，但随着规模不断扩大，增速也在放缓；行业转型发展持续推进，研发投入不断增强，预计会对行业下一步发展产生积极影响。

一、运行特点

（一）产业规模稳步扩大

2015 年，全国规模以上软件和信息技术服务企业达 3.8 万家，比 2014 年新增 1120 家，共完成软件业务收入约 4.3 万亿元，同比增长 15.7%，增速比 2014 年回落 5.4 个百分点（见图 1）；软件和信息技术服务业收入占电子信息产业比重为 27.8%，比 2014 年提高 1.4 个百分点。

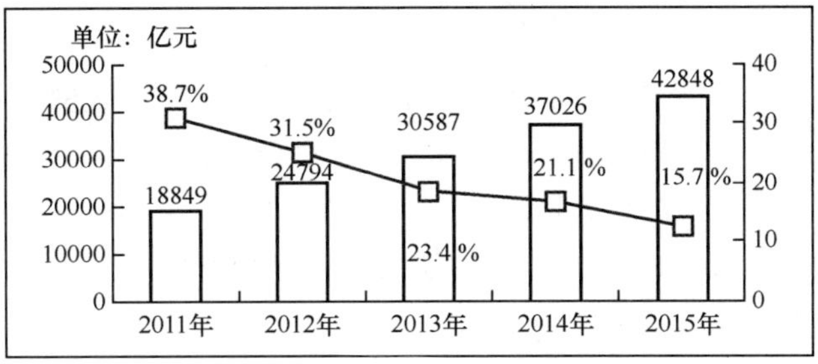

图 1　2011—2015 年软件和信息技术服务业收入增长情况

（二）效益水平保持良好

2015 年，软件和信息技术服务业实现利润总额 5766 亿元，同比增长 19.5%，增速高出收入 3.8 个百分点（见图 2）；全行业销售利润率 9.9%，与 2014 年基本持平。

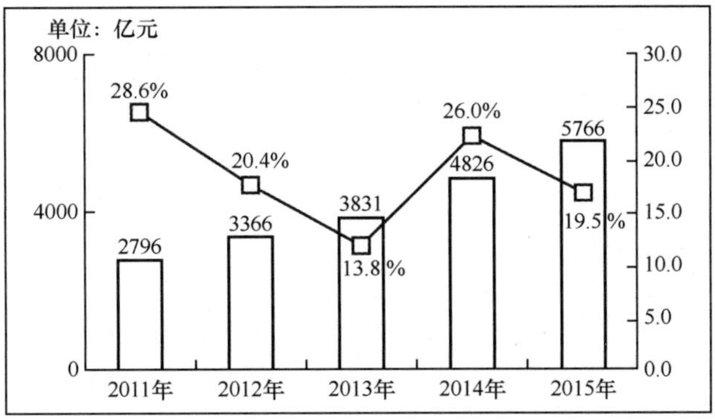

图 2　2011—2015 年软件和信息技术服务业利润增长情况

（三）行业持续服务化、网络化、移动化转型

2015 年，全行业共实现软件产品收入 13656 亿元，同比增长 11.9%，在全行业中占比为 31.9%；信息技术服务收入 22211 亿元，同比增长 18.7%，占比为 51.8%，比重较 2014 年提高 1.3 个百分点；嵌入式系统软件收入 6981 亿元，比 2014 年增长 14.1%，占比为 16.3%（见图 3）。其中，增长较快的细分领域有：工业软件增长 38.8%，信息安全软件增长 33.6%，移动应用软件增长 33.7%，电子商务平台技术服务增长 41.9%，其他平台类运营服务增长 37.7%。

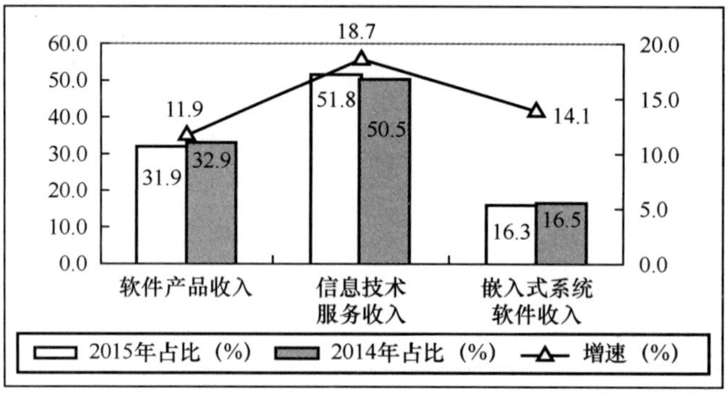

图 3　2015 年软件和信息技术服务业结构变化情况

（四）东部及中心城市持续领先发展

2015 年，东、中、西和东北地区的软件业务收入占比分别为 76.5%、4.6%、10.4%和 8.5%，东部地区继续领先增长，占比较 2014 年提高 0.9 个百分点，中西部地区占比分别提高 0.2 个和 0.1 个百分点，东北地区占比下降 1.2 个百分点。15 个中心城市完成软件业务收入 2.4 万亿元，同比增长 15.9%，增速高于全国 0.2 个百分点，中心城市软件业务收入占全国的 57%。2015 年软件和信息技术服务业区域变化情况如图 4 所示。

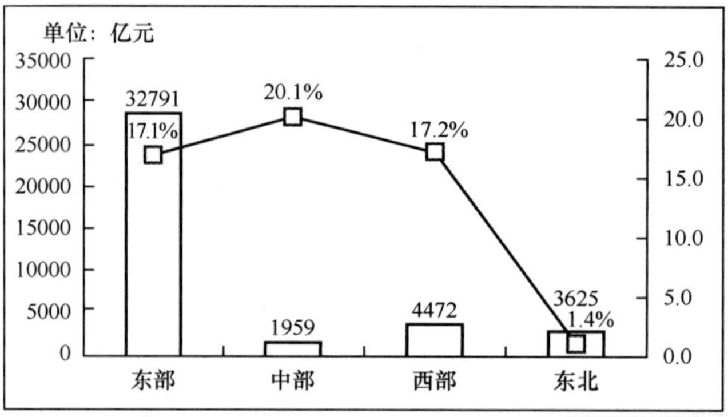

图 4　2015 年软件和信息技术服务业区域变化情况

（五）研发投入增速持续高于收入

2015 年，软件和信息技术服务业投入研发经费 3907 亿元，同比增长 24.7%，增速比 2014 年提高 4.1 个百分点（见图 5），比同期收入增速高 9 个百分点；研发投入比（研发经费占主营业务收入比重）达 6.7%，比 2014 年提高 0.3 个百分点。全行业投入研发人员 283 万人，同比增长 15.5%，占全部从业人员的 49.3%，较 2014 年提高 4.4 个百分点。

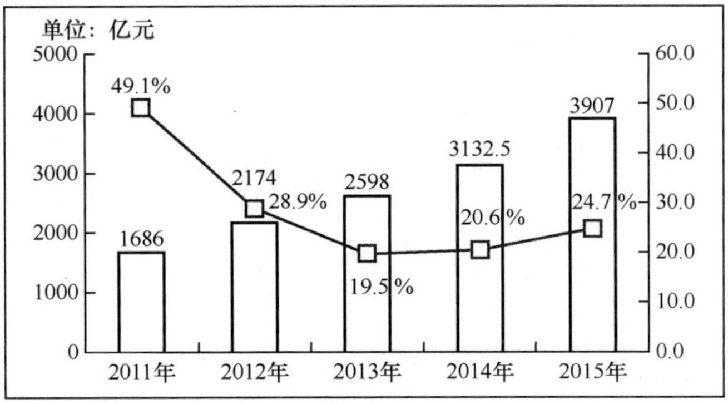

图 5　2011—2015 年软件和信息技术服务业研发投入情况

（六）经济社会贡献不断提升

2015 年年末，软件和信息技术服务业从业人员 574 万人，比 2014 年增加 28 万人，占年末全国城镇就业人员的 1.4%。上缴税金 1978 亿元，同比增长 10.8%。

（七）新技术融合发展形成市场新热点，推动软件业投融资活跃

随着大数据、云服务、移动互联网、物联网等新技术的快速发展和融合运用，衍生出许多新的需求和应用服务，形成快速发展的态势，资本市场对这些软件新兴领域看好，投融资十分活跃，有利于推动软件和信息技术服务业加快转型。据统计，截至 2015 年年底，新三板挂牌的 5129 家公司中，软件和信息技术服务业挂牌数量占据首位，共挂牌 773 家，占比达 15.1%；挂牌企业从事的领域以云服务、大数据等技术为支撑，向智慧城市、环保节能、移动娱乐、智能建筑、医疗健康、金融、教育等多领域应用拓展。

二、值得关注的问题

一是受经济下行压力加大影响，国内需求下降，外需持续低迷；二是市场竞争激烈，人力成本、市场开拓成本等经营成本居高不下，轻资产的软件企业融资难、成本高问题难以解决；三是软件业处于转型期，创新能力不足，人才缺乏，服务化和高端化转型进度慢于预期，新兴业务规模尚小，难以有效支撑收入和利润增长。

2016年（第15届）中国软件业务收入前百家企业发展评述

根据国家统计局批准、工业和信息化部统计的2015年全国软件和信息技术服务业年报数据，经各地工业和信息化主管部门初步审核、工业和信息化部最终核定，2016年（第15届）中国软件业务收入前百家企业（以下简称软件前百家企业）名单揭晓。华为技术有限公司以软件业务年收入1786亿元，连续15年蝉联软件前百家企业之首，中兴通讯股份有限公司、海尔集团公司分别列第二和第三名。本届软件前百家企业的发展表现出如下特点。

软件前百家企业主动适应国内经济发展新常态，在内、外需明显放缓的形势下，坚持创新引领，积极寻求在技术、管理、商业模式各方面的创新突破，企业活力增强，转型升级不断推进；高度重视信息技术与传统工业、服务业的结合，顺应"智能制造"、"互联网+"发展大势，挖掘市场新机遇；强化资本手段运用，打造和丰富产业链体系，2015全年实现了稳中向好的发展局面。

一、整体规模持续扩大，效益实现快速增长

2015年，软件前百家企业共完成软件业务收入6005亿元，比上届增长13.1%，占软件和信息技术服务全行业收入的14%。其中，软件业务收入超过100亿元的企业达7家，比上届增加1家；超过千亿元的企业1家。软件前百家企业共实现利润总额1524亿元，比上届增长48.2%；主营业务收入利润率为11.9%，比上届提高3.2个百分点，高出全行业2个百分点；利润率超过20%的企业达15家。

二、部分企业增势突出，榜单排名提升较多

本届软件前百家企业中有三成左右的企业收入增长率超过20%，处于较快发展态势。其中排首位的华为技术有限公司，软件业务收入增长达20.5%；部分处于云计算、大数据服务等新兴领域发展的企业领先增长，如京东尚科、阿里云计算排名分别上升29位和18位，软件业务收入分别增长79%和63%；部分具有核心技术优势的企业取得快速发展，如科大讯飞和华讯方舟分别在人工智能、移动宽带等领域占据优势，排名分别上升28位和17位，软件业务收入增速分别达73%和68%；部分积极和快速转型的企业取得了良好成效，如金山软件依靠移动互联网和云服务业务支撑，排名上升18位，收入增长69%；本届软件前百家企业中，一些新入围企业的收入增长超过100%。

三、民营企业表现亮眼，以通信、金融领域业务为主的企业占有较高比重

本届软件前百家企业中，民营企业共55家，实现软件业务收入占前百家的60.7%，收入

同比增长 18%，高出全部企业增速 5 个百分点。本届软件前百家企业中，以通信领域业务为主的企业 23 家，比上届增加 2 家，这些企业的软件业务收入占全部收入比重的五成，同比增长 19.5%；新入围的步步高通信软件、天源迪科的主要业务范围均属通信领域；以金融领域业务为主的企业 18 家，软件业务收入占比为 9%，同比增长 10.5%。

四、研发投入大幅提高，面向大数据、云计算、移动互联等展开全面布局

软件前百家企业作为行业中的骨干和领先者，纷纷制定和发布了面向大数据、云计算、移动互联、物联网、人工智能等新兴技术的发展战略，加大研发投入，组建大数据、云计算、移动技术等方面的研发创新团队，引导业务模式创新，着力打造公司在新兴领域的竞争能力。2015 年，软件前百家企业共投入研发经费 1233 亿元，比上届增长 47.3%，增速超过收入增长 34.2 个百分点；研发强度（研发经费占主营业务收入比例）达 9.6%，比上届提高 2.6 个百分点，高于全行业 2.9 个百分点；参与研发人员数接近 36 万人，占总从业人员数的 43%，与上届相比增长 12%。

五、运用资本的能力不断提高，国际化战略不断推进

软件和信息技术服务业已成为资本市场中最为活跃的行业，并购活动频繁。本届软件前百家企业中的绝大部分都参与了资本市场的并购，用友、华胜天成等公司 2015 年都有较大规模的并购，通过收购在行业细分市场具有领先地位或掌握核心技术的公司，实现规模经营、技术升级、产业链完善以及形成在新市场的扩张。近年来，实现海外市场的扩张也是软件前百家企业并购的重要目标，本届软件前百家企业 2015 年度实现软件出口 229 亿美元，比上届增长 9.6%；全球化战略加快布局，软件前百家业务拓展至上百个国家和地区，在多个国家新建了代表处或分公司，在全球拥有上万家商业合作伙伴。特别是国家“一带一路”政策的实施带来了新机遇，为软件前百家企业向拉美、非洲、东南亚及一带一路沿线国家输出中国先进的技术和成功模式提供了更多机会，2015 年度软件前百家企业 90%的出口，面向拉美、非洲、东南亚等非发达国家。

六、贡献日益提升，对经济社会发展支撑作用增强

软件前百家企业以占行业企业数 0.26%的比例，上缴了全行业 24%的税金，比上届增长 30%；吸纳从业人数达 84 万人，比上届增加 5 万多人。在软件和信息技术的支撑下，传统产业技术创新和商业模式创新加快，不断催生出新生业态，使商务、金融、物流、旅游等现代服务业的水平显著提升，软件前百家企业 2015 年实现电子商务平台信息技术服务收入 36 亿元，物流等在线平台信息技术服务收入 60 亿元，均比上届有较快增长，大力支撑了我国传统服务业的发展；对工业的促进作用也持续加强，使产品和生产线智能化发展加快，软件前百家企业实现嵌入式系统软件收入占总收入的 24%；在智慧城市建设中发挥着关键作用，形成了智能水网、智能电网、智能交通、智能安防等一系列城市智能应用，提高了服务效率，改善了居民的体验。

附表

2016年（第15届）中国软件业务收入前百家企业名单

单位：万元

序号	企业名称	软件业务收入	序号	企业名称	软件业务收入
1	华为技术有限公司	17861603	36	神州数码系统集成服务有限公司	348136
2	中兴通讯股份有限公司	4600000	37	北京全路通信信号研究设计院集团有限公司	338128
3	海尔集团公司	4122240	38	大族激光科技产业集团股份有限公司	336714
4	浪潮集团有限公司	1615323	39	中科软科技股份有限公司	327828
5	海信集团有限公司	1128593	40	中国民航信息网络股份有限公司	318107
6	南京南瑞集团公司	1051215	41	中国电子科技网络信息安全有限公司	310435
7	杭州海康威视数字技术股份有限公司	1016933	42	福建星网锐捷通讯股份有限公司	301100
8	中国银联股份有限公司	924136	43	用友网络科技股份有限公司	296598
9	株洲南车时代电气股份有限公司	921335	44	广州广电运通金融电子股份有限公司	291857
10	航天信息股份有限公司	913412	45	四川省通信产业服务有限公司	291218
11	浙江大华技术股份有限公司	755837	46	上海贝尔软件有限公司	281532
12	同方股份有限公司	700372	47	阿里云计算有限公司	273484
13	熊猫电子集团有限公司	689509	48	石化盈科信息技术有限责任公司	268077
14	金山软件有限公司	567611	49	北京神州泰岳软件股份有限公司	264654
15	东华软件股份公司	562014	50	深圳市金证科技股份有限公司	258565
16	上海华东电脑股份有限公司	542363	51	北京中电普华信息技术有限公司	255798
17	江苏集群信息产业股份有限公司	521143	52	北京京东尚科信息技术有限公司	251681
18	北京中软国际信息技术有限公司	515709	53	中控科技集团有限公司	241786
19	武汉邮电科学研究院	514446	54	科大讯飞股份有限公司	239331
20	浙大网新科技股份有限公司	501283	55	深圳市欧珀通信软件有限公司	239114
21	文思海辉技术有限公司	490662	56	广州海格通信集团股份有限公司	238348
22	深圳市华讯方舟科技有限公司	489531	57	四川九洲电器集团有限责任公司	233097
23	东软集团股份有限公司	487700	58	北京中油瑞飞信息技术有限责任公司	220172
24	软通动力信息技术（集团）有限公司	476019	59	信雅达系统工程股份有限公司	219126
25	亚信科技（中国）有限公司	474037	60	国网信通亿力科技有限责任公司	209972
26	福州福大自动化科技有限公司	471056	61	卡斯柯信号有限公司	207638
27	江苏省通信服务有限公司	457181	62	东方电子集团有限公司	207333
28	国电南京自动化股份有限公司	427741	63	银江股份有限公司	204594
29	大唐电信科技股份有限公司	426066	64	北京华胜天成科技股份有限公司	202451
30	广州佳都集团有限公司	421653	65	新大陆科技集团有限公司	199653
31	上海宝信软件股份有限公司	392958	66	平安科技（深圳）有限公司	198138
32	北京小米移动软件有限公司	386793	67	东莞市步步高通信软件有限公司	197269
33	太极计算机股份有限公司	378327	68	深圳创维数字技术有限公司	195379
34	上海华讯网络系统有限公司	373628	69	中冶赛迪集团有限公司	193854
35	中国软件与技术服务股份有限公司	360160	70	山东中创软件工程股份有限公司	192613

续表

序号	企业名称	软件业务收入	序号	企业名称	软件业务收入
71	恒生电子股份有限公司	190307	86	云南南天电子信息产业股份有限公司	152132
72	万达信息股份有限公司	186525	87	启明星辰信息技术集团股份有限公司	151411
73	江苏金智集团有限公司	185310	88	北京四方继保自动化股份有限公司	151383
74	高德信息技术有限公司	172220	89	北京四维图新科技股份有限公司	150615
75	博彦科技股份有限公司	171809	90	北京宇信科技集团股份有限公司	146778
76	深圳怡化电脑股份有限公司	170723	91	江苏润和科技投资集团有限公司	146215
77	先锋软件股份有限公司	170603	92	北大方正集团有限公司	144628
78	深圳天源迪科信息技术股份有限公司	167740	93	博雅软件股份有限公司	141722
79	深圳市大疆创新科技有限公司	164967	94	启明信息技术股份有限公司	138374
80	金蝶软件（中国）有限公司	161497	95	江苏国光信息产业股份有限公司	135597
81	南京联创科技集团股份有限公司	160607	96	广州杰赛科技股份有限公司	135582
82	北明软件有限公司	160087	97	北京华宇软件股份有限公司	135167
83	恒宝股份有限公司	158924	98	武汉天喻信息产业股份有限公司	134719
84	广联达软件股份有限公司	153943	99	大连华信计算机技术股份有限公司	133415
85	天津天地伟业数码科技有限公司	152248	100	北京易华录信息技术股份有限公司	133355

2015年工业软件发展概况

一、基本情况

2015年，我国工业软件产业规模接近1150亿元，同比增长约15%，增速略低于全年国内软件和信息技术服务业平均增速（见表1）。但从全球范围看，受益于我国制造业体量优势和转型升级过程中对软件服务应用，特别是高端工业软件应用需求的进一步释放，我国工业软件市场规模增速仍远高于全球企业级软件市场的平均增速。从工业软件市场规模增长速度和潜力两方面看，我国仍是全球工业软件最重要的高速发展、潜力巨大的市场。

表1　2013—2015年中国工业软件市场规模

（单位：亿元）

年份	2013	2014	2015
市场规模	855	1000	1150
同比上一年增长	17.5%	16.9%	15%

两化融合战略实施以来，工业领域中技术密集行业对信息技术的理解和应用逐渐加深，特别是轨道交通、航空航天、能源电力、装备制造等重点领域把新型信息技术的应用和融合作为转型升级的主要驱动力，纷纷加大了对智能制造、协同管理等软件服务和平台等的投入，对工业软件市场规模增长形成了有力支撑，加之宏观层面先后出台了《中国制造2025》、《国务院关于积极推进“互联网+”行动的指导意见》、《促进大数据发展行动纲要》等战略性文件，均重点提及工业与新一代信息技术的融合，大大提升了业界对我国工业软件市场即将迎来快速增长时期的预期。在此形势下，全球主要工业软件企业普遍加大了对我国市场的投入和拓展力度，国内外企业在中国区2015年经营业绩指标也出现了普涨的局面。

二、发展特点

（一）以行业应用为牵引的综合解决方案发展迅速

2015年，我国IT支出行业分化的特征更加明显，在重点行业加快智能化改造提升需求的带动下，工业软件产业发展从整体上看，面向行业的成套解决方案研发和应用发展较快，比如机械、航空、纺织等行业对设计、分析、测试等服务的集成和综合数据管理分析的需求，逐渐成为新一代工业软件创新的源头动力。具体细分市场层面，研发设计类软件市场迎来快速增长期，特别是在军工、航空航天、轨道交通等重点行业的带动下，高端设计和分析软件市场规模增长加速，同比增幅超过25%；传统占据工业软件市场主要份额的ERP、CRM等管理软件加快向基于云平台的轻量化服务模式转变，带动用户数量和行业覆盖面大幅拓展，尤其是大量中小企业开始通过智能手机等移动智能终端接入和使用各类管理软件服务，市场长尾效应初步显现；工业控制类软件和系统解决方案在电力、轨道交通、装备制造等行业实现稳定增长，工业互联网、智能工厂解决方案等新兴领域快速崛起。

（二）工业软件进入广大中小企业

我国大量中小企业积极从移动端接入应用各类企业管理工具，包括订单管理、人员管理、财务管理、物流信息查询等，这些服务大多以云服务模式提供，部署灵活，企业支付的租用费用低廉，与移动电商和移动支付有机融合，受到国内大量小型加工企业和跨境贸易企业欢迎。管理软件广泛应用有力地提升了中小企业精细化管理水平，特别是在当前整体出口形势低迷的大背景下，我国中小企业借助信息技术的应用更加提升了自身适应市场变化的敏捷能力，充分发挥“船小好调头”的优势，在2015年出口贸易方面超过国有企业和外资企业，在我国2015年对外贸易总额中的占比超过一半。

（三）工业软件平台化，加速向云计算和大数据迁移

对于工业领域的IT应用而言，根据不同工业云服务应用场景对计算设施要求的不同，工业云按功能特征大体分为两种：一是计算处理资源密集型应用，即软件服务对CPU/GPU计算处理能力有较高要求，以公共超算中心或企业私有计算中心为依托的计算型工业云。其上通常可提供计算机辅助设计（CAD）、计算机辅助工程（CAE）等对数学建模、求解分析、三维图像处理等计算能力有较高要求的软件服务。计算型工业云的应用场景一般对应于工业领域研发设计环节，特别是企业从事大型研发项目，有多个子系统研发工作同时推进，都需要IT资源支持的时候，使用工业云可根据各项目团队动态进度和需求，灵活调度企业IT资源，实现研发资源最大化配置。计算型工业云一旦在企业部署应用，就会自然从IT资源配置调度平台，加速演变为产品研发不同工序间的协同合作平台，继而成为企业管理层统筹全局研发活动的集中管控平台。例如，商飞公司部署的全球协同研发云平台，已经成为能够集中管理供应链上跨地域合作伙伴各类研发活动的调度中心，全部设计、测试数据在平台上可实现高速交换和共享，促使在研产品的成熟周期大大缩短，综合研发成本成倍降低。二是存储资源密集型应用，即软件服务对数据存储系统的容量和处理速度有较高要求，以公有或私有数据中心为依托的存储型工业云。其上通常可提供企业资源管理（ERP）、供应链管理（SCM）、客户关系管理（CRM）、财务管理等对大规模结构化数据访问和处理性能有较高要求的软件服务。存储型工业云的用户非常广泛，特别是可提供软件租用服务的工业云，能够允许企业以低成本使用ERP、SCM、CRM等原本实施成本高昂的软件服务，尤其受到中小企业用户的欢迎。

移动互联网兴起之后，特别是电子商务和网络支付工具爆发式增长以来，大量中小企业主从移动端“触网”，他们所接入的正是已经演变成为电子商务平台的存储型工业云。在云平台的支持下，企业管理人员可以通过手机实现企业人员管理、订单管理、财务管理、物流管理等工作，并可以与交易合作伙伴在线结算。例如，创捷通公司在深圳运营的供应链管理云平台，可以帮助智能手机投资人在线与全球范围内的手机设计公司、零部件供应商、组装代工厂等有关上下游企业建立业务合作，并提供电子结算、供应链金融、跨境报关/报税等增值服务。随着部分工业互联网应用开始落地，相应出现了集成处理各类工业传感器回传数据的云平台，就其应用形态而言，应仍属于存储密集型工业云一类。

（四）工业云带动工业企业向服务化转型

工业云等新型工业软件解决方案在重点行业企业成功落地应用后，数据在软件平台上的快速流动使得企业对市场、研发、生产等业务和资源的全局控制能力大大提升，企业决策和执行变得更加准确和敏捷，市场地位存在既有优势的企业甚至可以借助工业软件平台和云计算技术，增强对社会化资源的掌控和影响力，催生出更多有趣的商业模式。例如，海尔通过出售带有智能 APP 交互功能的烤箱产品（后台是工业云平台支撑），在原有的商品售卖盈利模式之外，开拓出烘焙社交、烘焙菜谱和食材电商等新型商业模式。青岛红领利用软件平台打通零售端、工厂和供应链，发展出平民百姓可定制服装的新模式，使得服装定制不再是少数高端人群独享。三一重工自身实现了工业互联网应用后成立了子公司三一智能，向其他制造企业提供工业互联网集成和咨询服务，从制造业拓展业务进入信息服务业领域。设计软件企业数码大方则与数控家具生产设备厂商铭龙科技合作推出可在手机上定制板式家具的移动 APP“智慧工匠”，后台利用云平台接受订单并生成可执行的加工文件后传送至专用自动化生产设备加工，由此实现用户定制化需求和家具工厂的对接，两家分别来自软件和装备制造领域的企业，合作拓展出撮合提供定制家具的新服务模式，将来还可能踏入更多行业。

（五）工业大数据应用逐步兴起

云平台在数据集成方面具有天然优势，推进建设和应用工业云平台，就是推进建立企业统一数据标准和共享机制，虽有重重阻碍，但平台一旦建立，即可极大地加速工业企业数据的积累，一些面向行业应用的大型工业云平台还能加速行业共性数据的积累，这为工业大数据的进一步发展和成套解决方案的成熟提供了重要的资源池和测试床。例如，三一重工、中联重科、海尔等企业已经初步建成的工业互联网云平台，已经可以通过对产品实时工况监控数据进行分析挖掘，优化产品的维护保养计划并反哺新品研发。在这些工业云平台上，产品制造商、维护服务商、产品最终用户、平台运营商等各方面各取所需、合作共赢，形成了以数据和服务为核心的产业生态。随着示范作用的发挥与推广，平台会吸引更多应用服务商和用户加入其中，新的服务商从数据中能够挖掘创造出更多价值，而用户的加入使得数据规模成倍增长，平台在不断的自我成长过程中，成为工业大数据创新创业的重要孵化器。

三、重点企业发展情况

（一）用友、金蝶分别与京东和阿里巴巴开展战略合作

我国最大的两家企业级 ERP 软件提供商金蝶和用友分别与国内知名的互联网企业京东和阿里巴巴达成战略合作协议。5 月，京东集团与金蝶国际软件集团联合宣布达成合作协议，京东将出资 13 亿港币现金认购金蝶约 10%的股份。京东和金蝶建立战略合作关系，共同致力于为中小企业提供基于云服务的 ERP 整合解决方案。从合作内容上看，金蝶与京东将整合双方资源，重点向两方面加快创新发展：一是电子商务及仓储物流解决方案，京东的电子商务和物流 IT 方案与金蝶领先的 ERP 解决方案相集成，解决企业信息系统不统一、配送成本、员工分配线上线下信息对接等问题，提升京东电商服务水平；二是云服务业务，双方将推动企业解决方案向云平台迁移，加快企业级移动应用发展。7 月，用友网络与阿里巴巴集团签署全面战略合作协议。从合作内容看，阿里巴巴与用友全面、深入合作的初始，主要聚焦于

企业云计算、电子商务、大数据、数字营销四大领域。一是云计算领域，用友旗下多款产品将逐步迁入阿里云，在云上向企业提供 SaaS 化的服务。二是电子商务领域，用友将推出一款电商 ERP 即“电商通”，为电商提供 SaaS 服务。三是大数据领域，双方将成立大数据实验室，先期聚焦于数据分析工具和数据产品两个方向。四是数字营销领域，用友秉钧的营销平台与阿里妈妈广告系统平台将打通，实现客户、营销资源与推广以及结算体系的一体化。

上述事件折射出两个重要趋势：

一是传统软件向云端迁移的 SaaS 化，已经成为互联网公司最为看重的商业机会。我国互联网产业经历了高速成长，整体上逐步进入成熟期，同时积累了强大的云计算能力。为确保企业的持续发展与领先优势，互联网公司在深耕核心业务的同时不断扩张业务范围，以寻求新的增长点。随着“互联网+”时代来临，越来越多的行业和企业对转型互联网的需求不断提升，阿里巴巴、京东等相继将企业级应用和服务作为自身的下一步工作重点。在此形势下，联手传统软件厂商，充分利用软件厂商的软件集成能力和行业客户基础，成为互联网企业建设企业互联网的重要战略。金蝶、用友等优秀软件企业长期专注于遍布不同行业的企业客户，拥有丰富的行业客户资源以及对行业知识的深入认知，有助于互联网企业提升商业服务的针对性和有效性。

二是软件企业业态更新的需求日益迫切，主动拥抱互联网思维开拓新业务模式的积极性高涨。软件厂商通过对接互联网企业的信息资源和技术支持，推动应用软件加快适应移动互联网时代用户需求，打通企业客户生产管理服务与行业互联网服务，为客户创造出聚合效应和全新价值，进一步巩固软件平台的优势。互联网在催生和培育新市场方面具有巨大的潜力与影响力，软件厂商联手互联网企业为其提供互联网业务的软件及解决方案支撑，对提升自身管理软件市场的增长空间具有积极作用。用友多条业务线将以阿里云为基础构建面向企业的 SaaS 服务，这既助力互联网企业平台战略的实施与拓展，又有利于软件企业更专注于产品业务形态的研发。此次两大企业级 ERP 厂商与互联网领军企业的合作，推动了互联网与软件两大产业生态融合，势必加速企业互联网服务在各行业的深度应用与协同创新。

（二）海尔收购 GE 家电业务

2016 年年初，海尔集团与美国通用电气（GE）签署合作谅解备忘录，海尔将以 54 亿美元收购 GE 的家电业务。双方还同步签署了战略合作协议，海尔将成为 GE 工业互联网平台 Predix 的最大客户，双方将共同在工业互联网、医疗、智能制造等领域长期合作。本次并购大大超出了传统意义上的全球产能整合以及国内品牌全球化的范畴，引起了制造业界、互联网业界、投资业界的广泛关注。海尔与 GE 的合作充分显示出我国传统优势制造业“走出去”和服务化转型的迫切需求。海尔 1999 年就在美国设立工厂，是最早进入北美发展的中国家电企业，也是全球范围内曝光率最高的中国家电品牌，但其在海外市场的主要产品多是小家电，与惠而浦、伊莱克斯、三星等全球主流家电品牌存在显著差距。随着我国经济增速放缓和国内消费下滑，以海尔为代表的传统优势制造企业在我国市场继续寻求内生式高速增长已经较为困难，拓展海外市场寻求新增外延式增长的需求日益迫切。此案收购对象——GE 家电，其在北美地区市场占有率第一，全球范围内市场地位仅次于惠而浦，是海尔在全球范围内继续强化研发制造、质量控制和渠道效率三大规模化优势的理想收购标的。同时，也应看到家电行业整体上属于技术附加值不高、更依赖劳动力成本的行业，经过未来三、五年演进后，新型制造企业的竞争核心可能从单纯规模化竞争向综合服务能力竞争转变。海尔此案出价远远高出两年前伊莱克斯的参考出价，也包含了与全球主要工业大数据平台结盟，基于工业互联网加快服务化转型的战略考虑。

本事件再次凸显出先进制造业以软件能力为突出特征的发展趋势。较早完成工业化进程的西方发达国家，近年来的发展重点聚焦于软件能力的提升。不仅是 IBM、SAP 等信息技术公司在积极发展通用软件技术，波音、空客、GE 等工业企业也在不断利用软件将工业知识和技术进行固化，提升软件能力。从代码行数看，洛克希德马丁公司已经超过微软成为世界最大的软件公司，而 GE 也已提出五年后要成为全世界最大的软件公司。此案中 GE 如愿高价售出家电业务，是其沿既定战略转型方向又迈出的一大步。2016 年 1 月的 CES 消费电子展上，全球最大的白电制造商惠而浦公司宣布将与 IBM 合作推出搭载人工智能系统“沃森”的家电产品，下一代家电能够和用户交流并自主学习。西门子也于 2015 年年底宣布将增加研发投入 3 亿欧元搭建跨业务新数字化服务平台 Sinalytics，能对机器产生的大量数据进行整合、保密传输和分析，通过数据分析和反馈提升对燃气轮机、风力发电机、列车、楼宇和医疗成像系统的监控和优化能力。可见，全球工业和信息技术领域的领先企业已在加紧布局，抢占未来先进制造业软件平台和产业生态的制高点。

四、国内外工业软件领域代表性企业和产品

（一）数码大方

作为中国领先的工业软件和工业互联网公司，数码大方致力于打造工业 4.0 云服务平台，积极推进互联网和制造业的融合与深度发展。据 2015 年上半年度财报显示，数码大方整体收入较 2014 年有所下降，营业收入 0.32 亿元，同比减少 48.36%；净亏损 0.23 亿元；公司总资产为 1.91 亿元，净资产为 1.07 亿元，分别较期初减少 14.86%和 17.97%。

（二）宝信软件

宝信软件通过改变传统的软件产品开发模式和架构，着力对已有的产品进行调整和升级，使其适应于工业互联网的运行环境，构建基于网络化、信息共享的智能化供应链全局协同价值链。应用智能移动终端和综合技术集成，建设基于物联网技术“人—车—物”互联的企业智慧运营环境，提供从云到端的可信、可控、可扩展系统架构和解决方案。2015 年，宝信软件在原有业务市场开拓和新业务转型方面发展较为顺利，前三季度实现营收 27.39 亿元，同比增长 5.51%；实现归属于上市公司普通股股东的净利润 2.27 亿元，同比增长 10.34%。

（三）用友网络

用友于 2015 年 1 月 31 日正式更名为“用友网络”，加快互联网化转型，更名用友网络、与阿里战略合作、成立用友超客等都是其向互联网公司转型的重要举措。根据其 2015 年第三季度财报显示，2015 年前三季度公司实现营业收入 22.7 亿元，同比下降 5.7%，扣除非经常性损益后的净亏损 3.9 亿元，较 2014 年同期亏损额增加 3.3 亿元。除了宏观经济和产业调整的影响，亏损面扩大的主要原因是公司在企业互联网服务业务、互联网金融业务方面投入 4.3 亿元，控股子公司畅捷通信息技术股份有限公司等子公司股权激励成本同比增加 8141 万元，这些都影响到当期损益。

（四）金蝶软件

金蝶集团是我国主要企业管理软件及 ERP 云服务商之一，特别是在中小企业市场占有率较高。根据金蝶软件公布的截至 2015 年 6 月 30 日的上半年业绩数据，金蝶期内营收同比增长 1.1%至 7.6 亿元，净利润约为 9159.7 万元，同比增长 12.45%。其中，金蝶云服务收入达 0.82 亿元，同比大幅增长 82.1%。金蝶云之家成为中国最大的移动办公云服务，注册企业及组织突破 50 万，用户数超过 450 万。受益于中国电商市场的迅速发展及其对 SaaS 管理软件需求强劲，金蝶友商网占据中国财务云服务平台龙头地位，收入增长迅猛，在线 SaaS 服务收入同比增长 75%。

五、问题与建议

在面临较大增长压力的形势下，工业软件发展应更加注意与工业发展需求的结合，具体有以下建议。

一是相关软件企业可与重点工业用户之间建立业务层面之外的深层次战略合作，共同发展面向行业的综合解决方案，抓住重点工业行业转型升级和技术改造步伐加快，存量生产设施的自动化、智能化、网络化改造不断推进，新型智能装备研发部署不断加快的发展机遇，实现自身新一轮快速稳定增长。同时，建议充分重视 ERP 和 CRM 等管理软件在移动端的增长。

二是加快新业务模式的开发。基于网络、云计算等新型平台的工业软件新业态、新模式正快速涌现，特别是工业云、工业大数据、工业电子商务、工业互联网等，将为工业软件服务市场带来新的增长动力。建议政府、企业、科研院所加强合作，通过产业基金等市场化方式，更多地发挥企业主体作用，进一步促进新技术、新成果的产业化，培育工业软件市场新增长点。目前，软件企业与装备制造企业深度合作，从个性化产品定制服务切入，涉足具体制造领域的例子已经出现，工业企业依托数据应用优势转型成为工业互联网、工业大数据咨询服务商也已经出现探路者。在制造业服务化、软件服务化等新发展趋势带动下，软件企业、装备企业、制造行业等领域的界限将进一步模糊，第二产业和第三产业的界限逐渐模糊，跨界融合将加快重塑供需关系，这是重要的市场趋势，其中蕴含丰富的发展机会。

（本稿件由中国软件行业协会提供）

2015 年信息安全领域发展概况

2015 年信息安全行业继续快速发展，美国、英国等国不断出台新的法案政策，提升国家信息安全的监管水平。国内外 IT 巨头在信息安全行业这个风口上，通过融资、并购、合作等方式积极布局信息安全产业生态体系建设，各行业和创业创新等领域应用不断取得进展，众多企业加速布局。

一、基本情况

（一）国家主要信息安全相关政策

1. 国内信息安全相关政策

2015 年是国家信息安全国家政策发展有着里程碑意义的一年，2015 年 6 月，第十二届全国人大常委会第十五次会议初次审议了《中华人民共和国网络安全法（草案）》（以下简称《草案》），并在中国人大网公布，向社会公开征求意见。《草案》主要确定了网络安全工作基本原则、将个人信息保护纳入正轨和网络产品和服务的安全保障，还规定了重大突发事件时政府可采取临时措施限制网络。

6 月，《中国互联网协会漏洞信息披露和处置自律公约》在京签署，公约提出漏洞信息披露的“客观、适时、适度”三原则；国务院办公厅发布了《关于运用大数据加强对市场主体服务和监管的若干意见》。加大网络和信息安全技术研发和资金投入，建立健全信息安全保障体系。

7 月，新的国家安全法实施。新法要求建设网络与信息安全保障体系，提升网络与信息安全保护能力，实现网络和信息核心技术、关键基础设施和重要领域信息系统及数据的安全可控。

8 月，人大正式通过《中华人民共和国刑法修正案（九）》。明确了网络服务提供者履行信息网络安全管理义务，加大了对信息网络犯罪的刑罚力度，进一步加强了对公民个人信息保护，对增加编造和传播虚假信息犯罪设立了明确条文。

9 月，国务院印发《促进大数据发展行动纲要》，在网络和大数据安全方面要求，在涉及国家安全稳定领域采用安全可靠的产品和服务，到 2020 年，实现关键部门的关键设备安全可靠。

11 月，工商总局印发《关于加强网络市场监管的意见》，全面加强网络市场监管。推进“依法管网”、“以网管网”、“信用管网”和“协同管网”。

2. 信息行业“十三五”规划

2015 年是实施“十二五”规划的收官之年，也是“十三五”的规划之年，中央政府门户网站刊载《国民经济和社会发展第十三个五年规划纲要（草案）》。从纲要中可以明显看出，国家非常重视信息技术变革对社会的影响，并已规划从信息安全等多个方面提升信息技术，牢牢把握信息技术变革趋势，实施网络强国战略，推动信息技术与经济社会发展深度融合，加快推动信息经济发展壮大。

“十三五”规划纲要《草案》明确提出：要完善国家网络安全保障体系，保障国家信息安全。贯彻总体国家安全观，实施国家安全战略，落实重点领域国家安全政策，完善国家安全审查制度，完善国家安全法治，建立国家安全体系。

拓展基础设施建设空间。实施重大公共设施和基础设施工程。实施网络强国战略，加快构建高速、移动、安全、泛在的新一代信息基础设施。加快开放电力、电信、交通、石油、天然气、市政公用等自然垄断行业的竞争性业务。

拓展网络经济空间。实施“互联网+”行动计划，发展物联网技术和应用，发展分享经济，促进互联网和经济社会融合发展。实施国家大数据战略，推进数据资源开放共享。完善电信普遍服务机制，开展网络提速降费行动，超前布局下一代互联网。推进产业组织、商业模式、供应链、物流链创新，支持基于互联网的各类创新。

（二）发展情况

2015 年，随着国家政策的大力支持，对信息安全领域的投资不断增大，产业联盟逐渐形成，企业结构与产品逐步成熟，重点企业不断做大做强，信息安全产业以更加迅猛的势头增长。2015 年，信息安全产业整体规模超过 400 亿元，比 2014 年增长 26.1%（见图 1）。

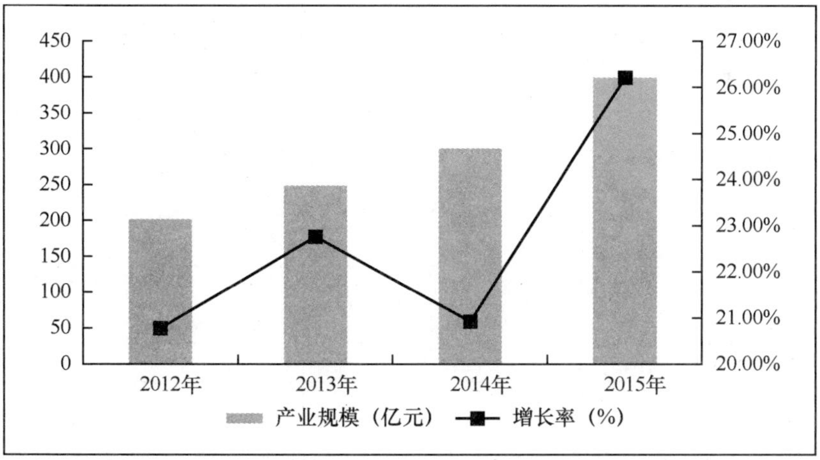

图 1　2012—2015 中国信息安全产业规模

数据来源：赛迪智库。

未来 3 年，中国信息安全产业发展环境，如政策环境、需求环境、产业链环境、资本环境等各方面都将继续改善，关键技术将不断突破，民族企业研发实力和服务水平逐步提高，自主可控能力持续提升，产业利好因素仍在持续，产业进入爆发式增长。2018 年，中国信息安全产业规模将达到 920.42 亿元，未来 3 年的年均复合增长率为 31.9%（见图 2）。

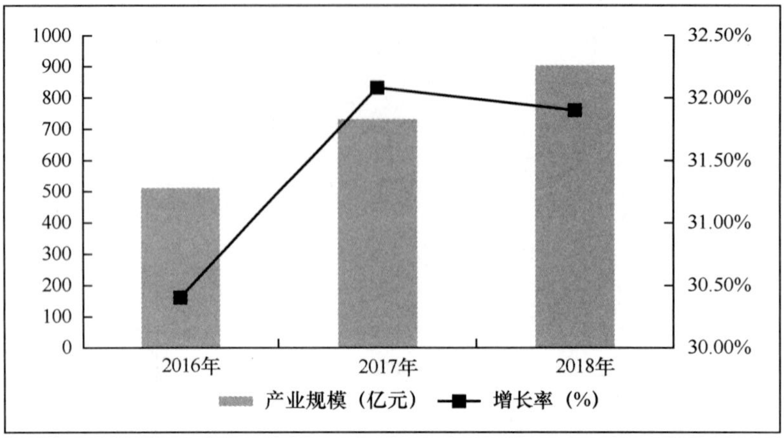

图 2　2016—2018 年中国信息安全产业规模

数据来源：赛迪智库。

二、典型产品及相关厂商

典型产品及相关厂商如表 1 所示。

表 1　典型产品及相关厂商

1-防火墙类（UTM&FW&NGFW）厂商		
华为技术有限公司	中兴通讯股份有限公司	瞻博网络中国
天融信	杭州迪普科技有限公司	juniper
北京网域星云	杭州华三通信技术	Check Point
绿盟科技	中科网威	网神
websense	思科	Stonesoft
启明星辰	合勤科技	MACfee（intel）
2-WAF（Web 应用防火墙）厂商		
impreva 公司	MACfee（intel）	蓝盾
绿盟科技	杭州安恒信息技术	天泰
启明星辰	济南中创商用中间件	天存信息
天融信	南京铱迅信息技术	智恒科技
北京网域星云	杭州迪普科技	神州数码
Fortinet 公司	安信华	中新软件
深信服	梭子鱼	国舜科技
济南明和中业	网康	
3-数据库审计类厂家		
杭州思福迪信息技术	帕拉迪网络科技有限公司	绿盟科技
杭州安恒信息技术有限公司	天融信	智恒科技
impreva 公司	启明星辰	华为技术有限公司
国都兴业	北京安信通	北信源
神州数码	北京网域星云	30 盛安
蓝盾	赛贝卡	

续表

4-网站安全厂商		
360 网站安全检测	杭州安恒信息技术有限公司	安全联盟
IBM 企业 IT 安全服务	websense 网页防篡改	Essafe
知道创宇	SCANV	绿盟科技
安全宝	安全狗	启明星辰
5-邮件类安全厂商		
Fortinet 公司	思科	Fortinet 公司
MACfee	赛门铁克	思朗特
梭子鱼网络有限公司	websense	趋势科技
北京敏讯科技有限公司	网际思安	北京冠群金辰软件有限公司
守内安信息科技有限公司	Sophos	
6-身份鉴别厂商		
北京数字认证股份有限公司	时代亿信	RSA
天威诚信	上海维豪	吉大正元
上海动联	上海格尔	美亚柏科
国富安	飞天诚信	信安世纪
CFCA	GlobalSign China	
7-防毒墙&杀毒软件厂商		
赛门铁克	avast	eset
金山网络	mcafee	金山毒霸
小红伞	安天	江民
奇虎 360	北京东方微点	卡巴斯基
百度杀毒	Sophos	诺顿
趋势科技	瑞星	北京冠群金辰软件有限公司
7-安全咨询类厂家		
信城通	IBM	普华永道
谷安天下	HP	毕马威
信安世纪	北京趋势引领信息咨询	德勤
上海安言	深圳市易聆科	安永
8-网闸安全厂家		
重庆爱思网安信息技术	杭州合众信息技术	北京天融信科技有限公司
深圳市利谱	网神信息技术（北京）	深圳市永达电子股份有限公司
北京安盟信息技术有限公司	中铁信安（北京）	北京网御星云信息技术有限公司
启明星辰	珠海经济特区伟思	北京天行网安
上海金电网安科技有限公司	中网通讯网络有限公司	杭州合众信息工程有限公司
上海鹏越惊虹	海峡信息技术有限公司	
9-等级保护评估厂商		
安天科技股份有限公司	杭州安恒	北京圣博润高新技术股份有限公司
国都兴业	江南天安	北京锐安科技有限公司
谷安天下	山东中孚	天融信
10-数据防泄漏（DLP）		
华为技术有限公司	赛门铁克	上海前沿
MACfee	大成天下	中软

续表

10-数据防泄漏（DLP）		
亿塞通	思智泰克	websense
trustwave	北京启明星辰	infowatch
明朝万达	广州市溢信科技有限公司	
11-漏洞扫描（主机&web）		
北京网域星云	极地信息	Acunetix Web Vulnerability Scanner
绿盟科技	天融信	HP WebInspect
启明星辰	Nessus	IBM Rational AppScan
杭州安恒信息技术有限公司	中科网威	北京安域领创科技有限公司
南京铱迅信息技术有限公司	榕基软件	蓝盾
12-上网行为管理		
网康	北京网域星云	北京北信源软件股份有限公司
深信服	杭州迪普科技有限公司	网际思安
任子行	蓝盾	莱克斯
启明星辰	天融信	安达通
13-远程接入安全（VPN）		
深信服	山石网科	juniper
思科	F5	北京网域星云
瞻博网络中国	Stonesoft	Check Point
14-入侵检测和防御（IDS&IPS）		
华为技术有限公司	杭州迪普科技有限公司	MACfee（intel）
天融信	杭州华三通信技术	网神
北京网域星云	中科网威	蓝盾
绿盟科技	山石网科	HP tippoint
启明星辰	Stonesoft	IBM
15-网页防篡改		
杭州安恒信息技术有限公司	天存信息	济南中创商用中间件股份有限公司
杭州迪普科技	天融信	通元软件
神州数码	国舜科技	福州深空
启明星辰	WebRay 远江	
16-抗拒绝服务攻击（DDoS）		
华为技术有限公司	绿盟科技	启明星辰

三、2015 年重大信息泄露事件

事件一：【时间：2015.1】机锋被曝泄露 2300 万用户信息，用户信息安全遭威胁。

事件二：【时间：2015.2】十大酒店泄露大量房客开房信息。

事件三：【时间：2015.2】海康威视监控设备存严重漏洞，部门设备被境外 IP 控制。

事件四：【时间：2015.4】超 30 省市曝安全管理漏洞，数千万社保用户敏感信息或遭泄露。

事件五：【时间：2015.5】中国人寿广东 10 万份保单或遭泄露。

事件六：【时间：2015.8】华语类排名第一的票务网站——大麦网存安全漏洞，600 余万用户信息遭泄漏、售卖。

事件七：【时间：2015.8】内蒙古 19 万高考考生信息遭遇泄露，敏感信息包括考生父母电话等。

事件八：【时间：2015.10】网易邮箱过亿用户敏感信息遭泄露。

事件九：【时间：2015.11】伟易达集团 500 万个家长和超过 20 万个小童的数据资料泄露。

值得注意的是，与 2014 年相比，无论国际上还是国内，信息泄露事件的曝光度都有上升的趋势。

四、挑战与建议

（一）2016 中国信息安全发展面临的挑战

网络攻防技术能力不足，网络安全面临挑战。当前网络攻防技术发展日新月异，相对较弱的技术实力将使我国在应对网络安全威胁时处于劣势。我国信息技术安全检测能力不强。我国对进口技术和产品的检测主要集中在功能性测试，很少涉及到其技术核心，难以发现产品的安全漏洞和“后门”；缺乏对大数据、云计算等新兴技术网络安全风险的检测和评估手段，难以有效应对潜在的安全威胁。对于高级别复杂性威胁应对不力。在 APT 攻击检测和防御方面，我国技术实力较弱，不能及时发现 APT 攻击，无法对其分析取证，难以掌握整个攻击过程，并缺乏有效的反击手段；在 DDOS 攻击防护方面，国外安全服务提供商采用相应技术手段来分解攻击，保证每一个单点的处理能力和切换都是可控的，而我国只能靠单点的大带宽来承受攻击。我国的网络攻防演练相关技术落后。我国网络空间安全性试验与验证技术的研究还处于起步阶段，与国外相比，在大规模网络复现、靶场资源自动化配置管理、高安全试验管理、网络攻防对抗试验验证等技术领域还存在较大差距。

（二）中国信息安全发展对策建议

1. 提升核心技术自主研发能力，形成自主可控的信息安全产业体系

一方面，我们需要突破核心技术瓶颈。充分发挥举国体制优势，整合现有资金渠道，支持安全芯片、操作系统、应用软件、安全终端产品等核心技术和关键产品研发，实现关键技术和产品的技术突破。另一方面，推进自主可控化。在当前我国信息技术产品高度依赖国外的情况下，由政府主导，加强对信息安全技术产品的评估工作，促进信息安全技术产品自主可控程度的提升，加快网络安全审查制度的落地实施，为自主可控产品提供市场应用空间，支持政府部门和重要领域率先采用具有自主知识产权的网络安全产品和系统，逐步推进自主可控化。

2. 加快出台网络安全战略，完善网络安全顶层设计

一方面，尽快制定并发布国家网络安全战略，明确我国网络安全的重大原则和国家立场，明确我国网络空间建设和发展、保障和治理的重点任务和关键举措，为实现我国网络强国战略保驾护航。另一方面，加强对域外国家网络安全战略的深入研究，加大网络安全领域重大问题研究，及时跟踪国内外网络安全最新动态，深刻认识可能影响我国网络安全大局的战略性、前瞻性问题，进一步加强顶层设计。

3. 加强网络攻防能力，构建完善的网络安全防御体系

构建国家网络空间积极防御协作机制。建设国家网络空间战略预警和积极防御平台，重

点研究威胁发现和态势感知预警、重大安全事件应急处置和追踪溯源等协作机制，形成多部门共同参与、相互协作的纵深防御体系。研究各种网络攻防对抗技术。重点研发针对APT等网络攻击的感知、防御和追溯技术，突破网络异常流量检测技术，强化对网络攻击的威胁监测、全局感知、预警防护等能力；加强网络安全漏洞、恶意代码等核心信息共享，提升对漏洞分析验证、恶意代码检测等核心技术能力；加强对网络安全海量异构数据的关联分析和大数据挖掘技术的工程化应用，不断提升我国网络安全防御能力。组建国家层面的网络攻防团队。研发重量级的网络战攻防武器，形成网络攻防的反制能力；集中建立国家级开放实验验证与演练平台，积极开展国家级的网络安全综合演练工作，并通过举办网络安全竞赛和重点领域的攻防演练，检验我国应对网络攻击的实际能力，在实战中不断提升各领域的安全防护水平。

（本稿件由中国软件行业协会提供）

2015 年软件和信息技术服务外包发展概况

一、基本情况

经过“十一五”、“十二五”近十年的快速发展，中国服务外包产业实现了黄金十年的跨越，奠定了我国服务外包的大国地位。目前成为仅次于印度的服务外包大国，市场份额在 30%左右。随着我国转变经济增长方式，推行“互联网+”战略，服务外包产业作为高技术、高附加值、高创新性的新兴产业仍将受到国家高度重视，仍将在未来保持高速发展。

（一）市场

1. 市场规模

根据商务部的统计，2015 年我国企业签订服务外包合同金额 1309.3 亿美元，执行金额 966.9 亿美元，分别同比增长 22.1%和 18.9%。其中，离岸服务外包合同金额 872.9 亿美元，执行金额 646.4 亿美元，分别同比增长 21.5%和 15.6%；在岸服务外包合同金额 436.4 亿美元，执行金额 320.6 亿美元，分别同比增长 23.3%和 26.1%（见图 1）。

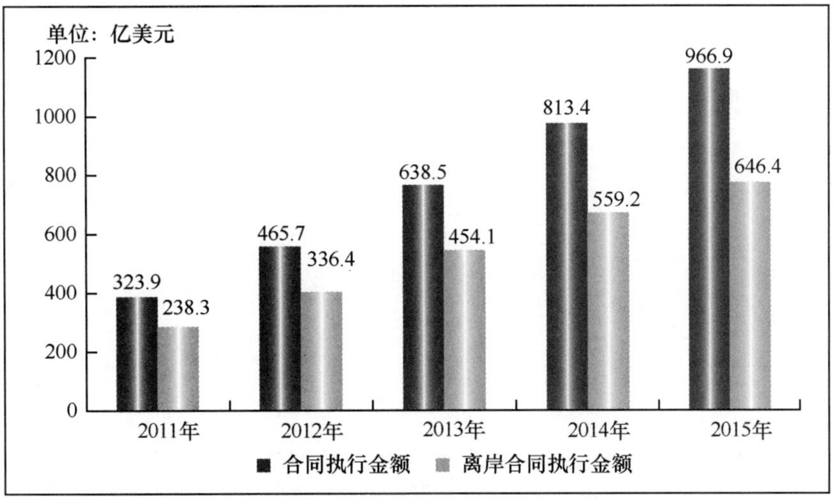

图 1　近五年中国服务外包产业发展情况统计

预计 2016 年中国服务外包合同执行金额将突破千亿美元，继续保持较快的增长势头。

2. 市场构成

（1）交付模式构成

目前国内服务外包交付模式分为在岸交付与离岸交付两大类，2015 年的两种交付模式的比例如表 1 所示。

表 1　2015 年中国服务外包交付模式构成表

交付类型	在岸交付	离岸交付
合同执行金额（亿美元）	320.6	646.4
比例	33.13%	66.87%
同比增长	26.1%	15.4%

从历史数据看，在岸外包在整个服务外包的比重越来越大，成为市场新的增长点。

（2）服务类型构成

服务外包类型分为三类：信息技术外包（ITO）、业务流程外包（BPO）、知识流程外包（KPO），其 2015 年的构成如表 2 所示。

表 2　2015 年中国服务外包服务类型构成表

服务类型	ITO	BPO	KPO
合同执行金额（亿美元）	316.8	91.7	237.8
比例	49%	14.2%	36.8%
同比增长	8%	16%	27.4%

（3）发包地区构成

离岸外包的发包地区可划分为美国、欧盟、中国香港、日本和其他地区，2015 年构成如表 3 所示。

表 3　2015 年中国服务外包服务发包地区构成表

地区	美国	欧盟	中国香港	日本	其他
合同执行金额（亿美元）	150.6	98	95	54.8	248
比例	23.3%	15.2%	14.7%	8.4%	38.3%
同比增长	17.5%	17.6%	28%	−9.8%	16.4%

从表 3 中的数据可以看出，日本发包的业务以及其代表外包业务形态 BPO 在我国服务外包产业的比重下降较快，这是受日元持续贬值和中日政治大环境的影响，以及我国企业承接日本市场业务意愿不高等因素的影响。

（二）产业

2015 年，我国服务外包企业已经达到 3.37 万家（2014 年为 2.81 万家，同比增长 70.6%），从业人员 2015 年年底为 734.7 万人，其中大学以上学历 471.67 万人，同比分别增长 79.3%和 37.1%，成为一个大量吸收劳动力的产业。

我国服务外包企业新获得开发能力成熟度模型集成（CMMI）、信息安全管理（ISO27001/BS7799）等 13 项国际认证 1491 个，同比增长 7.3%。截至 2015 年年底，我国企业累计获得国际认证 8774 个，企业的专业服务能力日益提高。

从产业周期来看，服务外包产业正处在从成长期向成熟期过渡阶段，产业发展速度虽然正在放缓，但速度仍然比较高（2015 年合同执行金额增长为 18.9%），产业变革还是比较激烈，还有很大的成长空间。

目前，产业存在的主要问题还是产业集中度不高。在国际上，世界级服务外包企业门槛产值在 50 亿美元，印度排名前三的服务外包企业全部高过这个门槛。排第一位的塔塔咨询，2015 年产值已经达到 150 亿美元，排名第三的 INFOSYS 产值达到了 50 亿美元，从业人员 11 万人。目前我国的服务外包领军企业的产值均在 5 亿～10 亿美元之间，前十大企业占产业总产值的比例不超过 10%，与世界级企业还存在较大差距，这种状况对产业管理水平、人均产值以及产业核心竞争力都有较大影响。

目前，国内具有实力的服务外包领军企业主要包括：文思海辉技术有限公司、江苏省通信服务有限公司、药明康德新药开发有限公司、软通动力信息技术（集团）有限公司、中软国际有限公司、武汉佰钧成技术有限责任公司、博彦科技股份有限公司、浙大网新科技股份有限公司、浪潮集团有限公司、大连华信计算机技术股份有限公司、亚信科技公司、上海微创软件股份有限公司①，等等。

图 2 显示了国内逐步成型的服务外包产业生态圈。

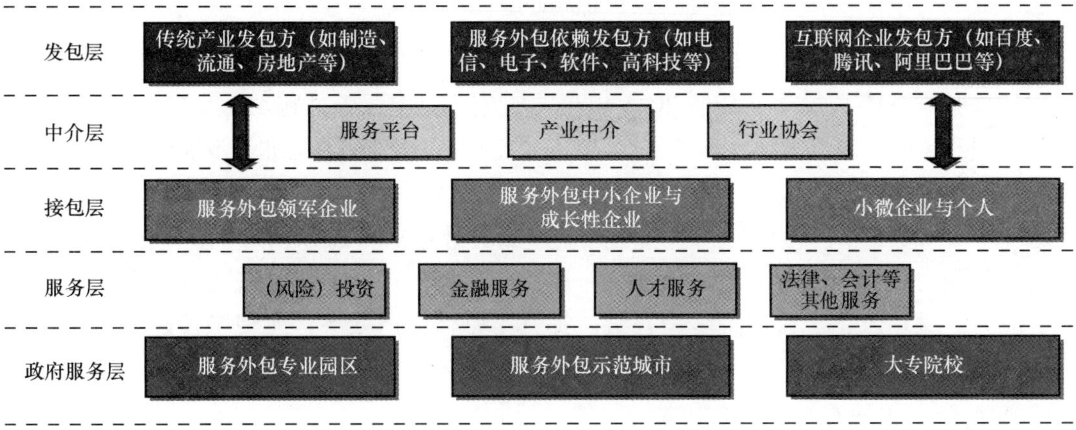

图 2　中国服务外包产业生态图

（三）趋势

1. 国内市场需求持续扩大，离岸外包市场需求放缓

首先是由于我国已经成为全球第二大经济体，经济总量和产业发展已经对服务外包提出了新的要求，拉动了新的需求；其次是我国经济增长方式的转变，从依赖投资出口向依靠消费服务转移，从东部转型升级到西部大开发，金融行业、医疗行业、城镇化建设、政府采购都在释放服务外包市场空间和潜力。相对来说，离岸外包所依赖的全球经济，这两年在持续放缓，再加上成本更低竞争对手的加入，离岸外包未来的增长并不乐观。这已经反映到了数据上，2015 年在岸外包同比增长 26.1%，足足比离岸外包的增长 15.4%高了 10 个百分点。

2. 离岸外包来源多样化“一带一路”成为热点

2015 年相对来说主要发包市场格局相对稳定，美国、欧盟、中国香港和日本的服务外包执行额合计占我国离岸服务外包执行额的 61.6%，尤其是受日元持续贬值和中日政治大环境的影响，我国企业承接日本市场业务意愿不高，日本对我国发包呈下降趋势。

① 以上名单综合了 IAOP 国际外包专业协会的“TOP100”名单以及中国投资促进会“2015 中国服务外包十大领军企业榜单”。

除这四个主要发包地区以外，其他地区保持了较高的增长率。受到国家战略计划的影响，“一带一路”市场的重要性显著提高。2015 年，我国承接“一带一路”沿线国家服务外包执行金额 121.5 亿美元，同比增长 23.4%。其中，承接东南亚国家的服务外包合同金额 89.9 亿美元，执行金额 63.2 亿美元，同比分别增长 30.6%和 17.3%；承接西亚北非国家的服务外包合同金额 43.5 亿美元，执行金额 25.2 亿美元，同比分别增长 113%和 61.5%。“一带一路”沿线国家对我国发包占我国离岸外包的 18.8%，市场重要性显著提高。

3. 服务类型中 KPO 比重不断增长，外包价值链攀升

离岸服务外包的结构日益优化，KPO 所占比例进一步上升。在外包的结构统计中，我们发现 KPO 同比增长率是最高的，2015 年达到了 36.8%。与 KPO 相关的医药和生物技术研发、动漫及网游设计研发、工业设计和工程设计等外包业务快速发展，带动服务外包业务结构稳步优化，也表明中国的服务外包向外包价值链的高端攀升。

4. “互联网+”催生服务外包需求

“互联网+”战略和行动计划在 2015 年正式实施，促使服务外包与垂直产业的融合加深。基于互联网和现代信息技术专业化生产组织方式正得到广泛应用，进一步加深了服务外包与信息服务业、制造业、批发和零售业、交通运输业、能源业、金融业、卫生健康业等垂直行业的深度融合。2015 年，信息服务业、制造业离岸服务外包执行额分别为 315.6 亿美元和 177.3 亿美元，分别占全行业的 48.8%和 27.4%。服务外包模式广泛应用，既提高了国内企业的专业服务能力，又促进了产业结构转型升级，提升了整体生产效率，实现了较好的经济效益和社会效益。

5. 服务外包兴起众包平台化趋势

国际著名资讯公司 Gartner 认为众包平台正在中国崛起，将改革中国的 IT 服务市场，成为 IT 服务商寻求能够应对重要项目资源挑战的新方法。众包平台可以打破人力资源限制瓶颈、降低项目成本、推动创新。事实上，2015 年涌现出了很多众包平台，如“解放号”、“猪八戒网”、“威客网”、“庖丁技术”、“快码”等，2016 年将无疑成为服务外包的热点。值得关注的就是中软国际的“解放号”众包平台，基于中软国际多年服务外包经验，发展比较快。

6. 新信息技术对产业冲击加深

当前，云计算、大数据、物联网、移动互联网、智能制造等新一代信息技术蓬勃发展，一方面，这些技术推动传统和新兴产业不断升级，加深应用，拓展了软件与信息服务外包市场空间和规模；另一方面，这些技术也在改变着服务外包开发、交付、服务的面貌，众包平台的出现，正是这种冲击的后果。

7. 人力成本、人力资源供应成为服务外包产业发展不确定因素

随着我国经济发展水平的提高，人口老龄化趋势加深，劳动力供应开始趋于紧张，服务外包人力成本开始不断增长。此外，服务外包产业内部也面临着人才需求结构性问题，高端人才尤其是懂互联网的人才极度缺乏，复合型人才也面临匮乏的境地，人才培训体系对于服务外包的支持还缺少力度。

二、国家政策与地方政策

“政策是服务外包产业的生命线，服务外包的条件与制造业外包不同，限制服务外包发展不是技术和市场需求，而是能够将服务外包中风险共担和利益共享体现在合约之中，并被有效执行的能力。这涉及合同订立和执行的宏观制度环境，包括监管模式、法律环境、知识保护等问题”（摘自《服务外包产业内涵与分类》)。这段话深刻地揭示了，政策在服务外包产业发展中的重要作用，正是由于国家政策对于服务外包的强力支持，才使得中国服务外包产业取得了今天的成就。政策可分为国家宏观政策与地方政策。

（一）国家服务外包扶植政策

国家从2006年颁布的主要服务外包支持文件和优惠政策如表4所示。

表4　国家宏观服务外包支持文件和优惠政策一览表

文件号	文件名
商资发〔2006〕556号	商务部关于实施服务外包“千百十工程”的通知
国发〔2007〕7号	国务院关于加快发展服务业的若干意见
财企〔2008〕32号	财政部商务部关于支持承接国际服务外包业务发展相关财税政策的意见
财企〔2008〕140 号	财政部商务部关于做好2008 年度支持承接国际服务外包业务发展资金管理工作的通知
国办函〔2009〕9号	国务院办公厅关于促进服务业外包产业发展问题的复函
	教育部商务部关于加强服务外包人才培养促进高校毕业生就业工作的若干意见
银发〔2009〕284号	中国人民银行商务部银监会证监会保监会外汇局关于金融支持服务外包产业发展的若干意见
人力资源和社会保障部商务部人社部发〔2009〕36号	关于服务外包企业实行特殊工时制度有关问题的通知
人社部发〔2009〕123号	关于加快服务外包产业发展促进高校毕业生就业的若干意见
工业和信息化部文件工信部电管〔2009〕107号	关于支持服务外包示范城市国际通信发展的指导意见
财企〔2009〕200号	关于鼓励政府和企业发包促进我国服务外包产业发展的指导意见
国办函〔2010〕69号	国务院办公厅关于鼓励服务外包产业加快发展的复函
商合发〔2010〕358号	关于支持和鼓励服务外包企业海外并购的若干意见
财税〔2010〕65号	关于技术先进型服务企业有关企业所得税政策问题的通知
商服贸发〔2012〕431号	商务部发展改革委关于印发《中国国际服务外包产业发展规划纲要（2011—2015）纲要》的通知
国办函〔2013〕33号	国务院办公厅关于进一步促进服务外包产业发展的复函
教高〔2014〕2号	教育部商务部关于创新服务外包人才培养机制提升服务外包产业发展能力的意见
国发〔2015〕8号	国务院关于加快发展服务贸易的若干意见
国发〔2014〕67号	国务院关于促进服务外包产业加快发展的意见

以上文件并未涵盖所有国家出台的政策，而是选择了一些典型的、重要的文件，包括财税、金融、人力资源、产业规划、产业政策、支持产权等全方位的支持政策。还有一些重要的国家政策不是直接与服务外包相关，但也会对服务外包造成重大影响，例如，《国务院关于印发鼓励软件产业和集成电路产业发展若干政策的通知》（国发〔2000〕18 号）以及《国务

院关于大力推进大众创业万众创新若干政策措施的意见》等。

“十三五”期间，外包政策与相关专项工程持续推动我国服务外包产业进一步发展，使我国在由服务外包大国迈向服务外包强国进程中走得更好、更快、更稳，真正打造出具有国际竞争力强大的产业，并发展成为促进我国经济发展的新增长点。

（二）地方相关政策

相对来说，我国外包政策是以国家宏观政策为主导的，地方政策是对中央政策的落实、深化与细化，这并不意味着地方政策就可以无所作为，在吃透中央政策的基础上，地方政策其实有着相当大的创新和本土化空间。我们选取了三个典型的城市——南京、北京与深圳进行介绍。

1. 南京

南京是个内地城市，发展服务外包并不具有得天独厚的条件和优势，但最近几年成为服务外包发展最快的城市，在 2014 年的 21 个服务外包示范城市综合评价中位列第一，合同执行额也位列各城市之首，南京的政策经验也引起了其他城市的重视。

2011 年，南京市政府出台了《关于加速推进南京国际服务外包产业发展的实施意见》，随后，南京市商务局会同市相关部门先后出台了《服务外包专项资金管理办法》、《服务外包人才培养基地认定办法》、《服务外包人才培训机构认定办法》、《服务外包园区认定及综合考核评价办法》等，形成了较为全面的产业政策促进体系，市级财政每年拿出 3000 万元左右用于服务外包专项扶持。同时，积极组织企业申报中央及省级财政服务外包专项资金扶持。

目前，南京市深入研究南京市服务外包发展所需的促进手段和政策措施，在市财政、金融办的支持下尝试设立南京服务外包企业融资担保平台，开展利用知识产权、股权贸易合同和期权等具有服务外包特色的产品质押贷款，破解服务外包企业融资难的问题。

2. 北京

北京的服务外包政策的一个重点是中关村软件示范园区。2011 年，财政部等四部门正式批复的《中关村现代服务业试点方案》给北京服务外包产业发展带来了新的机遇，中关村软件园集聚了文思海辉、博彦科技、软通动力、新思软件等服务外包企业总部和全球研发中心，发展服务外包有得天独厚的条件和优势。

北京还制定了《北京市服务外包发展配套资金管理办法（暂行）实施细则》、《北京市人民政府办公厅转发市商务委关于促进本市服务外包产业发展若干意见的通知》等本地化政策。

不过相对来说，北京除了海淀区之外，其他地区服务外包产业发展的潜力并未完全发挥出来。北京市制定的服务外包政策只是在亦步亦趋地承接中央宏观政策，本地不够系统，创新不足，近两年政策更新也不够快，发展相对迟滞。

3. 杭州

在 2014 年的 21 个服务外包示范城市综合评价中，杭州市的得分高达 31.03 分，是最高分，其外包政策得到了高度评价，对我们的研究有一定参考价值。

杭州的服务外包地方政策是体系最为全面的，更新也比较快，包括：《关于促进创新型企业融资担保的试行办法》、《 杭州市政府办公厅关于加快文化产品和服务出口的实施意见》、《杭州市服务外包公共服务平台专项资金使用办法》、《杭州市人民政府办公厅转发市财政局市外经贸局关于杭州市服务外包专项资金管理办法的通知》、《杭州市服务外包知识产权保护若干规定》、《关于对服务外包培训机构进行认定的通知》、《杭州市人民政府办公厅关于促进杭州市服务外包产业发展的若干意见》、《 市政府关于加快培育外贸竞争新优势的实施意见》等，其中知识产权方面的政策在全国是比较领先的。杭州比较重视文化产品和金融服务的服务外包。

三、国内服务外包大事记

（一）商务部公示2014年《中国服务外包示范城市综合评价结果》

此次评价是按照国务院批准的《中国服务外包示范城市综合评价办法》，商务部委托第三方专业机构，对21个服务外包示范城市开展综合评价工作，此次综合评价共涉及58项指标数据，超过平均得分的共有8个城市，分别为南京、上海、广州、苏州、杭州、无锡、深圳、北京。其中，南京、上海、广州、苏州在综合得分上有较为明显的优势，形成了第一梯队。这次评价是对各地区服务外包成果的一次检验，也为国家和各地方服务外包发展提供了依据。

（二）商务部开始实施“服务外包竞争力提升”工程

2015年商务部开始实施“服务外包竞争力提升”工程，即“55311”工程。该项工程主要内容是扶持5家国际竞争优势突出、行业带动力显著的服务外包龙头企业，培育50家集成服务水平高、核心竞争力强的大型企业，支持300家“专、精、特、新”的中小型企业，同时重点支持100个主导产业突出、创新能力强、体制机制先行先试的服务外包产业园区，支持100家专业资质好、教学水平高的服务外包人才培养机构。

（三）2015年中国服务外包增速放缓，由快增长转向常态发展

自从2006年启动千百十工程以来，中国服务外包产业进入了高速增长的态势，每年合同执行额同比增长都在30%左右，甚至超过40%，例如，2012年同比增长就高达41.16%，2013年为35%，2014为23.14%。进入2015年，随着我国经济增长速度的放缓，服务外包的同比增长速度也降为18.9%，已经低于20%。这意味着国家和地方的服务外包政策也要做相应调整，从重速度向重质量转变。

（四）第七届中国国际服务外包交易博览会在杭州举行

2015年9月24日~25日，由商务部、杭州市人民政府联合主办，中国国际投资促进会和杭州市商务委共同承办的第七届中国国际服务外包交易博览会，在全国服务外包示范城市杭州举行，此次大会以“互联网+数字化驱动商业价值”为主题，举行了全球服务外包行业论坛、行业专题研讨会及系列商务活动，评选出有关奖项，为服务外包产业的共享交流，打造中国服务外包形象起到了重要作用。

（五）南京服务外包执行额跃居国内城市第一

2014年，南京市服务外包执行额达114.5亿美元，在全国城市中排名第一，同比增长32.3%，2015年也保持了较快的发展速度，如今服务外包产业已经成为南京的支柱产业之一，

在动漫、生物医药、金融等服务外包领域都有亮点。南京既非北、上、广一线城市，又非沿海城市，能够取得这样的成绩，与南京自身的努力分不开，对于地方发展软件服务外包具有重要的示范意义。

（六）“互联网+”与“双创”政策深刻冲击服务外包产业

在 2015 年 3 月的十二届全国人大三次会议上，李克强总理在政府工作报告中首次提出“互联网+”行动计划，7 月 4 日，经李克强总理签批，国务院印发了《关于积极推进“互联网+”行动的指导意见》，在这中间，6 月 16 日，国务院又发布了《国务院关于大力推进大众创业万众创新若干政策措施的意见》。“互联网+”和“双创”政策对服务外包业的冲击与影响是广泛而又深入的。一方面，释放了传统产业大量服务外包需求；另一方面，促进了服务外包产业的创新，进一步加深了服务外包与信息服务业、制造业、批发和零售业、交通运输业、能源业、金融业、卫生健康业等垂直行业的深度融合。

（本稿件由中国软件行业协会提供）

2015 年软件人才培养概况

一、2015 年全国软件人才状况

根据国家有关统计数据，2015 年，中国软件从业人员总数为 574 万人，软件行业从业人员数量再创新高，对于加快新一代信息技术产业发展、建设制造强国和网络强国，提供了强大的人力资源保障。

（一）行业分布结构

从行业分布来看，我国软件从业人员中以从事 IT 服务的数量最多，占比为 35.5%，位居榜首；制造、交通、教育、电信、金融等领域的软件人才所占份额超过 60%，说明软件和信息技术服务业对国民经济和社会发展的支撑带动作用越来越明显（见图 1）。

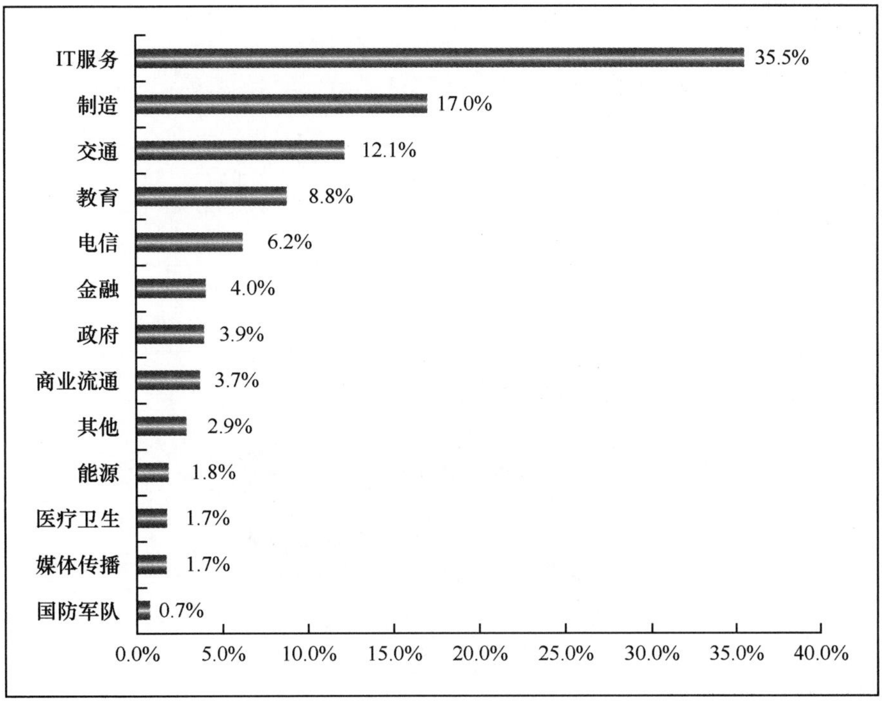

图 1　软件从业人员行业分布结构图

数据来源：中国软件行业协会。

（二）学历结构

从软件从业人员的学历结构分析，本科学历的软件人才以 56.5%的比例占据首位，硕士研究生及以上学历占 10.0%，大专及以下学历占 33.5%。本科学历及以上的软件人才占整个行业从业人员的比例达 66.5%（见图 2），这一比例远远高于制造业、农业、服务业等其他行业，说明软件和信息技术服务业作为战略性新兴产业，相较于其他行业，对于行业从业人员素质有较高的要求。

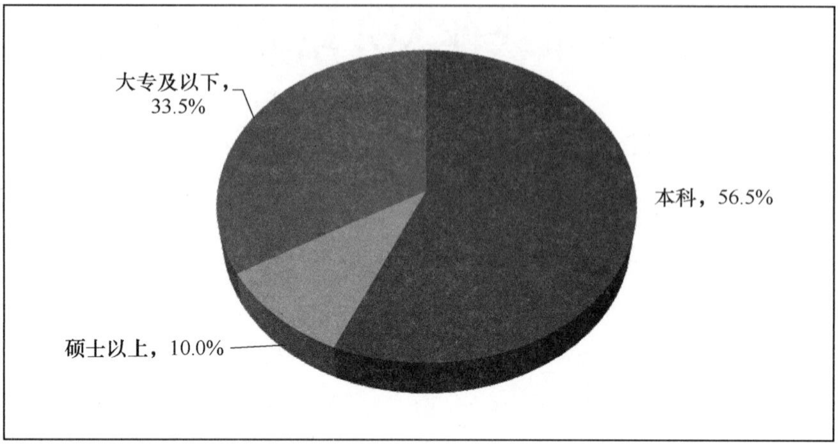

图 2　软件从业人员学历结构图

数据来源：中国软件行业协会。

（三）职业分布结构

在软件从业人员的职业分布结构上，软件技术研发人员在整体软件人才业务结构中占据最大的份额，其比例接近一半，为 48.7%，其次是市场推广及技术服务人员，所占比例达到 23.2%，这说明软件业是一个对技术依赖性比较强的行业，从业人员技术实力对于企业发展潜力具有非常重要的影响（见图 3）。

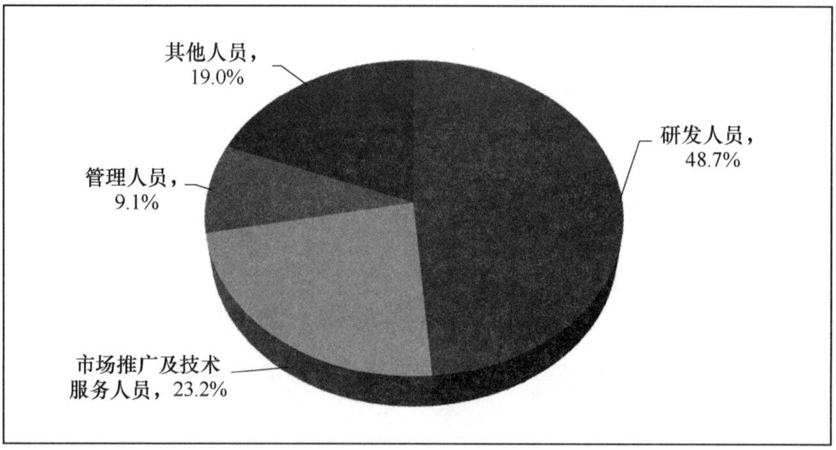

图 3　软件从业人员职业分布结构图

数据来源：中国软件行业协会。

二、全国高等教育软件人才培养

我国普通高等教育学校的信息类专业人才培养已经有相当的规模，共开设包括计算机科学与技术、软件工程、网络技术信息管理、信息安全等 100 多个专业。其中本科软件及软件相关专业 40 个，专科软件及软件相关专业 100 个。

2015 年全国软件及软件相关专业在校学生总数达到 476.7 万人，同比增长 10.5%。其中专科生 171.9 万人，同比增长 26.5%；本科生 298.5 万人，同比增长 2.8%；研究生 6.29 万人，与上年基本持平。本专科生依然是主力，其中本科生超过 62%，专科生超过 36%（见图 4）。

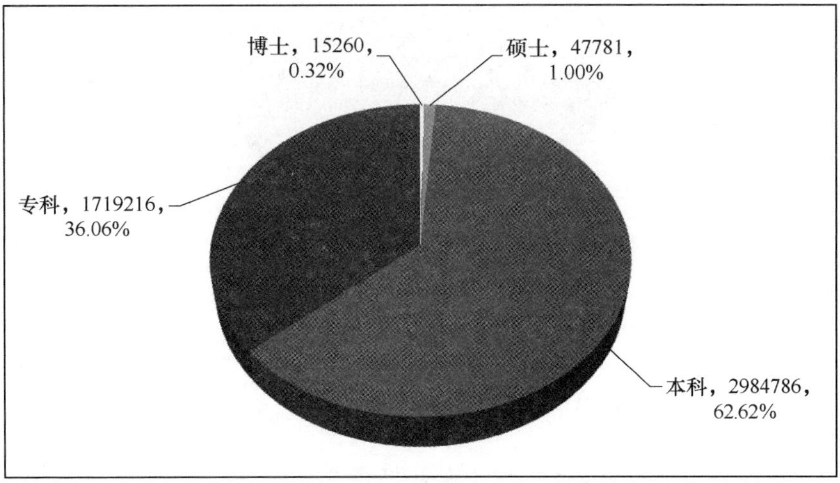

图 4 2015 年全国软件及相关专业在校生结构图

数据来源：教育部。

2015 年全国软件及软件相关专业毕业生总数达到 122.8 万人，同比增长 8.6%。其中，博士生毕业 1901 人，与上年基本持平；硕士生毕业 14705 人，同比增长 2.8%，本专科生毕业约 121.2 万人，同比增长 8.7%（见图 5）。

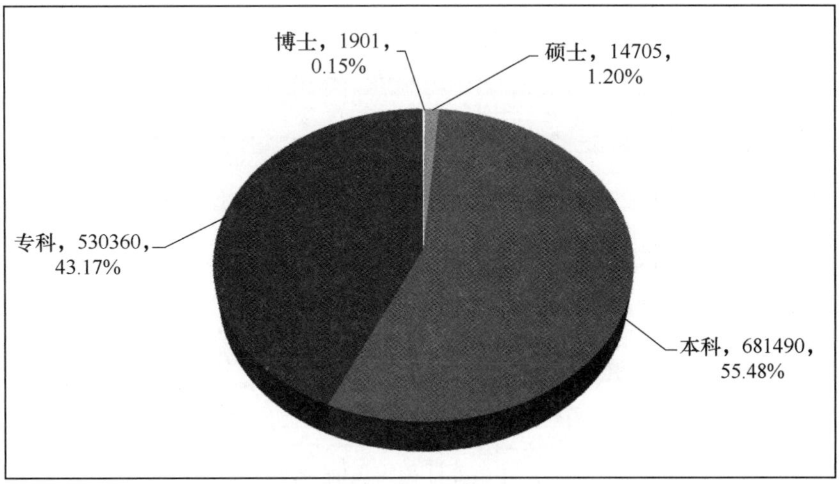

图 5 2015 年全国软件及相关专业毕业生结构图

数据来源：教育部。

2015 年全国软件及软件相关专业招生总数达到 138.4 万人，其中，博士生招生 3140 人，硕士生招生 16509 人，本科生招生约 75.7 万人，专科生招生约 60.9 万人（见图 6）。

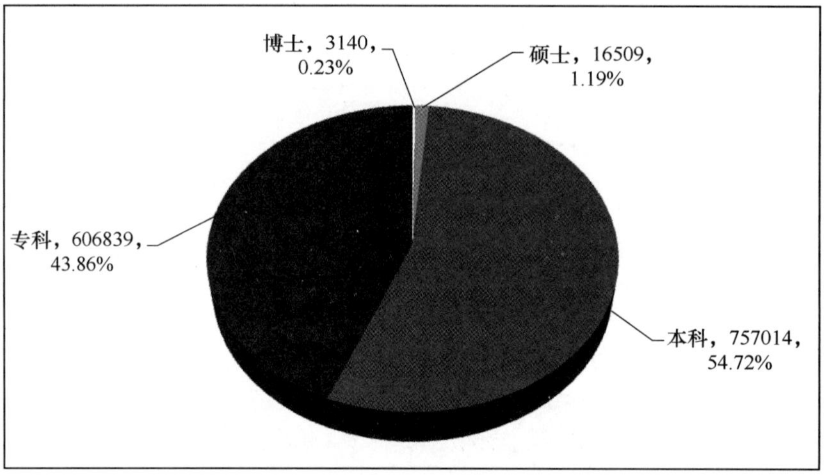

图 6　2015 年全国软件及相关专业招生结构图

数据来源：教育部。

三、企业专职软件人才培养

软件行业由于其行业的特殊性，企业专业技术人才队伍能力素质高低，将直接影响产品市场和服务市场竞争能力。建立针对企业内部软件人才个人培养发展计划是企业育人、留人、用人机制的重要保障，大部分组织机构对内部人才培养体系建设的重要性都有清楚的认识，但由于机构各自所处的发展阶段及生存环境有所不同，真正落实到位的情况也有所不同。

通过调查软件行业企业，针对内部员工自身素质、技能提高的人才培养计划实施的方法和手段包括：参加培训、导师指导、轮岗等（见图 7）。

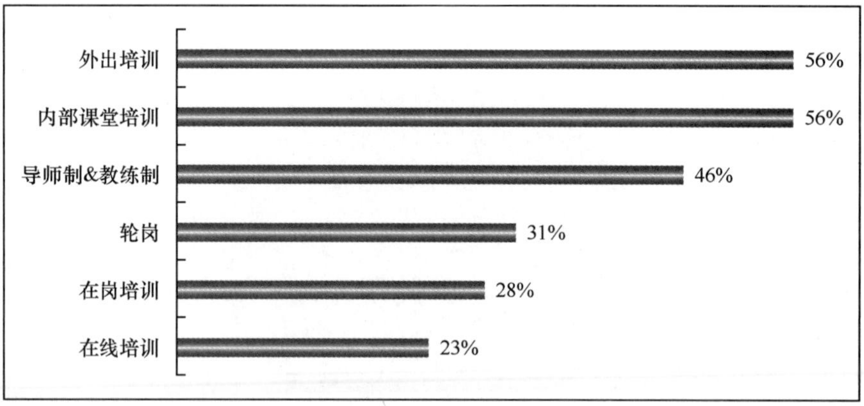

图 7　企业人才培养计划实施的手段和方法图

除参加企业提供并组织实施的人才培养计划外，软件行业人才通过自主学习，获取感兴趣领域的相关知识，也是自我成长发展的重要途径。调查显示，92% 的软件从业人员主要通过访问技术媒体/技术社区/技术论坛/开源网站等渠道获取知识，同时也有 48% 的软件开发者通过关注技术博客等渠道学习新技术（见图 8）。

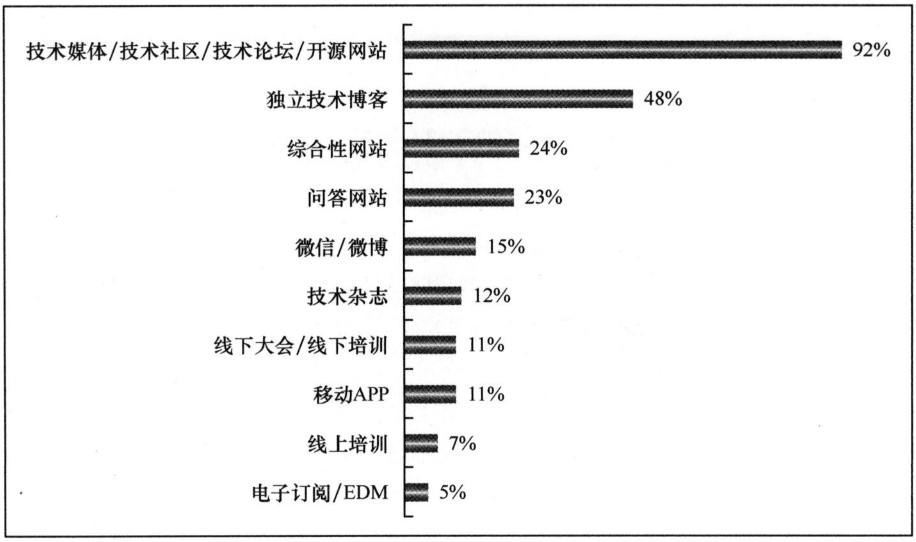

图 8　自主学习知识来源

数据来源：CSDN。

事实上碎片化的学习效果远逊于企业有组织、系统的人才培养体系，企业人才培养是企业对未来最好的投资，随着行业企业的不断发展壮大成熟，大部分企业都在建立或正在建立健全专业人才培养体系，这些体系的建立实施必将为企业源源不断地提供与时俱进的专业人才供应。

软件和信息技术服务行业是知识高度密集的行业，行业知识和技术的发展日新月异，软件行业人才培养体系建设是行业企业应对挑战、保持产业持续健康发展的核心竞争力。加强软件专业人才队伍的培养建设是确保我国软件与信息服务外包业保持竞争优势和持续发展的原动力，这已成社会共识，政府各相关主管部门也非常重视软件人才培养工作，积极组织各部门资源制定相关配套政策大力支持，形成了社会各界共同努力、软件人才培养体系逐步建立健全的新局面。中国软件行业协会作为在政府领导、行业主管部门指导下，服务于软件产业企业的社会组织机构，将继续充分发挥政府和企业之间发挥桥梁、纽带作用，致力于代表行业企业为政府相关部门人才培养政策的制定建言献策，积极组织相关资源支持配合相关部门人才培养工作的落实，携手社会各界人才教育培训资源共同努力，为中国软件产业保持持续健康的发展，奠定坚实的人才基础。

（本稿件由中国软件行业协会提供）

2015 年人工智能发展概况

人工智能（Artificial Intelligence）也称机器智能，是指用机器去实现所有目前必须借助人类智慧才能实现的任务，其本质是对人类智能的模拟甚至超越。人工智能是全球公认的尖端领域和创新前沿，有着超乎想象的广阔前景，其能够推动多个领域的变革和跨越式发展，对传统行业产生颠覆性影响，并催生新业态、新模式，引发经济社会发展的重大变革。近年来，随着核心技术不断取得突破，要素支撑能力的大幅提升，人工智能产业化进程加速推进，人工智能发展步入快车道。2015 年，我国人工智能发展迅速，技术研发能力大幅提升，行业应用逐步深入，但也暴露出前沿技术研发能力薄弱、技术产业化水平较低、智力资源供给不足等多方面问题。展望 2016 年，我国人工智能仍处于高速发展阶段，国家和社会投入力度将持续加大，技术成熟度有望大幅提升，技术产业化应用将加速深入，人工智能产业生态将更加优化。

一、基本情况和运行特点

随着我国科技水平、产业水平的不断提升，在各方支持下我国人工智能发展势头良好，行业应用逐步深入，产业化能力稳步提升。

（一）人工智能关键技术持续取得突破

我国长期以来通过“863”、“973”等科技重点研发计划支持人工智能领域的相关研究。科技部“863”计划提出的《基于大数据的类人智能关键技术与系统》项目正在持续进行中，旨在研究海量知识获取与深度学习、内容理解与推理、问题分析与求解、交互式问答等类脑计算的关键技术，研制具有海量知识获取与抽取、语言深层理解与推理、问题求解与回答等能力的类人答题原型验证系统。据统计，我国科研投入已占到全球的 1/5，在全球仅次于美国。在国家支持下，人工智能前沿技术的研究不断推进，据初步统计，在国际人工智能顶级会议及期刊中，华人为第一作者的文章数量占到了四成以上。在视觉识别、语音识别等领域我国已掌握大量的核心技术，技术能力处于全球领先地位。

（二）研发基础不断夯实，技术产业化不断加速

中科院自动化所、清华大学、北京大学、百度、科大讯飞等科研机构和公司均已经开展深度学习理论算法、建模等方面的研究，有关人脑网络结构与认知结构的研究也开始开展。国防科技大学、中航科工、百度、科大讯飞等企业的部分人工智能相关技术开始实现产品化应用。在视觉、语音识别等领域我国人工智能技术已处于国际领先地位。在语音识别方面，百度、科大讯飞等公司语音识别系统的识别率已经突破 95%；在人脸识别方面，凭借 DeepID 系统汤晓鸥团队成为首个在 LFW 数据库[①]中识别率达到 99.15%的团队。

---

① LFW 是人脸识别领域使用最广泛的测试基准。

（三）科技巨头争相发力，率先抢占市场空间

百度、腾讯、阿里巴巴、科大讯飞等企业积极布局人工智能领域，抢占产业发展制高点。百度推出“百度大脑”项目，利用计算机技术模拟人脑，成立了深度学习研究院，引进国际知名专家吴恩达来负责人工智能前沿研究，开发了度秘等人工智能产品，并成立了无人驾驶事业部布局新领域业务拓展。阿里巴巴开放了中国首个人工智能计算平台 DTPAI，并推出了阿里客服机器人平台，通过并购和战略合作发力智能机器人及智能家居领域。腾讯先后推出基于深度学习、大数据及自然语言理解的微信开放平台、腾讯优图开放平台和腾讯云搜，推出撰稿机器人 Dreamwriter，并成立了腾讯智能计算与搜索实验室加强前沿研究。科大讯飞正在实施“讯飞超脑”计划，旨在从“让计算机能听会说”向“让计算机能理解会思考”的目标迈进。京东研发推出了 JIMI 智能机器人，已成功应用于售前咨询、售后服务和生活伴侣三个场景，承担了超过 30%的京东客服任务。

（四）创业环境加速优化，创业公司发展迅猛

互联网经济的快速发展为人工智能的市场应用提供了大量的市场基础和空间，据初步统计，2015 年我国网络经济同比增长 33%，总体规模超过千亿元。人工智能已经成为创新创业的重要领域，自 2012 年起，我国人工智能领域投资金额、案例、参与投资机构数量均大幅增加。据测算，2015 年人工智能创业公司共获得的投资金额约为 12.6 亿元，较 2014 年增加 56%。从产业类型来看，人工智能领域应用型企业获得的投资占到七成以上，从技术领域来看，从事计算机视觉研究和产品开发的公司更容易受到市场资本的关注。当前我国人工智能领域已有近百家创业公司，其中约 65 家获得了投资，投资总额达到 29.1 亿元，其中旷视科技、优必选、云知声和商汤科技企业估值均已超过 10 亿元。我国人工智能领域主要企业如表 1 所示。

表 1　我国人工智能领域主要企业

企业名称	发展重点
百度	从技术研发为基础，集合自身数据和计算优势推动人工智能技术的应用。注重技术开发平台构建和人工智能行业应用
科大讯飞	以语音技术研发和应用为核心，加快语音开放平台的建设和语音应用的推广
阿里巴巴	以数据资源和云平台为依托，加快智能技术的应用和融合
腾讯	以现有社交服务和海量数据为基础，发展图片识别与检索、语义识别等智能应用
格林深瞳	以计算机视觉技术研发为核心，发展安防等行业应用
捷通华声	立足语音、手写识别等智能人机交互技术的研究与应用，全面发展各类增值服务
旷视科技	以计算机视觉技术研发为核心，发展人脸识别、智能视频处理等服务
优必选	以人工智能技术为依托，注重商业化智能人形机器人的研发和制造
云知声	以计算机听觉技术研发为核心，发展语音识别等服务
商汤科技	以计算机视觉技术研发为核心，在金融、移动互联网、安防等行业开展应用
出门问问	重点发展中文语音搜索服务
图灵机器人	注重开发个性化的语音助手机器人
智齿客服	重点基于自然语言处理构建客服服务
地平线机器人	注重机器人专用“大脑”芯片的研发

（五）应用场景不断拓展，应用水平加速提升

人工智能下游应用场景众多，通过将人工智能与传统产业相结合，可实现不同场景的应用，如无人驾驶汽车、智能家居、智能医疗等。目前，人工智能在金融、安防、客服等领域率先应用，在特定领域中语义识别、语音识别、人脸识别、图像识别技术的精度和效率已远超人工，节省了大量人工成本。在金融领域，人脸识别技术已应用在柜台人脸识别辅助、ETM 可视化柜台、远程开户等场景；智能视频分析技术应用于 ATM 及自助厅自动报警；语音识别、语义识别技术应用于机器人大堂经理。人脸识别、图形识别已广泛应用于安防领域，具体包括车牌识别、车辆视觉特征识别、被动人像卡口、身份证比对、嫌疑人照片检索等应用。在线客服机器人已在金融业、三大运营商、电商、航空公司、整车厂、物流行业、出租车、政府服务等各行业应用，并取代了大量人工座席。

（六）市场竞争异常激烈，企业发展压力加大

伴随人工智能技术的产业化，全球各大科技企业纷纷加大对人工智能的资金和人力投入，人工智能领域的创业氛围也日趋高涨，市场竞争非常激烈。一是人工智能成为全球科技创业的热点领域。大批人工智能专家凭借其掌握的核心技术，积极参与到人工智能产业化发展浪潮中，涌现出一批专注于某个特定领域的创业公司。二是以谷歌、微软、IBM 等为代表的科技企业正在人工智能领域率先发力。谷歌公司开展了被称为“谷歌大脑”的研究项目。2015 年，谷歌将其机器学习系统 TensorFlow 开源，构筑产业发展新生态，并推出了端到端平台 Brillo 和 Weave 跨平台协议打造智能家居生态系统。IBM 打造的认知计算平台 Waston 已在医疗和金融等领域实现应用，此外，IBM 发布了能模拟人类大脑的 SyNAPSE 芯片，其拥有 100 万个神经元内核、2.56 亿个突触内核以及 4096 个神经突触内核，已达到量产要求。苹果在智能语音、计算机视觉、机器学习以及算法编写等领域持续加大研发力度。2015 年 8 月微软发布了全球人工智能战略计划。

二、当前存在的主要问题

总体来看，我国人工智能研究和应用与日本、韩国等发达国家基本同步，技术水平和应用能力均处于全球领先行列。但与美国、英国等先进国家相比，我国在人工智能发展的诸多方面仍存在一定的差距，行业发展仍面临一些问题和挑战。

（一）前沿尖端技术仍待突破

人工智能一直都是前沿尖端的研究领域，技术突破对产业发展的作用非常突出。我国在语音合成、语音识别、图像处理技术等技术领域已具备一定基础，但在认知计算、人机交互等前沿热点领域技术研究方面，我国仍处在跟随阶段，对技术创新的引领带动能力不强，在有形实体、脑机交互、自适应机器学习等尖端领域布局和投入还有待加强。当前，人工智能领域的核心技术大多由国外研究机构或企业率先发表，主要的人工智能应用开源平台和工具也被谷歌、微软、IBM 等国外企业掌控。其原因主要在于：一方面，相比于美国等发达国家，我国在人工智能前沿技术领域的投入相对较少，传统软件和信息技术服务企业受迫于经营压力，在人工智能等新兴领域的资金投入力度有所减弱。另一方面，我国的前沿技术研究体系

仍待完善，研究机构更加重视研究成果的数量，研究人员成果发布压力较大，缺乏对课题深入研究的动力。此外，我国主要科技企业的研究力量仍在不断扩充之中，企业研发能力尚未完全释放，企业开展技术研发所获得的支持力度有待加强。

（二）技术产业化水平较低

人工智能的关键技术存在产业化转换的环节，产业化水平较低将严重阻碍关键技术的集成应用，使我国人工智能产业无法实现依托于技术创新的高速发展。我国人工智能关键技术大多由高校等科研机构掌握，产业化技术能力不强，关键技术产业化不足。我国研究机构与企业的联系不够紧密，重点研究方向与产业应用实际存在脱节，由此造成科技成果无法迅速转换到产业应用环境中，从而使技术突破对产业发展的支撑作用无法显现。与此同时，高校等研究机构中创业氛围和环境还有待改善，研究团队投身于产业发展的积极性较低，这也阻碍了研究成果的产业化应用。

（三）人才供给严重不足

人工智能是典型的智力依赖型产业，人才在产业发展中处于核心地位。当前，人工智能正处在高速发展阶段，人才短缺已成为行业普遍面临的突出问题，而我国人才供给缺乏程度更为突出。当前我国人工智能人才培养主要集中在少数高校及研究院所中，人才培养的难度大，数量少。此外，人工智能领域部分优秀人才选择在海外深造，研究成果易率先被国外企业所利用，就业选择也更容易倾向于国外企业。同时，国外科技企业竞相网罗人工智能高端人才，由于待遇水平、企业环境、发展空间等因素，国内企业对人才的吸引力较弱。

（四）企业市场竞争力不强

企业是人工智能产业构成和持续发展的主体，人工智能作为新兴领域正成为我国创业团队开展技术和产品创新的主战场，也是我国科技企业竞相竞争的主战场，但总体来看，我国人工智能企业的市场竞争力仍然较弱。一是人工智能创业企业数量相对较少，创业难度相对较大。二是传统软件和信息技术服务企业及行业软件企业创新能力较弱。三是大型科技企业海外市场开拓难度大，海外并购等市场化运作不够活跃。对于创业企业而言，其在获取必要的资源支持中存在困难。技术上，尽管人工智能领域大多技术都是开源的，但我国企业与研究机构基于开源资源的研发模式尚未形成，未能有效利用国际开源技术资源。数据资源上，我国数据资源主要集中在大型互联网公司、电信运营商、大型行业企业中，数据开放和交易环境尚不成熟，创业型公司难以获得业务发展所必需的数据资源。对于传统软件企业而言，受限于资金投入较少、行业人才储备不足、人才培养难度大等原因，企业产品及服务的研发创新动力不够、能力不强，难以为行业企业提供面向行业应用的人工智能解决方案。对于大型科技企业而言，我国企业仍然聚焦于国内市场，海外市场的开拓和运营经验不足，对海外人才、数据等资源的利用程度较低。此外，我国企业对国外市场化运作规则不熟悉且缺乏相关经验，无法有效利用和整合国外优秀市场资源。

三、发展展望

伴随全球人工智能资金和智力投入的不断加大，人工智能技术加速成熟，我国人工智能发展基础不断夯实，仍将处于高速发展阶段。预计到2020年，全球人工智能市场规模将达到约1200亿元，我国人工智能市场规模将接近百亿元，年均增速将超过50%。未来，人工智能领域国家和社会投入力度将持续加大，技术产业化应用将更加深入，产业生态将加速完善。

（一）人工智能支撑体系更加夯实

人工智能的发展离不开智能算法、计算速度、存储容量、网络传输等多个方面的共同进步。近年来，随着我国对现代信息产业的大力支持，集成电路、宽带网络、云计算、大数据等人工智能相关行业发展迅速，为人工智能的持续高速发展提供了极大支撑。集成电路的发展奠定了人工智能产业的基础，以云计算为代表的新型计算技术、计算模式快速发展，极大地提升了运算速度，降低了计算成本。大数据技术的不断进步和传感体系的快速丰富驱使互联网数据的有效采集、汇集与整合，为人工智能的发展提供了丰富的数据资源，协助训练出更加智能化的数学模型。宽带网络特别是高速无线互联网的发展使基于云服务的人工智能应用更加普及，极大地改善了智能产品和服务的应用体验。同时，互联网的快速普及也为人工智能提供了新的应用场景，促进人工智能新的行业应用的形成和成熟。

（二）国家和社会投入将持续加大

人工智能作为新兴的科技前沿，近年来受到国家高度关注和支持。在《国务院关于积极推进“互联网+”行动的指导意见》中明确提出要发展“互联网+”人工智能，通过借助互联网产业基础和平台资源，培育发展人工智能新兴产业，推进重点领域智能产品创新，以及提升终端产品智能化水平。在我国“十三五”规划纲要中也明确提出要重点突破新兴领域人工智能技术，发展各类智能化产品。在未来五年重大工程部署中也明确提出要开展类脑研究，培育人工智能成为新的经济增长点。在国家政策的引导下，产业扶持资金、人才等方面的具体支持措施将加快落地，未来在人工智能领域国家和社会的投入将持续加大，推动产业快速发展。

（三）智能技术有望取得新的突破

开源软件和平台化工具已成为当前信息技术创新的重要基础和手段，随着人工智能核心技术开源化和平台化进程的不断加速，未来智能技术的演进速度将会持续加快。2015年，谷歌、Facebook、微软、百度等科技企业均发布了其开源机器学习工具，预计2016年将会有更多的企业将其人工智能核心技术开源，并为人工智能应用提供更多的基础平台和工具，促进人工智能技术的不断创新。另外，全球各大企业均加大了对深度学习等人工智能技术创新的投入，未来深度学习等基础技术的集成应用将更加便捷，智能语音处理、计算机视觉、生物特征识别、自然语言理解、问答系统等一批共性关键技术将有望取得新的突破，智能识别、自然语言处理等应用技术将更加成熟，在智能硬件、智能机器人、智能管理服务等领域的应用创新将进入活跃期，人工智能与大数据、虚拟现实等技术的融合创新步伐将持续加快。

（四）企业市场竞争力将持续提升

人工智能已经成为全球各大科技企业开展竞争的主要领域，随着人工智能的持续火热，全球资本在人工智能领域的投资将继续保持高位，市场竞争将从多个层面展开。一是科技巨头纷纷抢占技术创新前沿，力争获取智能技术和产品创新的主导权。我国主要科技企业如百度、阿里巴巴、腾讯、京东等均围绕自身业务从不同切入点加大对人工智能技术的投入和应用，通过设立研究院、构建开源平台等方式加快布局。二是行业企业依托其已有的产品和技术体系加快智能技术的集成应用，互联网企业将率先应用智能技术提高其传统业务发展水平，随着《中国制造 2025》的推进，智能技术也将成为推动制造业转型升级的重要技术手段。三是巨大的市场空间将为创业型企业提供难得的发展机遇。人工智能的价值在于不同领域、不同方向的应用，当前，各个行业智能化水平还普遍较低，各个细分领域都存在潜在的应用市场。专注于特定领域应用的人工智能企业将会加速涌现并得到快速成长。

（五）应用空间加速拓展

随着人工智能技术的不断演进发展，人工智能将会对传统产业带来巨大的变革力，其应用领域将加速拓展，应用水平有望快速提升，并有望助推传统产业转型升级和战略性新兴产业整体性突破。预计在现有应用基础上，人工智能技术在信息密集行业商业化步伐将大幅加快，在视频存储与处理、网络与信息平台运营、电子商务、互联网金融服务、地图与位置服务、公共安全管理等领域商业化产品和服务将加速涌现，促进相关行业智能应用的部署和实践。智能家居正在成为家庭的标配，我国智能家居市场规模在 2016 年将出现明显增长，并预计在 2018 年达到 1800 亿元。同时，在智能机器人、智能语音服务系统、智能汽车等综合性平台中，智能技术的应用程度将会持续加大，产品智能化服务水平将实现大幅提升，为用户提供更为高效化和多样化的服务。预计智能语音产业规模将在未来三年继续保持 50%以上的增长率。

（本稿件由中国电子信息产业发展研究院软件产业研究所提供）

2015 年大数据产业发展概况

一、基本情况及运行特点

（一）产业规模

2015 年，国务院印发了《促进大数据发展行动纲要》，提出了我国大数据发展的顶层设计，明确指出要全面推进我国大数据发展和应用，加快建设数据强国。随着国家文件出台，各地方省市进一步出台相关政策规划推动大数据发展，大数据在各行业的应用也进一步加快，市场规模增速明显。易观国际数据显示，2015 年，我国大数据市场规模达到 102 亿元，同比增长 35.2%（见图 1）。

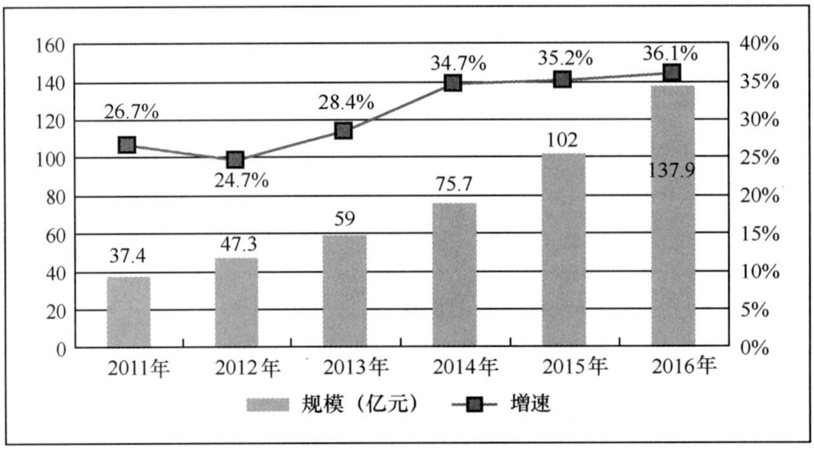

图 1　2011—2016 年我国大数据市场规模

数据来源：易观国际数据　2016，01。

（二）应用特点

1. 重点行业应用成效明显

2015 年，大数据在行业领域的应用进一步深化，尤其在金融、征信、医疗等领域，大数据应用取得了初步成效。金融风险管控领域，大数据已经成为反欺诈的重要手段。同盾科技、中智诚等企业基于多样化的机器学习模型、大数据关联分析和指标计算等，以云服务的方式为各行业提供网络反欺诈保护，提供更准确、更全面的反欺诈服务，得到了资本市场的青睐，2015 年，同盾科技获得 3000 万美元的 B 轮投资。征信领域，2015 年，央行批准 8 家机构进行个人征信业务，其中就包括阿里巴巴、腾讯等大数据企业，此类企业对用户在网上交易的行为数据进行采集、整理，再经过深度挖掘和评估，形成对客户的风险定价。医疗领域，深圳市儿童医院搭建信息集成平台，整合原有分散在多系统中的海量数据，实现各部门的信息共享，同时通过商业智能分析对集成数据进行深入挖掘，为医院各部门人员的科学决策提供全面辅助，提升了医院的服务水平和管理能力。医渡云公司与我国排名前 20 位中的 12 家三甲综合医院开展战略合作，覆盖全国 400 余家医院，打造“医度”这一医疗大数据平台，功能包括：数据获取、大数据存储和计算、机器学习和应用，专注于医疗数据处理和深度挖掘，为医生、医院、顶级科研机构和监管部门提供基于自然语言的病历搜索、辅助诊疗、循证医学科研等大数据技术服务。

2. 互联网企业积极参与政府大数据应用

面对大数据浪潮，互联网企业率先进行了大数据探索，对如何应用大数据积累了宝贵的经验。2015 年，互联网企业积极探索同政府部门合作，将这些大数据能力和经验应用于交通、旅游、经济预测等公共服务领域，助力政府服务能力提升。百度与九寨沟、四川旅游局、山东旅游局已达成合作意向，为景区及政企提供智慧旅游大数据解决方案。其中，九寨沟客流量预测能够辅助九寨沟景区进行安全管理、人流疏导，提升游客在景区的旅游体验，已经取得良好效果。国家统计局也已与腾讯等互联网企业合作，构建以结构化数据和大数据为基础来源的现代化政府统计，生产更多、更好、更有价值的统计产品，为国家宏观调控、人民生活改善、社会福祉提升提供坚实数据支撑。

（三）创新特点

1. 与云计算等领域紧密结合

掌握云计算技术的企业在发展大数据业务时体现出的竞争优势尤为明显。随着数据规模的快速增长和大数据应用的增多，在云端提供大数据服务（DaaS）已成为行业共识。谷歌、亚马逊、甲骨文、阿里巴巴、百度、Cloudera 等企业都在依托自身的云计算能力推动大数据发展。不具备云服务能力的大数据初创企业，往往要通过租用云计算企业的平台资源，才能提供大数据应用服务。

2. 企业积极打造生态

开源技术的发展推动了以企业为核心的生态发展模式向以技术为核心的生态发展模式转变，各类型企业，甚至是竞争对手也都在为打造同一个生态而努力，竞争格局由零和博弈转向竞合互补。例如，谷歌、微软、脸谱等企业都在支持 Hadoop、Spark、Storm 等生态发展，同时也分别与众多企业合作打造大数据垂直生态。

3. 商业模式创新缓慢

大数据商业模式的创新还较多地出现在数据的存储、计算、分析和可视化等已相对成熟的环节，而令人期待的关系挖掘、沉淀价值利用、数据社交和跨界连接等模式尚未成熟。例如，利用数据关系挖掘，进行商业精准化服务和辅助管理决策的商业模式还缺乏实践。

（四）投融资特点

1. 行业应用继续成为投融资热点

2015 年，金融资本热衷于投向掌握行业应用产品和服务的企业，或具有行业应用开发潜力的公司（见表 1）。其中，交通、健康、金融、教育、电子商务、娱乐等领域的融资并购频繁。

表 1　2015 年我国大数据领域融资并购部分事件情况（一）

企业名称	规模	事件概述	领域
闪银奇异	2000 万美元	闪银奇异完成 2000 万美元融资，探索“大数据金融”新模式	金融
艾漫科技	6000 万元	国内影视大数据企业艾漫科技完成 A 轮超 6000 万元人民币融资，由荣联创富基金和创势资本联合投资	娱乐
百分点		百分点收购软科 Mediaforce 布局大数据应用	金融
美餐	1.4 亿元	完成 1.4 亿元 C 轮融资，由大众点评领投，KPCB、诺基亚成长基金（Nokia Growth Partners，NGP）、挚信资本跟	餐饮
51 信用卡	5000 万美元	51 信用卡以信用卡管理为入口，针对用户行为和需求进行分析，从而切入金融业务，获新湖中宝 5000 万美元 B+轮融资	金融
积木盒子	8400 万美元	P2P 平台积木盒子获 8400 万美元 C 轮融资	电商
东方国信	1810 万英镑	东方国信公告拟以 1810 万英镑收购英国 Cotopaxi Limited100%股权。旨在进一步加强在工业大数据领域的竞争实力	工业
同盾科技	3000 万美元	杭州同盾科技完成的 B 轮融资中获得由启明资本领投的 3000 万美金投资，资金已经全部到位，前两轮投资人宽带资本、IDG 资本、华创资本及线性资本均跟投，本轮融资顾问为以太资本	安全
华畅智慧	3.5 亿元	贵州华畅智慧城市科技产业有限公司与贵州大学计算机科学与技术学院、贵州省标准化协会等单位分别签署了战略合作协议，该公司将在贵州省投资 3.5 亿元。致力智慧城市大数据平台研发应用	智慧城市
京东		京东已投资美国基于机器学习算法的大数据分析公司 ZestFinance，双方同时还宣布成立名为 JD-ZestFinanceGaia 的合资公司，合作开展大数据征信业务	征信

数据来源：赛迪智库整理　2015，12。

2. 数据资源掌控成为投资新方向

数据资源是大数据产业发展的基础，掌控了数据资源，才有可能提供高端的数据分析挖掘产品及服务，从而获取更高的商业价值。2015 年，众多投融资事件的背后都反映了对数据资源的布局（见表 2）。

表 2　2015 年我国大数据领域融资并购部分事件情况（二）

企业	规模	投资方
九次方	2 亿元	博信资本、IDG 资本、德同资本、富凯投资等旗下基金
数据堂	2.4 亿元	达晨创投领投
热云数据	5000 万元	凌志汉理基金
聚合数据	2.18 亿元	华人文化产业投资基金领投，京东等跟投
数据堂	2.4 亿元	中航信投、海通证券、东方证券、浙商资管、青岛华通、安徽国富
九次方	5 亿元	博信资本、建银财富、当代集团、IDG 资本等 18 家机构

数据来源：赛迪智库整理　2015，12。

（五）政策特点

2015 年，随着《促进大数据发展行动纲要》的发布，我国各省市对大数据的推进力度进一步加强，通过相关政策、项目、技术和应用推动大数据发展。总体来看，各省市的主要举措包括以下五个方面。

1. 建立组织机构

我国已有广东省、辽宁省、四川省、广州市、中山市、沈阳市、黄石市、兰州市、成都市等多个省市成立了大数据管理局等统筹协调大数据发展的机构，以便充分发挥政府领导的统筹决策作用、政府部门的引导带动作用，在整合利用各方资源的同时，突破传统观念、部门利益等限制，快速推进大数据发展与应用相关工作。

2. 建立产业联盟

各省市积极引导建设以企业为主体，科研机构、高等院校、用户单位等参与的大数据产业联盟。联盟作为重要的中介机构和行业组织，其主要目标是加强对行业发展重大问题的调查研究，共同推进大数据相关理论研究、技术攻关、数据开放共享和创新成果应用推广，参与有关产业政策制定。产业联盟在建设大数据平台、推进大数据项目实施时能够发挥牵头推进的重要作用。我国部分地方大数据产业联盟建设情况如表 3 所示。

表 3　我国部分地方大数据产业联盟建设情况

序号	联盟名称	联盟工作内容
1	上海大数据产业技术创新战略联盟	目标是搭建大数据技术创新及产业应用合作交流平台，建立互利共赢、共同发展的合作关系。“联盟”作为《上海推进大数据研究与发展三年行动计划》的主要实施机构，将围绕产业技术创新的共性、关键和前沿技术开展合作，突破核心技术，形成产业技术标准，提升行业技术水平和综合竞争实力；实现联盟成员的创新资源有效分工、合理衔接，形成公共技术支撑平台；实行知识产权分享，促进国际、国内技术合作与交流，加速创新成果转化；联合培养专业技术人才，增强产业持续创新能力
2	中关村大数据产业联盟	宗旨是把握云计算、大数据与产业革新浪潮带来的战略机遇，聚合厂商、用户、投资机构、院校与研究机构、政府部门的力量，通过研讨交流、数据共享、联合开发、推广应用、产业标准制定与推行、联合人才培养、业务与投资合作、促进政策支持等工作，推进实现数据开发共享，并形成相关技术与产业的突破性创新，产业的跨越式发展，推动培育世界领先的大数据技术、产品、产业和市场
3	中关村大数据交易产业联盟	以推动数据资源开放、流通、应用为遵旨，努力构建中关村乃至全国大数据流通、开发、应用的完整产业链。主要工作包括建立大数据交易规范、制定大数据交易标准、研究建立大数据定价机制、研究建立大数据定价机制、发挥桥梁作用
4	深圳大数据产学研联盟	开展深化产学研交流合作，推动公共服务平台建设、推动重点实验室建设、制定国家技术标准等一系列工作，致力于推动南山区乃至深圳市大数据产业的领先发展
5	贵州大数据产业和应用联盟	汇聚政产学研用各界资源，共同推进面向应用的大数据相关理论研究、技术研发、数据共享、应用推广，形成开发合作、协同发展的大数据技术、产业和应用生态体系
6	浙江省大数据应用技术产业联盟	集合浙江省技术、资源、资金等多方面的优秀力量，形成研发与应用企业间的交流、合作平台，共同解决联盟内企业面临的各种技术与资源的难题，充分保证大数据的科技成果快速、有效转化
7	山东大数据产业技术创新战略联盟	整合山东省内大数据产业研发的人才、科研、设备、存储、网络、计算、软件、用户等企业及团体的资源优势，形成联合开发、优势互补、利益共享、风险共担的产学研合作机制，推进大数据技术创新、业务模式创新和服务模式的创新，更好地实现大数据技术、应用和市场的整合，促进产业链上下游企业间的协同与合作，共同推动山东省互联网产业和软件与信息服务业的大发展

数据来源：赛迪智库整理　2015，12。

3. 建设大数据资源平台

大数据资源平台主要用来存储各类可开放的数据资源，并提供资源管理、下载、共享等功能。在实际运作中，大数据资源平台可能表现为公共数据（资源）门户网站的形式（特别是对公众完全开放的大数据资源平台），例如，“北京市政务数据资源网”（www.bjdata.gov.cn）、“上海市政府数据服务网”（www.datashanghai.gov.cn）。

4. 建设大数据交易平台

为促进企业（机构）间数据的流通、进一步发挥数据资源的增值作用，同时保护数据资源生产者、维护者的积极性，各省市纷纷试点数据交易所的建设，推动形成数据资产交易市场，以使得数据资源能够按照市场引导、价值驱动的方式在各利益相关方之间流动。我国大数据交易中心建设情况如表 4 所示。

表 4　我国大数据交易中心建设情况

时间	省市	建设情况
2014.12	北京	“北京大数据交易服务平台”上线
2015.4	贵阳	全国首个大数据交易所“贵阳大数据交易所”挂牌运营
2015.7	武汉	东湖大数据交易所正式启动
2015.7	武汉	长江大数据交易所揭牌
2015.10	徐州	徐州大数据交易所挂牌成立
2015.12	河北	河北京津冀数据交易中心成立

数据来源：赛迪智库整理　2015，12。

5. 实施应用示范项目

开展应用示范是各省市推动大数据发展的有力抓手。上海市重点选取了金融证券、互联网、数字生活、公共设施、制造和电力等行业，提出建设金融大数据分析与智能决策支持系统、面向互联网的大数据分析和服务系统、数字生活大数据服务系统、公共设施大数据服务系统、制造业大数据系统，开展大数据行业应用研发，探索“数据、平台、应用、终端”四位一体的新型商业模式，促进产业发展。重庆市提出要在民生服务、城市管理和电子商务、工业制造、交通物流、商贸零售、金融、电信、能源、传媒等数据量大的行业，以及外包服务等重点领域开展大数据示范应用。北京中关村则提出，在科学计算、资源勘查、卫星应用、重大装备制造、现代农业等领域应用大数据，服务国家战略需求。鼓励在治理大气污染、缓解交通拥堵等方面探索基于数据驱动的精细化管理模式，促进首都经济社会发展。围绕现代服务业发展需求，推动大数据与商业、金融、文化、教育、医疗等领域相结合，提升产业内生创新驱动能力，加快商业模式创新，促进优质服务资源更广泛惠及民生。在工商、财政、税务、统计、社保、城市管理、公共安全等领域，推动大数据解决方案应用，搭建智慧城市大数据公共服务平台，加快中关村示范区智慧政务和城市管理物联网建设。支持基于大数据的网格化管理、安监与应急管理、疾病防控、环境监测、分布式能源利用等公共服务示范，以及在经济预测、公共政策制定等方面的示范应用。推进中关村示范区政务数据的挖掘、开放与共享，创新宏观经济和社会管理的研究分析模式，提高公共服务科学决策能力。

二、当前存在的问题

（一）技术创新滞后阻碍产业发展进程

大数据对信息系统的数据处理和挖掘能力提出了巨大挑战，需要新技术将庞杂无序的数据进行清洗、分析、预处理和集成，变成有用的信息。目前，我国这些技术的基础还比较薄弱，在如何有效利用新技术，通过数据分析来支撑政府决策，提升企业竞争力方面，与国外相比还有较大差距。

（二）企业级应用需要逾越的障碍较多

我国企业内部数据孤岛和碎片化现象严重，数据生成和处理不规范，企业数据不准确、数据缺失、数据质量差、数据可用性低等问题较为常见，对大数据应用造成很大的制约。此外，企业很多业务部门没有清晰的大数据需求，大数据服务提供商又未能在短期内开发出成熟的行业解决方案，致使企业级大数据陷入需求不明无法推出成熟产品，没有成功应用无法积累更多数据，没有有效数据又挖掘不出需求的恶性循环。

（三）数据开放共享流通机制亟待建立

体制机制障碍的存在，以及数据所有部门的“数据私有”习惯，使得政府部门掌握的数据难以向社会服务机构和企业公开，业务部门与信息化部门间的数据交流不畅。数据的“流动性”和“可获取性”较差，给大规模数据的集成造成阻碍，使已有数据的价值难以发挥和展现。

（四）专业人才欠缺影响产业持续发展

与信息技术其他细分领域人才相比，大数据发展对人才的复合型能力要求更高，需要掌握计算机软件技术，并具备数学、统计学等方面知识以及应用领域的专业知识。目前我国可承担分析和挖掘的复合型人才、高端数据科学家以及管理人才存在很大缺口。

三、发展趋势

（一）开源成为技术创新重要模式

从大数据技术的发展历程上可以看出，大数据核心技术如分布式存储、云端分布式及网格计算均是依赖于开源模式，即通过开放式的平台，吸引全球开发者通过开源社区来进行代码的开发、维护和完善，从而集全球智慧推动大数据技术的不断进步，当前全球各大企业加大了对开源社区的赞助和智力投入，开源社区在大数据技术进步中将占据核心地位，开源模式将成为大数据技术创新的主要途径。

同时，大数据的技术发展与物联网、云计算、人工智能等新技术领域的联系将更加紧密，物联网的发展将极大地提高数据的获取能力，云计算与人工智能将深刻地融入数据分析体系，开源模式在新技术的发展中举足轻重。

（二）大数据聚集资源能力更加明显

大数据技术已经在商贸、交通、城市管理等多个领域中得到了应用，各产业领域未来的发展方向几乎都能和大数据挂钩，大数据产业正成为社会各类资源的聚集地。随着大数据产业的不断成熟，其对社会资源的吸引力将进一步加大。

各国政府均将发展大数据作为推动信息技术产业发展的重心，大数据成为“政策资源”的聚集地。美国、欧盟、日本、韩国等发达国家及地区均将发展大数据作为重要的国家战略，印度、俄罗斯等国家更是将发展大数据产业视作实现经济赶超的黄金机遇。

中小微企业和创业者对大数据热情高涨，大数据成为“智力资源”的聚集地。当前，越来越多的中小微企业和创业者投身到大数据产业，力图依靠新兴技术获取快速发展。

社会各界加大了对大数据的投资，大数据成为“金融资源”的聚集地。近年来，全球各大企业对大数据的投入不断增加，不仅设立自己的大数据研发和应用中心，还通过并购等方式加大对大数据产业的布局。

（三）数据和应用将成为驱动创新的主动力

数据驱动创新源于大数据的基础技术体系。在大数据技术体系中，数据的采集是一切的基础，而数据存储、分析、可视化均与数据模式紧密相关，传统的结构化数据将不再成为大数据中重点关注的内容，而大量存在的非结构化数据和半结构化数据带来的技术和应用领域是大数据的蓝海。多样类型的数据分析、复杂的数据组合、多源的数据融合等问题将成为大数据创新的重要聚焦点。

应用驱动创新源于大数据的价值释放机制。大数据应用的基础是数据的采集、存储等环节，而大数据的市场价值主要体现在对海量数据的分析和可视化。在不同行业中，大数据应用需求也不尽相同，数据的分析手段、可视化方式均有所区别，因此符合实际应用需求的价值获取将是未来大数据关注的重点，应用将驱动大数据解决方案提供商采取不同的数据源，使用不同的数据分析方法，进而推动产业创新。

（四）市场格局将呈现多层多样竞争态势

大数据正处在快速发展期，市场上呈现出各类企业竞相参与共同发展的态势。随着大数据的不断成熟，市场格局也将随之变化，呈现截然不同的态势。

在数据采集领域，互联网企业根据自身的优势展开激烈的竞争。大数据数据源主要来源于三个方向：互联网数据、政府数据和企业数据，由于后两类数据的采集主体一般不变，市场相对稳定，而对于互联网数据，全球各大互联网企业已经认识到数据的价值，将在数据获取入口等方面展开激烈的竞争，小型企业在该领域很难有所作为。例如，我国百度、腾讯、阿里分别重点掌握着搜索、社交和电商数据。

在数据存储和交易领域，市场将呈现平台化发展趋势，大型企业将占据一定的优势。未来，随着云端数据中心的不断推进和企业存储能力的开放，数据存储将会更趋于集中，大型数据平台将应运而生。在该领域，传统大型 IT 企业和大型互联网企业将依靠其技术能力和数据资源，占据绝大多数的市场份额。

在数据分析和可视化等领域，市场将呈现多样化、定制化发展趋势，各类企业特别是中小企业将成为市场的主力。一方面，大数据技术的开源特征和企业级计算能力的开放使得大数据分析的技术门槛逐步降低；另一方面，应用需求的多样化使得定制化服务成为主流，小型企业能够获得更多的市场发展空间。当前，很多大数据创业企业均是针对该领域企业，为其提供各类多样化、定制化的服务方案。

（本稿件由中国电子信息产业发展研究院软件产业研究所提供）

2015 年云计算发展概况

2015 年我国云计算市场规模持续快速增长，达到 780 亿元。在生活生产中，云计算已成为新的信息基础设施，正叠加于原有农业基础设施、工业基础设施之上，发挥越来越重要的作用。在国家大力发展“互联网+”和“创业创新”之际，推动云计算更好、更快地发展，完善标准建设、妥善解决云安全问题成为业界关注的重点。

一、云计算已成为新的信息基础设施，助力“互联网+”和创业创新

随着光纤网络、新一代移动通信技术的飞速发展，云计算集中计算资源，以按需供应、弹性扩展的方式提供给用户，用户使用计算资源就像使用水电一样。作为新的信息基础设施，云计算不仅提供了强大的计算资源和处理平台，而且从时间、空间和资金上极大地减少了信息技术的应用成本。云计算在电商、交通、金融等领域正在创造一个又一个纪录和奇迹，极大地方便了人们的生活消费，催生了新商业模式，甚至是新兴业态。在国内几家大型企业的云平台上，已经聚集了数以百万的创业者，基于云计算的“互联网+”新应用、新业态、新模式不断涌现。百度、腾讯、阿里三家云开放平台支持的中小开发者数量已经达到 200 万，在促进大众创业、万众创新方面成效明显。百度开放云平台聚集了 100 多万开发者，利用百度云的计算能力、数据资源、应用软件等，开发位置导航、影音娱乐、健康管理、信息安全等各类创新应用，几年来，百度云已累计为开发者节约了超过 25 亿元的研发成本。阿里云应用案例如表 1 所示。

表 1　阿里云应用案例

应用领域	影响或效果
消费电商	2015 年天猫双 11 当天系统交易创建峰值达到每秒钟 14 万笔，支付峰值达到每秒钟 8.59 万笔
铁道交通	2015 年春运期间，75%的 12306 火车票查询业务分流到云计算平台
互联网金融	天弘基金迁入阿里云后，余额宝之前 8 个小时的清算时间缩短至 30 分钟；蚂蚁微贷基于云计算平台创造网上“3 分钟申请、1 秒放款、0 人工干预”的新模式
融资贷款	阿里小贷依托阿里云生态体系和大数据支撑，了解小微企业的信用程度，已累计为 90 万家小微企业放贷了 2300 亿元
物流	菜鸟网络运用电商大数据织成“天网”为快递实时预报，精确“导航”
生命科学	华大基因在阿里云计算平台部署服务产品 BGI Online，用于大规模生物信息分析平台

公共服务应用案例——金蝶云（中小企业管理云）

近几年，金蝶公司在云计算、互联网、移动互联网、社交网络、大数据等下一代信息技术领域持续加大投入与创新，先后研发出了一批国内领先的云服务产品，包括国内首家基于云计算的 ERP 管理软件系统“K/3 Cloud”。

“中小企业管理云应用研发和产业化项目”是金蝶软件（中国）有限公司承担的云计算示范工程之一，其主要目的是针对宏观经济环境的不稳定性、不确定性给中国近 4000 万家中小企业和不计其数的微型企业带来的发展压力，以及这些企业在信息化条件建设不

足与经营理念落后等情况下，突破云计算参考架构、云中间件虚拟化管理、云中间件动态负载均衡、云服务多租户、云服务碎片化、云服务订阅与供给六大方面的核心关键技术，集成约2万台服务器（包括虚拟机、应用服务器、数据库服务器、存储设备和网络设备），以云计算技术、移动互联网技术以及社交网络技术为主要手段，搭建面向企业管理、公共管理和个人商务管理的“中小企业管理云”，提供5000种云服务。

中小企业管理云建设期为5年。截至2014年年底，在服务能力方面，其提供了提供涵盖企业社交、文件存储、生产制造、订单管理、财务会计、供应链、资产管理、协同办公、客户关系和其他12大类2047个云服务，平台云服务呈逐年上升趋势，如图1所示；平台注册的独立软件企业及个人接近3.2万个。如图2所示，平台服务了109万多企业用户和560万个人，项目平台服务能力连续几年迅速增长。

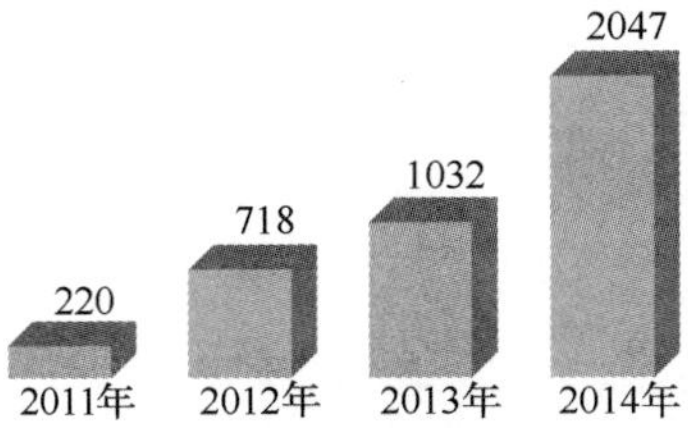

图1　云服务逐年增长情况

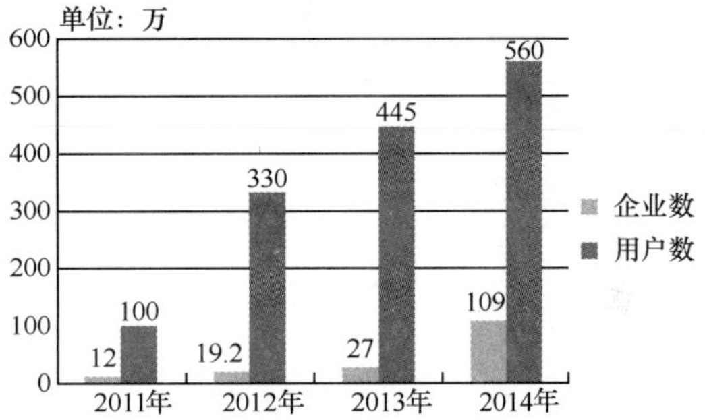

图2　服务企业数与用户数增长情况

云计算的应用普及助力数据中心整合。美国政府问责办公室（GAO）的报告显示，截至2015财年，联邦政府陆续关闭的数据中心已达到3125个，到2019财年，计划再关闭2078个，2011—2015财年，由于数据中心的整合，联盟政府的IT开支累计减少了28亿美元（见图3）。为进一步推进数据中心整合优化工作，满足《联邦政府信息技术采购改革法案》（FITARA）的要求，美国联邦政府在2016年3月发布了新的备忘录草案《数据中心优化计划》（征求意见稿）（*Data Center Optimization Initiative*），草案明确提出了除非有联邦首席信息官办公室的批准，原则上不再新建数据中心或对已有的数据中心进行扩展，同时对已有的

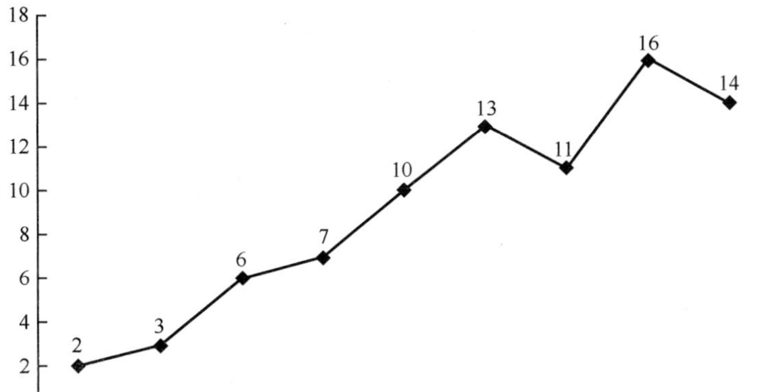

图3　2011—2019财年每年由数据中心整合节省的IT开支

资料来源：美国政府问责办公室（GAO）。

数据中心进行合并或关闭，争取在 2018 财年年底前关闭 25%的分层数据中心和 60%的无分层数据中心。在选择合并或关闭数据中心的方式时，为了与 2010 年实施了云优先政策（Cloud First Policy）保持一致，草案提议尽可能利用可配置的、灵活的云计算服务，比如软件即服务（SaaS）、平台即服务（PaaS）和基础设施即服务（IaaS）。

二、市场规模持续快速增长，创新活力充分释放

近年来，全球云计算产业发展形势良好，继续保持快速增长。Gartner 数据显示，由于企业越来越强调数字商务策略，2015 年全球公有云市场规模约为 1750 亿美元，由于 IaaS 的强劲增长，2016 年将达到 2040 亿美元，增速为 16.6%（见图 4）。高盛报告显示，在云计算基础建设以及云平台上的花费在 2013—2018 年间估计以年均增长率 30%的速率增长，而整个 IT 行业的预计增长仅有 5%。

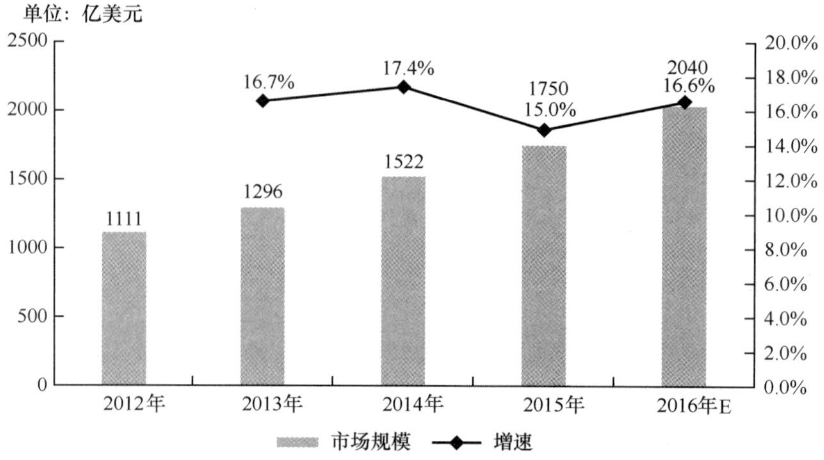

图 4　2012—2016 年全球公有云服务市场规模及增速

资料来源：Gartner。

全球公有云服务细分市场方面，Gartner 预计，2016 年市场规模排名靠前的依然是云广告、业务流程即服务（BPaaS）、软件即服务（SaaS）和基础设施即服务（IaaS）。由于企业减少数据中心的建设，将信息基础设施的需求转移到公有云上来，IaaS 成为所细分市场中增长最快的一部分，增速预计高达 38.4%，预计收入为 224 亿美元。越来越多的软件供应商将本地授权证书的商业模式转变为基于公有云的销售方式，再加上大软件供应商涉足公有云领域，软件即服务（SaaS）仍将是市场最主要的部分，预计 2016 年收入达 377 亿美元，增速为 20.3%。平台即服务（PaaS）增速健康，预计为 21.1%，但贡献额仅为 46 亿美元。业务流程即服务（BPaaS）收入将达 426 亿美元，但增速较为缓慢，预计为 8.7%。

在《国务院关于促进云计算创新发展培育信息产业新业态的意见》、《关于积极推进“互联网+”行动的指导意见》等相关利好政策的推动下，我国云计算市场的创新活力得到充分释放，市场规模进一步扩大，在公有云发展壮大的同时，基于企业级信息化建设需求的私有云和混合云也在快速增加，云计算发展进入面向生产服务的新阶段。2015 年中国云计算市场规模约为 750 亿元，同比增长 42%，预计到 2016 年，中国云计算市场规模将达到 1220 亿元，同比增长 60%以上（见图 5）。云计算的发展带动和促进了信息经济的快速发展，阿里数据显

示，2015 年云计算估计为中国市场带来了 1900 亿元的经济价值，创造了超过 500 万的新就业机会。

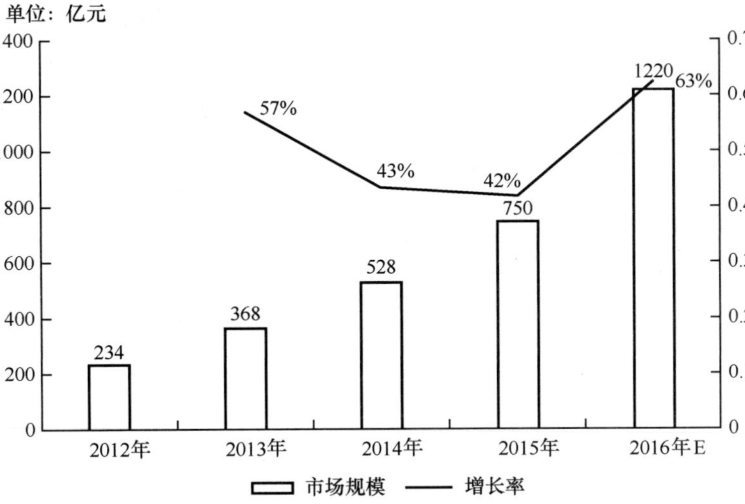

图 5　2012—2016 年中国云计算市场规模及增速

资料来源：中国软件行业协会。

三、生态体系基本建立，竞争格局成三足鼎立之势

随着云计算技术的日益成熟、社会各界对云计算服务认知与采纳程度的提高，云计算市场的参与方越来越多，形成了功能互补、协作创新的良好生态。云计算服务提供商是生态的中坚力量（包括了 IaaS 服务商、PaaS 服务商和 SaaS 服务商），其中服务于所有行业的“通用云计算服务商”（如亚马逊、谷歌、阿里云等）起到了主导作用；服务于特定行业的“垂直云计算服务商”为补充（游戏云、电商云、金融云等）。云计算服务提供商可以利用自有数据中心向最终用户交付服务，也可以租用 IDC 运营商的数据中心。云计算服务需求的迅猛增长，直接带动了相关硬件厂商、软件厂商的产品销售。硬件厂商包括云基础设施厂商（服务器、模块化数据中心、网络设备等）、终端设备厂商（移动终端、瘦客户端等），乃至上游的芯片、内存及存储设备厂商等。

用户在将信息系统向云端迁移的过程中，咨询服务商可以提供有针对性的建议和方案；解决方案提供商提供针对特定客户的云解决方案开发和迁移实施服务；系统集成商提供软硬件采购和实施服务（尤其是在私有云建设上）以及跨不同平台的云服务整合实施，组织独立软件开发商进行定制化开发；云计算服务提供商可以选择将某些用户的运营维护外包，用户也可以将私有云的运营维护外包；云计算服务使用技能的发展，也离不开教育培训服务商的参与。此外，从第三方角度对云计算服务质量进行中立评估的云审计服务商，避免云计算服务中断带来经济损失的云保险服务商，在云计算平台之上或之间进行数据交易的服务商等新生态角色也不断涌现。云计算服务用户包括了个人用户、互联网创业企业、中小企业、大型企业、依托云计算服务开展运营的园区，以及致力于行使社会治理职能的政府机构等。行业监管部门将依据法规保证各类云计算服务的质量，维护云计算生态参与各方的合法权益。云计算生态系统示意图如图 6 所示。

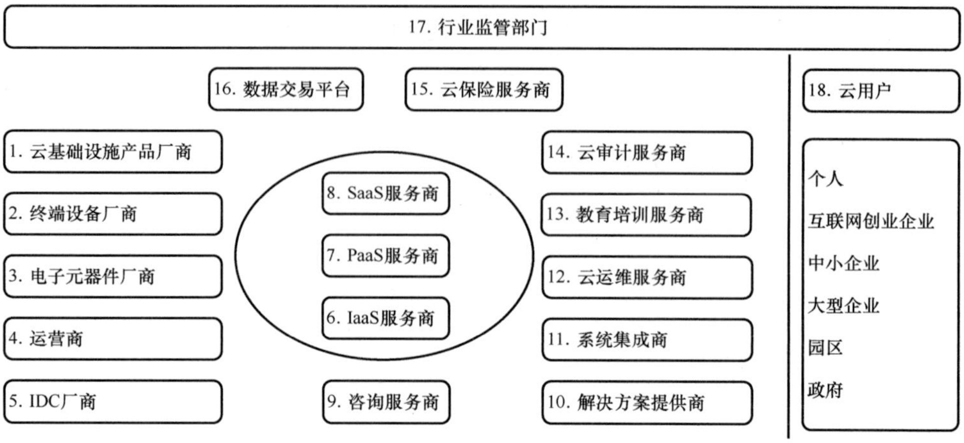

图 6　云计算生态系统示意图

资料来源：阿里数据经济研究中心。

2015 年中国云计算市场风起云涌，各方纷纷利用其优势，加快中国云计算市场布局的步伐，目前市场已形成三足鼎立之势，即全球 IT 巨头（亚马逊、IBM、微软、SAP 等）、国内互联网巨头（百度、阿里、腾讯、金山等），以及电信运营商（中国电信、中国移动、中国联通）。亚马逊、微软、IBM 等全球 IT 巨头与国内 IDC 厂商建立战略联盟，利用其技术优势及市场影响力，布局中国云计算市场，占据一席之地；BAT 以及金山等国内互联网巨头，在充分发挥其互联网资源优势的基础上，采用低价格战略，向企业级市场渗透；基于强大的带宽、IDC、政企客户资源，以及技术、运营实力，移动、电信、联通三大运营商先后推出“大云”、“天翼云”、“沃云”品牌，强势进入我国云计算市场，在基础数据中心建设方面已领先于 IT 巨头和互联网巨头（见表 2）。

表 2　中国市场主要云服务商的情况（截至 2015 年年底）

云服务商	提供云服务情况
亚马逊 AWS	合作方：光环新网、西部云基地、宁夏中卫市。以北京为主要节点提供有限预览版服务；宁夏西部云基地数据中心建设完成并开始测试
微软云 Azure	合作方：世纪互联。唯一在中国正式商用的国际公有云；全面提供公有云、私有云及混合云方案；提供中国与海外无缝衔接的全球部署；全面支持 IaaS、Paas、SaaS 完整云架构
IBM	合作方：世纪互联。业务集中于混合云：一是针对企业核心关键应用的“CMS 企业云”；二是 PaaS 服务 IBMBluemix 云平台落地
阿里云	聚焦 IaaS 服务，在中国公共云市场份额排名第一，市场占有率达 29.7%
腾讯云	计划未来 5 年，投入 100 亿元发展腾讯云。推出“云+创业”计划，提供 1 亿元扶持资金扶持创业者
百度云	宣布“3600 行”计划，把人工智能与云计算的结合作为侧重点。联合电信云、金山云等国内主流云平台以及亚马逊中国，建立云安全生态
中国移动	以 5 大集团数据中心为核心，建设辐射 31 个省和香港的上百个省级数据中心，机柜总量超过十万架。IDC 机房八纵八横覆盖全国，提供 6 大类、30 余项基础及增植服务
中国联通	有西安、廊坊、呼和浩特、哈尔滨、郑州、无锡（德清）、重庆（成都）、东莞、贵安、香港十大云数据中心，总机架数将超过 25 万架，总带宽将超过 30T，具备三百万台服务器的承载能力。建设了拥有国内最大云资源池的公有平台，正在部署 7 大核心区域、31 个省会节点的资源池，平台资源超过 20 万核 vCPU，60PB 存储
中国电信	提出了 8+2+X 的战略布局，8 指的是全国的 8 个区域，覆盖了东南沿海的经济发达地区，X 是下沉到每个地区的节点。2 是内蒙古自治区和贵州省两个超大规模的云计算中心

四、标准建设加快，云安全成为云计算应用关注重点

2014 年年底，由中国等国家推动立项并重点参与的两项云计算国际标准——ISO / IEC17788：2014《信息技术云计算概述和词汇》和 ISO / IEC17789：2014《信息技术云计算参考架构》正式发布，这标志着云计算国际标准化工作进入了一个新阶段。这两项标准规范不仅为云服务提供者和开发者搭建了基本的功能参考模型，也为云服务的评估和审计人员提供了相关指南，有助于实现对云计算的统一认识。为了贯彻这两项标准，加快推进云计算标准化工作，提升标准对构建云计算生态系统的整体支撑作用，工信部正式为此下发关于印发《云计算综合标准化体系建设指南》的通知，这不仅是信息技术服务模式的重大创新，也有利于贯彻实施《中国制造 2025》和“互联网+”行动计划。云计算综合标准化体系框架如图 7 所示。

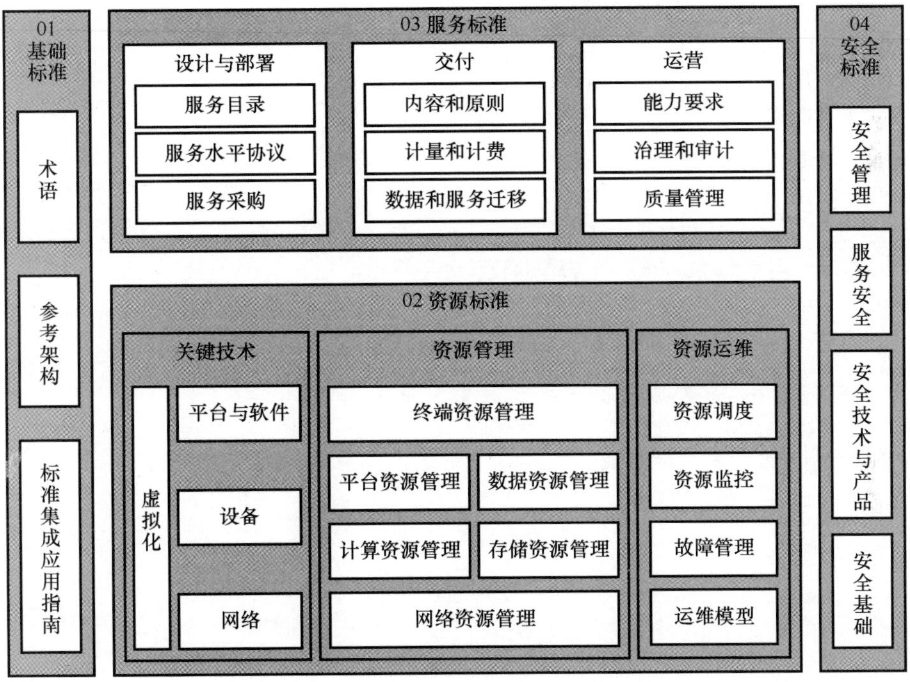

图 7　云计算综合标准化体系框架

资料来源：工业和信息化部。

近年来，云计算安全问题日益突出。UCloud 安全中心公布了《2015 公有云安全年度报告》显示，DDoS 攻击和漏洞攻击仍然是最主要的两种攻击手段。在 DDoS 攻击方面，游戏、企业服务、电子商务与互联网金融行业是 DDoS 攻击的主要对象。其中，年内被攻击最频繁的是游戏行业，占攻击总量的 30.1%；另外，企业服务（软件与技术服务）行业排名第二，占攻击总量的 26.2%；电子商务行业排名第三，占攻击总量的 17.5%。漏洞攻击分布方面，SQL 注入攻击仍然是目前云上环境最流行的攻击，占到了总攻击的 41%；其次是针对 Web 组件，如 Apache、Nginx、IIS、Jboss、Tomcat 等的攻击；再次是一些常见攻击手段的利用，如命令注入、XSS、非法上传下载等；另外，一些高危漏洞，如 Bash 漏洞、Struts2 漏洞及 OpenSSL 等漏洞的利用量也居高不下。

云安全问题越来越受到重视，云计算信任体系建设不断完善。在 2015 年 7 月的首届云栖大会上，阿里云在全球率先发起《数据保护倡议》，《数据保护倡议》明确提出，数据是客户资产，云计算平台不得移作他用，并有责任和义务帮助客户保障其数据的私密性、完整性和可用性。同时，阿里云联手中科院利用量子通信加密云计算安全。在云计算信任体系建设方面，第三方可信云服务评估体系 2.0 版本发布，帮助用户比较和甄选云服务的“可信云服务网站”成功上线，截至 2015 年 7 月，共有来自 46 家云服务商的 96 项云服务通过了“可信云服务认证”。此外，中国信息通信研究院、保险公司及各大云服务商在可信云认证基础上，开发了云计算服务责任保险——可信云云保险。下一步，保监会将根据“互联网+”行动部署，探索推进互联网保险云服务平台建设，鼓励保险机构利用互联网拓宽服务覆盖面，进一步扩大互联网保险服务创新的深度和广度。以上措施必将极大地促进我国云计算产业的融合创新发展。

2015年世界软件产业发展概况

2015年，世界经济下行风险增加，主要国家和地区积极挖掘社会创新潜能，以大数据、云计算、智能制造为主导加快了深化信息经济发展布局。从产业的角度来看，世界IT产业以软件为中心的态势凸显，尤其是软件和IT服务业及其转型技术备受资本青睐；新兴产业在与传统产业展开博弈的同时，也在加速融合与创新；数据成为差异化竞争的核心元素，互联网平台快速崛起令各界瞩目。从企业的角度来看，以百度、阿里巴巴、腾讯（BAT）为代表的中国企业崛起，全球IT企业谋求业务战略转移以获取更大的市场空间，同时企业间的合作与竞争升温。

一、世界IT支出规模下降，软件支出现小幅下滑

2015年是世界经济走出战后范围最广、最严重衰退境遇的第六年，但仍未出现整体经济形势的强劲回归和全球性的同步增长。几乎所有的国家和地区都已下调了近期经济增长率，世界经济的下行风险不断加大。世界经济的疲软走势显著拉低了IT支出规模的增速，但绝对值稳中有升。根据Gartner数据，2015年全球IT支出规模（见图1）。造成这种下滑的原因有两个：一是受美元升值影响所致，二是新兴市场增长的相对放缓。而实际上，若以固定汇率计算全球IT支出规模，则同比增长2.5%。其中，设备市场的主要支出项目仍是移动电话，尤其是苹果手机在中国市场的强力带动，但整体而言，个人电脑、智能手机和平板电脑市场增长趋于疲软甚至停滞不前。数据中心系统市场短期表现疲软，但鉴于服务器市场超大规模服务器、大型主机服务器的置换需求较高，依然前景可期。在严峻的经济形势下，云计算、大数据、移动互联网等先进技术和服务广泛而深入的应用，导致企业软件支出下滑（见表1）。

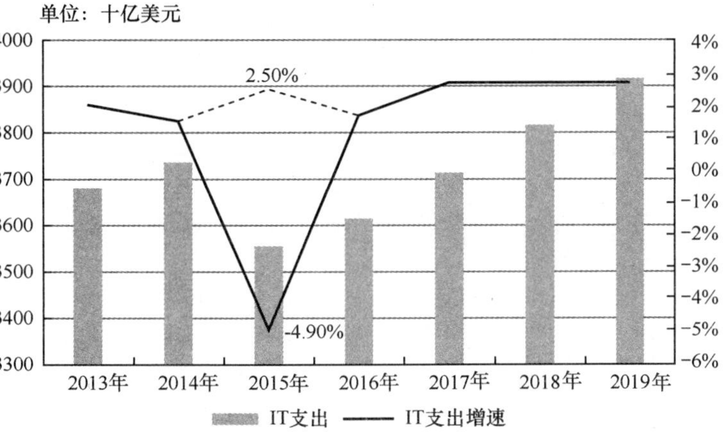

图1　全球IT支出增长情况

注：虚线部分表示以固定汇率计算，则全球IT支出规模将同比增长2.5%。

资料来源：Gartner。

表 1　2013—2019 年全球 IT 支出明细一览表

	2013 年	2014 年	2015 年	2016 年	2017 年	2018 年	2019 年	CAGR（%）2014—2019 年
数据中心系统								
支出（十亿美元）	164	168	169	172	174	176	177	
增速（%）		2.6	0.9	1.5	1.2	1.2	0.8	1.3
设备								
支出（十亿美元）	677	694	658	659	665	673	681	
增速（%）		2.5	−5.1	0.1	1.0	1.1	1.2	3.3
软件								
支出（十亿美元）	297	314	312	332	353	375	400	
增速（%）		5.7	−0.7	6.2	6.4	6.4	6.5	5.1
IT 服务								
支出（十亿美元）	937	955	919	955	996	1039	1087	
增速（%）		1.9	−3.7	3.9	4.2	4.4	4.6	2.5
电信服务								
支出（十亿美元）	1605	1606	1495	1499	1527	1551	1572	
增速（%）		0.1	−6.9	0.2	1.9	1.6	1.3	−0.3

资料来源：Gartner。

二、以软件为中心的产业态势凸显，软件和 IT 服务业受资本青睐

互联网时代，尤其是随着移动互联网的广泛应用，IT 产业越来越显著地呈现以软件为中心，更少依赖硬件的态势。2015 年，苹果 iTunes/Software 营业收入首次超过平板电脑销售额，其中，来自 iPad 的营业收入为 42.76 亿美元，同比下滑 20%，而来自于服务的营业收入为 50.86 亿美元，同比增长 10%。另外，从美国风险投资协会（NVCA）公布的数据也可以看出，2013 年第一季度至 2015 年第三季度，美国软件和 IT 服务、硬件设备的风险投资规模差距不断拉大；2013—2015 年，软件和 IT 服务业投资规模复合年均增长率为 49.6%，而硬件设备仅为 1.2%（见图 2）。

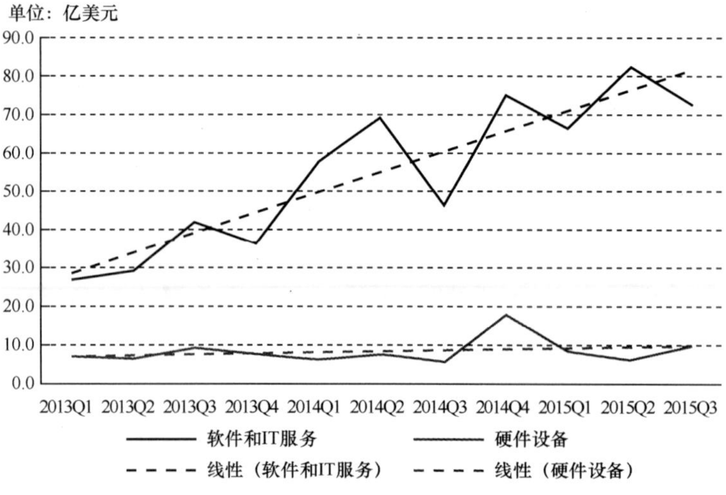

图 2　2013Q1—2015Q3 美国软件和 IT 服务、硬件设备风险投资规模变化趋势

资料来源：NVCA。

从 IT 产业投资和并购情况来看，尽管全球经济低迷，但资本在软件和 IT 服务领域的流动性增强。以 2015 年前三季度的全美 IT 产业投资情况为例，软件和 IT 服务共计 1630 起，同比减少 26.4%；但投资规模却大幅增加，投资金额总计达到 221.1 亿美元，同比增长 58.2%（见图 3）。此外，垂直领域的并购情况也体现了这一特点：一是 IT 企业主要瞄准了软件和 IT 服务中的转型性技术，尤其在信息安全、大数据、医疗 IT、云计算领域表现明显，截至 2015 年 6 月底，上述领域已经产生了超过 2014 年全年的交易额；二是企业并购的整体规模有大幅增长，如按季度同比计算，2015 年各季度比 2014 年各季度产生的交易额至少高出 1/3（见图 4）。

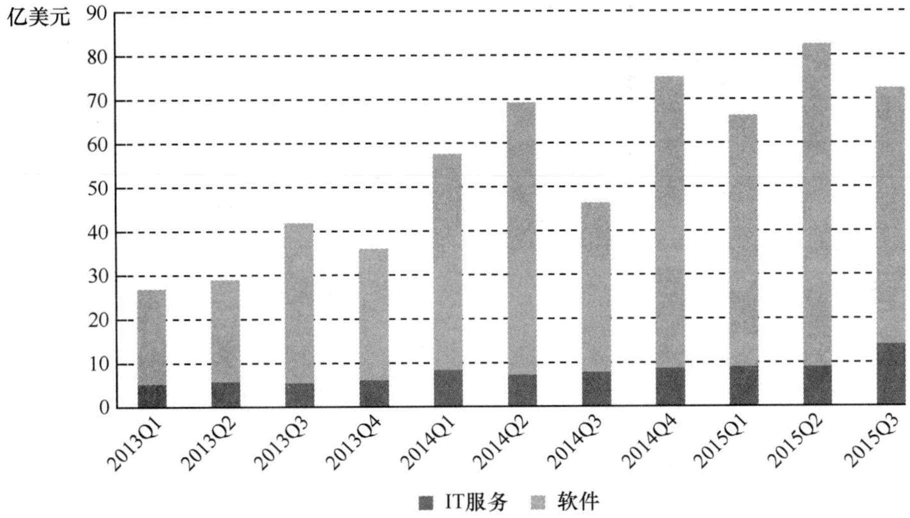

图 3　2013Q1—2015Q3 美国软件和 IT 服务领域的风险投资规模

资料来源：NVCA。

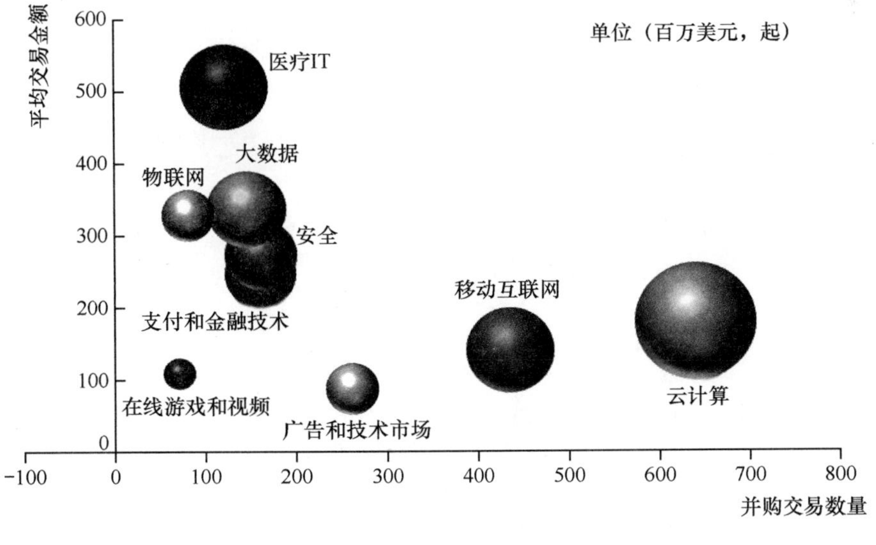

图 4　2015Q1—2015Q3 全球 IT 细分领域并购交易情况

资料来源：安永。

注：平均交易额基于已公布交易额的交易，而交易量包含已公布和未公布交易额的交易。气泡大小代表每一项交易驱动趋势在季度交易总额中的占比。

三、企业竞争与战略合作升温，BAT 为代表的中国企业崛起

鉴于 IT 企业的平台化发展趋势，全球软件企业 500 强的年度表现基本可以反映当前 IT 企业的整体情况。根据 Software Magazine 发布的最新数据，2015 年，全球软件企业 500 强的总收入为 7487 亿美元，同比增长 4.3%，增速比 2014 年降低 2.8 个百分点（见图 5）；研发费用同比增长 12.4%，与 2014 年基本持平；相关从业人数同比增长 14%，达到历史新高。其中，从企业收入规模和增速角度来看，苹果公司同比增速最快（13%），达到 180.6 亿美元；从业务分类来看，电子业务（e-business）应用、安全工具/系统和医疗是增长最快的领域，收入增长同比超过 5 倍。

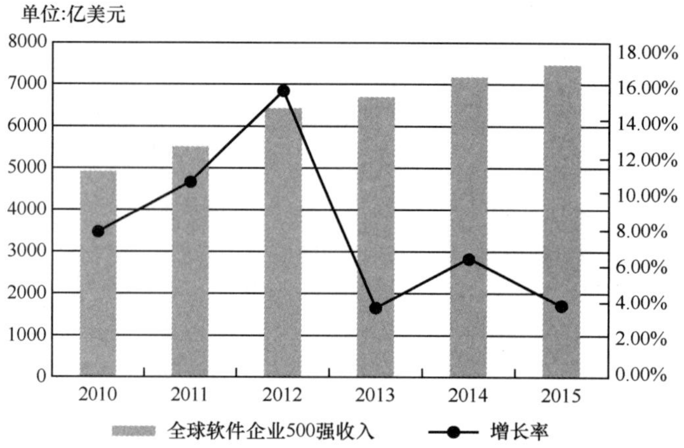

图 5　全球软件企业 500 强收入增长情况

资料来源：Software Magazine Top500。

注：数据统计的财政年度截至 2015 年 2 月 28 日。

按照三个营业收入梯队分别考察年收入增速前十位的公司业务（见图 6），2015 年，0.5 亿~1 亿美元规模的企业更侧重于电子业务、垂直应用、金融服务、云计算方面的业务；1 亿~10 亿美元规模的企业显著倾向于电子业务类，涉及信息管理、智能制造、电子商务等领域；

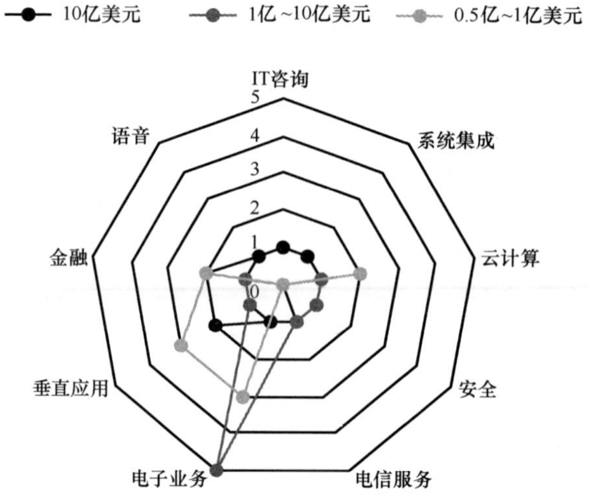

图 6　不同营业收入梯队年收入增速前十位的公司业务分布

资料来源：Software Magazine Top500。

10 亿美元以上规模的企业在各领域都有所布局，但更热衷于垂直应用，如医疗 IT、线上线下服务等，以及金融服务。

大企业的业绩正遭遇严峻挑战，裁员成为可以立即减负的有效办法。对内，大企业受到技术转型驱使，不得不通过调整业务结构加速改变战略走向和经营思维；对外，面对全球经济的震荡，扩大市场份额阻力重重。例如，IBM 由 2014 年的 463785 人裁员至 2015 年的 412775 人，员工减少 11%；微软公司关闭位于芬兰的前诺基亚手机产品开发部门，相应裁员达 2300 人，营业支出削减 35%；HTC 裁员 15%，削减营业支出 1/3 以上。

除了裁员，大企业加快了业务转型步伐。例如，IBM 向“战略紧迫性”业务转移 40 亿美元开支，包括云计算、数据分析、移动技术，并希望 2018 年可以使其在云计算、大数据、安全和其他新兴领域的营收达到 400 亿美元；以硬件技术见长为代表的戴尔公司并购 EMC，战略定位于数字转型、软件定义数据中心、聚合基础设施、云计算、移动和安全。另外，企业间的合作与竞争更为频繁。例如，谷歌与苹果在多领域竞争呈现白热化趋势，移动支付领域的 Android Pay 与 Apple Pay、智能家居领域的 Brillo 与 HomeKit、谷歌地图和苹果地图等。这种竞争与合作甚至超出 IT 领域，扩大到更为广泛的政治和经济层面，如亚马逊、谷歌已经不拘泥于 IT 产业本身，而是开启了在基因工程、生物医学和医疗研究领域的竞争；欧盟、韩国、俄罗斯等国家和地区层面，基于 IT 产业发展所带来的隐私权益、市场竞争问题，对谷歌、脸谱等美国科技公司都采取了不同程度的法律审查和制裁措施。

以百度、腾讯、阿里巴巴（BAT）为代表的中国企业崛起，上榜年度《世界品牌 500 强》。这标志着 BAT 企业品牌世界影响力的上升，包括其品牌开拓市场、占领市场并获得利润的能力的不断增强。从 2015 年前三季度主要软件和 IT 服务企业营收同比增长率数据来看，脸谱位居第一，而列第二、第三、第四名的分别是中国的阿里巴巴（34.8%）、百度（31.8%）、腾讯（20.2%）（见图 7）。其中，阿里生态系统逐渐由阿里巴巴一家企业的“巨型战舰”转变为一个“航母战斗群”——生态系统内独立于阿里巴巴的众多伙伴关系企业相互呼应，形成协同效应。而 IBM、微软、赛门铁克、甲骨文、SAP 等公司相关增长率为负值，显然转型之路任重而道远。

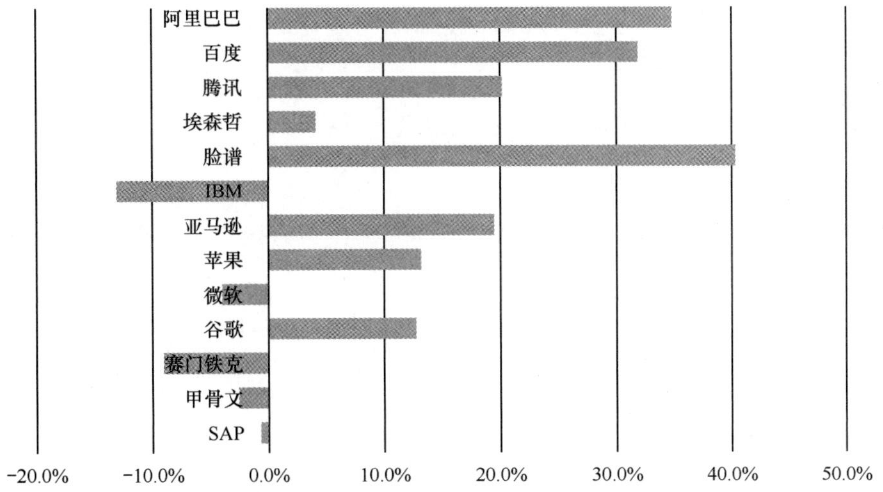

图 7　2015 年前三季度主要软件和 IT 服务企业营收同比增长率

资料来源：根据各公司财报整理。

四、软件概念弱化，以数据为核心的信息经济正在崛起

（一）以平台经济和共享经济为代表的信息经济正在崛起

大数据、云计算、移动互联网、物联网等技术的发展和应用，构成了信息经济必不可少的基础设施。其中，数据通过互联网进行充分流动和分享，消除了产业发展过程中信息和知识的不平等性，得以充分挖掘产业发展的无限潜力。在此基础上，传统产业的商业流程能够突破个体机构和产业边界，呈现社会化协作的“大平台+小前端+富生态”的新型组织模式，平台型公司、共享经济模式大量出现，从而达到市场资源优化配置，驱动产业创新和提升国家治理能力的效果（见图 8）。

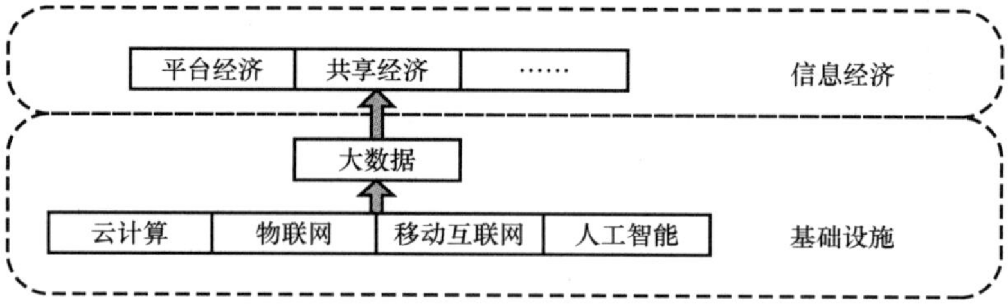

图 8　信息经济及其基础设施之间的关系图谱

资料来源：工业和信息化部电子科学技术情报研究所。

平台经济打破了以往固有的产业及其所属行业划分，充分利用信息技术优势，顺应消费趋势、实现资源共享、激发生态创新，不断发展壮大信息经济。近年来平台经济快速崛起令各界瞩目，截至 2015 年 5 月，全球 15 大互联网公司（按照市值计算）无一例外均为平台型公司。

移动互联网的广泛普及，以及大数据和云计算等领域的大范围应用，共同构成了共享经济发展的技术前提。共享经济通过新兴技术应用形成了一个动态生态圈，每个企业和个人都可以是需求方或供给方，实现了生产要素社会化以及高效协同、降低成本、精准营销等。这种形态既改变着人们购买产品和服务的方式，如 Uber、Airbnb、Justpark，同时也在颠覆诸多传统行业。据普华永道的预测，全球共享经济市场约为 150 亿美元，2020 年有望达到 3350 亿美元。

（二）数据正在成为竞争差异化的核心元素之一

信息要素全面升级，数据正在成为整个经济社会的核心资源。*CSC Global CIO Survey*：2014—2015 研究表明，64%的各行业信息技术高管都在大力投资大数据业务，75%的 CIO 声称大数据对生产力和效率起到了积极的影响，69%的调查对象认为大数据很重要或是优先事物，70%的调查对象声称他们对大数据业务的投资对业务创新起到了积极影响。根据 IDC 发布的最新研究结果，截至 2019 年年底全球大数据技术和服务市场的复合年均增长率将达到 21%左右，是整个 IT 市场增幅的 6 倍；尤其是相关的数据管理、发现、分析，以及应用软件将以 26%的复合年均增长率领先于其他市场。

消费需求的个性化，拓展了大数据的应用场景，这就要求传统行业突破现有生产方式与商业模式，对消费需求所产生的海量数据与信息进行大数据处理与挖掘；在这一过程中，所产生的信息与数据也需要及时收集、处理和分析，用于指导生产、销售和服务（见表 2）。

表 2　大数据的应用场景

行业	应用价值	当前应用状况	未来应用场景
医疗	各地医疗统一协调	药品研发	智能医疗平台化
	保健咨询服务系统	疾病治疗	电子健康服务生态系统
	新药研发	公共卫生管理	个人健康管理及预留
	便于医患沟通，提高诊疗效率	居民健康管理	个性化医疗保险
	疾病基因分析	健康危险因素分析	
金融	客户行为分析	银行大数据	金融产品垂直搜索和销售平台
	金融风险分析	保险大数据	全民征信
	运营分析	证券大数据	个人理财及投资电子化平台
电子商务	市场营销	广告追踪和优化	数据化运营
	个性化导购	产品分析	行业应用垂直整合
		用户行为分析	数据资产化
		推荐系统	商品来源可追溯及智能比价
零售	市场营销	数据营销	消费者全过程数据描述
	商品管理	精准管理	产业链营销重构
	提升运营效率	建立新市场增长点	着眼于线下数据的采集
	供应链环节		线上线下数据融合和系统对接
	新商业模式		基于消费者喜好定制化产品
通信	提升网络服务质量/提升书卷气	支持营销运营管理应用	社交网络分析
	精准洞察客户需求	客户体验管理	客户体验分析
	升级商业信息化解决方案	促进智能营销运营应用	客户价值分析
政府公共服务	加强统筹规划	智慧交通	政府的智能化
	提高智慧城市感知水平	智慧安防	数据驱动政府公共服务
	提高经济社会智慧化水平		促进政府的数据治理（反恐/环保/防灾等）

资料来源：199IT。

五、基于操作系统的移动互联网生态圈竞争激烈，并加速与各行业深度融合

全球移动操作系统“两强一弱”的市场格局已经确定，其中两强是谷歌的安卓系统和苹果的 iOS 系统，一弱是微软的 Widows 系统。基于移动智能终端操作系统构建的包括技术、产品、平台、服务和市场在内的产业生态体系成为产业竞争的焦点。移动智能终端操作系统不断增加新的功能模块，扩展了更多内容，与应用软件和终端硬件深度耦合，向下与芯片等硬件，向上与软件应用和网络服务紧密集成，甚至扩大到更广阔的智能硬件领域。

国外企业巨头谷歌、苹果构建以操作系统为核心的产业形态，全面布局自己的生态圈。谷歌基于安卓系统推出 Brillo 系统、Android Wear、Android TV、Android Auto 等智能硬件操作系统，从物联网、可穿戴设备、智能电视、汽车电子等领域打造安卓生态圈。苹果推出的 CarPlay、Watch OS、HomeKit，从汽车、可穿戴设备、智能家居等领域实现统一的泛终端生态。

同时，2015 年谷歌和苹果分别发布 Android M 和 iOS 9，通过研发新技术和完善已有平台，增强用户的终端体验，持续巩固生态体系。2015 年谷歌在 I/O 开发者大会上正式发布

Android M，具有更简化的应用权限管理以及更智能的电池续航管理，并加入了指纹识别管理功能，推出了谷歌支付 Android Pay，系统功能更加完善。而 2015 年 9 月，苹果发布了 iOS 9，系统的性能和稳定性进一步提升。地图、Siri、Apple Pay、搜索等应用的功能增强，并实现了分屏多任务处理功能。谷歌和苹果生态圈布局情况如表 3 所示。

表 3　谷歌和苹果生态圈布局情况

厂商	系统名称	领域	应用产品	合作厂商
谷歌	Android Wear	可穿戴设备	智能手表：G Watch、Moto 360、Gear Live	LG、摩托罗拉、三星
	Android TV	智能家居	智能电视	索尼、夏普、TP vision、飞利浦
	Android Auto	汽车电子	智能汽车	奥迪、宾利、雪佛兰、克莱斯勒、道奇、福特、本田、现代、吉普、马自达、三菱、斯巴鲁、大众等品牌
	Brillo 系统	物联网	智能灯泡、家用安全摄像头、运动检测传感器、气象站、婴儿监控器、门锁等多种物联网产品	—
	Google Fit	智能健康	手环、手表等可穿戴设备	Nike、Adidas、Intel、RunKeeper、Polar 、Basis
苹果	CarPlay	汽车电子	智能汽车	法拉利、奔驰、沃尔沃将率先搭载该服务，包括宝马、福特、通用、本田、现代、捷豹、路虎、三菱、标志、雪铁龙、斯巴鲁、丰田和尼桑
	Watch OS	可穿戴设备	iWatch	—
	HomeKit	智能家居	GridConnect 智能插 Chamberlain MyQ 智能车库、Elgato Eve 家庭监测器、iHome 智能插座、iDevices 智能插座、Schlage Sense 智能门锁、Insteon 智能中心、Hue 灯泡、Caséta 无线照明入门套装	飞利浦、飞利浦、霍尼韦尔、August、Shlage、**Insteon**、Luton Electronics
	HealthKit	智能健康		Epic Systems 、Mount Sinai Hospital 、Cincinnati Children's Hospital Medical Center、Stanford Hospital and Clinics、Penn Medicine、CambridgeUniversity Hospitals 等 24 家医院
	Apple Pay	移动支付	iPhone 6s、iPhone 6s Plus、iPhone 6、iPhone 6 Plus 、Apple Watch	中国银联、中国农业银行、中国银行、广州银行、上海银行、中国建设银行、中国光大银行、广发银行、兴业银行、中信银行、招商银行、中国民生银行、中国工商银行、平安银行、中国邮政储蓄银行、浦发银行

资料来源：工业和信息化部电子科学技术情报研究所。

同时，移动互联网向社会各领域深度渗透，新应用、新模式不断涌现，驱动传统产业转型升级，推动经济社会发展。连接线上线下的移动互联网应用存在广阔的市场空间，通过共享信息资源极大地改善了经济运行效率，重构了新型经济形态，催生出规模巨大的经济增长点，衍生出共享经济等众多新兴模式。在零售、金融、交通、教育等领域，移动互联网在交互渠道、提供模式、支付方式、商业模式等环节推进着传统产业进一步升级演化。

六、主要国家和地区深化信息经济发展布局

2015年，世界主要国家和地区为了深化信息经济发展，不约而同地将创新置于制定社会经济战略的首位。美国国家经济委员会和科技政策办公室联合发布了2015年版《美国国家创新战略》；欧洲社会创新促进会（SIAN）通过把欧洲众多社会创新孵化器或有关组织机构纳入统一平台，实现更大范围的帮扶和推广；韩国在全国17个广域市和道设立创造经济革新中心，推进创造经济；中国的社会创新能力也在不断提升，《联合国教科文组织科学报告：面向2030年》显示，中国研发支出占全球研发支出总额的20%，超过欧盟和日本，升至全球第二，仅次于美国的28%。

在此基础上，世界主要国家和地区还注重以大数据、云计算、智能制造为主导进行产业布局。

1. 美国

美国2009年以来陆续出台大数据、开放数据、工业互联网相关的战略规划，以及诸如网络与信息技术研发计划（NITRD）的基础研发计划，目前正处于具体落实阶段。目前，除了技术及其应用之外，美国政府更多聚焦于数据流动保障、个人信息保护、国家安全等方面的问题。2015年1月起，《个人数据通知和保护法案》、《学生数据隐私法案》陆续出台，提出了数字教育创新，将数字素养作为21世纪的新技能；消除数据应用的不平等等理念。2015年2月6日，白宫发布《国家安全战略》，提出正在制定全球性网络安全标准，并建设打击和调查网络威胁的国际能力。

2. 欧盟

2015年5月6日，欧盟委员会发布《数字化单一市场战略》，从国家和企业利益出发，旨在整合并建立统一的数字服务规则和市场。该战略提出了建设数字化单一市场的三大支柱，分别是为消费者和企业提供更好的跨境数字产品和服务准入，创造有利于数字网络和服务繁荣发展的有利环境，最大化实现数字经济的增长潜力，包括如欧洲数据自由流动计划、发展大数据和云计算产业和应用。

3. 日本

2015年1月23日，日本政府公布了《机器人新战略》，旨在“扩大机器人应用领域”与“加快新一代机器人技术研发”，提出使机器人开始应用大数据实现自律化、机器人之间实现网络化的时代已经来临。并于当年5月成立了日本机器人革命促进会，7月在该促进会之下成立物联网升级制造模式工作组。IT综合战略本部相应地公布实施了《激发创业者精神的IT相关实施对策一揽子计划》、网络安全战略本部发布了《网络安全战略》，对信息经济时代的创业创新、数据流动和保护等提出了配套和保障措施。

4. 韩国

2015年3月，韩国政府公布《制造业创新3.0战略实施方案》，以促进制造业与信息技术融合，从而创造出新产业，提升韩国制造业的竞争力。对此，韩国制定了长期规划和短期规划相结合的多项具体措施，大力发展无人机、智能汽车、机器人、智能可穿戴设备、智能医疗等13个新兴产业，欲打造1万家智能工厂，总投入预计约合230亿美元；进行对中小企业的智能化改造；提出到2017年前，投资1万亿韩元研发3D打印、大数据、物联网等8项

核心智能制造技术。

5. 中国

2015 年，国家出台《国务院关于促进云计算创新发展培育信息产业新业态的意见》、《国务院关于印发〈中国制造 2025〉的通知》、《国务院关于积极推进“互联网+”行动的指导意见》、《国务院关于印发促进大数据发展行动纲要的通知》等多项战略措施，旨在大力发展智能制造、大数据、云计算等相关产业，以适应经济新常态，推动产业升级和转型。同年 10 月，亚太空间合作组织发展战略高层论坛讨论通过了《亚太空间合作组织发展战略高层论坛北京宣言》，将信息经济建设与“一带一路”的国家战略结合，欲构建“一带一路”沿线 10 国空间信息走廊，通过互联互通，实现天地一体化，让空间信息更好地服务于各国经济社会发展。

（本稿件由工业和信息化部电子科学技术情报研究所提供）

2015年北京市软件和信息技术服务业发展概况

2015年以来，北京市软件和信息技术服务业以构建高精尖产业体系为指导，以推动产业转型升级为主线，重构产业主体，重建产业生态，重塑产业格局，引导企业在创新、转型中赢得新优势，推动产业继续保持稳中向好、稳中有进的发展态势，成为京津冀协同发展的助推器，增强了对全国的引领作用和辐射能力。

一、总体情况

2015年北京市软件和信息技术服务业运行平稳，提质增效，企业主体信心充足，一系列新生动力积蓄迸发。全行业实现软件和信息技术服务收入5423亿元，同比增长13.1%；占全市GDP的10.3%，占比较2014年同期提高0.6个百分点（见图1）。

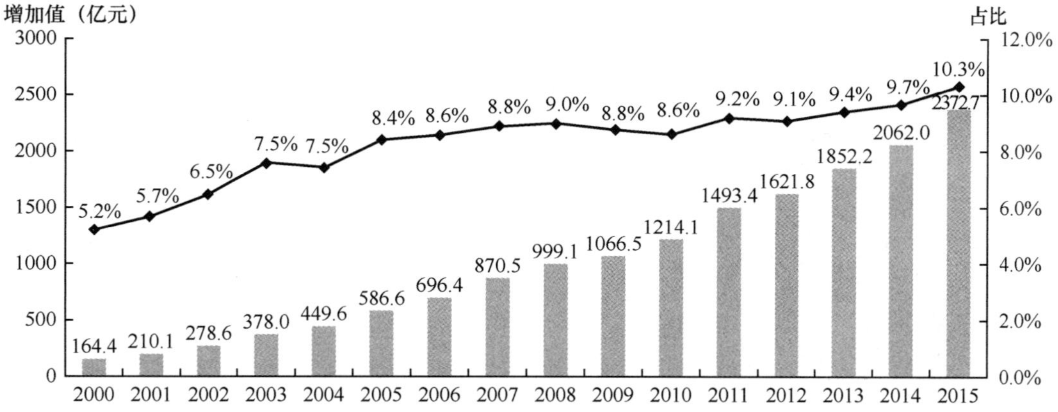

图1　2000—2015年全行业增加值及占比

产业效益水平稳步提升。规模以上企业平均营收同比增长 14.8%；人均营收同比增长6.4%。从业人员同比增长2.1%。

创新活力进一步增强。企业研发活动活跃，2015 年 1～11 月大中型企业研发经费 88.6亿元，同比增长11.5%；专利申请数8048件，同比增长37.5%，其中发明专利6087件，同比增长45.6%。百度在人工智能领域已累积近500项核心技术专利，申请地域遍布欧、美、日、韩等地区和国家，布局深度和广度在全球范围内均属领先。2015年新成立软件和互联网企业3391家，同比增长33.0%；新增注册资本总额517.0亿元，同比增长57.3%。

投融资市场活跃。2015年发生各类投融资案例730起，涉及金额354亿美元（见图2）。其中，中文在线、昆仑万维、暴风科技、高伟达等12家企业上市，融资金额达26亿美元；并购案例78起，涉及金额154亿美元；融资活动640起，涉及金额174亿美元，其中以互联网金融、文化数字创意、互联网教育为代表的新一代互联网应用是投资的重点领域（见图3）。

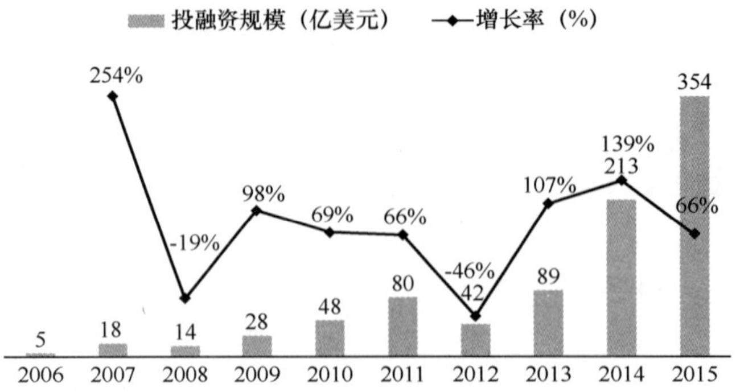

图 2　2006—2015 年投融资规模及增速

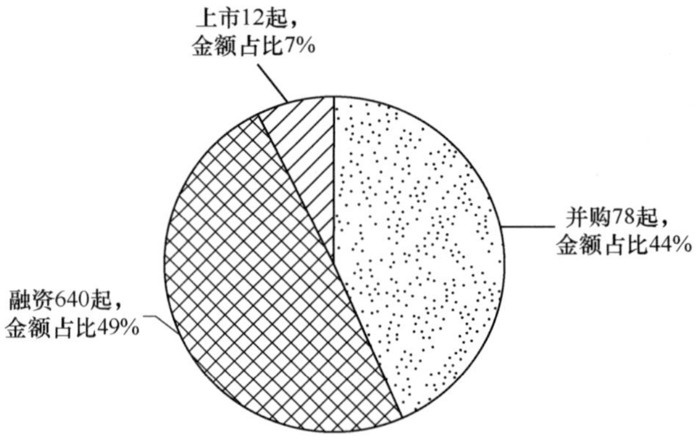

图 3　2015 年投融资结构情况

二、主要工作和产业亮点

（一）抓转型升级，打造新引擎

互联网成为产业发展的新引擎。传统软件开发企业和行业应用及系统集成企业围绕产业互联网加快布局新业务，培育增长潜力。用友软件公司 2015 年正式更名为“用友网络科技公司”，部署“软件+企业互联网+互联网金融”的主业发展战略，转型路径定为“产品型—平台型—生态型”演进。平台型互联网企业大力发展新一代互联网应用，构建“大平台+小前端+富生态”的体系结构。百度公司实现从“连接人与信息”到“连接人与服务”的转型，搜索业务占中国市场份额约为 80%，移动业务占总收入比重超过 50%；积极布局百度糯米、百度外卖等 O2O 领域，直达号已接入商户 76 万，实现服务交易总额同比增长 119%；在互联网金融领域，百度钱包的已激活账户数量达 4500 万个，比 2014 年同期增长 520%，与中信银行共同设立百信银行。京东公司打造京东金融生态圈，旗下白条、众筹、理财等业务通过一个账号体系实现一体化。乐视公司成为唯一一家基于一云多屏构架、实现全终端覆盖的网络视频服务商，日均 uv（独立访问用户）约 5300 万；日均 vv（视频播放量）2.9 亿，峰值 3.6 亿。乐视云视频开放平台 CDN 节点全球覆盖超过 650 个；发布超级手机、超级电视等终端产品，打造“平台+内容+终端+应用”的生态系统。小米公司上线小米众筹平台，为智能硬件产品项目发起者提供筹资、投资、孵化、运营一站式综合众筹服务。

（二）抓新兴应用，培育新动能

深入实施云计算“祥云工程”升级版，一批重大云应用取得实效。“北京健康云”服务平台整合了十余家硬件生态系统和六家后台服务系统，服务用户近百万人，3 家健康云体验中心已落地；中关村“创新云”平台服务近 1000 家企业；北京“政务云”已为北京市近 20 家委办局提供云服务；北京“工业云”成为全国著名的云制造平台，提供超过 150 种的各类应用软件，注册用户数达 12.5 万。北斗产业推进实现新突破，北斗导航与位置服务产业公共平台项目完成百万级用户能力建设，已有大众和行业用户共计 20 万，建成项目公共运营中心；累计完成 4.4 万台北斗终端的安装应用，在环卫、应急预警、警用等多个领域开展应用示范，成为全国北斗应用最广泛、终端推广量最大的城市；全球首款全系统多核高精度 GNSS 导航定位芯片、首个卫星移动通信与北斗卫星导航一体化基带处理芯片等研发成功。大数据平台规模不断扩大，乐视跨行业大数据服务平台的行业覆盖达到电商的 70%，平台企业级客户入驻达到 300 家；大数据交易服务平台完成 350 余家大数据企业基本信息入库，在线数据交易系统上线数据商品 550 余款；京东基于云计算的大数据服务平台日处理能力已超过 1PB，数据服务软件达 7 个，使用商家超过 18500 万家。信息安全自主可控产业链基本构建，推进北京可信开放高端计算系统产业化（TOP）项目，已发布 17 款新云东方全系列 Power System 服务器，数据库公司已注册成立，推出完整高端计算系统全产业链的系列产品，形成了“自主可控、安全可信、高效可用”的“一站式”高端计算系统产品和解决方案；启动信息安全产业园建设，推进可以转民用的军队军工先进技术的引入转化、产业化工作。

（三）抓服务落地，打造新优势

夯实基础工作，建设重点企业互动服务系统，扩大产业监测和服务面。落实国家要求，取消双软审批等事项，规范行政行为。以北京软件与信息服务业公共服务平台为抓手，不断创新服务举措，提升服务质量。围绕“软件支撑产业互联”，举办 2015 北京软件周活动，参与的专业用户累计上万名，进一步提高了北京市企业在国内外的影响力，促进了供需双方的有效沟通。软交所发布软件和信息服务交易采购规范、交付规范，开创性探索软件和信息服务交易的标准化，目前已为 157 个政府和社会重大信息化项目招标采购提供入场交易服务，涉及交易金额 3.5 亿元。加强科技金融创新服务，近 200 家企业通过软交所平台达成合作，涉及金额 6.1 亿元。搭建创新创业高端互动交流平台，举办“创富中国”系列活动，推动优质企业与资本、产业、园区进行深度培育对接，迄今已举办 337 期次活动，为超过 6000 家企业提供了投融资对接服务，间接融资额近百亿元，其中 147 家企业实现直接融资 14.3 亿元。北京市入选工信部发布的中国软件百强企业数 33 家，为历年最高；入选中国互联网百强 43 家；入选《福布斯》2015 中国移动互联网 30 强 21 家。“国家安全可靠系统集成重点企业”数占全国的 75%。

（四）抓政策合力，营造新环境

按照京津冀协同发展和首都新功能定位要求，研究编制了《〈中国制造 2025〉北京行动纲要》，该文件已通过第 94 次市政府常务会、第 179 次市委常委会审议，将以市政府名义印发。组织开展“十三五”产业发展规划前期研究、北京市关于促进云计算和大数据发展的行动纲要的相关编制工作。探索设立高精尖产业投资发展基金，初步完成母基金的设立。正式发布实施《数据中心能效分级》（标准号 DB11/T 1139-2014）和《软件和信息服务企业节能评价规范》（标准号 DB11/T 1158-2015），为北京市软件和信息服务企业系统地提出了节能评估参照依据。

（五）抓产业协同，推进京津冀共赢发展

组织软通动力、博彦科技、文思海辉等知名软件外包企业与河北曹妃甸进行产业对接。联合廊坊、张家口市张北县共建数据中心产业基地。廊坊市润泽国际信息港以及联通廊坊云数据中心基地一期工程已建成。张家口张北云联数据中心项目、数据港张北数据中心项目、全国教育云数据中心园区项目等一批项目已启动开工；在建及在谈项目总投资约 800 亿元，建设规模达 150 万台服务器。组织召开京津冀北斗卫星导航区域应用示范项目工作推进会，加快推进京津冀北斗应用一体化。组织神州数码公司与河北省人民政府签署“智慧河北”战略合作协议。与天津武清在电子商务领域加强联动协同，唯品会华北物流中心、酒仙网、当当网等 20 家电子商务企业已签约落户武清区电商园。

三、面临的形势与挑战

2016 年是“十三五”启动年，同时也是北京市软件产业升级步入“深水区”的关键时期，产业面临较好的发展环境。云计算、大数据、智能制造 2025、“互联网+”等一系列国家政策利好效应将进一步释放，为创新应用和新业态培育注入新动力和新活力；京津冀协同发展为产业发展拓展了新的空间；北京市构建高精尖产业结构、北京创造 2025 的发布成为产业能级提升的助推器；北京市在云计算、大数据等领域已取得发展先机，企业综合实力不断增强。同时，产业发展面临挑战，存在一定的不确定性。第一，软件产业受国家及北京市宏观经济形势影响一定程度上存在周期滞后，产业经济运行增长压力加大。面向电子政务、能源、军工等行业信息化的市场需求减缓。第二，在平台化、规模化、国际化的发展趋势下，传统大企业的领域优势逐步弱化，面临业务变革；企业向互联网信息服务转型过程中，呈现前期发展投入高、收入增长慢甚至下滑的趋向，新的增长动力有待积蓄。第三，云计算、大数据等新业态应用步伐有待加快。以市场应用为导向的可持续发展模式还不清晰，云服务行业领域应用不够深入，数据资源有效利用转化不足。创新型企业竞争力不突出，原始创新能力、资源整合能力有待加强，新兴企业规模尚不足以支撑全行业创新发展。

四、2016 年展望与思路

2016 年全年工作思路：围绕“创新驱动、协调拓展、提升效能”的总基调，把握好智能制造、“互联网+”等带来的新机遇，优化产业结构，促进产业规模与质量“双提升”，厚植新兴领域发展优势，推动重大应用落地，培育跨行业融合发展新热点，拓展跨区域联动发展新空间，实现软件和信息技术服务业高端、高效、高辐射的发展格局，为北京市构建高精尖经济结构发挥重要支撑作用。预计 2016 年产业发展目标为：力争全年实现营业收入 6850 亿元，年均增长 10%左右。

五、下一步重点工作

（一）政策创新拓宽发展空间

推动发布关于促进云计算和大数据发展的行动纲要。做好软件和信息技术服务业“十三五”规划编制和发布工作。继续落实北京市促进软件产业和集成电路产业发展的若干政策、促进信息消费扩大内需的实施意见文件。抓好《〈中国制造 2025〉北京行动纲要》的落实工作，细化落地方案，实施云计算与大数据、自主可控信息系统、新一代移动互联网等产业生态建设专项，培育新一代产业竞争优势。

（二）模式创新提升产业层次

继续扩大开放，服务央企。鼓励企业开放融资，支持投资创业。利用好产业基金促进企业做强做大。充分发挥首都创新资源集中的辐射带动优势，面向京津冀推动大数据等领域的产业联盟建设，推出一系列关键技术和重大专项成果转化平台，优化产业布局，促进京津冀产业整体升级。

（三）应用创新做优产业结构

深入贯彻落实云计算、大数据等国家战略要求，实现应用、产业、环境同步提升，打造智慧北京升级版。加快推进一批政务云、大数据、“互联网+”等领域和方向上的重大应用。加快建设张家口云计算产业基地，协助解决光纤铺设和网络接口升级等信息化基础设施问题，加快阿里北方数据中心等项目建设，确保按期投入运营。加快实施云计算“祥云工程”2.0版。积极推进北京市北斗区域示范应用，推动京津冀北斗卫星导航区域应用示范项目工作。

（四）服务创新提升管理效能

强化北京市软件与信息服务业公共服务平台的资源整合和服务功能，做好信息系统集成资质事中事后监管工作。建设服务软件企业全生命周期的虚拟服务平台，利用好重点企业互动服务系统，加强与企业沟通，做好帮扶、引导工作。鼓励企业“走出去”，支持重点企业参与一带一路建设，支持企业建立海外产业园区、研发中心。积极落实人才政策，做好人才服务工作，开展高端人才培训工作。

2015年天津市软件和信息技术服务业发展概况

2015年，天津市软件和信息技术服务业在经济社会发展和信息化建设的强力驱动下，保持了良好的发展势头，产业规模持续增长，产业结构不断优化，企业实力逐渐增强，优势产品不断涌现，聚集效应日益明显。

一、基本情况

（一）全年软件产业实现业务收入达到1008亿元，同比增长9.8%

面对全球云服务、大数据技术浪潮，天津市软件企业积极调整，谋求转型，软件产品及服务占产业的比重逐年上升，由2010年的63.4%提高到2015年的86%，表明天津软件产业创新、应用和服务等各个层面能力不断增强、产业层级持续提高，为“十三五”的发展打下了坚实的基础。

（二）积极推动载体建设，实现软件产业聚集发展

充分发挥国家级软件和信息服务业示范基地（高新区）的作用，重点推进开发区、保税区、中新生态城、西青区、武清区等产业园区的发展，形成各有优势各有特色的园区发展特点，实现资源互补和产业结构升级。天津市已初步形成了以滨海新区为龙头的产业核心区，以周边区县软件园为主体的产业辐射区和以中心城区商务楼宇为核心的产业特色区，天津市软件和信息技术服务业逐步实现了定位明确、分工协作、互补配套的集约发展模式。

（三）推进安全可靠软件的发展，营造良好的产业发展生态环境

组织召开了“软件产业自主创新”研讨会，搭建了安全可控软件的交流平台，努力将天津市打造成为国产软件聚集地，形成数据库、操作系统、中间件、硬件的全产业链条。目前，天津市在国产高性能服务器、微处理器（CPU）、操作系统、数据库、电子公文系统等领域均取得了较大进展，形成了以曙光服务器、天河超级计算机、飞腾CPU、麒麟操作系统、神舟通用和南大通用数据库、书生电子公文系统、奇虎360安全软件等为代表的完整产业链。

（四）推进项目建设，为软件产业规模增长提供动力

一是支持应用于天津优势支柱产业的软件项目；二是支持APP开发项目；三是支持基于北斗卫星导航系统以及下一代互联网 IPv6 的应用系统和软件项目；四是支持面向大数据应用、操作系统、IC设计与测试、云计算等领域的行业软件项目；五是支持面向数字内容、电子商务平台开发等新兴领域的软件研发项目。通过重点项目的建设，壮大软件和信息技术服务业规模总量，优化产业结构，增强产业发展后劲。

（五）加大招商引资力度，促进软件产业结构升级

一方面，以组织参加“第十九届中国国际软件博览会”等知名展会为契机，充分展示了

天津市软件产业发展成果，宣传了天津市软件产业发展环境和政策，为进一步做好招商引资工作奠定了基础。另一方面，充分利用京津冀一体化发展战略，发挥京津科技研发、产业、土地等互补优势，开展全方位的产业转移和对接合作，吸引了一批北京知名软件企业、研发基地等来津发展。

（六）做好人才培养，为软件产业发展提供智力支撑

组织了多场软件人才招聘活动，积极利用多种渠道搭建校企合作沟通平台，努力提高天津市软件人才的就业能力，为推动天津市软件产业的快速发展发挥了积极的作用。天津市已构筑了政府引导和扶持，高校、社会机构和企业共同参与的多层次人才开发体系，依托各高校软件学院，建立了面向企业不同层次需求的实用型软件人才培养模式。

二、2016年展望

2016年，天津市要继续以壮大软件产业规模为重心，保持产业规模继续增长。

一是努力打造产业聚集区，以新创建的国家新型工业化示范基地（软件和信息技术服务业）为核心，带动周边区域集约发展，抓好关键环节，健全工作机制，形成产业发展的合力，实现企业、人才、园区的联动发展。二是加大招商引资力度，继续依托京津冀一体化发展战略，利用区位优势，积极引进北京的知名软件企业，实现借力发展。三是打造一批重点项目，大力扶持移动互联网、大数据和云计算等新兴领域的重点项目，结合智慧城市建设，将软件和信息技术服务产业打造为引领天津市信息消费的新引擎和推进智慧城市建设的新动力。四是继续加强人才培养，将软件人才培养与软件产业发展相融合，实现软件人才培养与软件产业升级互动的可持续协同发展模式。

2015年河北省软件和信息技术服务业发展概况

2015年，河北省软件和信息技术服务业运行平稳，主要行业总体稳定发展。

一、基本情况和主要特点

2015年，河北省软件和信息技术服务业平稳增长，实现软件业务收入184.5亿元，同比增长23%。

（一）主要行业总体稳定发展

软件产品收入低于2014年同期。软件产品收入33.7亿元，同比下降9.2%。

信息技术服务收入保持高速增长。信息技术服务收入148.8亿元，同比增长33.8%，高于全行业平均水平10.8个百分点。其中，运营服务收入增长66.9%，电子商务平台服务收入增长32.4%，集成电路设计收入增长654.4%。

嵌入式系统软件收入增速降低。嵌入式系统软件收入2亿元，同比增长25%，低于2014年8.3个百分点。

（二）不同地区增速分化，石家庄、承德、秦皇岛、衡水、邯郸同比增速下降

2015年，石家庄市主营业务收入72.2亿元，同比增长3.7%，低于2014年5.7个百分点，低于全省平均水平12个百分点；承德市主营业务收入0.2亿元，同比增长-62%，低于2014年60.6个百分点，低于全省平均水平77.7个百分点。秦皇岛市主营业务收入31.1亿元，同比增长-0.9%，低于2014年21.6个百分点，低于全省平均水平16.6个百分点。唐山市主营业务收入10.7亿元，同比增长12%，高于2014年4个百分点，低于全省平均水平3.7个百分点。廊坊市主营业务收入120.4亿元，同比增长29.4%，高于2014年10.2个百分点，高于全省平均水平13.7个百分点。保定市主营业务收入12.2亿元，同比增长16.8%，高于2014年67.4个百分点，高于全省平均水平1.1个百分点。沧州市主营业务收入1.1亿元，同比增长16.5%，高于2014年5.2个百分点，高于全省平均水平0.8个百分点。衡水市主营业务收入0.4亿元，同比增长80.1%，低于2014年79.6个百分点，高于全省平均水平64.4个百分点。邢台市主营业务收入2.1亿元，同比增长423%，高于2014年411个百分点，高于全省平均水平407.3个百分点。邯郸市主营业务收入0.5亿元，同比增长-28.7%，低于2014年72.2个百分点，低于全省平均水平44.4个百分点。

（三）软件外包服务收入和软件业务出口均低于2014年同期，增速均大幅下降

软件外包服务收入14436万元，同比下降6.3%。软件业务出口4158万美元，同比下降37.2%，其中软件外包服务出口270万美元。

（四）利润和税金总额同比均增长

2015年，利润总额27.3亿元，同比增长18.2%；税金总额10.3亿元，同比有较大增长。

（五）从业人员状况相对稳定

2015 年，从业人员工资总额 55.7 亿元，从业人员人数 3.5 万人，同比增长 6%。

二、面临问题

一是重点领域产品档次不高、附加值低、知名品牌偏少。二是信息基础设施建设亟待改善。在京津冀协同发展中，河北省网络仍是二级节点，带宽低，不能满足未来河北省信息技术服务业发展的需要。三是信息技术服务业对产业结构调整和发展方式转变的推动支撑作用未能得到充分发挥，对区域产业一体化支撑作用有限。四是产业分工不细，基本处于产业链和价值链低端的同质化低水平竞争状态，缺乏龙头企业带动上下游产业发展。五是产业创新能力不强，总体研发投入水平较低，产业发展环境不够完善，投融资机制亟须加强。

三、2016 年展望与目标

全面提升软件产业的运行质量，推进软件和信息技术服务业与传统产业的融合，不断拓展应用领域和发展空间，创新商业模式和盈利模式，保持良好的发展势头，全行业实现增速 20%以上，营业收入 300 亿元以上。

四、下一步工作

（一）统筹大数据基地建设

统筹张北、承德、廊坊、秦皇岛等云服务基地建设。认真抓好国务院《促进大数据发展行动纲要》、《河北省人民政府关于促进云计算创新发展培育信息产业新业态的实施意见》和《张北云计算产业基地规划（2015—2020 年）》的贯彻落实。为张北云联数据中心项目一期和数据港张北数据中心项目一期建设创造条件，力争 2016 年 10 月底建成并投入运营。协调推进中国教育云数据（张北）基地、分享通信集团张北移动互联网产业基地、华为公司云服务中心（廊坊）二期、中国联通华北（廊坊）基地二期、浪潮集团云计算中心（廊坊）等重大项目开工建设。协调促进京东集团“京东北方云计算数据中心基地”项目在河北落地。加强张家口、承德、廊坊大数据信息基础设施建设。

（二）促进大数据融合发展

贯彻落实国家大数据产业发展实施方案和“十三五”规划，开展京津冀大数据综合试验区建设，在一些重点领域进行大数据流通、交易、管理、规则、应用等方面的研究探索，引导数据资源合理聚集、流动、交易和应用。促进大数据、云计算与工业的融合，推动大数据在工业行业管理和经济运行中的跨领域、跨平台应用。推广大数据挖掘分析在工业研发设计、生产制造、经营管理中的成功经验。建立集数据资源、数据应用、数据收集、数据分析挖掘于一体的大数据产业联盟，围绕大数据重点领域应用建立大数据研究中心、创新中心、重点实验室，推动大数据产业链的集成融合。组织开展《云计算综合标准化体系建设指南》宣贯和应用工作。

（三）推进公共区域无线局域网建设

贯彻落实《河北省人民政府办公厅关于推进网络提速降费的实施意见》和《河北省推进三网融合实施方案》，出台关于推进全省无线局域网（WiFi）建设和免费开放的指导意见，积极构建“无线城市”，选择3～5个市和部分县（市、区）开展公共区域无线网络免费全覆盖试点工作，大力发展信息服务业务，满足多样化、个性化信息消费需求，加强与省通信管理局的协作，争取将张家口、承德、廊坊、秦皇岛列入互联网宽带示范城市。

（四）促进物联网在各领域的示范应用

协调促进交通、环保、物流等领域开展物联网应用示范工程。协调推进京津冀北斗卫星导航区域应用示范工作。实施工业物联网应用示范工程，在装备、汽车、飞机制造、石化、医药、食品等行业企业开展应用示范。推进物联网技术在物料全生命周期管理、大型设备远程诊断与维护、生产过程智能管理与控制、食品药品可追溯系统、节能减排、危化品管理、安全生产等领域的应用，确保全过程、各环节的精准生产与管控，提高企业生产效率，2016年，省级工业物联网应用示范专项资金支持8～10个项目。通过应用示范引导企业通过传感器、无线射频识别（RFID）、嵌入式终端、智能控制系统、移动通信等技术和产品的集成应用，形成智能生产、智能物流、智能监测诊断管理、智能源管理、全产业链追溯、绿色制造等新型能力，实现生产、管理、服务各环节的互联互通。

（五）大力发展软件和信息技术服务业

开发一批适用性软件产品。抓好张北云计算产业基地、廊坊大数据产业基地、承德大数据产业基地、秦皇岛数据产业基地等一批软件和信息技术服务业基地建设。扶持优势软件企业发展，鼓励软件企业通过CMMI（能力成熟度集成）认证。加快推进智慧保定建设平台、京冀综合产业协作示范园、电子商务产业集群、承德CEC（中国电子信息产业集团）生态科技城等项目建设，促其尽快建成投入使用，使其尽快发挥社会效益和经济效益。落实《工信部、北京市政府、河北省政府基于宽带移动互联网的智能汽车与智慧交通应用示范合作框架协议》，进一步完善《基于宽带移动互联网的智能汽车与智慧交通示范应用总体方案》，推进智能汽车与智慧交通应用示范项目建设。

2015年山西省软件和信息技术服务业发展概况

在“互联网＋”的背景下，以云计算、物联网、移动互联和大数据为代表的新一代信息技术，正对IT服务带来一系列深刻影响，开放式创新、智能化服务、融合性生态、产业链垂直整合、产业生态体系竞争、技术与业务深度融合成为新时期IT服务发展的重要特点。山西省软件业因势而谋，应势而动，顺势而为，乘势而上，整体软件业务发展良好，但是我们也看到2015年是山西省经济进入21世纪以来最为困难的一年，长期的“一煤独大”的产业结构抑制了创新活力，软件业各方面发展受到了不同程度的冲击。

一、基本情况

（一）总体情况

截至2015年年底，规模以上软件企业147家，实现软件业务收入合计24.2亿元，同比增长6.6%（见图1）；按业务类型分列：软件产品收入11.6元，同比下降24.2%，软件产品分类中主要是以行业应用软件、软件运维服务为主；信息技术服务收入 12.2 元，同比增长71.8%；嵌入式系统软件收入2863万元，同比下降26.1%；软件外包服务收入923万元。全行业利润总额3.5亿元，从业人员工资总额44215万元，从业人数8237人。

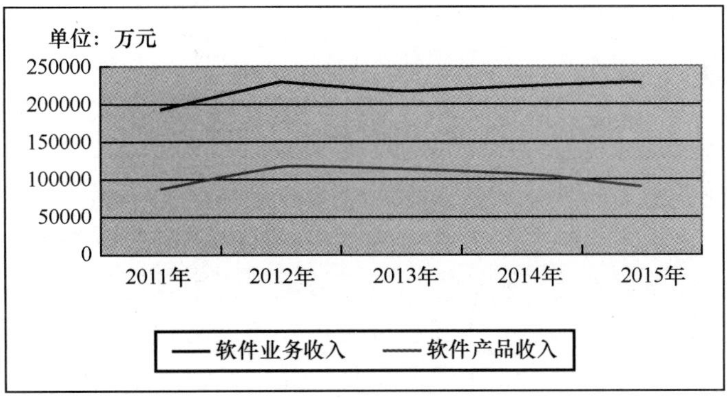

图1　山西省“十二五”期间软件业务收入、软件产品收入

（二）重点企业情况

太原罗克佳华工业有限公司等八家企业主营业收入突破1亿元，超过5000万元的企业有24家，而软件业务收入超过1亿元的企业只有太原罗克佳华工业有限公司和山西同昌信息技术实业有限公司两家企业，超过5000万元的企业总共有15家；利润总额超过1000万元的企业有11家，超过500万元的企业有9家；研发经费超过1000万元的企业有6家，超过500万元的企业有20家。

根据相关调查问卷显示，太原罗克佳华工业有限公司、山西光远科技有限公司、山西同昌信息技术实业有限公司等重点发展企业软件产品主要集中在省内，并以金融、煤炭、政府、医疗等领域为主。最近几年，企业员工总数未出现较大波动，都控制在11%左右；企业对培训关注度增强，技术和管理培训大约在6人次/年，市场营销等其他培训约5人次/年。企业项目申请以企业出资自选课题和省市科技计划项目为主。大部分企业都有不同规模的研发机构，但整体研发和跨部门、跨企业研发合作比较少。企业发展方向为提高过程管理水平，进行产品质量认证，扩大招纳人才的支持力度和留住人才的制度保障，鼓励员工创新，扩大品牌自身影响力等。

山西天地科技有限公司、山西同昌信息技术实业有限公司、山西精英科技股份有限公司、山西合力创新科技有限公司、山西光远科技有限公司共5家省内企业已经通过ITSS二级，山西中网信息产业有限公司、山西通海诚旭科技有限公司、山西科达自控股份有限公司、山西新太阳科技有限公司、山西友信科技发展有限公司、太原龙为电子科技有限公司共6家省内软件认证企业通过ITSS三级。

二、主要特点及面临的问题

（1）山西省软件业体量较小，占全省GDP比重不大，整体企业数量不多，有较大品牌影响力和国际影响的企业较少，企业分布比较集中，90%的企业都集中在省会太原，还有部分地市没有软件企业登记的情况，企业发展方式不平衡、不协调问题仍然突出，与煤炭相关的软件企业优势减弱，有效需求乏力和有效供给不足并存，软件产品单一，部门企业掌握核心技术较少，软件基本上属于应用型软件，技术含量少，基本上依赖国外系统软件作为开发平台，或通过购买方式来二次开发销售，更新换代慢，研发投入较少，研发队伍和研发机构储备较少，竞争力较弱。

（2）山西省软件企业以民营企业为主，根据调查显示：民营企业特别是中小企业专业技术人员和管理人员短缺，引不进人、留不住人已经日益成为提高核心竞争力的根本约束，同时，资金是经济的血液，山西省民营经济严重“缺血”，亟须破解民营经济发展融资难题，加快推进金融机构金融改革。

（3）企业产品研发能力较弱，支撑体系不完善，创新能力不强，在经济下行压力加大的形势下，金融风险隐患也增大。与企业发展相适应的政策和配套政策落实不够，企业享受优惠后，直接转换为企业发展能力的较少，研发可持续能力还有待加强。

（4）软件产品出口优势不明显，跟随国际发展潮流能力较弱，开拓新兴市场不多，软件业外包收入不高，但拓展空间巨大。山西省软件产品面向国际市场竞争力较弱，开拓能力较低，与其他沿海兄弟省份差距较大。

三、2016年展望与目标

2016年是山西省将全面落实“五大发展”新理念，努力实现“十三五”的开局之年。软件业发展必须牢牢抓住供给侧结构性改革这条主线，不断提高供给体系质量和效率，同时也要看到，虽然软件业发展面临诸多矛盾叠加的严峻挑战，但发展仍处于可以大有作为的重要战略机遇期。牢固树立和贯彻落实创新、协调、绿色、开放、共享的新发展理念，攻坚克难，坚定信心，迎难而上，继续集中力量办好自己的事情，着力在优化结构、增强动力、化解矛盾、补齐短板上取得突破，切实转变发展方式，提高发展质量和效益，不断开拓发展新境界。

在经济进入新常态和山西省资源型经济亟待转型的形势下，发展必须立足科技创新和全面创新，实施创新驱动发展战略，聚集创新资源、营造创新环境，向全面创新要动力，激发全社会创新活力和创造潜能，不断增强发展的活力和后劲。要实现大力发展软件业，不仅从数量上，更要从质量上提高，实现量质齐升，主营业务收入中软件收入比重大大提高，大幅增加高精尖科技人才数量，夯实创新基础，区域布局实现均衡发展，拓展国内市场和争取国际市场，从业人员稳定且梯队接力，从业者幸福感提升的目标。

四、下一步工作

（1）实施“双创”行动计划，鼓励发展面向大众、服务中小微企业的低成本、便利化、开放式服务平台，打造一批“双创”示范基地和城市。加强信息资源整合，向企业开放专利信息资源和科研基地。鼓励大型企业建立技术转移和服务平台，向创业者提供技术支撑服务。完善创业培育服务，打造创业服务与创业投资结合、线上与线下结合的开放式服务载体。依托互联网拓宽市场资源、社会需求与创业创新对接通道。推进专业空间、网络平台和企业内部众创，加强创新资源共享。推广研发创意、制造运维、知识内容和生活服务众包，推动大众参与线上生产流通分工。发展公众众扶、分享众扶和互助众扶。

（2）建立培养人才、吸引人才、留住人才和储备人才的激励机制，补齐发展短板，加大投资于人的力度形成更高质量的人力资本，从而促进全要素生存率提高。把人才作为支撑发展的第一资源，加快推进人才发展体制和政策创新，构建有竞争力的人才制度优势，提高人才质量，优化人才结构。破除束缚创新和成果转化的制度障碍，优化创新政策供给，形成创新活力竞相迸发、创新成果高效转化、创新价值充分体现的体制机制。完善人才评价激励机制和服务保障体系，营造有利于人人皆可成才和青年人才脱颖而出的社会环境。鼓励民营企业采用股权激励、期权激励、技术入股、成果奖励等多种形式，吸引和用好高层次管理人才、各类专业技术人员。培养一支高素质的企业家队伍，发挥工匠精神。

（3）深入实施创新驱动发展战略，不断推进理论创新、制度创新、科技创新、文化创新等各方面创新，强化企业创新主体地位和主导作用，鼓励企业开展基础性、前沿性创新研究，支持科技型中小企业发展。把大众创业、万众创新融入发展各领域、各环节，鼓励各类主体开发新技术、新产品、新业态、新模式，打造发展新引擎。坚持需求引领、供给创新，提高供给质量和效率，激活和释放有效需求，形成消费与投资良性互动、需求升级与供给升级协调共进的高效循环，增强发展新动能。适应国际市场需求变化，加快转变外贸发展方式，优化贸易结构，发挥出口对增长的促进作用。加快培育以技术、标准、品牌、质量、服务为核心的对外经济新优势，推动高端装备出口，提高出口产品科技含量和附加值。扩大服务出口，健全售后保养维修等服务体系，促进在岸、离岸服务外包协调发展。加大对中小微企业出口的支持力度。

（4）围绕有效需求扩大有效投资，优化供给结构，提高投资效率，发挥投资对稳增长、调结构的关键作用。更好地发挥社会投资主力军作用，营造宽松公平的投资经营环境，鼓励民间资本和企业投资，激发民间资本活力和潜能。民营经济发展离不开政策支持和激励。政策文件不在多少，关键是落实、管用、有效。一要全面梳理落实已有政策。二要形成完善的政策体系。民营经济发展是全方位的，政策的制定也要成为一个体系。要加强政策之间的统筹协调，确保步调一致，为民营经济提供全方位支持，切实解决政出多门、政策“打架”的问题。三要加大政策宣传力度。要在全省开展“送政策进民企”活动，通过编印、发送政策资料、组建宣传队，发挥网络、微信、微博等新兴媒体作用，加强对政策的解读和宣传，全面、及时地把政策传递到民营企业，让企业熟悉知晓、用足用好。重视挖掘民营企业自身的潜力，以改革创新方式盘活存量资源，变资源为资本。破解准入难题，拓宽民营经济发展空间，福利大众创业、万众创新，增加就业，把个体工商户和民营企业数量抓上去，要实行“非禁即入”，严禁在国家法律法规规章和标准之外设置行业准入、市场准入门槛。对民营企业在注册资本、投资金额、产能规模、土地供应、采购招投标等方面倾斜，推动出台鼓励和促进民间投资的政策意见，吸引和鼓励民间资本投资在当地、投资在山西。进一步深化商事制度改革，在实施工商登记制度改革以来，个体工商户和私营企业登记注册数量创近年来新高，但一些配套的改革还未同步，有些许可证办理难度大，要加快推进“三证合一”深化“先照后证”改革，形成更加规范有序的法制市场。

（5）将继续扎实推进实施宽带山西行动计划，助力电子商务的发展。计划到 2020 年，山西省电子商务支撑体系取得明显进展，电子商务应用进一步普及深化，网络化生产经营与消费方式逐渐形成。山西省将依托区位优势，建设一批聚集度高的电子商务产业园区。充分发挥太原武宿综合保税区、太原高新区电子商务园区、侯马国家电子商务示范基地、大同电子商务产业园区等园区的功能优势，推进电商集聚化发展，承接高新技术产业转移，延伸与当地经济发展相适应的电子商务产业链，培育现代物流业重要基地。依托市场优势，打造一批面向煤焦等大宗商品的电子商务企业。继续推动中国（太原）煤炭交易中心、山西焦炭（国际）交易中心、山西商品电子交易中心等国内具有代表性的大宗商品电子商务平台建设，引导和支持企业不断完善交易机制、探索现代交易方式，逐步规范行业秩序、优化资源配置、加快产业转型升级、带动相关产业发展，提升山西在大宗商品领域的话语权。加快物流企业信息化建设，推进物流技术装备现代化，加强北斗导航、物联网、云计算、大数据、移动互联等先进信息技术在物流领域的应用。同时，依托资源优势，培育一批具有本土特色的电商平台。注重依托和挖掘人才资源优势，积极引进各类人才，特别是吸引山西籍人才回乡创业。依托山西省干鲜果、小杂粮、陈醋、白酒等产品优势，打造专注于垂直细分领域、产品个性化突出、附加值高的农产品电子商务平台。依托休闲爱好产业用户黏性高的优势，延伸产业链，带动线上线下融合发展，培育特色明显的休闲爱好业电子商务平台，促进山西省网络零售业发展，树立网络零售品牌。

（6）发挥历史文化优势，创抓文化旅游等服务业大发展新机遇，加快发展文化旅游、现代物流、高新服务、健康养老等现代服务业和特色现代农业，积极发展“互联网+”等新兴业态。深挖历史文化内涵，提升软硬件设施，打造知名旅游品牌，把文化旅游业发展成展示山西美好形象的窗口产业，促进富民强省的朝阳产业。深化两化融合，拓展和创造信息消费需求，发挥科技创新在全面创新中的引领作用，加强基础研究，强化原始创新、集成创新和引进消化吸收再创新，着力增强自主创新能力，为经济社会发展提供持久动力。

（7）开展 ITSS 符合性评估工作，将 ITSS 这一套成体系和综合配套的标准库用于扩大企业占有市场率，增加服务外包，规范和引导信息技术服务业的良性发展，在提升 IT 服务质量、优化 IT 服务成本、强化 IT 服务效能和降低 IT 服务风险等方面对山西省软件企业运维业务发展和整体发展发挥更大促进作用。

2015 年辽宁省软件和信息技术服务业发展概况

一、基本情况

2015 年辽宁省软件和信息技术服务业克服汇率变动、成本上升等诸多不利因素影响，进一步加大结构调整力度，着力推进技术创新，产业继续保持平稳增长发展态势，实现软件业务收入 3034 亿元，在推动辽宁省经济转型发展和社会技术进步的进程中发挥了重要支撑作用。

二、主要特点

（一）产业发展高度集聚

形成了以沈阳、大连为主体的产业特色鲜明、优势互补的软件产业发展新格局，沈阳、大连两市软件业务收入占全省收入比重达到 97%以上；以产业集群为载体，形成了浑南软件及电子信息、大连软件和信息技术服务 2 个重点产业集群，其中大连软件和信息技术服务产业集群 2015 年实现销售收入 1507 亿元，成为全省屈指可数的千亿元级产业集群；建成了沈阳国际软件园、大连软件园等一批定位清晰、特色鲜明的产业园区，集群及园区已成为产业、技术和人才集聚的坚实平台和有效载体。

（二）公共服务体系逐步完善

结合发展实际，出台了《辽宁省积极推进“互联网+”行动实施方案》、《辽宁省促进大数据发展行动实施方案》等 10 多个推动软件产业创新发展的政策；逐步完善了沈阳市信息技术服务标准（ITSS）推进平台、大连市软件和信息技术公共服务平台等 16 个公共服务平台，平台资源内容和服务运营模式日益丰富；信息消费和智慧城市建设有力推进，目前辽宁省有国家信息消费试点城市 3 个，国家信息惠民示范城市 4 个，国家智慧城市试点示范城市 1 个、示范区和县级市 9 个，全省软件产业发展的环境进一步完善。此外，沈阳市还在全国率先组建了大数据管理局，实现了大数据发展与智慧城市建设职能的统筹协调，成立了全国首家政府主导、市场化运作的大数据运营有限公司。

（三）促进两化深度融合

大力发展工业软件，实施工业软件振兴工程，开展了工业软件百千大讲堂、千款工业软件走进行业巡回展等活动，搭建了 IT 企业与工业企业合作平台；推动工业设计软件应用，成立了中国工业软件产业发展联盟 CAE 分联盟，不断提升工业产品数字化、智能化、网络化水平。目前，东软集团股份有限公司的医疗产品、沈阳新松机器人自动化股份有限公司的工业机器人、大连光洋科技集团有限公司的数控系统、聚龙股份有限公司的金融机具产品等已实现国内领先并达到国际先进水平。

（四）电子商务步入发展新阶段

截至 2015 年年底，辽宁省已建成 20 个电子商务产业园（基地），共引进入驻企业近 2000 家。沈阳浑南电商产业园作为全国首批国家电子商务示范基地，吸引菜鸟网络、京东商城、普洛斯等 300 余家国内外知名电子商务企业及相关服务型企业落户，淘宝网特色中国辽宁馆、阿里巴巴辽宁装备馆（产业带）项目建设进展顺利；跨境电商取得进展，独联体海关联盟国际跨境电子商务综合服务中心落户葫芦岛市，搭建了中国与俄罗斯及独联体国家的绿色通关通道，为辽宁省融入“一带一路”战略增添了新渠道；“O2O”网上商城建设有了新突破，大商集团、中兴集团、兴隆集团、沈阳商业城等传统零售企业加快发展“O2O”模式网上商城。电子商务的快速发展为软件产业增添了新的动力。

（五）软件服务外包结构逐步优化

2015 年辽宁省实现软件业务出口 44.6 亿美元，其中软件外包服务出口收入 29.2 亿美元，继续保持全国领先地位，东软集团、大连华信和文思海辉连续多年位居全国软件外包出口企业前列；大力发展国内外包业务，国内外包收入占全部外包收入的比重超过 50%。在巩固对日市场的同时，积极开拓欧美等市场，欧美市场占软件服务出口比重接近 30%，初步呈现国家（区域）均衡发展的局面。引导大连市积极发展中高端服务外包，组织地区间信息技术服务外包对接，提升丹东等地承接软件服务外包的能力。

（六）新业态蓬勃发展

推动移动互联网、云计算、大数据等新一代信息技术发展与应用，成立了辽宁省车联网产业创新联盟，着手车联网平台技术顶层设计，开展技术标准试点应用，推动图像识别、语音识别、位置服务等新一代信息技术应用。全省软件企业技术架构及业务范围加速向云计算转型，云计算基础资源产业联盟正式成立，将通过互联互通、战略联盟、统一运营的方式加快辽宁省云计算基础设施建设步伐，培育产业发展新业态。

虽然辽宁省软件和信息技术服务业在 2015 年取得了一定的业绩，但总体看全省软件产业仍处于变大变强的关键时期，面临核心技术受制于人、大企业和知名品牌缺乏、人力资源成本上升、高端软件人才不足等问题，自主创新能力不强，产业发展环境仍需优化，信息技术的潜能尚未充分挖掘，新兴领域发展尚需提速，应用水平有待进一步提升，需要通过创新驱动发展逐步解决。

三、2016 年展望与目标

2016 年是辽宁软件和信息技术服务业在“十三五”期间实施创新发展的起步年，全省软件行业要适应新技术、新形势和新要求，大力培育龙头企业，着力增强产业自主创新能力，力争在以下方面取得新的进展。

（一）坚持创新驱动，强化自主创新能力

以“互联网+”和“中国制造 2025”等为核心，增强科技创新能力，提升全省软件和信息技术服务业的技术水平，实现从要素驱动向创新驱动转变。整合全省创新资源，完善基础

平台，突破关键技术，构建以企业为主体、政产学研用共同参与的软件和信息技术服务业创新体系，形成一批具有自主知识产权的关键技术、产品和标准，推动产业创新发展。

（二）培育骨干企业，提升产业发展规模

综合运用政策、规划、标准、资金、项目等措施，引导优势企业跨界融合发展，积极引进海外先进适用技术，支持企业进入境内外资本市场融资和企业间战略合作与跨行业、跨区域兼并重组，集中资源着力培养一批创新能力强、规模效益好、市场竞争力强的骨干龙头企业。积极推动龙头企业与中小企业协同发展，扶持一批“专、精、特、新”的中小企业，壮大产业发展规模。

（三）抓住大数据发展机遇，培育壮大新兴产业

抓住大数据发展的重要机遇，加快建设智慧辽宁，引导行业和企业在移动互联网、云计算、大数据等领域的应用创新，培育壮大新兴产业，形成新的经济增长点。吸引国内外龙头企业的云计算大数据中心落户辽宁，围绕电子政务、电子商务、智慧城市，形成云计算应用服务聚集区及云计算大数据应用服务产业链。

（四）以智能制造为契机，推进产业技术提升

大力发展工业软件，支持鼓励省内 IT 企业与传统制造企业联合研发新产品，在工业设计与仿真、制造物联与服务、工业大数据处理等高端工业软件领域实现突破，支持自主可控的高端工业平台软件和重点领域应用软件开发，推进自主工业软件体系化发展和产业化应用。

四、下一步工作

（一）大力发展工业软件，促进信息化与工业化深度融合

贯彻落实《中国制造 2025 辽宁行动纲要》，大力发展工业软件产品及智能制造整体解决方案，鼓励省内 IT 企业与传统制造企业联合研发产品，推动机器视觉技术的产业化应用，大力发展 CAD、CAE 等工业设计软件，推动智能元器件和装置在工业产品中的应用，提升工业产品数字化、智能化、网络化水平；推动工业大数据应用，促进大数据、物联网、云计算和 3D 打印技术、个性化定制、众包设计、云制造等在制造业全产业链集成运用，加快走新型工业化道路步伐。

（二）推动软件服务外包产业结构调整，做强做优外包产业

深度挖掘国内市场，大力发展国内外包业务，支持软件企业积极承接省内外各类信息化建设项目尤其是省内工业企业信息化项目。推动软件外包服务出口，在巩固对日市场的同时，积极开拓欧美市场及非洲、东南亚等新兴市场，继续保持在全国的领先优势。

（三）推动新一代信息技术产业发展，培育产业发展新业态

以政府购买服务为前提，跨界整合社会资源，开拓云计算、大数据等新一代信息技术应用市场，推动公共视觉图像大数据云应用，推动车联网产业创新发展。

（四）推动信息技术服务业创新发展，加快全省智慧城市建设步伐

加强对信息技术服务业的统筹规划和社会公共资源整合，基于云计算、大数据等新一代新技术，面向民生领域，以移动互联网为核心，大力发展相关软件产品和解决方案，创新政府服务模式，推进便捷化交通服务发展，探索新型教育服务供给方式，推广在线医疗卫生新模式，提供丰富多样的金融产品，促进智慧健康养老产业发展，线上线下紧密融合发展便民服务新业态，为智慧民生建设提供技术支撑。

（五）支持具有自主知识产权的信息安全技术及产品的研发及产业化

围绕信息安全保障体系建设、安全技术服务，鼓励和支持省内信息安全软件开发企业，研发信息安全产品和工具软件。支持大连市建立动态网络主动防御技术创新中心，组建全国动态网络主动防御技术产业联盟，建设国家网络安全产业基地，提升自主创新能力，尽快建成国家级创新平台，打造世界级的网络安全和通信产业基地。

2015年吉林省软件和信息技术服务业发展概况

面对国际、国内复杂多变的经济形势，以及吉林省推进“三化统筹”、“两化深度融合”，建设“两型社会”、“和谐吉林”的战略部署，吉林省软件行业的战略性、基础性、先导性的作用更加突出，软件和信息技术服务业在更高层次、更大范围、更深领域将全省社会经济活动与其他产业技术深度结合，推动发展方式转变和提速，构建现代产业体系的支撑地位更显紧迫。因此，大力发展软件和信息技术服务业是调整吉林省产业结构的需要，是转变经济发展方式的需要，是用信息化带动工业化走新型工业化道路的需要。

一、总体情况

自《进一步鼓励软件产业和集成电路产业发展若干政策》的优惠政策（国务院4号文件）和《吉林省信息化促进条例》颁布以来，在网络演进升级、用户规模增长、新兴信息消费培育、互联网产业壮大和宽带中国战略推进等多方面因素的共同作用下，吉林省软件和信息技术服务业快速发展，产业规模迅速扩大，产业结构不断优化，产品种类日益增多，自主创新能力显著增强，综合竞争力明显提高，软件产业有了长足的发展。

截至2015年12月底，吉林省软件和信息技术服务业的相关企业已经达到983余家，软件业务收入440亿元，同比增长15.5%。吉林省软件和信息技术服务业保持着健康、快速的发展势头。

（一）基本情况

吉林省现有软件和信息技术服务企业983余家，其中通过软件企业认定的564家，登记软件产品2367个，系统集成资质企业85家，信息系统工程监理资质企业4家；软件和信息技术服务企业中主营业务收入超过亿元的企业60家，超过5000万元的企业78家；国家规划布局内重点软件企业1家，上市公司9家，筹备上市的企业20家。2015年，吉林省软件和信息技术服务业实现主营业务收入440亿元，同比增长15.5%；从业人员51828人，人均劳动生产率达到84万元/年。

吉林省软件和信息技术服务业的产业规模逐步扩大；产业结构服务化趋势突出，数据处理和运营服务收入增速加快，2015年增加8亿多元；技术整合更加明显，软件渗透生产生活各领域，推动着传统产业的发展。一批具有自主知识产权的软件产品已遍布全国，如汽车、石化、指纹识别、教育、网络安全等都有非常活跃的市场，有些软件企业处于全国行业领先的地位。

长春启明信息技术股份有限公司在汽车管理软件产品研发与服务和车载信息系统研制及服务两个领域的市场份额均居国内同行业第一位。在全国百强软件企业中排名第72位。

吉大正元信息技术股份有限公司已成为国内信息安全行业知名企业，是国内最大的公钥基础设施（PKI）产品供应商，市场占有率在70%以上。IDC数据报告也确认了吉大正元在国内信息安全应用领域软件市场占有率第一的地位。

长春鸿达高新技术集团有限公司在大数据量人口信息管理技术和生物特征识别技术领域都具有雄厚的技术实力和开发经验，其公安人口综合信息管理系统占有全国60%以上的市场份额，管理着全国 7 亿人口信息。

东北师大理想软件股份有限公司研究开发了11大系列700多种能够有效支撑教育信息化工作的系列软件产品，这些独到的研究成果为我国中小学教学方式的改革带来了历史性的突破。基础教育软件产品已推广到全国 31 个省、市、自治区，职业教育软件产品已经推广到50 多所职业院校。

吉林省高升科技有限公司成立于 2006 年，是一家为互联网运营企业提供高品质 IT 基础架构建设和综合技术支持的企业。目前已与三大运营商及多家互联网企业签订了 IDC 机房合作协议，并已在长春、昆明、杭州、沈阳、石家庄等 50 多个城市积累了 70 个机房、近 4000Gps 带宽的 IDC 资源储备。现在公司已经通过借壳的方式在深交所上市（高升控股 000971）。

吉林省差旅天下网络技术股份有限公司成立于 2010 年，是吉林省第一家“新三板”上市公司。公司自主研发的出差和旅行系列软件，有效整合了出差、旅行、会议、旅游等相关需求，解决了各类机构 95%以上的差旅管理、差旅采购、差旅优化问题。该公司已在中关村注册成立分公司，上海、广州、成都等都有分子公司，业务已遍布全国，收入和净利润都以成倍的速度增长。

（二）软件和信息技术服务业朝向稳定趋势发展

2015 年，吉林省软件行业产业规模达到 440 亿元，同比增长 15.5%，吉林省软件行业的发展朝着稳定增速趋势发展。如图 1 所示是吉林省近八年软件业务收入变化情况。可以看出，从 2008 年到 2015 年，吉林省软件业务收入上升趋势明显。从同比增长率来看，从 2008 年到 2011 年，呈逐年上升态势，到 2011 年同比增长率达到 29.98%，较上一年提升了近 3 个百分点，但是 2012 年和 2013 年增长率较上一年有所下降。2015 年增长率与 2014 年同期相比基本稳定，保持软件业务收入稳定状态。

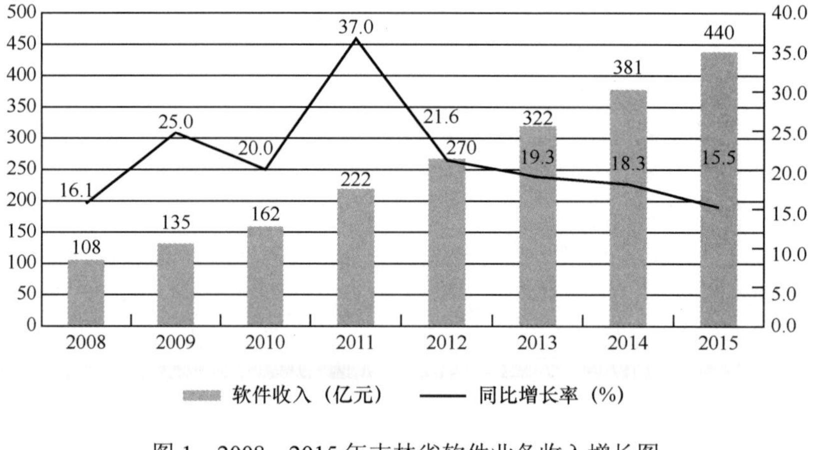

图 1　2008—2015 年吉林省软件业务收入增长图

2015 年，吉林省完成软件产品收入 127.5 亿元，占软件业务收入的 29%；信息技术服务收入 255.5 亿元，占软件业务收入的 58%；嵌入式系统软件收入 57.3 亿元，占软件业务收入的 13%（见图 2）。2015 年吉林省软件和信息技术服务业软件产品收入比例呈稳定态势，信息技术服务收入比例增速突出，已经占据过半的软件业务收入；而嵌入式系统软件收入比例稍微降低。

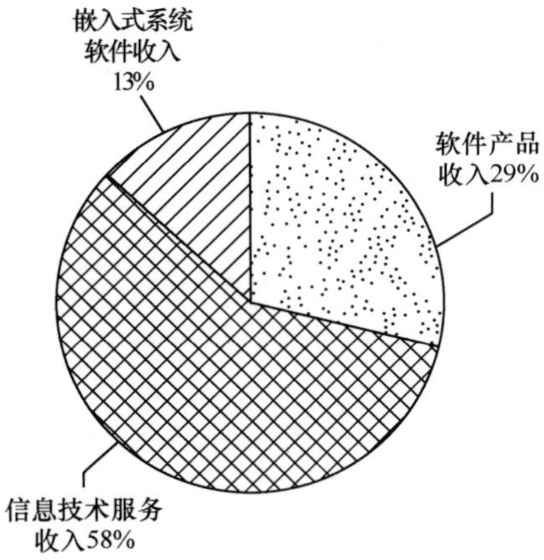

图 2　2015 年吉林省软件和信息技术服务业软件业务收入构成情况

资料来源：根据中华人民共和国工业和信息化部统计数据整理。

从吉林省软件企业发展情况来看，2015 年吉林省从事软件和信息技术服务业的企业有 983 余家。软件企业在研究开发投入、建立和完善核心技术创新体系、提高自主创新能力、扩大产业规模以及丰富产品结构等方面均有较大突破。拥有自主知识产权、具有核心技术优势和特色的软件产品，市场占有率不断提高，品牌效应不断提升。2015 年，吉林省软件行业协会举办“优秀软件企业、优秀软件产品、优秀软件人才”评选表彰大会，吉林省共表彰了“重点优秀软件企业”8 家、“优秀软件企业”22 家、“创新优秀软件企业”10 家；“优秀软件产品”36 个；“优秀软件人才”30 名。在 2015 年中国软件前百家企业评选中，吉林省启明公司被入选，排名第 72 位。

（三）吉林省信息服务业基础建设成果显著

“十二五”以来，在加快发展信息服务业的规划指导和政策引导下，吉林省以软件基地为依托，以骨干企业为主体，以凝聚和发挥人才优势为依托，着力培育适宜软件业发展的优良环境；以产业园和产业群的配置方式为主体，实现软件产业集约式的发展；以培育有吉林特色的名牌软件产品和企业为重点，带动软件业的跨越式发展；坚持软件开发与传统产业改造相结合，软件与硬件相结合，国内市场与国际市场相结合。依据“十二五”规划，吉林省在信息服务业方面取得了很大的成果。

首先，网络信息服务业不断深化。目前，在以电信网、广电网为主的基础网络体系和以光纤通信为骨干、卫星通信、数字微波为辅的通信网络体系良性运行下，吉林省信息技术服务业的网络化建设取得了显著的进展。具体来看，在电子商务方面，小商品在线支付网络、防伪信息网络、网上银行、企业的电子商务采购平台等全年运行平稳，省密钥管理中心和数字认证中心的综合服务能力进一步提高，尤其是电子商务中的短信业务实现较快增长；在电子政务方面，电子政务内、外网建设与管理机制逐步完善，应用水平整体提高，政务信息发布逐步规范、及时、透明，电子政务重点项目建设和培训工作开展有序，突发应急信息管理逐步加强，“一站式”电子政务服务能力大大提升，政府网站内容不断丰富，功能逐步增强，从而有力地强化了政府通过网络信息进行社会管理、市场监督和公共服务的职能。

其次，信息服务平台建设不断加强。目前，吉林省信息服务平台涉猎的领域不断拓宽，建设完善力度不断加强。例如，数字电视服务平台、农业综合信息服务平台、制造业信息化服务平台、企业基础信息交换平台、信息技术综合服务平台等的建设正日趋完善与健全，从而大大提高了信息资源共享和开发应用的能力。同时，在就业、社会保障、安全生产、公共卫生等领域信息服务平台的作用也日益突出。

最后，信息安全保障体系建设不断健全。随着信息化的全面推进，信息的安全性越显重要。当前，全省网络信任体系建设整体水平快速提升，信息安全等级保护制度、信息安全风险评估体系和审核标准日趋完善。

二、主要特点和优势

（一）区位优势

吉林省 80%以上的软件企业都集中在长春市、吉林市和延边朝鲜族自治州，形成了以长春、吉林和延吉为核心的产业集群。三个市州各自根据其产业基础、人才情况、地理位置形成了各具特色的软件产业基地。长春软件园主要发展企业管理软件、人口信息管理软件、汽车软件、教育软件、信息安全软件；吉林软件园主要发展嵌入式软件和电力行业、石化行业等大型应用软件；延边中韩软件园着重承接韩国、日本的软件外包和信息服务。

长春软件园现有企业 536 家，新增企业 18 家，园区企业总收入 102 亿元，实现利润 8.05 亿元，上缴税金 4.62 亿元，软件出口及离岸外包实现 4500 万美元，园区企业人员超过 4 万人，其中软件从业人员达 2.5 万人。

建有长春软件与动漫服务外包产业园、东北亚文化创意科技园、吉林动漫游戏原创产业园三个软件产业的专业园区，基础设施及配套服务不断得到改善。各园区建筑面积达到 70 万平方米，吸引了 300 余家企业集聚发展。

长春市对日外包公共服务平台、长春市软件开发过程管理公共平台相继投入建设。

吉林软件园软件企业总数 135 家，软件业务收入 20 亿元，利润 2 亿元，从业人员 4280 人，基地内企业软件著作权及软件产品总数达到了近 200 件，其中具有自主知识产权产品 105 件。

基地现有包括创业中心、留学人员创业园、大学科技园等专业孵化器，拥有自主产权孵化面积 5.1 万平方米。

延吉软件服务外包产业基地——延吉科技创新园已入驻企业 42 家，其中有 NHN、鑫普瑞、阿斯达等 11 家韩资企业，BSC 株式会社 1 家日资企业，国内的延边第五媒体雅客、龙寻科技等重点企业，从业人员 3000 余人，2014 年企业总收入达 1.2 亿元，已初具软件开发、服务外包、电子商务产业集聚形态。

园区内投资建成孵化办公楼 5.8 万平方米，并投资建设了 1.5 万平方米的集住宿、餐饮、洗浴、超市、医疗、保安于一体的综合服务设施和 600 平方米的集培训室、多媒体会议厅、接待厅于一体的公共服务平台，为国内外企业家投资兴业提供了良好的条件。

（二）科教人才优势

目前，吉林省设立了软件及相关专业的全日制大学有 40 余所，现有国家级软件学院 2 所，省级 15 所，有计算机技能培训机构 50 多家。从人才培养的规模和数量来看，吉林省现有计算机及相关专业在校大学生 4 万多人；各级软件学院及软件技术学院年培养计算机及相关专业本科毕业生 1 万余人，硕士毕业生 2500 人；计算机技能培训机构年培训各类人才 5000 人。从人才结构来看，软件工程师所占的比例较高（有近 1 万人），系统分析员和项目总设计师的比例较低。

（三）产业依存度优势

吉林省长春市是全国重要的工业生产基地，尤其是在汽车、轨道客车和装备制造业方面，具备了较高水平的研发、设计、加工、生产等综合能力。拥有一汽集团、一汽大众等著名整车生产企业及十几家专用车、改装车企业；拥有全国最大的轨道客车生产基地。同时，随着战略性新兴产业规划的进一步确定，新能源、新材料等诸多领域对软件和信息技术服务业的依存度和需求量不断增加，必将为吉林省软件和信息技术服务业的加快发展提供广阔的应用领域和市场空间。

（四）产业集群优势

在信息产业领域，吉林省已经成立了国家产业基地和省级产业园区。长春国家光电子产业基地、新兴的现代电力电子产业基地、吉林省（长春启明）汽车电子产业园、吉林新元器件产业园、长春软件园、吉林软件园、延边信息产业园、吉林东北亚文化创意科技园、长春软件与动漫服务外包产业园、清华国际服务外包研究院等企业形成了特色的产业集群。在光显示器件、新型元器件和汽车电子等领域发展迅速，形成了吉林省特色化的信息产业。

在软件领域，长春启明在汽车管理软件产品研发与服务和车载信息系统研制及服务两个领域的市场份额均居国内同行业第一位。一批具有自主知识产权的软件产品已遍布全国，拥有双软认证的企业有 300 余家，各种应用软件，如税务、银行指纹识别、教育、网络安全等都有非常活跃的市场。

（五）其他优势

吉林省软件和信息技术服务业发展的优势还体现在产业结构、产品种类和软件园区建设的特色方面。在产业结构上，吉林省软件产业虽然产业规模逐年扩大，但仍然是以中小企业占大多数，大型企业数量偏少。而且企业性质也是以民营、中外合资、股份制等所有制的公司为主。

在产品种类上，吉林省软件产品以应用软件占有绝对优势，系统软件和支撑软件数量较少。其中，汽车、信息安全、教育、政府、农业等行业应用软件在市场占有率、技术水平及知名度等方面处于国内领先水平。

在软件园建设上，吉林省政府明确提出，将着力把信息服务业打造成重要的特色产业，着力建设长春软件园、吉林软件园和延边中韩软件园，以形成优势互补、共同发展的新格局。其中长春软件园主要发展企业管理软件、人口信息管理软件、汽车软件、教育软件、信息安全软件；吉林软件园主要发展嵌入式软件和电力行业、石化行业大型应用软件；延边中韩软件园着重承接韩国、日本的软件外包和信息服务。据统计，目前，全省 80%以上的软件企业、85%的软件收入都主要集中在这三家软件园区，聚集效应十分显著。

三、面临问题

近年来，吉林省软件和信息技术服务业虽然在“质”和“量”两方面都取得了突飞猛进的发展，但同国外发达国家和国内经济发达省份地区相比，依然存在差距和不足。诸如在总体规模、发展环境、产业结构、产业集聚、自主创新体制机制、政策扶持效应等方面，都存在一些亟待解决的问题。

（一）城乡差距明显，共享性较低

吉林省软件和信息技术服务业还存在总体规模偏小、比重偏轻、发展环境设施急需改进，服务外包出口额较小，产品结构不优、核心技术缺乏、自主创新能力薄弱、产业集群效应不明显、区域发展不平衡等问题。在农村，信息化建设相对缓慢，通信覆盖率和网络利用率相对较低；在城市，软件和信息产业园区建设较快，但公共服务平台建设较缓慢。这种地区之间、城乡之间存在的“数字鸿沟”，以及基础网络和信息资源的较低共享水平在一定程度上制约了吉林省软件和信息技术服务业的快速、健康发展。

（二）政策环境有待完善

继“互联网+”纳入政府工作报告，政策对于软件产业的扶持力度颇大。2014 年中国软件著作权登记已经突破 20 万件，这是继 2011 年中国软件登记量超过 10 万件后，又一重大突破，表明中国软件登记量处于高速增长期，也预示软件行业进入高速增长时期。吉林省在综合分析省内软件和信息技术服务业发展现状及趋势的基础上，相继制定了《吉林省信息产业跃升计划》、《全省信息服务业发展三年跨越计划》，并且提出经认定的软件企业和登记的软件产品可享受税收优惠政策等。然而，同国内其他发达省区相比，吉林省为软件和信息技术服务业发展提供的政策支持机制尚不完善，措施手段较为单一，政策供给与需求还存在结构性矛盾，并且政策的落实情况和实施效果并非十分理想。

（三）人才问题严重，制约企业长远发展

吉林省软件企业由于规模不大、创新能力不强、高端和领军人才不足，缺乏拥有自主知识产权的核心技术和关键产品，供给和市场需求存在偏差。2010 年以来，软件企业成本明显上升，人力成本同比增长 40%以上，人力成本的加大导致企业利润的降低，同时人才流失和人才招聘问题日趋突出。此外，企业在软件人才结构性方面矛盾突出，缺乏高层次的技术、管理、营销人才和复合型人才。同时，随着物价和人民生活水平的提高，吉林省软件行业的人力成本不断提高，人才对企业薪金待遇的要求不断提高，从而大大增加了软件企业的用人压力。

（四）低价竞争现象明显，市场环境有待完善

尽管近年来吉林省对知识产权的保护力度不断加大，但用户对软件和信息技术服务价值的认可度仍然不够，采购中对软件服务盲目压价和招标中低价择标的现象仍突出，伤害了软件企业的持续发展能力；计算机系统集成企业、小企业产品和服务同质化发展，有市场一哄而上，恶性竞争现象大量存在，产业安全面临潜在风险。

（五）研发创造能力和新技术应用不足

近年来，吉林省建设的物联网基地和云计算数据中心的稳定性和规模化服务依然不足。2012 年公共云服务市场规模仅有 35 亿元，仅占互联网服务市场的 1.5%，占全球市场的 1.9%，不足国外一家领先公司的 1/3；物联网的应用对物联网产业的发展贡献率仅有 5%。

（六）制约因素日益凸显

尽管目前启明信息、鸿达集团、吉大正元、东师理想、长白科技等软件企业在吉林省软件和信息技术服务业领域处于龙头地位，并取得了一定的成绩，但从全省软件行业看仍然延续着企业数量多、规模小、产业优势、集群效应和品牌形象不突出、研发生产投入不足的模式，整体落后于发达省份，缺少真正具有国际竞争力的龙头企业的问题。在资金需求方面，缺乏广阔而有效的融资来源渠道；在核心技术方面，自主创新能力薄弱；在制度法规建设方面，促进吉林省软件和信息技术服务业发展的风险投资及投融资机制、海外市场开拓支撑体系、公共技术开发体系、软件技术创新机制、统筹协调机制以及相关的制度法规建设还尚未健全，亟需进一步完善相应的体制机制，以从根本上提升服务水平，打造“信息化”、“数字化”吉林。这些都在一定程度上影响和制约了吉林省软件和信息技术服务业的健康发展。

四、2016 年目标及思路

深入贯彻落实《进一步鼓励软件产业和集成电路产业发展若干政策》文件精神。立足吉林省发展软件产业的优势，鼓足干劲，采取制定优惠政策、优化发展环境、加大资金支持力度、引进风险投资、培训优秀人才、开拓市场等多种措施，促进吉林省软件产业高速发展。

（一）2016 年主要预期目标

吉林省软件和信息技术服务业 2016 年力争保持平稳快速增长态势。预计 2016 年软件和信息技术服务业业务收入将达到 510 亿元，同比增长 16%，与 2015 年同期持平。

（二）发展思路

全面贯彻落实科学发展观，以园区建设为载体，以骨干企业和优势软件为重点，以市场应用为导向，应用与开发相结合，软件与硬件相结合，开发国内市场与开拓国外市场相结合，朝着基地化、集团化、国际化方向推进。实施重大专项，增强软件产业自主创新能力。推广工业软件和行业解决方案，大力应用软件和信息技术改造传统产业。使软件产业发展成为重要的战略型产业，支撑和带动各行业的发展。

五、下一步工作

（一）重点工作方向

1. 加强政府指引作用，确保国家政策落实

加强信息化标准建设，确保信息内容实现互联互通。强化信息产品、信息系统的安全质量认证和管理。建立信息服务的综合评价指标体系，完善信息服务业法制保障体系，使信息

服务的发展有章可循。贯彻落实《进一步鼓励软件产业和集成电路产业发展若干政策》（国务院4号文件）文件精神，营造软件和信息技术服务业发展的良好环境。加大协调力度，在政策上加大对软件企业的扶持力度，不断丰富优惠措施种类，有效调动社会资源参与软件和信息技术服务业的发展，为软件和信息技术服务业的发展奠定坚实的基础。同时，坚决执行吉林省有关《软件企业认定标准和管理办法》，规范企业认定的标准和流程，形成良好的竞争环境，形成良性循环。

2. 提升吉林省软件行业协会的纽带作用

吉林省软件行业协会应紧紧围绕吉林省软件产业发展目标，在政府和行业组织、企事业单位之间发挥桥梁和纽带作用，充分发挥协会在市场调查、行业自律、知识产权、资质认定、政策研究、信息交流等方面的作用，从而促进吉林省软件行业健康、快速发展，加速吉林国民经济和社会信息化进程。2014 年《中国软件和信息技术服务业信用等级评价》对全国 119 家软件企业进行了信用评价，吉林省参与的 3 家软件企业是吉林省软件行业协会副理事长单位长春金阳高科技有限责任公司、理事单位吉林省爱信网络信息科技有限公司、吉林市盟友科技开发有限责任公司，3 家与会企业均获得了“3 A ”的等级。

3. 拓宽软件和信息技术服务业投融资环境

拓宽融资渠道，形成政府投资、信贷投资、入股投资、引进外资及风险投资等多元化投融资体系。发挥政府投资的引导和杠杆作用，设立吉林省信息技术服务业发展专项资金，由省财政每年安排一定的专项资金，重点支持公共服务平台、产业基地建设、重点企业培育、关键技术和产品研发、人才引进和培养等项目。各级发展和改革、财政、科技等专项资金每年应安排一定的资金用于支持信息服务业重点项目。鼓励各类担保基金向信息服务业倾斜，引导金融机构积极向各类符合条件的信息技术服务业企业和项目发放贷款。进一步支持符合条件的信息技术服务业企业进入资本市场融资，通过股票上市、项目融资、资产重组、股权置换等方式筹措资金。鼓励外资、民营资本参与信息技术服务业企业的资产重组和股份制改造。同时，降低市场准入门槛，吸引更多的企业进入信息技术服务业，形成有特色的中小企业产业群。

4. 加快信息服务业国际化进程

通过合作、合资等形式，着力吸引国内外知名信息技术服务业企业到吉林省投资。培育专业性投资服务机构，鼓励龙头企业以资产、知识产权为纽带，跨地区、跨行业进行兼并重组，努力培育一批在全国同行业具有竞争优势的信息技术服务业企业集团。要鼓励有条件的信息技术服务业企业开拓国际市场。有步骤地进一步开放电信、外贸、商业、文化、影视、旅游、医疗、会计、审计、资产评估等领域的信息技术服务，扩大经济技术合作的领域、途径、方式，支持有竞争力的信息技术服务业企业进入国际市场。

培育具有自主创新能力和自主品牌建设的大型骨干企业，鼓励具有创新活力的中小企业发展壮大。实施“打造一批大集团、聚集一批大总部、做强一批高端企业、培育一批高成长企业”的“四个一批”工程。集中资源扶持大企业、新型企业和快速成长的企业。优化企业构成，改变传统的企业分布格局，使其向“纺锤形”的分布格局发展，形成一批中等规模服务企业和一定数量的收入超过亿元的龙头企业。支持启明公司等骨干企业发展壮大。重点支持信息安全、企业管理、生物识别及物联网等软件产品研发和产业化。

5. 推进产业人才队伍建设

要努力创造良好的人才环境。建立和完善信息服务业相关领域的人才培养、使用、交流、激励、引进政策，形成凝聚和稳定人才队伍、适应信息服务市场人才需求的良好环境。要加快复合型专业人才培养。加快信息服务相关产业的专业人才培训体系建设，加强国际间和高校间合作办学，强化优势资源共享和互补。建立健全人才培训体系和评价体系，完善信息技术服务业专业技术人员从业资质管理制度，全面推进职业资格证书制度和培训市场化机制。要强化公民信息素质教育。采取各种措施向社会公众普及信息化知识，提高其信息化意识和信息获取、应用能力。促进计算机、网络技术的大众化，使更多的社会公众具备应用计算机、互联网的能力。

6. 积极推动产业融合与创新

推动软件和信息技术服务业与传统产业的融合，加强软件和信息化领域的高技术对传统工业发展的渗透和促进作用。在与传统产业的融合中体现软件的核心价值。在具体的应用领域中，结合吉林省的实际情况加快实现两化融合，例如，在推动汽车产业的发展过程中，可以通过汽车电子控制产品装置的研发，积极开拓混合动力汽车市场；在能耗较高的石化行业、建筑行业、冶金矿业中推进重点企业的节能改造；通过企业信息化的建设实现能源消耗管理与控制一体化，进而加速吉林省节能减排的进程。在信息化对传统工业改造的过程中，实现软件和信息技术服务业的技术突破和发展壮大。

7. 提高企业自主创新能力

充分发挥长春软件园的引领作用，依托行业龙头和科研院所的优势，组织实施培育龙头企业建设工程。围绕吉林省支柱产业和优势产业，大力发展汽车、钢铁、石化、装备制造行业工业软件、行业解决方案和嵌入式软件，支撑传统产业突破核心和关键技术，提高产业的技术水平，促进新产业的快速发展。有重点、有步骤地鼓励企业“走出去”开拓国内外资源，建设研发基地和营销网络，开拓新兴市场，扩大投资合作。

8. 加快长春、吉林、延边等地区软件园区的建设

按照整体规划、合理布局、突出重点、协调发展的原则，加快长春、吉林、延边等地区软件园区建设，建设具有国内一流水平的软件园的基础设施，增强软件园为企业配套服务的综合功能。推动基地内的高校、科研机构和企业建立多渠道、多形式的紧密合作关系，形成以企业为主体的互动创新体系。促进软件园中企业优势互补，自愿联合，形成产业集群。加强基地的集聚辐射和带动作用，构建信息技术公共服务平台，提供产品协同设计、网络化制造、质量检测、工艺指导、技术标准、行业数据库共享、客户关系管理、供应链管理、电子商务、人才培训、创业孵化器等不同种类的公共信息服务和技术支持，促进吉林省软件和信息技术服务业在产业规模、人才集聚、技术支撑、政策支持和配套服务等方面的综合提升。

（二）保障措施

1. 鼓励企业创新发展，优化政策环境

发挥市场机制的基础性作用，加强政策引导和资金扶持，鼓励企业承担国家重大科技专项，着力提高基础软件的自主创新能力，重点攻克系统软件核心关键技术。强化创新引领，鼓励企业在云计算、物联网、移动互联网等重点和新兴领域开展创新研究，推动企业技术中心建设。探索创新合作机制，鼓励企业间建立以产业链为基础的多层次合作机制，支持以龙

头企业为引领建立产学研用结合的技术、标准和应用等各类联盟，实现联合创新和应用推广，充分激发中小企业的创新活力，在基础软件、应用软件、软件服务方面实现协同发展。推动软件企业技术改造，对企业的研发环境、测试环境、质量保障体系予以支持，提高企业研发、生产和服务能力。

制定吉林省“互联网+”行动计划，推动移动互联网、云计算、大数据、物联网等与现代制造业结合，促进电子商务、工业互联网和互联网金融健康发展，引导互联网企业拓展国际市场。推动“互联网+”与第三产业融合，形成诸如互联网金融、互联网交通、互联网医疗、互联网教育等新生态。鼓励“互联网+”向第一和第二产业渗透，促进互联网与工业的融合，使传统工业从消费品工业向装备制造和能源、新材料等工业领域改革，全面推动传统工业生产方式的转变。加快农业互联网从电子商务等网络销售环节向生产领域转变，为农业带来新的机遇，提供广阔发展空间。大力积极推动吉林省的互联网与传统产业的“生态融合”，鼓励传统产业创新，推进产业改革。

围绕财税、投融资、研究开发、进出口、人才、知识产权、市场、政策落地八个方面，推进国发〔2011〕4 号文和财税〔2012〕27 号文的落地实施。围绕产业发展亟需的人才、资金等，出台专项政策。出台《吉林省吸引软件高级人才的若干规定》，明确引进人才的类别、条件和奖励办法；进一步完善《软件和信息技术服务业专项资金管理办法》，完善配套实施细则，确保资金使用合理、高效，并积极争取更多专项资金支持；进一步完善省重点软件和信息技术服务业企业和优秀软件产品评选管理办法，鼓励企业开发优秀产品，加快发展速度。

2. 推动产业融合，构建各类跨行业合作平台

积极推进“两化”融合发展，坚持技术驱动和应用牵引相结合，重点推动制造业重点企业、重点行业和产业集群积极与软件企业合作开发新型产品创新、生产、管理与服务应用软件，促进工业企业由价值链低端向价值链高端转变。各级政府应着力构建传统制造业、服务业与信息服务业企业间的交流、合作平台，适时扶持并推出一批新型信息服务试点示范项目。推进吉林省优势行业领域的专业性信息搜索和工具引擎技术的研究开发和创新应用。

积极推进现代服务业发展，大力扶持电子商务应用，建立并完善电子认证、在线支付、物流运输等电子商务公共服务体系。鼓励支持大中型企业的网上交易业务，加大商贸流通企业的信息化改造力度，推动商贸企业建立集购、销、调、存于一体的信息系统和营销网络。发展面向公共事业、交通旅游、休闲娱乐、市场信息等领域的小额支付、便民服务、商务信息等移动电子商务。加快行业性、区域性的公共服务平台建设，促进公共服务平台体系的专业化、网络化、一体化，实现平台资源整合共享。重点发展化工、医药、纺织、机械、钢铁、塑料、服装、食品等吉林省优势行业和领域的电子商务专业平台和第三方综合服务平台的建设。

3. 推进招商引资

坚持外引内联，扩大招商引资、引智。通过“两化”融合、智慧城市、行业信息化、电子政务、社区信息化、农村信息化等项目的持续实施，引进规模大、科技含量高、主导产业和优势突出的项目。主动对接中央企业、省外企业扩张要求，着力吸引国内外有实力的企业特别是世界 500 强、跨国公司、国内 500 强、中央企业以及省外大企业、大集团入驻吉林省。充分调动吉林省重点软件企业的积极性，引导企业以存量引增量，进行产权招商。积极引进产业资本、商业资本、金融资本，通过合资、合作、独资、兼并重组、股份收购、BOT、TOT、

BT、ABS 等多种有效融资方式，扩大招商引资规模。

4. 加强人才培养

对接国家“千人计划”，制定吉林省“高层次软件人才引进计划”。依托中央在吉企业、大学和科研机构及重点产业园区，引进软件和信息技术服务业急需和紧缺的高层次人才。支持校企结合的人才综合培训和实习基地建设，提高人才实战能力。鼓励社会机构创建人才培训中心，加强高级技术人才、实用性人才培养。鼓励用人单位采用技术持股、期权激励等措施吸引高端人才。

5. 加强资金保障

（1）加大财政资金支持力度

最大限度地发挥财政资金的引导作用，在省级专项资金中，要拿出一部分资金重点支持园区公共服务平台和共性技术研发平台建设，扶持市场前景好、竞争优势强的企业和项目。

（2）创造多元化的融资体系

完善企业担保体系建设，健全知识产权质押登记制度，提升软件产品价值，积极推进知识产权等无形资产质押贷款。建立和完善软件和信息技术服务业风险投资机制，鼓励社会资本设立创业基金，支持中小软件和信息技术服务企业创业。建立行业中小企业贷款风险补偿机制，为软件和信息技术服务企业提供融资支持。鼓励软件和信息技术服务企业上市融资，建立和完善企业上市奖励政策。鼓励符合条件的企业通过发行企业债、短期融资券、中期票据和中小企业集合票据等债务融资工具进行融资。

6. 加强市场培育和管理

积极推进传统工业改造升级，加快工业化与信息化、城镇化与信息化、农业现代化与信息化的结合，推动工业发展和社会建设对软件产品和信息技术服务的需求。组织并支持企业参加国内外软件展会，积极推介吉林省优秀软件产品。将优秀自主创新本土软件产品纳入政府采购目录。

以政府采购为引导，逐步制定和完善信息工程招投标管理、信息工程运行维护评级、收费等相关技术和服务标准，促进软件和信息技术服务市场公平竞争。引导企业加强行业自律，配合相关部门规范市场竞争行为，营造公平的市场竞争环境。培养本地企业的合作精神，规避企业间恶性竞争，规范市场秩序。

7. 加强知识产权保护

加强软件和信息技术服务产品质量检测，构建完善的软件产品测试平台，完善产品质量标准。加强软件知识产权的登记和保护，引导企业和公众使用正版软件，保护软件服务企业的合法权益，提高企业开发和改进软件产品的积极性。

2015年黑龙江省软件和信息技术服务业发展概况

一、基本情况

（一）软件业务收入同比增长，增速比2014年同期水平低

2015年，黑龙江省软件产业实现软件业务收入150.7亿元，同比增长13%，增速比2014年同期降低0.4个百分点。

（二）软件产品收入持续增长，信息安全产品收入增幅较大

2015年，黑龙江省实现软件产品收入65.4亿元，同比增长13.5%;实现信息安全产品收入2.4亿元，同比增长60%。

（三）信息技术服务收入稳步增长

2015年，实现信息技术服务收入72.9亿元，同比增长6.9%。

二、主要工作和运行特点

（一）为软件产业发展创造良好环境

为鼓励和加快软件产业发展，在充分调研的基础上研究提出了云计算数据中心电价问题解决方案，对黑龙江省大型及大型以上云计算数据中心用电享受优惠电价，优惠电价与实际市场电价差额部分由政府补贴，破解了多年来困扰云计算数据中心发展的电价难题。

（二）项目按计划实施推进

大力推动中国移动哈尔滨数据中心、中国联通哈尔滨数据中心、哈尔滨云古名气通数据中心、大庆联想科技城云计算中心、北安新中新星光信息科技股份有限公司数据处理中心、哈工大松北科技港及物联网技术研发中心等重点大项目建设，协调有关部门解决项目实施中存在的问题，保证项目按期完成。借地理优势，打好基础，做好大数据发展这篇“文章”。

（三）搭建双创开放式综合服务平台

“创享汇”主题沙龙是一个集培训讲座、经验分享和项目路演形式于一体的交流平台，以“支持创新、鼓励创业，分享经验、共享资源，汇集智慧、汇聚人才”为原则，帮助黑龙江省软件和信息技术服务业的中小微企业提振发展信心、提高经营管理水平、提升创新能力；帮助大学生转变就业观念、培育创业意识、树立创业信心、掌握创业技能。通过开展主题沙龙活动，搭建实现创新与创业、线上与线下、孵化与咨询相结合，为中小微企业创新和大学生创业提供低成本、便利化、全要素的开放式综合服务平台。2015年内完成了筹备工作，创享汇主题沙龙采取“众筹模式”融入了各位企业家的思想元素，认真组织、精心呵护、争取

培育成为黑龙江省软件产业发展的播种机。

（四）在热电领域实现工业大数据应用价值

钧安工业大数据云数据中心相关产品应用取得新进展。该产品系统采用了一系列先进的数据处理技术，可对海量实时/历史数据进行收集、压缩、存储、检索，并保证数据质量和存取速度;提供的扩充模块还能帮助用户对数据进行处理、计算、分析、发布，以挖掘海量数据的潜在价值，并通过大数据分布式存储与高性能计算的处理方式，对数据进行相关业务的处理与分析。运用可视化展现形式，通过直观地显示画面来传达数据指标与参数特征，从而实现复杂的数据集的深入洞察。该产品 2015 年应用于火力发电厂，取得了一定的经济效益。工业领域涵盖广泛，从原材料采集、运输到产品加工、再生、销售跨越多个行业，所产生的工业大数据蕴含大量的商业价值等待挖掘。

三、2016 年展望与目标

2016 年是“十三五”的开局之年，是全面深化改革的攻坚之年。黑龙江省将牢牢把握供给侧结构性改革这条主线，注重发挥改革对经济发展的牵动和引领作用，通过深化改革调动各方面发展的积极性，激发市场和社会活力。借全面振兴东北地区等老工业基地、哈尔滨新区打造老工业基地转型示范区和哈长城市群等发展契机，黑龙江省软件产业要抓住深化改革、激发市场活力的机遇，主动适应经济发展新常态，推动移动互联网、大数据、云计算等信息技术快速发展，努力融入黑龙江省“龙江丝路带”建设中，促进黑龙江省软件产业发展再上新台阶。预计 2016 年，黑龙江省将实现软件业务收入 167 亿元，同比增长 10%以上。

四、下一步工作

（一）围绕贯彻落实工信部《中国制造 2025》“1+X”体系及黑龙江省“17+5+X”重点发展方向，加快推进以嵌入式软件为核心的工业软件发展

从黑龙江省软件产业发展来看，以嵌入式系统软件为核心的工业软件近几年发展较好，虽然规模较小，但增幅都是在两位数左右，黑龙江省是制造业大省，《中国制造 2025》将打造制造强国上升为国家战略，制造业转型升级和发展智能制造将给工业软件创造巨大的市场潜力和发展机遇，在强劲的市场需求推动下，黑龙江省工业软件有望实现快速发展，在区域竞争中占得一席之地。

1. 建立软件产品信息库

黑龙江省软件企业和产品涉及行业领域比较多，特别是围绕传统产业的软件企业和产品比较繁杂。2006 年以来通过软件产品登记，对软件产品进行了初步的整理和规范，2014 年黑龙江省累计软件产品登记 2132 件。为真正理清黑龙江省软件产品情况，摸清软件产业底数，拟在软件产品登记基础上，重新征集和梳理全省软件产品和项目，吐故纳新，建立适时和动态软件产品和项目信息系统。重点梳理嵌入式软件产品项目，按行业领域建立项目档案，推进相关嵌入式软件应用示范，推进形成以嵌入式软件为核心的工业软件新的增长点。

2. 推进实施骨干软件企业培育工程

黑龙江省软件和信息技术服务产业发展速度和水平低于全国总体水平，一个重要因素就

是缺少领军企业，骨干企业队伍作用没有发挥出来。因此，培育和建立黑龙江省软件和信息技术服务骨干企业将作为黑龙江省2016年的重点工作，加强推进。将依托软件和信息技术服务协会，推进开展软件企业和软件产品评估工作，并协调联合省税务部门，推进评估企业加强享受税收优惠政策，在评估基础上推出年度十佳软件企业和软件产品，培育和发展一批具有技术优势、特色产品及自主知识产权的骨干软件企业队伍，提升黑龙江省智能制造软件支撑能力。目前，黑龙江省软件协会在学习借鉴华东六省经验的基础上，通过与辽宁、吉林、大连等省市沟通，已初步编订了相关的软件企业和软件产品评估标准，将进一步征求软件企业意见，并组织软件协会会员单位讨论通过后实施。

3. 推进建立软件技术和产品服务中心

依托软件和信息技术行业协会及重点骨干企业，以中小企业创新服务平台为载体，推进组建软件和信息技术服务板块，适时发布经评估的骨干软件企业及产品信息，推出技术专家及技术服务项目供给信息，积极引导和培育已经建立软件服务平台的软件企业推出服务产品，作为促进软件和信息技术服务与生产企业、生活服务企业的融合协作，推动软件和信息技术走向服务化、网络化、平台化。

（二）围绕落实国务院《促进大数据发展行动纲要》和工信部落实大数据行动的具体部署，加快推进黑龙江省大数据在各行业领域应用，带动产业发展

1. 加快制定实施大数据重点工作任务推进方案

按照黑龙江省政府关于落实国务院《大数据行动纲要》任务分工意见，黑龙江工信委已经起草了《黑龙江省发展大数据重点工作任务（省工信委牵头部分）推进工作方案》，正在征求省直相关部门和部分专家意见，拟适时组织实施。

2. 加快大数据应用布局，推进黑龙江省大数据交易市场建设

大数据交易市场在全国已经形成了较强的竞争态势，目前贵阳、武汉、重庆、西安都已经建立了大数据交易场所，沈阳成立了大数据局，正在推进建设大数据交易中心。黑龙江省目前已经有亚信大数据与中国云谷联合申请设立大数据交易中心，申报事项已经哈市政府批准并报省金融办审核，正在等待省政府核准。大庆市拟引进金帝联行（金融大数据企业）联合建立大数据交易中心，目前正在申报中。为积极布局黑龙江省大数据发展，2016年将全力跟踪推动亚信大数据与中国云谷建立的大数据交易中心建设运营；积极推动金帝联行在大庆建立大数据应用交易中心，推进黑龙江省尽快形成大数据交易市场，带动大数据全产业链发展，撬动工业经济和社会经济加速增长。

3. 积极推进大数据应用

大数据应用是推进大数据尽快发展的重要推手，2016年黑龙江省将把推进大数据应用作为重要的措施和手段，协调相关部门和机构，共同推动开展大数据应用创新工程，积极鼓励扶持电子政务、工业、交通运输、旅游、电子商务、环境保护、医药健康、食品安全等领域大数据示范应用。引导和鼓励有条件企业和部门，争取在2～3个行业领域推进培育基于大数据及云计算的行业应用，推动建设1～2个自主运营的大数据应用平台；积极争取各方面支持，努力推进建立大数据创新应用产业基金，为企业建立开展大数据应用提供支持；推进建立大数据创新应用产业联盟，融合大数据企业、云计算企业、软件企业及拟开展大数据应用的生产制造企业，推动黑龙江省大数据应用的创新发展。

（三）推进提升信息技术服务能力，发展信息技术服务业

按照工信部 2016 年重点抓好的八个方面工作中“实施服务型制造三年行动计划，大力发展工业设计、融资租赁、信息技术服务等生产性服务业”工作部署，抓住重点，积极推进提升黑龙江省信息技术服务能力，带动信息技术服务业加快发展。

（1）积极贯彻落实工信部、国家标准化管理委员会印发的《信息技术服务标准化工作五年行动计划（2016—2020）》（工信厅联信软〔2015〕164 号），推进开展信息技术服务重点标准应用示范，加强培育黑龙江省信息技术服务品牌企业。

（2）应用推广信息技术服务标准（ITSS），加强业务标准库、知识库和案例库建设。引导企业发展新一代信息技术领域的集成实施能力。目前黑龙江省已经确立了信息技术服务标准评审机构，并已开展了“信息技术服务标准—运行维护部分”符合性评估工作，有 5 家企业通过了国家相关评估，正式开始推行实施“运维标准”。2016 年拟在“国家信息技术服务标准-咨询设计部分”指导下，开展信息技术咨询设计符合性评估工作，推动黑龙江省咨询设计信服务产业加快发展，并继续在集成实施、运行维护、信息技术治理、数据（信息）保护等领域推进、推广重点标准示范。

（3）积极贯彻落实省政府办公厅《关于印发黑龙江省培育和发展新兴产业三年实施方案的通知》（黑政办发〔2016〕2 号）精神，推进云计算产业集聚发展。指导推进一批云计算基础设施和服务平台建设；指导推进哈尔滨市国家云计算服务创新发展试点城市建设；努力推动以国裕数据公司绿色国际数据中心等已运营的数据中心为主体的行业云服务示范应用。

（四）编制《黑龙江省软件和信息技术服务业“十三五”发展规划》

目前已经完成了《黑龙江省软件和信息技术服务业“十三五”发展规划》初稿，将于 2016 年 3 月前进行专家研讨、论证，并征求部信软司和市地、企业意见。

（五）加快建立和完善软件和信息技术服务行业统计系统

依托黑龙江工信委工业经济运行大数据平台，加快建立和完善软件和信息技术服务行业统计体系。发挥行业协会优势，进一步完善软件协会行业统计体系，加强行业数据源的统计；动员和指导各市地主管部门，加强市地层面软件和信息技术服务行业数据填报入统。目前软件协会已经与工大软件相关技术人员进行了沟通，初步建立了数据统计模式。下一步将根据市地和企业填报情况进一步完善和理顺。

（六）引导新一代信息技术的加速发展

引导黑龙江省软件企业加大虚拟现实、工业软件及网络安全技术等研发力度，推动云计算、物联网、大数据等关键技术的综合应用。推动软件企业与院校合作，建立和引进大数据研究机构，促进产学研一体化，实施科技成果转化。在大数据、云计算及相关领域推动实施一批行业应用示范项目。积极组织示范推广黑龙江省企业自主研发的信息安全产品，创造条件推进形成黑龙江省信息安全产品品牌。

（七）推动信息技术在制造业中的深度应用

推动工业大数据云平台研发应用，通过全产业链的资源聚合，挖掘研发设计、生产制造、

经营管理、售后服务等制造业价值链中的数据价值，实现产品创新、供应链优化，提升产品附加价值，支撑基于互联工厂的生态体系，推动制造模式变革和工业转型升级。

学习借鉴海尔集团、青岛红岭集团智能制造、数字化全流程管理成功案例，通过“走出去、请进来”等方式学习、借鉴和引入互联工厂生态系统模式，推进黑龙江省制造企业逐步实现生产过程的自感知、自适应、自诊断、自决策、自修复，达到制造能力的柔性、智能和可视的提升，满足用户个性化、多样化和碎片化的需求，实现由传统的大规模制造向大规模定制的模式转变。拟与海尔集团、青岛红岭集团建立合作关系，一方面，组织黑龙江省软件企业、制造企业有关人员到海尔集团和青岛红领集团生产现场学习观摩，深度感知互联网工厂、大数据技术驱动下的柔性化、敏捷化生产；另一方面，请海尔有关人员来黑龙江省指导，针对有合作意向，拟引入数字化制造模式的企业提出具体解决方案。

2015年上海市软件和信息技术服务业发展概况

2015年，上海市软件和信息技术服务业以创新驱动发展、经济转型升级为总体要求，抓住建设全球科技创新中心、启动中国制造2025、发展“互联网+”的契机，鼓励发展新业态、新模式，不断拓展新兴经济增长点，对接国家部署，增强试点示范效应，上海市软件和信息技术服务业继续保持两位数增长。

一、总体情况

2015年，上海市软件和信息技术服务业全行业实现软件业务收入3381亿元，比上年同期增长16.5%。2015年上海软件出口产值达到35.15亿美元，比上年同期下降7.73%。上海市出口企业主要集中在浦东、徐汇和杨浦等7个中心城区，占全市出口比重超过90%。截至2015年年底，经营收入超过亿元软件企业409家，其中经营收入超过10亿元企业44家。累计有299家企业获得计算机信息系统集成资质。中国银联等7家企业入围2014年中国软件业务收入百强企业（见表1）。

表1　2015年上海入选中国软件业务收入百强企业名单

序号	排名	企业名称	序号	排名	企业名称
1	10	中国银联	5	38	贝尔软件
2	17	华东电脑	6	54	卡斯柯
3	27	宝信软件	7	68	万达信息
4	31	华讯网络			

二、运行特点

（一）特色优势逐步形成，新兴产业蓬勃发展

上海市软件和信息技术服务业在基础软件、工业软件、互联网金融等领域形成了自身的特色和优势，技术水平、服务能力和市场占有率在国内处于领先水平。一是基础软件已初步形成完整的自主可控基础软件产业链条，集聚了普华基础软件、中标软件、普元中间件、上海金蝶和锐道等一批国产基础软件龙头企业和具有竞争力的基础软件产品。随着全社会的安全可控需求逐步增加，上海市基础软件企业也迎来了一个新的发展高潮，普元、爱数等自主可控基础软件供应商，市场开拓顺利，均实现了30%左右的增长。二是工业软件特色鲜明，在汽车、轨道交通、钢铁、石化等诸多产业领域处于国内领先水平。如宝信软件公司在全国钢铁领域成为最重要的产业中坚；卡斯柯信号公司占据国内轨道交通信号领域市场重要份额。三是国内第三方支付领域50%以上的业务量在上海，除银联总部和17家全国性银行的8家信用卡中心在上海外，全国1/5有第三方支付牌照的公司都在上海，而且银联商务、快钱和汇付天下三家企业位列第三方支付市场前五名。四是以携程

为代表的在线旅游积极转型移动领域的战略不断取得突破，通过资本运作，入股艺龙、去哪儿，整合产业链上下游，进一步巩固其在在线旅游领域的龙头地位，全年营收将超过百亿元，在线旅游领域优势明显。五是互联网教育企业已近150家，沪江网是国内最大的互联网学习平台，拥有注册会员8000万，其中付费会员300万。卓越睿新公司的“智慧树”平台，与高校课程紧密结合，并采用线上线下互动式教学模式，已有近200所高校加入，覆盖在校生300万，学生通过平台自主选课，并实现学分互认。六是互联网健康组合产生全新商业形态，赋予移动医疗健康服务更多新的活力。比如，金仕达卫宁为医疗卫生领域全方位的信息化管理提供完整解决方案，连续两年在IDC评选的我国“医疗整体解决方案十大供应商”中位居第一。

（二）创新能力有所增强，核心竞争力不断提高

企业不断加大研发投入力度，2015年上海市软件和信息技术服务企业研发投入比超过10%，远高于全国平均水平。在工业软件、大数据、云计算等多个领域取得技术突破。将炼钢连铸部分的数字化仿真成果与MES产品化系统进行集成和整合的工业软件初步形成炼钢MES系统的仿真支持方案和功能扩充；星环的Hadoop架构产品取得一定进步，并开始向分布式内存数据库层面进军；基于大数据的点融网P2P信用模型取得突破；基于大数据的网宿科技内容分析与分发平台取得实质进展；Ucloud云主机、七牛云存储日趋成熟与应用广泛；万达信息、华东电脑、爱数软件等公司形成面向企事业单位的私有云解决方案；新跃物流平台为5000多家物流企业实现资源有效对接；帜讯信息移动业务平台的企业用户已经接近18000家；安捷力医药数据管理平台覆盖100家药厂和7400多家经销商；小i机器人的人工智能技术不断走向成熟；上海玻森语义识别的“风报”企业舆情监控产品已有40家大中企业应用。鲁班和蓝色星球的BIM技术已在迪斯尼和上海中心项目建设中得到应用。

（三）资本市场表现活跃，新兴领域备受关注

2015年资本市场表现活跃，信息技术服务领域的并购、融资活跃度高于2014年同期。百视通完成资本重组与并购后实现产业与资本的对接，借助强大的资本平台，提高了外部资源整合的能力，形成了包括“内容、平台与渠道、服务”在内的互联网媒体生态系统和产业布局；巨人网络借壳世纪游轮回归A股 ；金仕达卫宁通过一系列收购，成功巩固了国内HIS龙头地位；携程通过与百度的股权置换，拥有了去哪儿约45%的总投票权；东方财富凭借收购同信证券，从原来的互联网+资讯、基金代销拓展至相关证券业务，一跃成为“一站式互联网金融大平台”。据统计，全国公布的互联网产业投融资2015年共有1826笔，上海以324笔排名第二，仅次于北京。根据项目领域分布情况来看，上海投资热点主要集中在以下领域：生活服务领域（99项）、电商平台（41项）、互联网金融领域（38项）、互联网教育（23项）、休闲娱乐（22项）、健康医疗（21项）等。从公布投资总额来看，超过（含）5000万美元的投资共发生40笔（见表2），占披露金额项目数的19.2%。上海市互联网产业投资数量总额占前六位的是浦东区（含自贸区）、嘉定区、杨浦区、徐汇区、闵行区、长宁区。

表 2　2015 年上海互联网产业 5000 万美元（含）以上项目投资情况表

序号	项目名称	投资金额	投资商
1	饿了么	10 亿美元以内	未透露
2	百姓网	1 亿美元	未透露
3	找钢网	1 亿美元	IDG、华晟资本联合领投，雄牛资本、红杉资本、经纬中国跟投
4	洋码头	1 亿美元	上海国际集团
5	眯客	5000 万美元	SIG 基金领投、德沃基金跟投
6	巨涟金融	数亿美元	未透露
7	丽人丽妆	1 亿美元	Crescent HydePark 领投，麦顿投资、汉理资本等机构跟投
8	UCloud 云计算	1 亿美元	君联资本领投，VMS Legend Investment Fund I、DCM、贝塔斯曼、光信资本跟投
9	返利网	近 1 亿美元	日本乐天领投
10	爱屋吉屋	1.2 亿美元	GGV、晨兴领投，顺为、高榕跟投
11	运满满	数亿美元	红杉资本领投，光速安振跟投
12	WiFi 万能钥匙	5200 万美元	海通开元、北极光创投等机构投资
13	魔方公寓	1.4 亿美元	华平投资
14	天天果园	7000 万美元	京东领投、SIG 和锴明资本跟投
15	携程旅行网	2.5 亿美元	Priceline
16	第一财经	2 亿美元	阿里巴巴
17	途虎养车网	1 亿美元	愉悦资本领投，远东宏信、汇勤、海通、君联、启明投资跟投
18	学霸君	5000 万美元	挚信资本及启明创投领投，网龙 M Fund 及祥峰投资跟投
19	达达	超过 1 亿美元	DST
20	安能物流	1.2 亿美元	凯雷投资
21	魅力惠	逾亿美元	阿里巴巴
22	可得眼镜网	逾 5000 万美元	康恩贝
23	车风网	逾 7000 万美元	未透露
24	百姓网	34672 万美元	中信、苏高投、深创投、 中建投等多家国内投资机构和战略投资人投资
25	一嗨租车	23640 万美元	国家开发银行
26	爱回收网	6000 万美元	天图资本领投，京东集团、景林资本、晨兴资本、FC 跟投。
27	微鲸科技	31520 万美元	华人文化产业基金、腾讯、阿里
28	Yuneec 无人机	6000 万美元	英特尔公司
29	途虎养车网	5000 万美元 C+轮	高瓴资本领投，中金甲子、景林、远东、启明跟投
30	沪江网	15200D 轮融资+	汉能投资、皖新传媒、马赛基金、软银、中国民生投资、为顺基金、磐石基金、中汇金等
31	美味不用等	7605 万元 C 轮	大众点评、百度领投，中信资本、证中兴、海润、安持等跟投
32	TPO 小站教育	6000 万美元 C 轮	红杉资本
33	爱屋吉屋	1.5 亿美元 E 轮融资	由淡马锡、高瓴领投，晨兴、高榕、顺为、GGV 再次跟投
34	小站教育	8400 万美元 C 轮	红杉资本领投，嘉御基金、GGV、麦顿、顺为和贝塔斯曼跟投
35	携程旅行网	10 亿美元债券	Priceline 集团、长期股权投资公司
36	云角	4000 万 A 轮融资	江苏润和软件股份有限公司领投
37	饿了吗	12.5 亿美元	阿里

续表

序号	项目名称	投资金额	投资商
38	找钢网	获超10亿元E轮战略	未透露
39	好屋中国	7亿元投资	浙江名牌珠宝股份有限公司
40	望客眼镜	1.5亿B轮	未透露

（四）优化产业布局，提升产业载体层次

上海市信息服务产业基地大都紧临轨道交通网络和城市交通主干道，呈现网状分布格局，主要集中在浦东、徐汇、杨浦、长宁、普陀、静安等中心城区。上海市规模以上软件和信息技术服务产业基地共有50多个，其中经认定的市级信息技术服务产业基地累计达到36个，基地建筑面积达到949.5万平方米，集聚了7430家企业、23.6万人，2015年实现经营收入2401.3亿元，单位面积产值为2.54万元/平方米，人均产出101.96万元。形成了以漕河泾开发区、紫竹高新区、浦东软件园、天地软件园等为代表的综合基地和以云计算、数字内容、数据服务、移动互联网、互联网金融等为重点的特色基地。同时，不断推动特色产业向特色园区集聚，提高特色产业集聚度，提升园区品牌知名度，提升园区的竞争力。

三、2016年展望和目标

鉴于发达经济体总需求不足和长期增长率不高现象并存、新兴经济体总体增长率下滑趋势难以得到有效遏制，世界经济发展的不确定性依然存在，国内经济增速将继续小幅回落，下行压力大、低迷投资、制造业产能过剩和国内消费需求增长缓慢等因素，经济增长放缓将进入“新常态”。

发达国家将加快发展软件和信息技术服务业作为推动经济增长的重要驱动力，美国持续依托信息技术与互联网优势对传统制造业改造升级，欧盟国家发挥前沿技术先导作用，加快技术聚合与资源整合，谋划跨界创新合作新途径，日本、韩国将激发信息技术应用创新作为产业振兴核心任务之一。我国经济发展在从要素驱动、投资驱动向创新驱动转变的过程中机遇与挑战并存，在云计算、物联网、大数据、移动互联网等新技术、新业态的带动下，信息服务业开始步入转型发展期。一是软件业产品服务化、服务高端化的转型之路难度大、进度低于预期。随着国家对信息安全认识的增强，在国内政策的支持下，上海自主可控软件推进步伐不断加快，但总体体量偏小，产业拉动作用有限。而受去IOE影响，以IBM为代表的国际龙头企业收入大幅下降，造成上海市软件业增速有所下滑，上海市软件出口首次出现负增长。二是互联网应用进一步向移动端转移。智能终端的普及促使网络游戏的手游占比已据网络游戏半壁江山，主要以端游为主的盛大游戏、巨人等企业纷纷进入产业调整期，致使其网络游戏增速有所下降；其他领域的移动互联网应用尚未形成相应的产业规模。一方面，“中国制造2025”、“互联网+”和“两化融合”加快互联网经济和实体经济深度协同融合，“一带一路”和“长江经济带”建设、“自由贸易试验区”制度创新等全方位促进区域经济合作与繁荣会给软件和信息技术服务产业发展带来新空间。另一方面，随着政策释放效应减弱和相继取消“双软认定”及“国家规划布局内重点软件企业认定”，产业扶持政策落实面临诸多不确定性；原有行业准入限制、标准规范缺失、管理体制不顺等问题制约业务拓展、业态创新等妨碍产业融合、跨界发展的掣肘并未消除；从根本上鼓励“大众创业、万众创新”氛围的容

错机制尚未真正形成。

面对国内外经济形势的复杂性和不确定性，上海市软件和信息技术服务业将通过鼓励信息消费刺激需求增长、优化产业布局拓展空间供给、鼓励创新创业容许试错提升等措施，促进上海市软件和信息技术服务产业保持平稳发展，2016 年上海市软件和信息技术服务产业的软件业务收入将继续保持两位数以上的增长。

2015年江苏省软件和信息技术服务业发展概况

一、基本情况和主要特点

2015年，江苏省软件和信息技术服务业继续保持平稳增长，收入增速比2014年同期有所放缓，但仍然保持两位数增长，产业结构进入深度调整，传统软件企业以“互联网+”为创新元素加快转型步伐，新业务、新业态快速增长。

（一）软件业务收入增长保持在两位数

2015年，江苏省软件和信息技术服务业实现业务收入7062亿元，同比增长14.4%，增速比2014年下降4.8个百分点。但是连续四个季度保持在14%～21%的区间，增速分别为18.6%、20.2%、16.3%、14.4%，呈现平稳增长态势。实现软件业务出口77亿元，同比下降2.4%，第一至第四季度增速分别是9.5%、9.4%、5.9%、-2.4%，增速趋缓。重点监测的云计算收入为1450亿元，同比增长20.8%，高于软件业务收入2.4个百分点，第一至第四季度增速分别是14.1%、29.3%、20.8%、20.8%，相对比较平稳。

（二）信息技术服务类软件收入增速加快

2015年，实现软件产品收入1633亿元，同比下降1%，占全业务的比重为23%；实现信息技术服务收入2839亿元，同比增长24.5%，占全业务的比重为40.2%，同比上升6.3个百分点；实现嵌入式系统软件收入2590亿元，同比增长15.7%，占全业务的比重为36.7%。信息技术服务类软件无论增速，还是占比，都高于软件产品类和嵌入式系统软件类。这从一个侧面可以看出，单纯从事软件产品开发的传统软件企业面临巨大的转型压力。

（三）传统软件企业进入转型发展关键期

在“互联网+”的推动下，软件业网络化、平台化、服务化趋势在加速，传统软件业面临巨大挑战。从2015年公布的第十四届中国软件业务收入前百家企业名单来看，江苏省由上届的10家变成了8家，比上届少了2家，入榜企业2014年软件业务总收入310.5亿元，占全国百家企业软件总收入的比重为5.85%，比2014年下降了1.98个百分点。这说明江苏省传统的“软件百强企业”数量在减少，软件企业进入了转型发展的重要时期。

从企业案例来看，南京南瑞集团公司2015年虽然继续保持在软件业务收入前百家企业的第6位，但该企业为了保持竞争优势，也在不断融合创新发展。2015年8月，该企业经中国宽带集群（B-TrunC）产业联盟和TD产业联盟联合授牌，成立国内电力行业第一家高水平实验室，解决宽带集群通信技术在电力行业的应用难点，并实现其在智能电网发、输、变、配、用、调等领域的推广应用。江苏润和软件2014年以7.2亿元人民币全资收购捷科智诚，迈出了进军金融信息化市场的第一步，2015年又先后以21.98亿人民币收购联创智融、以7900万元人民币收购菲耐得，标志着润和开始向纵深布局，打造完整的金融信息化服务体系；另外，以政务软件起家的南京擎天科技，也以积累的财税数据同蚂蚁金服合作，打造另一个金融平台。

（四）新业态催生中小软件企业快速崛起

移动互联网、大数据、云计算等新模式、新业态使软件产业加快融合，并向平台化运营发展。从 2015 年江苏省软协评估的 345 家企业主营业务数据来看，致力于传统的电力、能源、网络通信、电子、企业管理、交通、政务、医疗教育、制造业、系统集成等行业的占多数，但这些企业呈现多元化发展方向，并且向平台化和移动端发力。部分企业逐步向一体化的业务流程发展，如江苏卓易信息科技股份有限公司和江苏一恒软件工程有限公司开发的“企业管理—协同办公—智能控制—移动开发”的企业管理端软件；又如南京云商天下信息技术有限公司和江苏捷通网络通信股份有限公司开发的“智慧空间—智慧城市—智慧社区—智慧交通—智慧公交—智慧管控”的智慧城市领域的系统解决方案；另外，还可以看到，在云计算、云平台、互联网、信息安全、机器人控制、数字化、移动电商、游戏等产业方向上出现了一定数量的企业，如以云计算为核心业务的南京紫光云信息科技有限公司、定制工业机器人自动化生产线等服务的南京景曜智能科技有限公司、提供数字化制造整体解决方案的江苏省朗通科技有限公司、专注于网络游戏自主研发及运营的南京苏弘科技有限公司等。

此外，全省各地不断涌现平台化的公司。例如，泰州市政府与阿里巴巴（数梦工场）、智通德沃尔公司签订战略合作协议，共同建设“中国云制造示范平台”。华东江苏大数据交易中心平台在盐城正式上线运营，这是华东地区首家也是唯一一家由国家批准设立的，跨区域、标准化、综合性的大数据交易平台。全国首家专利电商平台——佰腾专利巴巴在常州科教城启动，此平台打破了专利申请在时间、空间上的限制，解决了线下申请专利的诸多弊端，大大提高了专利申请的效率和质量。南京中电云商靠“互联网+”，把光伏电站架上了百姓屋顶等。

2015 年，江苏省共有 35 家软件和信息服务类企业在新三板挂牌，分别是：泰通科技、铱迅信息、金智教育、阿尼信息、龙虎网、悦为电商、大源股份、三希科技、久康云、军一物联、亿阳值通、骏环昇旺、华生科技、齐顺科技、欣威视通、马上游、悦为电商、大源股份、慧云股份、科升无线、云端网络、万联网络、固德威、曼荼罗、瀚易特、飞搏软件、国图信息、清睿教育、化龙网络、三棱股份、开眼数据、盈放科技、钢宝股份、挪瑞科技、梦兰神彩等，它们以此为契机，进一步提高了企业的发展速度和质量。

（五）以特色园区引领各地产业发展进入新常态

目前，江苏省共有 6 家国家级软件园和 26 家省级软件园，软件产业的空间布局基本形成。近年来，为了加快软件园向特色化、平台化和服务化转型，江苏省经信委先后开展了确定特色产业园和共建互联网产业园与众创园工作。如今，江苏省各地以特色园区引领各地产业发展已进入新常态。

2015 年上半年，江苏省经信委确定了 11 个优先发展的特色产业方向园区，这些园区主要集中在大数据、云计算、电子商务、北斗信息服务、智能电网、医药信息服务和矿山信息服务等领域；并且确定了 7 个培育发展的园区特色产业方向，主要领域为嵌入式软件、物联网技术研发应用及平台服务等。

为加快互联网领域的大众创业、万众创新，江苏省经信委还开展了共建江苏省互联网产业园与众创园工作，评出了首批 11 家互联网产业园和 12 家互联网众创园，以推动互联网融合创新，促进互联网企业进一步集聚发展。

此外，江苏省各地相继创建了一些特色园区，如 4 月 23 日，江苏省经信委与盐城市共建了大数据产业园，以推动盐城市大数据产业发展。9 月 1 日，南京软件谷倾力打造的全新城市综合体——科创城项目正式亮相，这也是南京首家规模性的“互联网+”产业基地，主要定位于“互联网+”创新产业基地，聚焦大数据、云计算、物联网、移动互联网等新兴产业。9 月 28 日，中兴（淮安）智慧产业园开工，该园区致力于 4G 技术、云计算和应用软件的研发、应用，以促进淮安智慧城市产业发展。11 月 6 日，泰州市智谷软件园开园，这是泰州又一家集软件开发、推广、服务，信息传播，技术交流和培训，商务活动和产品研发生产于一体的综合基地。12 月 2 日，江苏省首家以地理信息产业发展为主题的专业园区——江苏省兰德地理信息产业园一期工程在仙林大学城建成，该园以科技创新为基础、先进地理信息技术为支撑、境外服务外包为龙头、空间地理信息数据加工为重点的地理信息产业化集群等。

二、面临问题

江苏省软件和信息技术服务业在“十二五”期间取得了巨大进步，但同时仍存在一些亟待解决的问题。

（一）公共服务能力仍需提升

面向江苏省的软件公共服务平台仍在建设和完善之中，特别是中小软件企业融资服务、知识产权交易保护服务问题，亟待在体制、机制和政策上进行创新，以进一步提高公共服务的能力和水平。

（二）人才瓶颈制约需要突破

江苏省软件和信息技术服务业人才结构性矛盾依旧存在，缺少经验丰富的软件架构师、项目经理及企业高管等中高端人才，从业人员中大学本科学历以上占比偏低，人才培养方式需要改革创新，高端人才引进需要进一步加大力度。

（三）企业创新能力需要提高

多数企业缺少有自主知识产权的核心产品和技术，在自主创新、集成创新上能力不足，特别是在应用创新、模式创新上需要加强，这是制约江苏软件企业快速发展一个突出的瓶颈问题。

三、2016 年目标和重点工作

（一）目标任务

印发《江苏省“十三五”互联网经济发展规划》、《江苏省“十三五”互联网产业人才发展规划》，并加强宣贯落实。2016 年，江苏省软件和信息技术服务业业务收入预计 8500 亿元，其中互联网服务收入约 2100 亿元。

（二）重点工程和项目

品牌活动提升工程。继续举办好（第五届）“中国软件杯”大学生软件设计大赛和（第二届）“i 创杯”互联网创新创业大赛，优化提升产业人才“育鹰计划” 等品牌活动成效。将大赛成果与南京软博会、互联网产业投资基金、信息化引领专项有机结合。

“互联网+”应用示范工程。分行业开展“互联网+”调研，组织申报评选一批“互联网+”的典型应用案例，加强宣传报道，并在省内组织推广。

软件服务业促进企业互联网化提升工程。围绕企业互联网化发展计划，与相关处室配合，组织省内软件和信息技术服务企业和优势传统企业对接，为企业互联网化提供优秀的工业软件和信息化解决方案。

产业标准提升工程。紧抓国家发布《信息技术服务标准（ITSS）五年行动计划（2016—2020）》的机遇，以及两个顶级国际标准大会 SC7 和 SC40 在苏州召开的契机，强化江苏省软件和信息技术服务业的标准竞争力和国际话语权，推动企业深入参与国际标准制订，加强国家标准应用，以高标准引领产业发展。

（三）重大工作举措

设立互联网产业投资基金。加强宣贯江苏省委、省政府《关于加快发展互联网经济的意见》，不断优化江苏省互联网经济发展氛围，深化省市共建互联网产业园、众创园，探索设立机制灵活的互联网产业投资基金，加大对互联网创业项目的支持。

设立重大招标项目。落实“大数据发展行动计划”，统筹全省大数据产业园建设，通过专项资金设立重大招标项目，支持建设全省工业大数据服务中心，以及有关的国家级（省级）大数据（云计算）平台，在重点领域树立一批大数据应用示范。

2015年浙江省软件和信息技术服务业发展概况

一、基本情况

2015年，浙江省软件和信息技术服务业持续快速发展，规模稳步扩大，年内增速始终高于全国平均水平，总体运行呈现“稳中有升，持续向好”的态势，收入、效益、出口等主要指标增速均高于全国水平，技术服务引领创新，龙头骨干企业成为带动行业增长的主动力，对浙江省经济增长发挥了重要的技术支撑作用。据对浙江省1763家重点软件企业监测统计显示，2015年浙江省实现软件业务收入3037.4亿元，同比增长24.6%；实现利税总额943.8亿元，利润总额791亿元，分别同比增长25.8%和16.9%；软件出口28.0亿美元，同比增长11.4%。

二、主要特点

（一）软件产业高速增长，收入规模超过3000亿元

2015年，浙江省软件和信息服务业产业规模突破3000亿元，实现软件业务收入3035.5亿元，同比增长24.5%（见图1）。从软件业务类型来看，软件产品收入、信息技术服务收入和嵌入式系统软件收入分别实现963亿元、1827.5亿元和246.7亿元，同比分别增长19.8%、26.4%和30.1%。

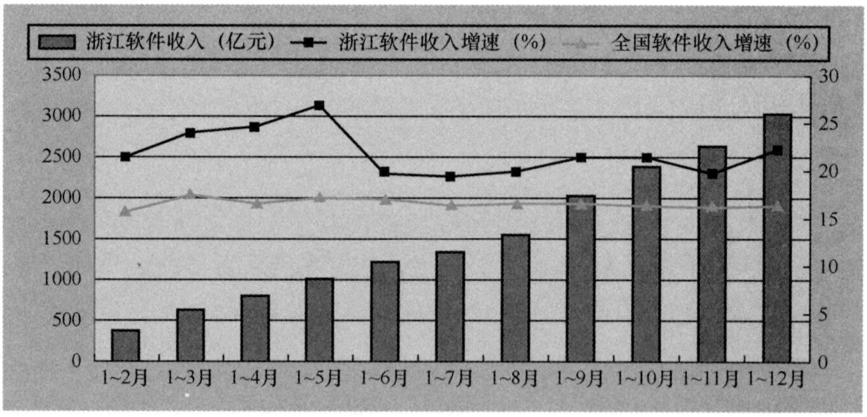

图1 2015年1~12月软件收入增长趋势图

（二）信息技术服务引领增长，服务化趋势加快

基于移动互联网、物联网、云计算、大数据的新业态、新业务、新服务快速发展，规模、增速稳居行业首位，带动行业整体快速增长。2015年，浙江省实现信息技术服务收入1827.5亿元，同比增长26.4%，高出全行业增速1.9个百分点，其中电子商务平台（包括在线交易平台服务、在线交易支撑服务在内的信息技术支持服务）收入占全部服务收入的55.9%，电子商务平台服务占主导。软件服务收入占比继续提升，占比达到60.2%，对全省软件业务收

入的贡献率达到 63.9%，拉动全行业增长 15.7 个百分点。

（三）效益质量协同发展，盈利水平继续提升

企业效益、发展质量和收入规模协同发展，盈利水平和带动性持续提升，2015 年浙江省软件产业实现利税 943.8 亿元，利润总额 791 亿元，销售利润率为 26.9%。盈利能力继续保持全国领先，主要是信息技术服务、移动通信及网络软件产品盈利水平领跑全行业。

（四）软件出口态势良好，增速高出全国

2015 年，浙江省完成软件出口 28 亿美元，同比增长 11.4%。软件产品出口占比超过七成，成为出口的重要引擎，2015 年软件产品出口 196933 万美元，占全部出口总量的 70.3%，同比增长 22.1%。软件产品外包、网络与数字增值业务服务外包、电信运营服务外包、金融服务外包均已形成规模化发展并在同行具有比较优势。网新科技、道富信息、虹软、东忠、灵川、NEC 软件等一批重点软件业出口企业规模持续扩大，成为出口增长的骨干力量；同时，随着华三、大华、海康威视等龙头企业国际业务的不断推进，带动软件出口不断增长。

（五）龙头企业引领发展，企业规模稳步提升

2015 年，浙江省软件十强企业实现软件业务收入 1501.0 亿元，利润 587.3 亿元，分别占全省软件行业的 49.4%和 71.9%，十强企业成为带动行业增长的主动力。电子商务、通信网络、云计算、大数据、数字安防等产业发展迅速，阿里巴巴、海康威视、网易网络、华三通信、大华股份 5 家企业 2015 年实现利润 600.5 亿元，同比增长 13.3%，占全行业利润总额比重达到 52.6%，对行业贡献突出达到 51.3%，成为推动行业增长的主引擎。杭州、宁波等大力推进软件产业集聚发展，引领全行业增长。杭州 2015 年实现软件业务收入 2554 亿元，同比增长 23.1%，占全省比重达到 84.1%，总量规模列居全国 15 个副省级城市前列，已成为浙江省软件和信息技术服务业发展的先行区和示范区。

2015 年，浙江省超亿元以上企业 254 家，较 2014 年增加 33 家，同比增长 14.9%；其中超十亿元企业 31 家，较 2014 年减少 5 家；超百亿元企业 5 家，较 2014 年增加 2 家，除浙江天猫技术有限公司、淘宝（中国）软件有限公司、支付宝（中国）网络技术有限公司 3 家外，2015 年新增网易（杭州）网络有限公司、杭州海康威视数字技术股份有限公司两家百亿元企业。

（六）特色领域发展优势明显，行业应用软件全国领先

经过多年的发展，浙江省以中控、和利时为代表的工业控制行业应用软件，宇视、中威为代表的安防行业应用软件，恒生、信雅达为代表的金融行业应用软件，创业、医惠为代表的医疗行业应用软件，万朋、正元智慧为代表的教育行业应用软件，银江、维尔为代表的交通行业应用软件，以及税友为代表的税务行业应用软件等在全国甚至全球占据了一定的市场率，引领国内外相关行业应用软件的发展。

（七）产业集聚度高，辐射作用逐渐显现

从浙江省 11 个地市 2015 年产业数据来看，除舟山和衢州外，都达到亿元以上，可以分为千亿元、百亿元、十亿元、亿元和亿元以下五个梯队。杭州和宁波引领浙江省软件产业增

长，2015 年软件产业规模分别达到 2554 亿元和 385.2 亿元，同比分别增长 23.1%和 28.9%，两地软件业务收入之和占全省比重达 96.8%，其中杭州占全省比重为 84.1%。其次，金华、嘉兴处十亿元梯队，2015 年分别实现软件业务收入 42.6 亿元和 26.1 亿元，同比分别增长 105.9%和 17.9%，金华将网络经济作为第一产业发展，成效显著，软件产品、信息技术服务收入大大提高，2015 年以来超越嘉兴成为浙江省软件产业排名第三的城市（见表 1）。

表 1　2015 年浙江省各市软件业务收入及增长情况表

地市	2015 年软件业务收入（万元）	2014 年软件业务收入（万元）	同比增长
杭州市	25537982	20729895	23.1%
宁波市	3859993	2989544	28.8%
金华市	426487	207151	105.9%
嘉兴市	260942	221358	17.9%
绍兴市	78307	56498	38.6%
丽水市	67658	39560	71.0%
温州市	66140	64416	2.7%
台州市	51600	46081	12.0%
湖州市	14977	9456	58.4%
舟山市	9372	9536	-1.7%
衢州市	3898	2675	45.7%

三、重点企业情况

（一）软件业务收入增长势头良好

2015 年，浙江省重点软件和信息技术服务业企业（以下简称“重点软件企业”）总体增长势头良好，增速为 30.0%，其中核新同花顺、网易增长迅猛，增速分别达到 296.8%、146.3%，增速在 50%以上的企业还有阿里云、网新科技和网新系统工程，增速分别为 63.1%、54.5%和 50.4%。增长速度排名前十的企业中，6 家企业以信息技术服务收入为主，4 家企业以软件产品收入为主。移动互联网、电子商务的发展是促进软件业务收入快速增长的主要原因。

（二）企业盈利能力持续提高

2015 年，浙江省重点软件企业盈利能力总体向好，实现利税总额 890.9 亿元，利润总额 693.3 亿元，分别占全省总量的 78.7%和 84.9%。核新同花顺和网易利润增长迅猛，分别达到 877.9%和 152.9%，核新同花顺通过在云计算、大数据、人工智能等新业务领域的投入发展，促使产品转型升级，更好地迎合了市场需求，带来了软件业务和利润的强势增长；网易通过开辟手游、电子商务、云计算等新业务领域，保持了快速的增长态势，2015 年，网易手游盈收全国排名第一，实现了技术创新推动业务和利润同步增长。

（三）从业人员人数增长放缓平均工资上涨

2015 年，重点软件企业从业人员平均人数达 126159 人，占全省从业人员总数的 35.8%，同比增长 1.2%，增速比上半年下降 11.2 个百分点；从业人员工资总额同比增长 21.1%，2015

年重点企业人员平均工资接近 20 万元，达到 19.7 万元，同比增长 19.7%。从业人员平均人数较 2014 年增长速度有所减缓，但企业效益向好，人员平均工资上涨。

（四）安防、电子商务等特色领域发展优势突出

根据软件和信息技术服务业统计年报企业开展业务情况分类看，浙江省重点软件企业主要应用或服务领域集中在通信、安全、金融、电子商务、工业控制、娱乐、医疗等。2015 年，以海康、大华为代表的信息安全领域、以阿里巴巴集团为代表的电子商务领域、以网易为代表的游戏娱乐产业发展势头良好，软件业务收入大都有不同程度的增长。云计算、大数据、互联网、人工智能等新技术的不断发展和融合，倒逼传统软件企业加快转型升级步伐，以适应新一轮的产业变革。

五、面临的问题

2015 年，浙江省软件产业持续快速发展，规模稳步扩大，新兴服务领域发展强劲，创新商业模式促发展，但仍有不少问题制约了浙江省软件和信息技术服务业的发展。

（一）新兴领域关键技术缺失

云计算、移动互联网、物联网等新兴领域发展较快，一些关键领域核心技术有待突破。在云计算领域，缺乏自主知识产权的云计算操作系统，不利于构建自主可控的云计算系统和信息化应用环境；在移动互联网领域，过分依赖国外操作系统平台，导致多数企业处于弱势地位，且随时面对专利禁止、市场销售、软件闭源等各种可能，产业安全无法保障；物联网领域核心技术和标准的缺失，同样制约产业健康可持续发展。信息技术服务企业迫切需要加大新兴领域研发力度，突破关键核心技术。

（二）传统企业转型升级挑战多

当前正值经济下行时期，制造业发展和传统企业转型升级面临挑战，以云计算、大数据、电子商务平台服务等为主的信息技术服务已然成为软件产业发展的重点方向，以传统软件产品和嵌入式系统为主的企业面临转型问题。传统企业在转型升级拥抱互联网时遇到各种挑战，一方面，新生业态和传统思维的碰撞给企业的发展带来很多阻力和瓶颈，给公司的日常运营带来很大的压力；另一方面，通过技术创新、合作共享进行业务转型、产业融合，提升软件服务能力，期间企业投入更多，成本更高，对企业的短期生产效益带来一定的影响，转型升级、创新提升的同时也在一定程度制约了企业的发展速度。

（三）企业规模小，人才问题突出

人才问题一直是困扰软件产业发展的重要问题之一，浙江省软件产业不可避免的在发展过程中遭遇了两个瓶颈：首先是企业从业人员规模普遍较小，其次是软件企业和软件人才结构不合理。浙江省上规模的软件企业，人数大多只有几千人，超过万人的公司极少，从业人员规模小意味着服务品质和类型有限、可靠度不高，难以吸引到顶尖客户。在人才培养方面，存在专业人才缺口较大、专业人才难引难留、人才培训方式滞后、人才培养成本较高等问题，而且市场还存在着毕业生求职无门、企业合适人才难求的供需错位现象，如何尽快平衡这种

关系也是亟待解决的问题。

（四）双软工作的调整，行业统计工作面临新的考验

2015 年以来，工信部调整软件企业认定和软件产品登记工作，对行业统计工作的影响已显现，企业月度和年度统计数据很难及时掌握，缺乏必要的管理手段，给各级行政管理部门掌握行业基础数据带来了困惑。

六、2016 年展望与目标

2016 年作为“十三五”开局之年，“中国制造 2025”和“互联网+”行动计划全面实施之年，浙江省将牢固树立并认真践行“五大发展理念”，认真贯彻落实党的十八届五中全会精神和浙江省委、省政府关于加快发展信息经济和高端装备的重大决策部署，加快培育发展云计算、大数据、信息消费、移动互联网等新一代信息技术产业，发挥软件和信息技术服务对信息经济发展的核心支撑作用，不断培育浙江省软件和信息技术产业发展新优势，力争实现“十三五”浙江省软件和信息技术服务业发展的良好开局。以《浙江省软件和信息服务业“十三五”发展规划》为指导，建立推进软件和信息技术服务业发展的工作机制和政策体系，以试点示范为重点，以平台建设为核心，以重点企业为支撑，以重点环节为抓手，着力打造杭州中国软件名城升级版。

七、下一步工作安排

（一）做好产业政策协调、指导工作

贯彻落实《浙江省软件和信息技术服务业“十三五”发展规划》，围绕浙江省产业发展目标和重点，指导各地明确发展目标。与工信部、省国税做好对接，落实好产业税收优惠政策。联合财政、税收部门开展软件产业政策全省巡讲，指导落实产业优惠政策。

（二）打造一批软件和信息技术服务产业基地

启动软件和信息技术服务产业基地（园区、小镇）建设，打造一批集开发、孵化、投融资于一体，创新资源集聚、专业特色鲜明、服务功能齐全的软件和信息技术服务产业群。2016 年度将启动第一批软件和信息技术服务产业建设，4 个示范基地、5 个特色基地、5 个创业基地建设，推进区县开展软件和信息技术服务业重点企业和产业园区培育。

（三）完善软件和信息技术服务产业统计分析工作

建立健全科学、统一的软件和信息技术服务业统计指标体系，完善产业统计制度，指导地市、区县做好本地产业统计工作；开展产业数据统计分析工作，加强发展趋势、发展动态研究及监测工作，适时公布产业运行信息及发展动态。

（四）加强全省软件和信息技术服务公共服务能力建设

完善软件和信息技术服务业发展和自律机制，指导浙江省软件行业协会完成第四届理事会换届选举工作，充分发挥软件行业协会对产业发展的协调、服务和行业自律作用，指导行业协会开展产业统计分析、产业交流合作、行业自律、教育培训、信息服务、标准制定等方面的工作。指导第三方服务机构开展信息咨询服务工作，加强浙江省软件和信息技术服务业公共服务能力建设，为行业提供行业管理、信息发布、投融资咨询服务、人才培训、产学研合作交流等公共服务。

（五）强化财政专项资金使用情况监督检查

进一步加强和规范信息服务业专项管理，完善专项监管体系，落实监管责任。督促各市县加快检查验收及整改工作，及时通报逾期项目检查验收情况，加快历年专项信息管理库建设工作。

（六）推进信息技术服务标准体系建设

鼓励和支持浙江省企业、行业组织参与国际、国家信息技术服务标准或细分行业标准的制定和修订。组织开展信息技术服务标准宣贯活动，举办信息技术服务标准培训班，培养信息技术服务标准化人才队伍。开展信息技术服务标准应用示范活动，鼓励企业进行标准符合性评估，培育信息技术服务标准应用示范企业。

（七）开展互联网+应用软件平台建设

开展“互联网＋”先行区和示范区建设，重点打造智慧物流、云计算、大数据、互联网金融创新和电子政务等领域，开展软件和信息技术服务创新综合试点建设。以大数据、信息经济等中心工作为主线，打造集特色领域应用软件开发、信息系统集成、信息技术咨询、数据处理和存储、数字内容服务于一体的信息产业链。

2015年安徽省软件和信息技术服务业发展概况

一、基本情况

2015年，安徽省软件和信息技术服务业积极适应引领新常态，借力云计算、大数据、“互联网+”的发展机遇，以重点园区、重大项目、骨干企业和优势产品为抓手，积极培育信息消费新业态，加速推进“中国声谷”建设，着力构建结构合理、创新驱动的产业体系，产业规模首次突破300亿元，呈现量增质优的良好发展态势，超额完成了“十二五”规划的目标任务。

二、主要特点

（一）产业保持快速增长，规模再上新台阶

2015年，安徽省软件和信息技术服务业完成软件业务收入205.6亿元，同比增长41.5%，实现了两年翻一番。年收入超过亿元的软件企业突破60家；超过10亿元的企业5家，比2014年新增2家；超过20亿元的企业实现零突破，达到3家，分别是科大讯飞、四创电子和尚趣玩网络。“十二五”安徽省软件服务业年均增长率达31.3%，成为全省调结构、转方式、促转型的重要支撑和经济发展的亮点。

（二）产业结构不断优化，信息技术服务增势突出

2015年，安徽省实现软件产品收入85.5亿元，同比增长3.3%；信息技术服务收入106.1亿元，同比增长102.9%；嵌入式系统软件收入14亿元，同比增长35.9%。软件产品、信息技术服务、嵌入式软件的结构比例由2014年的57∶36∶7调整为2015年的42∶51∶7，新兴信息技术、新模式、新业态成为软件业务成长最突出的领域，软件产业向服务化方向转型升级的趋势明显。

（三）企业实力稳步提升，做大做强初显成效

重点骨干企业培育取得新进展，科大讯飞首次进入全国百强，2015年实现主营业务收入25亿元，同比增长40.4%；华米生产的小米手环出货量超过1000万枚，全球排名第三位，收入达到10亿元；尚趣玩成为全国十大网页游戏运营商，实现收入23.1亿元，同比增长112%。在嵌入式软件领域，安徽省是国内最大的色选机研发和生产基地，大米色选机市场占有率达90%以上。行业应用和解决方案市场占有率持续提升，智能语音应用软件和解决方案在全国同类产品中市场占有率领先，交通、电力、动漫游戏等行业应用软件具有较高的市场占有率和品牌知名度。

（四）产业集聚效果明显，区域发展特色突出

安徽省依托各地优势，突出发展特色，积极打造特色产业集中区，合肥及沿江城市工业

及信息化基础设施建设好、信息化水平较高，成为软件企业重要的聚焦地。合肥市聚集了全省80%的软件企业，2015年合肥市实现软件产业收入244.2亿元，同比增长45.9%。芜湖市动漫游戏、文化创意产业集中区，马鞍山市电子商务、软件服务外包产业集中区，铜陵市智能交通、行业应用软件集中区各具特色，构成了沿江软件产业城市集聚带。芜湖市实现收入35亿元，同比增长30.6%；马鞍山市实现收入12.3亿元，同比增长50%；铜陵市实现收入7.3亿元，同比增长23.7%。合肥、芜湖、马鞍山、铜陵四市软件产业规模占全省总量的91.4%。

（五）行业效益稳步提升，企业融资能力增强

2015年安徽省软件服务业实现利润总额40.6亿元，同比增长19.4%；营业利润率达12.6%。实现税金总额9.7亿元，同比增长14.1%。全行业资产合计427.9亿元，负债合计172.8亿元，资产负债率40.4%，较2014年下降1.4个百分点。2015年软件企业共享受优惠政策退税4.2亿元，同比增长35.5%；享受出口退税3098万元，与2014年基本持平。研发经费投入24.8亿元，同比增长30.5%，研发投入占营业总收入的比重为7.6%。安徽省上市软件企业数量不断增多，企业融资渠道和影响力不断增强。截至2015年年底，在主板上市的软件和信息服务业企业有科大讯飞、皖通科技、顺荣三七、美亚光电、四创电子、科大智能6家，新三板上市的软件和信息服务类企业43家，超过全省的1/3。

（六）新兴业态发展迅速，产业带动作用凸显

安徽省云计算、大数据等新兴业态发展迅速，政务云、语音云、金融云、医疗云、交通云平台等一批重点工程的建设带动云计算产业快速发展。截至2015年年底，安徽省云计算、大数据产业在建项目33个，累计投入320多亿元。合肥市云计算、大数据生产应用中心，淮南、宿州市大数据存储基地，黄山、池州市云计算、大数据创意产业园加快建设，带动骨干企业快速发展，云计算产业链逐步形成。涌现了三只松鼠、三个农民、亿赞普（宿州）等一批国内知名的电商平台，建成了一批“皖货”网上专业市场。同时，网络游戏、手机游戏成为安徽省软件服务业新的亮点和增长点。

（七）智能语音基地加快建设，“中国声谷”初显成效

落实部省共同推进语音产业发展领导小组工作推进机制，统筹推进各项工作顺利开展。编制了《中国（合肥）智能语音产业基地（中国声谷）规划（2015—2020年）》，推进中国（合肥）国际智能语音产业园孵化园搬迁入驻，截至目前，入园企业达100家，呈现高成长、高融合的良好发展态势，龙头企业科大讯飞2015年实现主营业务收入25亿元，同比增长40.4%。中国智能语音产业基地通过国家新型产业示范基地审批，“中国声谷”成为首个国家级智能语音产业集聚区。

（八）信息消费推动有力，试点示范全国领先

扎实开展全国信息消费试点示范申报工作，2015年工信部公布了25个国家信息消费示范城市和60个信息消费创新应用示范项目，安徽省合肥、芜湖、马鞍山入选全国信息消费示范城市，入围数全国排名第一，10个项目入选国家信息消费创新应用示范项目，占全国的1/6，全国排名第一，成为全国标杆。加强氛围营造，积极培育信息消费新需要，组织开展“体验信息消费、享受文化生活”系列活动，建立“安徽信息消费季”官网和“徽风皖韵”公众号，

举办各类沙龙、主题论坛和培训活动300余场，1万多人次参加。吸引了省内外5000余家企业赴体验中心参观学习，2.7万名消费者参加了体验中心的体验活动，有50多万名消费者通过专题网站和微信公众号参与安徽省信息消费季各项活动。

（九）政策环境不断改善，扶持力度持续加大

进入“十二五”后，安徽省不断深化软件和信息技术服务业相关扶持力度，陆续出台了鼓励软件和集成电路、电子商务、生产性服务业、文化创意和设计服务等与软件相关的新兴产业发展规划和配套政策，政策扶持力度持续加大。智能语音、云计算和软件被列入安徽省十大高成长性产业加以培育壮大，2015年省政府又出台了《关于促进云计算创新发展培育信息产业新业态的实施意见》（皖政〔2015〕84号），并首次设立云计算、大数据发展财政专项，引领引导产业发展，迎来政策进一步利好。同时，安徽互联网大会、中国计算机大会、中国云计算大数据安全大会的成功举办为产业发展提供了技术交流和开放合作的环境。

三、面临的问题

（一）规模总量较小

软件收入占全国软件总收入的比重偏低，2015年仅占0.5%，软件企业以中小规模居多，全国软件百强企业只有1家，带动能力强的领军企业少，产业优势不突出。

（二）模式创新不足

在云计算、大数据、移动互联、人工智能等新技术、新产品的催生下，新产业、新业态不断涌现，产业模式创新日新月异，但安徽省软件服务企业的模式创新明显不足，制约了产业更快发展。

（三）融合发展不足

软件服务产业与传统产业融合发展，促进智能装备、智能制造发展能力还不强。

四、2016年展望与目标

2016年是“十三五”规划的开局之年，也是全面实施“调转促”行动计划的攻坚之年，面临的宏观形势复杂多变，经济下行的压力依然较大，对软件服务业稳增长带来了一定的不确定性。但同时也孕育新的发展机遇，“中国制造2025”、云计算、大数据、“互联网+”等一系列国家支持性政策密集出台，以及安徽省相应配套政策和资金的落实，为软件和信息技术服务业发展带来了新空间。云计算、物联网、移动互联网、大数据、智慧城市等新技术、新应用的兴起加速了技术创新与商业模式的创新速度，共同驱动软件服务业新一轮的发展。

发展思路：以“培育增量，优化存量，扩充总量”为路径，实施“名城、名园、名企、名品”战略，统筹推进“一中心两基地多园区”的软件及云计算大数据产业布局，积极推进合肥市创建“中国软件名城”，建设新芜文化创意孵化器，马鞍山软件园、合巢经开区动漫游戏产业园，培育龙头企业，发展新型业态，实现软件和信息技术服务业快速发展。

发展目标：2016年安徽省软件和信息技术服务业实现主营收入达到400亿元，同比增长

30%以上。认定一批软件和信息技术服务业特色园区、信息消费创新产品及信息消费体验中心，推动“中国声谷”建设，在云计算、物联网、移动互联网、动漫游戏等领域形成一批自主知识产权的创新产品。

五、下一步工作

（一）持续推进软件产业发展

立足产业基础和特色，发展工业软件和嵌入式软件，深化行业应用，拓展新兴业态，优化产业结构，构建产业生态，持续推进安徽省软件产业上规模。

（二）编制《安徽省“十三五”软件服务业发展规划》

编制完成《安徽省“十三五”软件服务业发展规划》，确定“十三五”安徽省软件服务业发展方向。

（三）推进“中国声谷”建设

推进中国（合肥）智能语音产业基地建设发展，完善园区基础和配套服务设施建设，加大招商引资力度，培育2家收入超过5亿元的企业，实现销售收入50亿元。

（四）支持合肥市创建“中国软件名城”

推动合肥市出台《打造“中国软件名城”建设实施方案》，签署部省市协同创建中国软件名城工作备忘录，全面落实软件名城创建各项指标，积极推动合肥创建“中国软件名城”各项工作顺利进行。

（五）建设软件产业载体

制定出台《安徽省软件和信息服务产业园管理办法》（暂定），加快合肥软件园、“中国声谷”，淮南市中国移动（安徽）数据中心、江淮云数据中心，宿州市云计算产业园以及合巢经开区安徽动漫产业园、新芜文化创意孵化器等一批重点园区快速成长，实现企业、人才、园区联动发展。

（六）争取国家大数据产业集聚示范区

参与国家产业布局，创建国家大数据产业发展集聚区，培育和发展龙头企业，建设产业生态环境，延长发展链条，推进云计算、大数据产业集聚发展。

（七）培育新兴业态

聚焦云计算、大数据、动漫游戏、移动互联网、数字内容、新媒体、可穿戴等新兴领域，建设推进一批重点项目。继续支持办好第十届省互联网大会，扩大产业影响力，推动新兴业态蓬勃发展。

（八）推进信息消费工作

推进国家级和省级信息消费示范城市建设，继续做好信息消费创新产品和信息消费体验中心建设，提升信息消费季活动效果。

（九）加强行业管理

一是培育骨干企业，发布年度 20 强企业名单，培育扶持更多重点软件企业进入全国软件百强，支持高成长型企业上市融资。二是完善行业监测分析，实行分工协作，指导各市开展统计工作，重点做好工业机器人等智能制造领域、数字传媒领域软件业务收入剥离工作，做到应统尽统。三是优化发展氛围，鼓励“众创空间”等一批新型产业服务载体建设。

2015年福建省软件和信息技术服务业发展概况

在经济发展的新常态下，2015年福建省软件产业保持较快增长，新兴信息技术服务在产业整体中的比重不断提高，产业集中度进一步提高，自主创新能力获得较大提升。

一、基本情况

2015年，福建省软件产业保持较高景气度，继续保持较快增长，新兴信息技术服务在产业整体中的比重不断提高，产业集中度进一步提高，自主创新能力获得较大提升。

（一）主要情况

2015年，福建省软件和信息技术服务业实现业务收入约1827.2亿元，同比增长20.6%。

从产业结构看，软件行业正在走向服务化。在云计算、大数据、移动互联网等新兴信息技术服务蓬勃发展的驱动下，软件产业继续服务化转型调整，信息技术服务整体表现仍优于软件产品，信息技术服务收入占软件业务总收入比重超过50%，IT服务迎来持续的高速发展时期。

从区域分布看，得益于福州、厦门两市“中国软件名城创建”工作及软件园区的聚集效应，福州、厦门继续占福建省软件业产值的90%以上。2015年，福州市软件和信息技术服务业实现软件业务收入850亿元，同比增长23.2%；厦门市软件和信息技术服务业实现软件业务收入922亿元，同比增长23%。由于人才、资金、市场等因数，漳州等地原有软件企业已向厦门转移，万利达等大型企业也将研发中心设在厦门软件园。泉州软件产业调整思路，积极配合“中国制造2025”，利用泉州制造业发达优势，引入优势软件企业发展工业软件，2015年以来泉州软件园招商情况良好。

从骨干园区发展看，福建省两大骨干园区福州软件园、厦门软件园发展形势良好，厦门创新软件园进入2014年中国骨干软件园区前十强，居第7位。2015年，福州软件园区全年技工贸总收入432亿元，同比增长20%，税收入库11.92亿元，同比增长19%；厦门软件园二期全年实现产值483亿元，同比增长19.95%，实现税收14.2亿元，同比增长21.9%，三期全年实现产值24.9亿元。

从企业发展情况看，福建省入选全国软件业务收入百强，全国软件企业综合竞争力前200强的企业数居全国前列，13家骨干企业入选全国软件企业综合竞争力前200强，居全国第4位。中海创、新大陆、星网锐捷、百度91、网龙、瑞芯微等骨干企业发展平稳。移动互联网等创新型企业实现高增长，中国移动咪咕动漫、厦门一品威客网络科技有限公司等平台类互联网企业，以及厦门翼逗网络、美图科技、同步网络、雅迅网络、乐麦电子商务、淘鞋网等都实现倍增。

从资本市场看，软件企业资本市场表现活跃，2015年有16家软件企业在新三板成功挂牌。中信银行与福建百度博瑞合资成立百信银行。网龙公司斥资1.3亿美元收购全球领先的K12在线教育（基础教育）龙头企业Promethean World。福昕软件收购西班牙Dataintro软件公司和德国 LuraTech Imaging GmbH 软件公司 100%的股权。福建星网锐捷以 3.2 亿元收购德明通讯 65%的股份。

（二）重点行业

1. 工业互联网产业

福建省现有工业互联网相关企业 300 多家，主要分布在福州、厦门、泉州等地，涌现了一大批在全国有一定影响力的企业，如福大自动化、上润、美亚柏科、伊时代、科华恒盛、宏发电声等。龙头企业中海创集团创新水平、销售规模和总体实力均居全国工控行业领先地位，集团近期提出"工业互联网+"战略，分别与国内各行业的优势企业共同打造工业互联网平台，现已在港口、矿山、交通、汽车、海运等领域开展示范应用，目前与上海振华重工集团股份有限公司和厦门金龙汽车集团有限公司签署高端战略合作协议，推动两家企业"工业互联网+"战略。

2. 移动互联网产业

福建省已建成较为完善的移动互联产业链，涵盖了芯片、智能手机终端、应用市场、移动应用等产业链的各个环节，移动互联网产业已成为福建省信息产业新的增长点。三大运营商的手机动漫基地带动福建省成为中国移动新媒体产业的聚集地；联想移动、网龙、百度博瑞、瑞芯微、美图秀秀等一批企业已成长为国内行业领军企业。福州、厦门成为国家电子商务示范城市，福建省在发展移动互联产业方面具备优势。

3. 集成电路设计业

2015 年，福建省集成电路设计业总产值约 70 亿元，同比增长 22.8%，超过福建省软件产业平均发展水平 2.8 个百分点。据统计，福建省从业企业 80 余家，主要分布在福州和厦门，具有良好的产业基础。福建省集成电路产业以集成电路设计业为主，制造业为辅，封装测试业几乎空白。福建省集成电路设计业具备较强的竞争力。申请集成电路布图设计专有权总数量全国排名第 5 位；申请企业数量全国排名第 6 位；企业平均申请量全国排名第 4 位；瑞芯微电子是全国第七大 IC 设计企业。龙头企业瑞芯微电子与 Intel 合作开发面向主流高性价比手机及平板电脑领域芯片；瑞芯微电子联合 Google 同时发布了与华硕、海尔、海信合作的一系列内置瑞芯微芯片处理器的 Chrome OS 终端产品，中国芯首次入主全球 PC 市场。

4. 动漫游戏产业

2015 年，福建省动漫游戏总收入预计达 210 亿元。从事动漫游戏相关业务的企业超过 500 家，从业人员超过 3 万人。三大运营商的手机动漫基地带动数百家动漫企业落户厦门，福建省成为中国移动新媒体产业的聚集地。厦门国际动漫节已连续举办八届，知名度和影响力不断提升，成为中国最具影响力的动漫节之一。

二、面临问题

尽管近年来福建省软件和信息技术服务业发展较快，已具备一定市场规模，拥有市场优势和发展潜力，但目前仍然存在一些制约产业发展的突出问题。主要表现在：一是产业基础研发能力依然薄弱，自主创新能力不足；二是产业结构不合理，仍处于价值链中低端水平；三是对工业领域两化融合支撑效益尚未完全发挥，产业渗透能力不足；四是创新能力与人才问题仍较突出，人才流失短缺，产业环境亟待优化。五是区域发展不平衡，特别是对软件产业在国民经济中发挥的作用认识不够，影响了工业的转型升级；六是融资信贷渠道缺乏，中小软件企业普遍反应由于产业的特殊，在融资信贷实际操作过程中仍存在很大困难。

三、下一步工作

（一）研究相应的接续扶持政策

尽快出台文件延续软件产业的扶持政策，推动软件产业进一步发展，提升对福建省经济社会转型升级的支撑能力。

（二）推进工业互联网产业发展

支持以福大自动化为代表的工业软件骨干企业进一步提升技术优势和产品的核心竞争力，尽快形成规模优势。积极推进工业控制系统产业园区建设，建设软件研发与系统集成基地，吸引工业控制相关知名企业建立技术研发机构和生产基地加快工控产业链集聚。加快安全、可靠关键应用系统推广，重点在流程工业综合自动化、装备自动化、智慧城市及物联网应用等方面着力系统集成商核心能力提升，通过首台套政策，在电力、地铁、石化等具有标杆意义的领域率先使用，推动行业创新示范工程建设，搭建智能制造示范工厂。开展行业应用工程技术和解决方案研究，搭建工业互联网公共服务平台，为产业发展奠定良好政策和环境基础。

（三）提升集成电路设计水平

以重点项目为抓手，加强福建省集成电路设计企业与英特尔、台联电、智原、京东方等我国台湾或国际知名企业合作，着力引进和培育一批集成电路设计骨干企业，提高福建省芯片产品的设计开发水平和自主创新能力。依托福州大学国家集成电路人才培养基地和厦门大学等重点高校，扩大集成电路及相关专业本科和工程硕士招生规模。基本适应本省集成电路设计业发展需要，“人才引进项目”的效应更加凸显。

（四）推进网络与信息安全产业发展

抓住操作系统国产化历史机遇，大力支持福建省美亚柏科、伊时代、榕基、亿榕、福富、新大陆、星网锐捷、顶点、联迪等一批现有的涉及信息安全或行业应用软件龙头企业发展。

（五）大力发展移动互联网信息服务

支持以百度91、中国移动动漫基地为代表的平台型移动互联网企业开发基于移动互联网的应用与内容服务，积极推进移动互联网在政府管理、城市建设、百姓生活等各领域的广泛应用，为产业发展营造良好的氛围。加强商业模式、服务模式创新，推动芯片、终端、传输、软件、云计算平台、应用等联动发展，加快发展视频监控、手机电视、手机动漫、移动商务等业务。

（六）推动动漫创意产业跨界发展

支持动漫创意产业与福建省鞋服、建材等传统产业强强联手，形成与其他产业相互融合促进的良好生态系统，推动产业转型升级。创新营销方式、拓展产品市场，打造无疆界的动漫衍生品产业链，做大动漫游戏产业价值链，推动福建省动漫游戏创意产业的爆发式发展。

（七）扶持大数据应用发展

以国务院 8 月 31 日发布的《促进大数据发展行动纲要》为指导，加强福建省大数据应用产业发展。重点扶持以数字福建（长乐）产业园、中国国际信息技术（福建）产业园为代表的大数据产业重点园区建设，以及以中科院计算所福州分所暨福州（闽侯）中科数据应用技术研究院为代表的公共大数据技术服务平台建设。布局“大数据+”产业新业态，推动政务、工业、流通、公用事业等领域大数据应用，在民生服务、城市治理、行业应用等领域开展大数据示范应用。

2015 年山东省软件和信息技术服务业发展概况

2015 年，山东省软件和信息技术服务业认真贯彻落实国家产业政策，立足自身优势和产业特色，按照山东省委、省政府转型升级的战略部署，积极深化应用，支持自主创新，产业规模和发展质量保持较快增长。

一、主要运行特点

（一）政策效应陆续释放，规模与效益同步较快增长

2015 年，山东省累计完成软件业务收入 3720 亿元，同比增长 20.5%，高于全国平均增速 3.9 个百分点，是“十一五”末（2010 年）的 4.14 倍，5 年翻两番。其中利润总额 460 亿元，利税合计 622 亿元，同比增长 22.5%。软件产业占山东省信息技术产业比重从 2010 年的 11.6%，提高到 2015 年的 27.5%，5 年提高 16 个百分点（见图 1）。

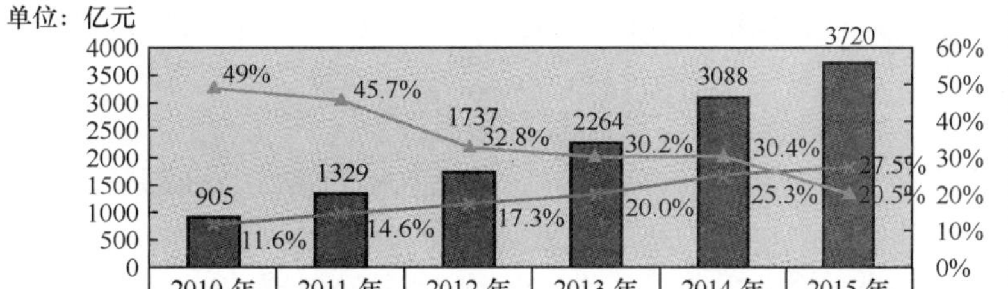

	2010 年	2011 年	2012 年	2013 年	2014 年	2015 年
软件业务收入	905	1329	1737	2264	3088	3720
同比增长	49%	45.7%	32.8%	30.2%	30.4%	20.5%
占全省信息技术产业比重	11.6%	14.6%	17.3%	20.0%	25.3%	27.5%

图 1　2010—2015 年山东省软件业务收入完成情况

（二）产业结构合理化显著提升

2015 年，完成软件产品收入 1392 亿元，信息技术服务收入 1624 亿元，嵌入式系统软件收入 704 亿元。受跨境电商和互联网平台经济影响，电子商务平台服务收入增速最快，同比增长 44.8%，高于山东省软件业务收入 24 个百分点；信息安全产品收入同比增长 26.4%，高于山东省软件业务收入 5.6 个百分点；嵌入式系统软件收入增速回落，同比增长 15.1%，低于山东省软件业务收入 5.7 个百分点。一支独大的局面正在改变，产业结构进一步优化。

（三）重点市、重点企业发挥重要引领作用

2015 年，济南市软件和信息技术服务业实现跨越式发展，在产业实力、企业培育、人力保障、创新能力等各方面取得了显著成效，软件名城效应进一步释放。济南、青岛支撑作用

依旧明显，两市共完成软件业务收入 3362 亿元，占山东省的 90%，其中济南实现收入 2061 亿元，同比增长 17.1%；青岛实现收入 1301 亿元，同比增长 24.5%，拉动山东省软件业务收入增长 8.9 个百分点。济宁市经过努力打造全省信息技术产业基地，后发优势明显，2015 年实现软件业务收入 60.45 亿元，同比增长 425.3%。重点监测的海尔、浪潮、海信、中创、东方电子五家百强企业 2015 年共完成软件业务收入 726 亿元，占全行业的比重为 19.4%，同比回调 1.7 个百分点。中小软件企业对行业的影响力正在逐步显现。

（四）骨干企业核心竞争力进一步提升

济南国家超算中心、省云计算中心等重大项目顺利实施，实现了跨区域资源聚合优化，在工业设计、海洋科学、信息技术和安全、气候气象、航空航天、电子政务等方面开展了一系列应用，服务用户超过 300 家单位；浪潮云计算在智慧城市、政府服务、市场监管、民生、大数据服务等行业开展广泛应用。华天软件创新软件技术与服务模式两者融合的新商业模式，推出企业“私人订制”CAD。海信网络、软控股份入选中国“交通行业信息服务十大龙头企业”和“制造业信息服务十大龙头企业”，龙泰天翔入选中国“智慧社区优秀解决方案”。

（五）产业转型升级效果初步显现

随着《山东省软件和信息技术服务业转型升级实施方案（2015—2020 年）》文件的逐步落实，产业转型升级稳步推进，取得了较好的效果，产业布局日益优化。目前逐步形成以青、烟、威为龙头，沿胶济铁路延伸拓展，鲁西南和鲁西北呈两尾翼的布局。国产软件平台建设稳步推进，自主可控软件研发水平进一步提升。“基于安全可靠环境的软件系统集成研发与测试验证公共支撑平台”、“基于安全可靠软硬件的复杂办公系统应用研究与示范工程”、“基于国产基础软件的输配电集控系统”等重点项目进展情况良好。浪潮集团荣获“中国集团管理软件市场年度成功企业”称号，继续领跑我国管理软件高端市场；中创软件商用中间件荣获“中国自主可靠企业核心软件品牌”称号；浪潮软件、国核信息等 6 家企业通过了工信部 ITSS（信息技术服务标准）符合性评估。

（六）支撑经济社会发展方面的基础性作用进一步提升

齐鲁软件园和青岛软件园被批准为国家新型工业化产业示范基地（软件和信息技术服务业领域），2015 年入园企业突破 2000 余家。齐鲁软件园以占高新区不到 5%的土地，容纳了区内近 30%的企业，实现了高新区超过 35%的生产总值。中国软件名城二期工程、齐鲁外包城、青岛的信息谷、潍坊呼叫中心基地、动漫基地的建设和优化，不仅能为软件业提供载体空间和数万人的就业岗位，同时也成为区域经济发展的亮点，极大地带动了房产、金融、服务业的发展，成为新的投资热点，支撑经济社会发展方面的基础性作用进一步提升。

二、存在的主要问题

一是新兴业态行业应用步伐相对缓慢。当前，云计算、大数据等新兴技术快速发展，但在数据中心等基础设施加快建设的同时，相应的信息技术服务发展缓慢，缺乏企业市场应用。一方面，新兴领域仍在探索有效的应用模式；另一方面，新兴领域企业的能力和水平难以满足市场期望。

二是信息安全形势严峻。从“棱镜门”事件到“苹果门”事件，网络信息安全问题已从产业隐患上升到关系全局的战略性问题，在高速发展的新兴信息技术领域中尤为严峻。

三是跨界竞争加剧了企业转型升级的压力。从IT产业发展形势看，软硬件服务一体化正逐步演变为势不可挡的大趋势。软硬件厂商及互联网企业通过布局云计算、大数据等新兴领域，加快服务化转型步伐，服务替代产品的创新模式迅速推广。行业巨头在跨界转型大力推动产业融合发展的同时，也加剧了信息技术服务业的竞争。

四是大企业少，市场竞争力较弱。山东缺少像华为、中兴、阿里巴巴这样千亿级规模的知名企业，只有海尔、浪潮、海信3家企业超过百亿元，20亿元到百亿元企业出现断层，其中10亿～20亿元规模的只有3家，5亿～10亿元规模的只有20家。加之行业特点具有前期投入大、项目工期长、资金回笼慢、融资难、融资贵以及高端人才严重缺乏等问题，导致大部分企业难以满足智能化改造的需求，竞争力度进一步加大。

三、发展形势研判

下一步，世界经济下行和我国制造业转型都将会给软件和信息技术服务业带来较大压力，但《中国制造2025》、“互联网+”行动计划等利好政策也将迎来难得的发展机遇。

（一）云计算、大数据等进入新应用拓展阶段

随着云计算模式逐步得到市场认可，云服务进入到政府及更多大型行业用户，传统的IT架构模式正在向“云+端”的模式转变，云平台将成为未来信息服务架构的核心，进而引发一系列信息技术革命，推动信息技术产业进入一个新的时代。《促进大数据发展行动纲要》、《关于积极推进互联网+行动的指导意见》等文件的出台，将推动大数据在医疗、交通、教育等领域的应用，个性化需求将更为突出，开源将成为信息技术创新的主流模式。

（二）“互联网+”推动软件加快创新

随着互联网加速从生活工具向生产要素转变，“互联网+”从第三产业逐步向第一和第二产业扩散和渗透，成为重塑经济形态、重构创新体系、推动经济转型的新动力，并上升为国家战略。软件是“互联网+”的重要支撑和核心，“互联网+”的演进和发展对软件技术不断提出新的挑战和要求，要求软件技术加快创新发展，更好地发挥在“互联网+”战略中的核心支撑作用。

（三）智能制造将推动软件服务市场爆发式增长

由于国内先进轨道交通、航空航天、能源电力、装备制造等重点行业转型升级步伐加快，制造业智能化、服务化趋势凸显，对国内工业软件发展带动效应十分明显。同时，生产调度和过程控制类工业软件市场受益于多地开展自动化生产技术改造、机器换人等措施影响，市场规模和行业关注度将快速提升。2016年，随着《中国制造2025》的实施，围绕智能制造的软件服务市场将爆发式增长。

四、2016年发展目标及主要措施

2016年是全面建成小康社会决胜阶段的开局之年，是推进结构性改革的攻坚之年，也是

经济转型升级的关键之年。按照党的十八大指出的“发展现代信息技术产业体系”要求，围绕国家和山东省软件和信息技术服务业有关战略，力争 2016 年山东省实现软件业增长 16%以上。

（一）加强政策落实，营造更加良好的产业发展环境

深入贯彻落实国务院《中国制造 2025》、《关于积极推进“互联网+”行动的指导意见》、《财政部、国家税务总局发展改革委、工业和信息化部关于进一步鼓励集成电路产业发展企业所得税政策的通知》、《山东省软件和信息技术服务业转型升级方案》、《关于促进大数据发展的行动纲要》等政策，一是进一步加强软件和信息技术服务业的支撑能力，发挥软件协会及各类产业联盟的桥梁纽带作用；二是支持和引导济南、青岛等市结合各自实际出台扶持政策，适时召开部省市名城推进工作协商会，加大对济南的支持力度，提升名城辐射带动能力；三是协调工信部软件服务业司对青岛软件产业发展的指导与扶持，并形成长效机制，推进青岛市软件产业扩大规模、提高竞争实力。

（二）全面推进转型升级，重点发展新兴领域

做好云计算、大数据等标准研究，提升服务能力和服务水平。进一步推进国产自主可控软件产业发展，依托山东省自主可控软件产业联盟，加强联盟企业的信息共享、技术互补，提高安全、可靠关键信息技术产品的成熟度，提升信息技术产业自主可控发展水平，逐步构建自主可控产业生态环境。积极进行大数据调研，为制定促进产业发展的政策措施，认真贯彻落实国务院印发的《关于促进大数据发展的行动纲要》，配合山东省有关部门，结合山东省实际，对山东省大数据情况开展调研，完成大数据调研报告，并将紧跟工信部工作思路，为适时出台大数据“十三五”规划做好基础性工作。

（三）加大企业培育力度

抓好现有软件企业壮大和新企业培育，支持和引导各市进一步开展软件业务收入剥离工作。组织召开 2016 年度山东省信息技术产业经济运行工作会。建立重点软件企业监测坐标，加强对山东省及重点骨干软件企业的动态监测，做好行业运行监测分析工作，为保障山东省软件产业健康、快速发展提供决策依据。

（四）推动 ITSS 贯彻应用，加快产业软硬件载体建设

积极推动 ITSS（信息技术服务标准）相关标准的贯彻与应用。指导济南市把济南创新谷建设成齐鲁软件园“飞地园区”，整合资源，错位发展。在已经建成 400 万平方米的基础上继续推动青岛市千万平方米软件园等载体建设，积极吸引国际知名大企业、大项目落户。培育一批辐射面积大、聚集效益好的示范园区，在产业规划、平台建设、支撑体系等方面加强支持。继续推进惠普国际软件人才及产业基地（济宁）建设。

2015 年湖北省软件和信息技术服务业发展概况

2015 年，经济下行压力加大，行业增速整体放缓，软件产业发展从平稳增长迈入转型阶段，面临由大变强、转型升级、提质增效的新挑战。湖北省软件和信息技术服务业稳中求进、创新进取，进一步优化产业发展环境，进一步推进武汉中国软件名城创建工作，产业规模不断壮大，技术创新能力进一步提升，保持平稳较快发展。

一、基本情况

湖北省软件和信息技术服务业主营业务收入“十二五”以来年均增长 32.4%，5 年共增长 3 倍，2015 年湖北省软件业务收入 1015 亿元，同比增长 19.3%，位居中部地区前列。

二、主要特点

（一）产业规模持续增长，增幅回落

2015 年，湖北省软件产业规模持续增长，全行业发展呈现稳中趋缓的态势。从 2015 年每月的软件月报来看，软件业务收入增长较平稳（见图 1），由于 2015 年经济面临较大下行压力，湖北省软件业务收入增幅较往年有所回落，但略高于全国平均增幅。

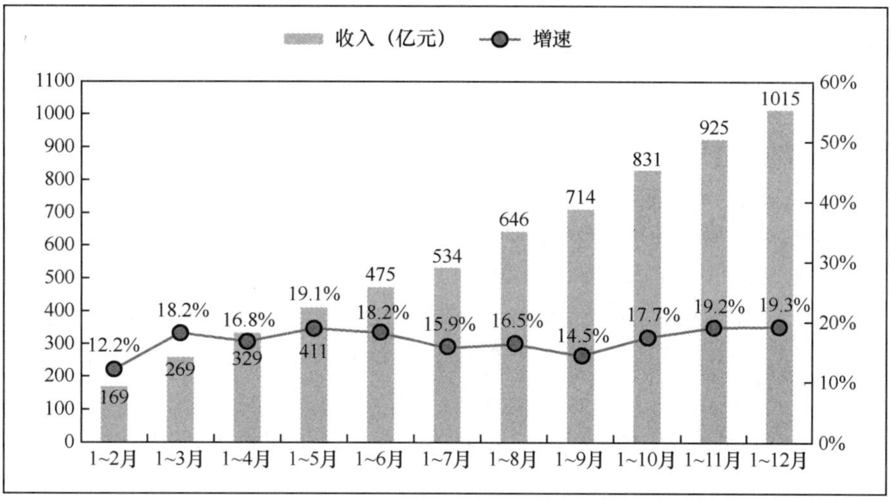

图 1　湖北省 2015 年 1~12 月软件业务收入逐月增长情况

（二）软件业务总体发展均衡，收入构成较稳定

2015 年，湖北省软件产品收入 533.2 亿元，同比增长 22.6%，占软件业务总收入的 52.5%，依然是湖北省软件业务收入主要构成部分；信息技术服务收入 425.1 亿元，同比增长 19.5%，占软件业务总收入的 41.9%；嵌入式系统软件收入 56.9 亿元，同比下降 3.1%，由于计算机、

通信和其他电子设备制造业等行业增速下降，嵌入式系统软件收入有所降低。三类收入占比情况与 2014 年基本持平（见图 2）。

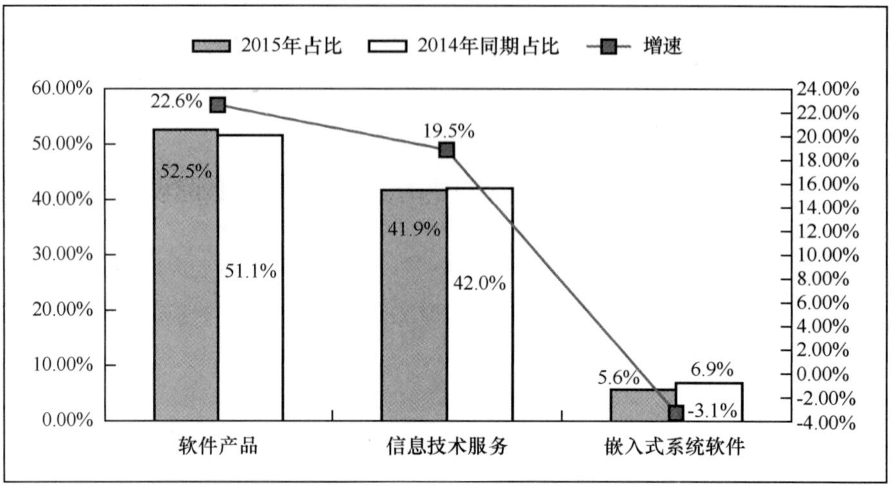

图 2　湖北省 2015 年 1~12 月软件产业分类收入增长情况

（三）软件业务出口增速放缓，利润水平提高

受宏观经济形势影响，软件出口增速较缓。2015 年湖北省软件业实现软件业务出口收入 13281 万美元，同比增长 22.9%。其中，软件外包服务出口 8465 万美元，同比增长 4.5%。

2015 年湖北省软件和信息技术服务业实现利税 148.8 亿元，同比增长 14.9%。其中，实现利润总额 101.2 亿元，同比增长 15.1%，税金总额 47.6 亿元，同比增长 14.3%。

（四）重点企业发展情况较好，企业实力有所增强

在纳入 2015 年度统计范围的 2497 家软件企业中，软件业务收入在 1000 万元以上的企业 1594 家，其中 5000 万元以上的企业 354 家，1 亿元以上的企业 148 家，5 亿元以上的企业 23 家。湖北省获得计算机信息系统集成资质企业 216 家， 其中一级 5 家，二级 26 家，三级 165 家，四级 20 家。行业从业人员超过 28 万人。

规模领先的主要软件企业如烽火通信科技股份有限公司、软通动力技术服务有限公司、华工科技产业股份有限公司、武汉佰钧成技术有限责任公司等软件业务收入保持了较稳定增长；也出现了一些发展形势较好、收入成倍增长的软件企业，如中电科长江数据股份有限公司、武汉颂大教育科技股份有限公司、武汉绿色网络信息服务有限责任公司、合康变频科技（武汉）有限公司、武汉英泰斯特电子技术有限公司、湖北睛彩视讯科技有限公司等。

武汉邮科院、天喻信息连续多年入选中国软件业务收入前百家企业。2015 年中国软件前百家企业，武汉邮电科学研究院软件业务收入 50 亿元，排名第 21 位；武汉天喻信息产业股份有限公司软件业务收入 13 亿元，排名第 86 位。

（五）积极开展技术创新，产业竞争力进一步提升

企业研发投入持续增长，积极开展技术创新，取得了丰硕的科研成果，产业竞争力进一步提升。由武汉邮科院提出并主导制定的“深度包解析的框架”获得国际电联批准，正式成为 ITU-TY.2771，这是武汉邮科院继 2012 年在全球首次提出互联网业务感知和内容识别国际标准 Y.2770 之后的又一突破。2015 年第 19 届中国国际软博会，湖北省参展的软件产品和信息化解决方案有 11 项荣获金奖，9 项荣获创新奖。武大吉奥信息参与研发的“国家数字城市地理空间框架技术体系构建与应用”，武大卓越科技参与研发的“道路路面检测关键技术及装备”2 个项目获国家科技进步二等奖，武汉光发科技获国家科技型中小型企业创新奖；天喻信息、中原电子、烽火众智、长飞、烽火通信、虹信通信、光迅科技、滨湖电子、瀛通电子、光庭信息、孝感华工高理、武汉阿迪克、宜昌微特电子、湖北追日电气、武汉理工光科等企业的研发项目分别获湖北省科技进步奖项。

随着自主创新能力的不断提升，湖北省软件产业在工业和嵌入式软件、地球空间信息、工程设计软件、信息服务外包等领域已形成一定特色和优势。

三、面临问题

（一）产业整体面临较大转型升级压力

在复杂的国内外形势下，2015 年年初湖北省软件产业增长呈现下滑态势。2015 年经济面临的下行压力增大，外部经济不景气直接导致内外需求市场萎缩，使软件企业订单减少。软件产业发展从平稳增长迈入深度转型阶段，面临由大变强、转型升级、提质增效的新挑战。一方面，市场竞争加剧压缩企业利润；另一方面，企业对云计算、大数据等新兴技术需求迫切，为加快业务转型和市场拓展，研发投入、营销投入均较同期有较多增长。同时，产业人力成本上升明显加快。2015 年，湖北省软件和信息技术服务从业人员同比增长 5.2%，增速低于 2014 年同期；从业人员工资总额增长 13.4%，随着人员工资的增长，企业承担的税负也随之加大。

（二）产业规模偏小，发展不充分

历经“十二五”，湖北省软件产业发展较快，形成了良好的基础和条件，但与国内其他先进省份相比，总体实力相对偏弱。2015 年软件业务收入仅占全国的 2.3%，列入全国软件百家的企业仅 2 家，行业领军企业、品牌企业、上市企业少，较缺乏带动产业链发展的大型龙头企业。

武汉市 2015 年软件业务收入 1006 亿元，占湖北省软件业务收入总量的 99.1%，占绝对比重，省内其他市州的软件和信息技术服务业发展相对不足，竞争力较弱。在全国 15 个副省级城市中，武汉市与软件产业发展先进城市相比仍有较大差距，发展仍不充分。

（三）新兴业态发展需加强培育

云计算、大数据领域正在引发一系列信息技术革命，2016 年将进入深层次应用发展阶段。智能制造将推动软件服务业进一步增长，大数据应用将逐渐启动向制造业拓展渗透的进程，相关服务的推广有望进一步扩大行业覆盖，带动相关软件和服务市场快速增长。

湖北省还需加强培育云计算、大数据、移动互联网等新兴业态，推进软件产业加快向网络化、服务化、平台化、融合化方向发展，在智能制造、医疗卫生、生态环保、食品药品、民生服务、交通物流、文化教育等方面发展和培育出一批具有代表性的应用，推动传统产业升级和新兴产业成长，培育形成新的增长点。

四、2016 年展望与目标

下一步，湖北省将继续围绕武汉中国软件名城创建工作，以互联网+、工业 4.0、大数据大发展为契机，继续推动软件和信息技术服务业较快发展。2016 年，重点围绕“智慧湖北”建设，谋划部署推进一批重大信息化应用项目，依托“楚天云”建设，整合湖北省各类政务应用云、行业应用云，建立湖北省统一的信息枢纽交换平台，积极实施大数据战略，推动湖北省大数据资源的汇聚存储、开发利用、开放共享，带动相关软件和服务市场较快增长。

2016 年上半年，湖北省软件和信息技术服务业延续了缓中趋稳发展态势，新兴信息技术服务和软件产品保持较快增长，软件出口继续放缓；下半年，国家经济下行压力加大和产业转型调整将给软件产业发展带来一定压力，但也面临着《中国制造 2025》、“互联网+”行动计划等利好政策带来的发展机遇。预计 2016 年湖北省实现软件业务收入 1180 亿元，增速达到 16%以上。

五、下一步工作

（一）继续推进武汉中国软件名城创建，营造深厚产业发展氛围

一是进一步推进武汉中国软件名城创建工作。以创建国家级软件名城彰显影响力，加快推进资源要素集聚和整合。进一步贯彻落实《湖北省人民政府办公厅关于进一步推进软件和信息技术服务业发展的意见》，加快释放市场需求，对上积极争取国家支持，整合资源大力发展软件和信息技术服务业。二是做好顶层设计，营造深厚产业发展氛围。2015 年湖北省出台了《加快推进智慧湖北建设的意见》、《加快推进智慧湖北建设行动方案（2015—2017 年）》、《中国制造 2025 湖北行动纲要》等一系列政策文件，2016 年湖北省拟出台《加快促进云计算大数据发展的意见》等政策文件，修订完善和发布“十三五”软件和信息服务业发展规划、云计算大数据发展规划，做好顶层设计，引导产业健康稳步发展。

（二）更新发展理念，创新发展方式

一是更新发展理念。引导软件企业认真学习研究国家和湖北省近两年来关于加快智慧湖北发展、“互联网+”、大数据、云计算、信息消费等政策文件精神，在智慧湖北建设各项行动中找准企业发展切入点，积极开拓创新，形成创新产业链，推进产业跃迁到新的层级。二是积极谋划重大项目。突出重点，整合相关资源，优选一批有实力的企业，谋划一批大项目，创新发展方式，探索以应用为导向，以平台为核心，推动企业跨界融合，向互联网经济转型。三是培育信息安全自主可控产业。组织湖北省内自主可控软件企业，进行产业链上下游适配打通，筹建产业联盟，进一步推进国产化自主可控系统开发进程。

（三）加大引导扶持，培育市场主体

一是培育领军企业。支持优势企业以资本、技术和品牌开展联合重组，引导创新要素向龙头骨干企业聚集，打造业内领先的名品、名企、名园和名人。二是做好相关领域配套服务。积极跟进新引进的腾讯、百度、华为等一批大企业在湖北省的项目建设，做好配套服务，发挥项目带动示范作用，推进资源要素集聚整合。三是鼓励软件企业抱团取暖，形成合力。为

软件企业创造更多的交流机会，鼓励龙头企业与中小企业合作，大企业带动小企业。鼓励科研单位加入开源机构，并在开源社区多做贡献，结合湖北在存储、分布式架构、云操作系统、大数据挖掘等方面的基础，突破一批关键技术。

（四）加强行业管理，提升服务水平

一是做好国家双软认定行政审批事项取消后的有关善后工作。继续支持湖北省软件行业协会加强行业自律管理，推行软件企业和软件产品评估标准，开创“后双软认定时代”行业工作新模式。积极协调解决软件项目招投标活动中企业资质问题，协调落实有关税收优惠政策。二是继续推广贯彻信息技术服务标准（ITSS），推进软件产业服务化进程。继续加强信息技术服务标准应用的宣贯培训，完善信息技术服务质量评价平台和信息技术运维交付平台建设，鼓励企业参加符合性评估。三是提高经济运行分析和辅助决策能力。进一步做好软件产业统计报表制度宣贯、人员培训等工作，提高统计人员的专业能力和数据上报质量，将软件产业发展中不断涌现的新业态企业按要求纳入统计范围，实行大行业管理。

2015年湖南省软件和信息技术服务业发展概况

一、基本情况及主要特点

2015年，湖南省完成软件业务收入349亿元，同比增长15.1%。一批重点企业快速成长，时代电气位居我国软件百强企业第12位，是中西部地区唯一进入前20位的软件企业。拓维信息、快乐阳光、竞网科技入选2015年互联网百强企业，湖南省是中西部地区入选数量最多的省份。

产业发展特点如下。

（一）产业规模平稳较快增长

湖南省软件和信息技术服务业从2001年到2011年一直保持年均25%的增长速度，居中部地区前列。“十二五”以来，湖南省软件和信息技术服务业进入平缓增长期和发展转型期，软件和信息技术服务业务收入保持12.8%的平均增长速度。截至2015年年底，湖南省软件和信息技术服务企业工商登记数量达到12963家，其中2015年新成立的企业达到5589家，比上年增长61.3%，占企业总数的43%。

（二）移动互联网产业发展迅猛

2015年，湖南省移动互联网业务收入达到328亿元，同比增长105%，连续两年保持100%以上的增长。移动电商、移动金融、智慧城市、智慧医疗等新兴产业集群雏形初现。湖南省移动支付的牌照数量和交易额在中西部地区处于领先地位，全国最大的行业支付企业易宝支付在长沙开始建设第二大基地，掌钱、邮易通等一批本地互联网金融企业发展迅速。移动电子商务领域空前活跃，营收额在湖南省电子商务总营收额中的占比已经超过3成，增速高于200%。一批电子制造骨干企业加快向移动互联网转型，长城信息大力发展移动医疗产业，高斯贝尔、纽曼科技、湘邮科技等一批企业正着手发展车联网和车载信息服务。基于移动互联网，湖南省汽车电子、医疗电子、金融电子产业加快向软件和硬件、制造和服务融合发展转型。北斗导航、云计算、物联网等新兴领域不断取得突破。

（三）工业互联网促进传统企业转型升级发展

“十二五”期间，工业软件成为湖南省软件行业发展的支柱，在企业数量不足省内企业50%的情况下，产业规模达到总量的65%。工业控制软件作为“两化融合”的重要切入点，成为湖南省软件产业的优势领域，对工业的渗透由外围转向核心，推动了湖南省智能制造核心竞争力的提升，并且带动了湖南省传统企业通过工业互联网和智能制造转型升级。目前，湖南省已形成以时代电气、中联重科、三一重工等一批骨干企业为代表的工业互联网。时代电气不仅是轨道交通骨干企业，也是湖南省软件和物联网领域的龙头企业，正在进军能源互联网领域。中联重科成立了基于“互联网+”的创新管理公司。三一重工将工业互联网作为新兴产业的发力点之一，并成立了对接“互联网+”的众智新城孵化器。威胜集团在发展智能电网的同时向能源互联网迈进。梦洁家纺、派意特、圣得西等家纺服装生产企业，利用移动互联网开展品牌打造、众包设计、个性化定制、社交化营销。千山药机成立了互联网健康服务平台——慢病健康管理有限公司。全州药业联合三诺生物，打造亚洲最大的血糖检测仪软件开发、生产制造、平台服务基地。纽曼科技由消费类电子整体转型为移动互联网企业。基石无人机等移动互联网智能产品加快发展。湖南金蝶移动互联技术有限公司着重在工业互联网布局发力。

（四）产业空间布局进一步优化

湖南省软件产业主要聚集在长沙、株洲、湘潭、衡阳等地，软件产业初具规模，产业集聚程度较高，核心带动能力不断增强。长沙高新区已成为湖南省移动互联网产业集聚区，聚集了湖南省 80%的信息技术企业，建设了一批定位清晰、特色鲜明的产业园区。其中，长沙信息产业园和长沙中电软件园已成为湖南省高端研发和软件制造基地，集聚了长城信息、快乐购、拓维信息、中清龙图等一批优势企业，在移动互联网、军民融合、电子商务等领域形成了自身特色，实现迅猛增长。区内可供移动互联网产业发展的载体已超过 100 万平方米，服务功能日趋完善，平均月入驻企业 80 余家。企业总数从 2013 年年底的不足 200 家增加到 1693 家，增长了 7 倍多，全年新增移动互联网企业 1083 家，从业人数目前已突破 3 万人，注册资本总额 70.42 亿元。2015 年，湖南省在大力扶持长沙移动互联网产业集聚区的基础上，加快在湖南省布局软件和信息技术服务业（移动互联网产业）专业园区，明确长沙中电软件园及衡阳高新区为湖南省软件和信息服务产业园、长沙广告产业园常德市武陵区移动互联网产业园等为湖南省移动互联网产业专业园区，并在浏阳、资兴等有条件的县级市扶持移动互联网产业园。资兴市引进投资 12 亿元，建设东江湖大数据中心，发展大数据产业。湘潭、岳阳、娄底、郴州、永州等地也开始建设移动互联网产业园。

二、存在的主要问题

（一）产业总量规模偏小，龙头企业带动作用有限

湖南省软件和信息技术服务业具有一定特色和优势，但与发达地区相比，产业总量存在一定差距，企业整体规模不大，市场影响力相对较弱，尤其缺少大型平台软件企业，对产业链的整体带动作用不够强。全国软件前百家企业中，仅有 1 家企业入榜。根据工信部数据统计，湖南省 2010 年软件企业个数为 474 家，2014 年企业个数增至 610 家，年均增长率为 8.8%。龙头带动、多点支撑的产业格局有待进一步培育。

（二）产业配套服务不足，政策支持力度有待加强

软件产业环境有待营造，面向软件产业发展特别是中小企业发展需求的第三方中介服务机构缺乏，包括信用评价、法律顾问、财税、投融资、知识产权、资质认证、咨询等，难以形成完整的产业发展保障。虽然湖南省移动互联网领域接连推出有力政策利好，但对于软件产业整体，仍存在企业财税压力大、政策性扶持资金缺失、信用体系不完全等问题。

（三）人才缺口持续扩大，人才流失状况较为严重

湖南省虽然在信息技术人才储备上具有一定优势，但是缺乏精通软件应用技术和企业业务的高端复合型人才，同时难以满足日益增长的技术应用型人才需求。主要原因在于人才流失问题严重，由于地处中部地区，湖南省薪酬待遇、明星企业以及后续发展方面的吸引力较沿海地区差距较大，企业面临用人“两头难”的局面——一线普工用工难和高端人才引进难，给湖南省软件产业整体发展带来阻碍。

三、2016 年展望与目标

2016 年，湖南省将围绕贯彻落实“中国制造 2025”、“互联网+”行动计划，全面实施《推动传统媒体和新兴媒体融合发展的实施方案》、《移动互联网与农业产业化融合发展实施方案》、《促进移动互联网与制造业融合培育发展新动力的实施方案》，开展“制造+互联网+服务”专项行动，进一步聚焦重点领域，强化产业特色，大力发展工业互联网、移动电子商务、新媒体与数字内容，按照“趋利避害、积极发展”的原则，促进互联网金融加快发展。进一步加强点对点招商，在积极推动“双创”新企业的同时，大力培育一批本地骨干龙头企业，增强湖南省软件企业在全国的话语权和影响力。指导和扩大软件和信息服务（移动互联网）专业园区和创业中心的布局，鼓励软件信息服务及互联网龙头企业、传统优势产业龙头企业建立内部双创空间，强化产业生态建设，促进产业的融合、创新发展。

四、下一步工作思路

“十三五”期间，我国正处于工业转型升级和建设制造强国关键时期，在《中国制造 2025》的带动下，围绕智能制造的软件服务市场将爆发式增长。在“互联网+”战略的推动下，互联网将加速从生活工具向生产要素转变，以云计算、物联网、大数据为代表的信息技术产业将加速与现代制造业、农业、商贸流通、生产性和民生性服务业等传统行业深度融合，进一步拓展信息技术和互联网服务的跨界应用，形成新的经济增长点。下一步湖南省将立足《中国制造 2025》、《“互联网+”行动计划》的战略需求和良好机遇，坚持市场导向、任务导向、问题导向，以创新驱动、融合发展为主线，以“互联网+”和移动互联网经济为抓手，大力推动移动互联网、云计算、大数据、物联网等新一代信息技术与各行业领域的深度融合，培育新兴业态，全面提升湖南省软件和信息技术服务业的战略支撑能力、创新发展能力和服务引领能力，为加速推进湖南省经济社会发展和工业转型升级提供有力支撑和保障。

（一）以智能制造为主攻方向，发展面向工业领域的软件平台及服务

为贯彻落实《中国制造 2025》国家战略，推动湖南省工业制造业转型升级，促进信息技术与制造业深度融合，重点发展面向工业领域的平台及服务，显著提升工业制造业的智能化水平。涉及工业软件、智能制造信息系统及解决方案、工业电子商务、面向工业领域的服务创新（包括工业云服务、工业互联网、工业大数据）四个重点领域。

（二）以“互联网+”战略为抓手，发展重点行业新产品、新服务和新业态

支持企业借助互联网进行服务化转型，推进行业企业与互联网企业的深入对接，培育融合发展的新产品、新服务和新业态。重点涉及互联网+生活、互联网+文创、互联网+交通、互联网+健康、互联网+教育、互联网+金融、互联网+能源等领域。

（三）以提升产业能力为支撑，发展云计算、大数据、移动互联网技术与产品

以移动互联网、云计算、大数据和物联网领域为重点，培育壮大新技术和新产品，发挥新一代信息技术的创新引擎作用，为“十三五”期间湖南省软件和信息技术服务业整体发展提供能力支撑。重点涉及移动互联网技术和产品、云计算技术与产品、大数据技术及解决方案、物联网技术及产品四个领域。

（四）以自主可控、应用替代为牵引，发展信息安全和北斗卫星导航应用产业

充分发挥国产基础软硬件对保障信息安全和产业安全的重要支撑作用，突破基础软硬件关键技术，健全国产软硬件技术产品体系与产业生态，进一步加大对以北斗卫星导航系统为代表的自主可控信息系统的应用推广力度。重点涉及集成电路设计、自主可控信息系统、北斗卫星导航应用产业三个领域。

2015年广东省软件和信息技术服务业发展概况

一、基本情况

（一）产业规模保持快速增长

2015年，广东省软件业和信息技术服务业在云计算、物联网、移动互联网等新兴业务的带动下，保持了较快增长，广东省软件和信息技术服务企业4437家，从业人员近88万人，全年累计实现软件业务收入7105亿元，同比增长18%（见图1），产业规模居全国领先。

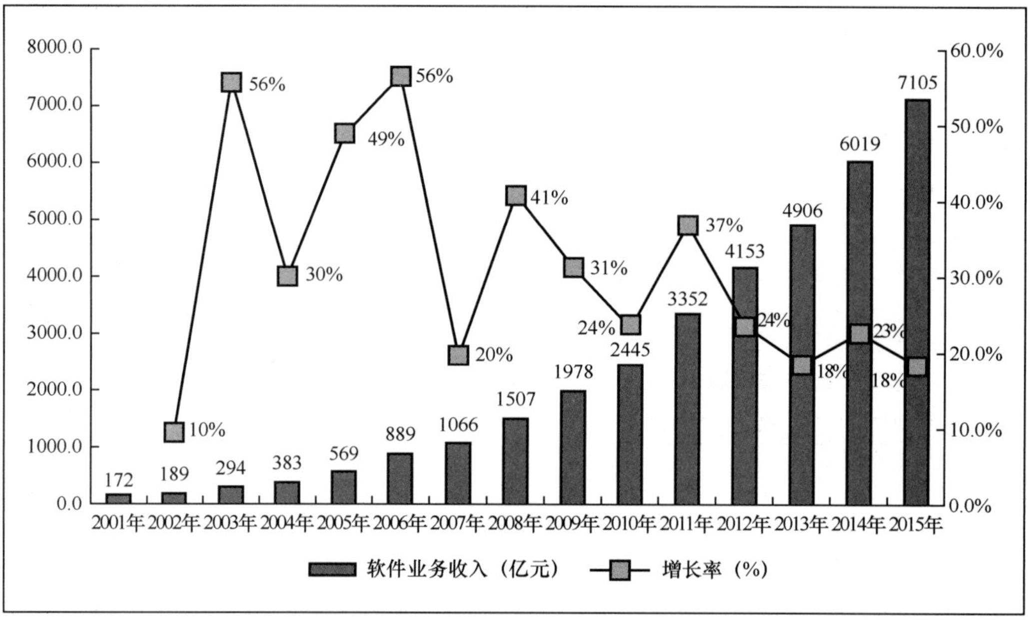

图1　2001—2015年广东省软件业务收入增长情况

（二）信息技术服务增长突出，占全行业比重提高

2015年，软件产业服务化和网络化发展加速，信息技术服务增长突出，全年累计实现信息技术服务收入3129亿元，同比增长20.6%。随着消费电子产品的快速增长，嵌入式系统软件增速加快，累计实现收入2252亿元，同比增长18.9%。软件产品收入1724亿元，同比增长12.7%（见图2）。

（三）软件出口继续保持全国领先

2015年，广东省软件业务出口239.4亿美元，占全国近一半的份额，同比增长6%。其中，软件外包服务出口5.9亿美元，同比下降4.8%；嵌入式系统软件出口154.2亿美元，同比增长10.8%。深圳市继续保持全国软件出口龙头地位，全年软件出口213.4亿美元，同比增长4.6%。

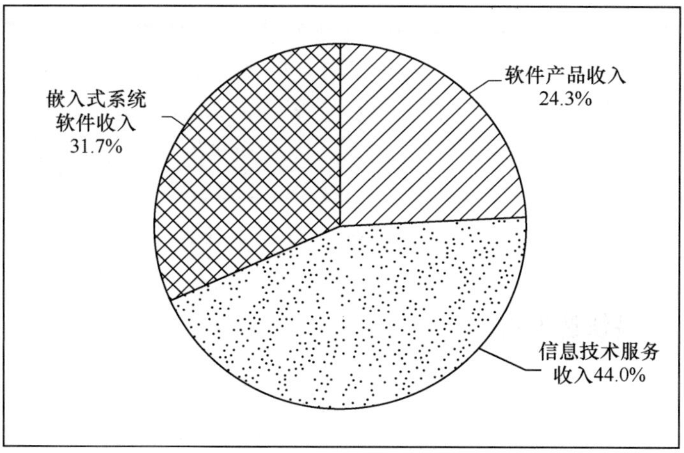

图 2　2015 年广东省软件业务收入构成情况

（四）骨干企业规模持续壮大

2015 年，广东省软件业务收入超过亿元的企业达 685 家，比 2014 年增加了 26 家。全行业在境内外上市的企业累计超过 300 家。16 家企业入选 2015 年（第十四届）中国软件业务收入前百家企业，软件业务总收入占全国前百家的 38%，居全国第一位，华为再次蝉联前百家之冠（见表 1）。腾讯、网易、唯品会、金山、欢聚时代等 16 家企业入选 2015 年“中国互联网企业 100 强”排行榜。截至 2015 年年底，获计算机信息系统集成企业资质的企业 1031 家，居全国前列，其中一级 34 家，二级 112 家，三级 545 家，四级 340 家。

表 1　2015 年（第十四届）中国软件业务收入前百家企业名单（广东省）

排名	企业名称	软件业务收入（万元）	排名	企业名称	软件业务收入（万元）
1	华为技术有限公司	14817073	62	深圳创维数字技术有限公司	176798
3	中兴通讯股份有限公司	4004552	66	北明软件股份有限公司	166457
32	金山软件有限公司	335013	69	深圳市欧珀通信软件有限公司	160950
34	大族科技产业集团股份有限公司	323633	70	深圳怡化电脑股份有限公司	159540
39	深圳市华讯方舟科技有限公司	290750	73	平安科技（深圳）有限公司	152907
44	广州广电运通金融电子股份有限公司	252181	75	金蝶软件（中国）有限公司	151894
48	深圳市金证科技股份有限公司	234026	89	深圳市紫金支点技术股份有限公司	131784
56	广州海格通信集团股份有限公司	189747	99	东信和平科技股份有限公司	105788

二、主要特点

（一）产业政策高屋建瓴，发展环境不断完善

2015 年，广东省积极加快建设信息化先导区，围绕基础网络、云计算、大数据、互联网等领域，部署“十三五”信息技术产业发展政策。其中，出台信息基础设施建设三年行动计划，重点扶持光纤网络、移动通信基站、公共区域无线局域网（WLAN）建设。制定《广东省促进云计算创新发展的实施方案》，明确“十三五”期间广东省云计算发展的工作目标和主

要任务，为云计算产业落地提供政策保障。制定实施“互联网+”行动计划，着力推进先进制造、现代物流、政务服务等互联网+重点行动。编制广东省促进大数据发展行动计划，着力打造全国数据应用先导区和大数据创业创新集聚区，抢占数据产业发展高地，力争建成具有国际竞争力的国家大数据综合试验区。此外，围绕软件新技术发展等信息技术新领域，广东省连续多年实施信息产业发展专项，扶持云计算、物联网、互联网等重点领域发展。按照工信部部署积极深化信息技术服务标准（ITSS）试点工作，广州南天、华南资讯等 18 家企业通过国家 ITSS 通用要求符合性评估。

（二）产业集群竞争力增强，软件发展区域特色鲜明

广东省作为信息产业发展大省，电子信息制造业和软件服务业相互融合渗透，相互促进，其中，电子信息制造业形成了以珠江东岸为中心，辐射全省的产业发展布局。软件信息服务业则以广州、深圳两个中国软件名城为中心，珠三角地区为主体，依托各地市软件和信息技术服务业园区辐射全省。2015 年，珠三角地区完成软件业务收入 6959.5 亿元，占全省的 99.8%，广州、深圳两市产业规模占全省的 90%，深圳产业规模位居全国 15 个副省级城市之首。

结合城市产业定位和区位优势，广东省软件产业区域特色鲜明。其中，广州、深圳优先发展高端新兴信息服务产业，在移动互联网、数字内容创意产业、嵌入式系统软件、云计算、工业软件、卫星导航等信息服务业高端领域和新兴领域开拓创新，不断涌现新亮点。广州琶洲互联网产业集聚区以腾讯、阿里、国美、小米等企业为龙头，有望成为华南乃至国内最大的互联网产业集聚区。深圳布局建设了留仙洞战略性新兴产业基地、南山云谷、天安云谷、蛇口网谷、南山智园等新一代信息技术产业基地。珠海着力发展软件和集成电路设计产业，形成了芯片设计、制造、封装测试、系统应用的集成电路设计产业链。惠州、东莞、佛山、中山等电子信息制造业集中城市则大力发展面向设计开发、生产制造、物流仓储、商贸流通的现代信息服务业，以及支撑传统产业优化升级的工业软件和嵌入式软件业。

（三）软件技术创新活跃，信息服务新业态蓬勃发展

2015 年，广东省软件著作权登记 61804 件，同比增长 64.2%，占全国登记总量的 21.1%，居全国第二位。PCT 国际专利申请量达 15190 件，占全国 PCT 国际专利受理总量的 53.5%，居全国之首，中兴通讯和华为公司分别凭借 3538 件、3150 件专利位居国内 PCT 专利申请榜首。据世界知识产权组织（WIPO）公布的 2015 年全球专利申请情况，华为以 3898 项专利技术申请量蝉联全球专利申请最多的企业，中兴通讯排第三位，申请数为 2155 件。

在移动互联网、云计算的带动下，广东省软件信息服务新业态发展迅速。华为、中兴、华讯方舟等企业在 4G、云计算和移动智能终端等新业务的推动下持续发展，规模和效益稳步增长。腾讯持续加大移动互联网布局，与上海、天津、深圳等地签署了战略合作协议，积极推进“互联网+”战略。金证科技、银之杰、方直科技、科陆电子等企业抓住“互联网+”机遇，大力开拓互联网金融、互联网教育、互联网能源新业务；大疆创新成为全球领先的无人飞行器控制系统及解决方案的研发和生产商。微信总部、飞信、飞聊、灵犀、139 邮箱、MM 商店应用等基础趋势型服务发源并发展于广州。UC 浏览器成为仅次于谷歌的全球第二大浏览器。YY 语音、酷狗音乐、网易游戏、京信通信、广电运通、中海达、久帮、妈妈网等一批自主创新能力强的企业在多个细分领域独占鳌头，品牌效应明显。

（四）政企合作紧密，重点项目引领作用明显

目前，广东省各地市、各部门在建或计划建设的各类云计算重点项目超过 150 个，涉及公共服务平台、云计算基础软件与关键技术、云计算应用示范、大数据开发应用、云安全建设等各个方面。9 月，广东省经济和信息化委员会与华为公司、云浮市政府签订三方推进云计算产业发展的战略合作协议，支持华为（云浮）云计算数据中心建设。10 月，广东软件行业协会与香港数码港管理有限公司联合成功举办第四届粤港云计算大会。12 月，广东省政府与阿里巴巴在广州联合召开广东省云计算大数据开发者大会暨 2015 年云栖大会广东峰会，超过 5000 人次参会，有力地促进了云计算在广东的落地应用。此外，广东省积极发挥粤港合作的地缘优势，成立了粤港信息化专家委员会，推进实施第四届粤港 ICT 青年创业计划，深化粤港在云计算、大数据应用和服务模式推广等领域合作。其中，粤港合作编写的《云计算服务采购指南》被纳入国家云计算标准体系。

（五）服务化趋势突出，融合带动作用不断增强

面对当前全球云服务、大数据技术浪潮，广东省软件和信息技术服务企业积极调整转型，信息技术服务收入远远超过软件产品收入，成为广东省软件产业增长的主要力量。2015 年广东省信息技术服务收入继续领先行业发展，占软件业务收入的 44%。云计算、移动互联网、大数据挖掘、物联网等已成为广东省软件产业最具活力的发展形态，并由此催生了大量新兴业态。越来越多的信息技术、产品和服务融入经济社会各领域，构成了数字经济时代的“基础设施”。同时，软件作为信息技术的核心，在产业结构调整和传统企业改造过程中发挥着积极的作用，甚至改变企业的具体业务发展模式，成为广东省各大支柱行业的新型竞争力。

三、面临问题

广东省软件和信息技术服务业虽然一直保持稳定增长，但随着国际、国内形势的变化，发展和提升的空间仍然广阔。

一是行业发展增速放缓。受国家经济下行压力加大的影响，市场对软件的投资和消费需求明显减弱，云计算、移动互联网、大数据等新兴领域短期内又未能支撑产业增长，因此，从 2015 年开始广东省软件和信息技术服务业呈现比较明显的放缓趋势，增速从 2014 年的 22.7%下滑至 2015 年的 16%左右。

二是软件产业中间力量薄弱，哑铃式结构明显，软件收入亿元以下的中小微企业占 85%，收入亿元以上企业 75%都集中在 1 亿～5 亿元层次，除了华为、中兴等大型龙头企业外，缺乏支撑产业持续发展的中间梯队力量。

三是软件关键技术掌握不足。大量企业的技术创新主要围绕国内外成熟的核心技术来开展，在云计算、移动互联网、物联网等新兴领域的关键技术薄弱，核心专利数量少。

四是珠三角和东西两翼地区产业有待提升。广州、深圳两个“中国软件名城”的软件产业规模占全省的 90%以上，电子信息制造业也主要集中在广州、深圳以及东莞、惠州这几个城市，这是产业集聚发展的优势，同时也说明珠三角地区其他城市和东西两翼地区仍有很大的发展空间，仍需加大扶持引导和产业培育。

四、2016 年展望与目标

2015 年以来，国家围绕云计算、大数据以及智能制造，出台了《中国制造 2025》、《关于积极推进“互联网+”行动的指导意见》等系列重要文件，广东省也出台相应政策，推动工业互联网、大数据、云计算、生产制造、销售服务等全流程和产业链的综合集成应用。广东省软件和信息技术服务业将迎来新一轮发展机遇，保持较好的发展态势，随着整体经济迈入一种稳中有增的新常态。预计 2016 年广东省软件和信息技术服务业将继续保持平稳增长，全年保持 15%的增长速度，收入规模将突破 8000 亿元。

五、下一步的工作

（一）着力培育壮大软件产业规模

省市联动，加大对软件和信息技术服务业第二梯队企业的培育力度，引导软件企业开拓新的业务领域，研发新技术、新产品和新服务，促进传统软件产品与云计算、大数据、物联网等新技术的融合，实现传统软件企业向服务型企业转型，切实形成一批自主创新能力强、能对上下游企业发挥支撑和带动作用的中坚力量。

（二）拓展软件产业发展载体

推动天河软件园、深圳软件园、珠海高新技术开发区等国家级软件（出口）基地建设，支持广州、深圳在更高层次上以更高标准建设软件名城。扎实开展物联网产业示范基地建设，形成了特色鲜明的省级软件产业园区布局。加大对创新创业的扶持力度，鼓励高校与软件园区、产业基地合作，建设创业园，培育新一代创新创业人群。继续实施粤港 ICT 青年创业计划，鼓励粤港信息技术领域青年发挥创意，合作创业。

（三）加快推进云计算应用和新业态发展

落实《广东省促进云计算创新发展的实施方案》，推进行业云、产业云建设试点，在交通、医疗、教育、工业制造等领域推广云计算应用。支持广宽云数据中心、华为（云浮）云数据中心、中云国际云计算产业基地（汕头）等重点项目建设。发挥财政专项资金的引领作用，支持企业建设云服务公共平台，突破云计算关键技术。加强粤港云计算技术和服务交流，继续举办粤港云计算大会，推动云计算标准研究和应用推广。落实广东省互联网+行动计划，加快发展互联网产业，推动产业集聚和产业链完善。组织龙头企业、科研机构牵头组建互联网产业联盟，发挥桥梁作用，促进互联网企业与传统企业的交流合作。继续发布广东省优秀云计算产品、核心工业软件推荐目录，提升广东省高端云计算、工业软件的发展水平。推广优秀云计算、工业软件应用，为智能制造提供核心动力。

（四）加强行业统计分析和管理

落实软件和信息技术服务业统计制度，科学分解年度统计任务，明确各地市年度任务目标，指导各地科学、准确地开展统计工作。探索完善省、市、企业、协会联动的行业监测体系，密切关注软件和信息技术服务细分行业及新业态发展态势，进行分类指导。修改完善专项资金项目管理办法，建立健全专项资金项目库，加强信息产业发展专项管理工作。继续开展国家信息技术服务标准（ITSS）符合性评估工作，组织标准宣贯和培训，扎实推进广东省ITSS验证与应用第二阶段试点。

2015年广西壮族自治区软件和信息技术服务业发展概况

一、基本情况

广西壮族自治区（以下简称广西）软件和信息技术服务业主要集中在南宁、桂林、北海、柳州4个城市。2015年，广西软件和信息技术服务业保持平稳发展态势，经济运行情况良好。年末列入统计范围的软件和信息技术服务业企业206家，其中，主营业务收入1000万～2000万元的企业有49家，2000万～5000万元的企业有37家，5000万～10000万元以上的企业有17家，10000万元以上的企业有14家。年末从业人员23989人（其中，从事软件研发的技术人员4640人）。

2015年，广西软件和信息技术服务业完成软件业务收入74.7亿元，其中，软件产品收入9亿元，同比出现负增长，信息技术服务收入65.2亿元，同比增长25.6%。软件业务出口103万美元。

主要产品：广西软件产品涉及金融、保险、交通、电力、旅游、酒店、教育、医疗、城市综合管理等领域。主要产品有：项目综合管理系统软件、酒店信息管理系统软件、网络游戏软件、电子商务交易平台软件、社区管理（网络化）信息平台软件、车辆管理系统软件、电力管理系统软件、东盟语种应用软件、糖厂无线调度指挥系统软件、电子签章系统软件等。

重点企业：广西广播电视信息网络股份有限公司、润建通信股份有限公司、广西通信产业服务有限公司、桂林大为通信技术有限公司、广西交通科学研究院、北海石基信息技术有限公司、广西联正达通信技术有限公司、桂林力港网络科技有限公司、广西博联信息通信技术有限责任公司、广西航天信息技术有限公司、广西德意数码股份有限公司、柳州腾龙煤电科技有限公司、南宁超创信息工程有限公司、广西桂能软件有限公司、广西宏智科技有限公司、广西盛源行电子信息有限公司、广西瀚特信息产业有限公司、广西金源信息产业有限公司、广西申能达智能技术有限公司、广西星宇智能电气有限公司等。

二、主要特点

（一）产业保持平稳发展态势

2015年，广西软件和信息技术服务业总体保持平稳发展态势。全年完成软件业务收入74.7亿元。

（二）产业发展区域集中

广西软件和信息技术服务业发展区域比较集中，主要集中在南宁、桂林、北海、柳州4个城市。在广西14个城市中， 南宁、桂林、北海、柳州4个市实现的主营业务收入占广西全行业的90%以上。

（三）产业涌现新的增长点

以发展北斗导航、云计算、移动互联网、工业软件、行业解决方案、信息安全服务、电子商务、动漫游戏等产业为核心，加快软件和信息技术服务业的发展步伐，培育产业新的增长点。

（四）各市产业发展特色鲜明

南宁市：以广西广播电视信息网络股份有限公司、润建通信股份有限公司、广西通信产业服务有限公司、广西博联信息通信技术有限责任公司、广西德意数码股份有限公司、广西交通科学研究院等为龙头，发展软件和信息技术服务业，成为广西软件和信息技术服务业最主要的聚集区。

桂林市：以广西瀚特信息产业股份有限公司、桂林力港网络科技有限公司、广西金源信息产业股份有限公司等为龙头，发展壮大软件和信息技术服务业。

北海市：以北海石基信息技术有限公司、北海银河科技有限公司等为龙头，推动软件和信息技术服务业快速发展。

柳州市：以广西网纪诺立信息工程有限公司、广西盛源行电子信息有限公司、柳州腾龙煤电科技股份有限公司等为龙头，重点发展北斗导航、汽车电子、工业软件等。

三、面临问题

（一）产业规模偏小

广西软件和信息技术服务业企业数量偏少、规模偏小；发展方向较为分散，产业关联度较小，龙头企业少；产业尚未形成明显的集聚效应。

（二）企业自主创新能力弱，知名品牌少

广西软件和信息技术服务业企业的自主创新能力较弱，拥有自主知识产权的先进技术相对较少，实现产业化并形成知名品牌的更少。科技成果转化率低，缺乏自主知识产权等。

（三）人才供需矛盾和流失问题比较突出

一是人才供需矛盾突出。广西有多所高等院校和科研院所为广西软件和信息技术服务业培养专业技术人才，但高层次、高技能人才短缺，尤其是缺少技术领军的高层次人才，制约了软件和信息技术服务业的发展。二是人才流失比较严重。与东部沿海地区相比，广西经济发展水平和企业工资水平都明显偏低，导致不仅难以吸引外地人才，而且本地培养的人才尤其是高端人才大量流失，人才供需矛盾和流失问题比较突出。

（四）企业缺乏发展资金，融资困难

广西软件和信息技术服务业企业多数为中小微企业，企业创业之初，资产单薄，直接从银行获得贷款难度大，企业缺乏发展资金，融资困难。

（五）收集行业统计数据难度大

软件和信息技术服务业企业对填报行业月报和年报统计报表的积极性不高，按时报送月报和年报统计报表的企业少，“当统未统”现象比较严重。加上统计人员业务水平参差不齐，行业统计数据收集工作难度大。

四、2016年展望与目标

（一）产业发展趋势

2016年，广西软件和信息技术服务业将继续保持平稳发展趋势，南宁、桂林、北海、柳州4个市软件和信息技术服务业的发展规模将进一步壮大。

（二）产业发展热点

2016年，新一代信息技术产业将成为产业发展热点，重点热点是北斗导航、遥感遥测、云计算、大数据、移动互联网、工业软件、行业解决方案和信息安全服务等产业。

（三）产业发展重点

一是北斗导航、遥感遥测产品。加强导航定位卫星应用的技术研究、产品开发，提高应用水平，重点发展北斗卫星及多模式兼容的移动导航信息系统应用产品、无人航空器，推动“北斗”卫星导航系统在经济社会领域的应用及产业化，发展壮大广西北斗产业规模。

二是云计算、大数据、移动互联网。支持网络编程模型、分布式数据存储技术、虚拟化技术、海量数据处理技术和大规模集群管理技术等云计算关键技术和重点产品的研发和产业化，培育新兴服务业态；加快推进移动互联网产业发展，促进新型智能终端与互联网服务的结合。重点发展面向多业态的第三方支付平台研发及产业化、基于智能终端的信息内容产品开发及服务、基于ICT的动漫游戏、数字媒体（出版）、数字互动娱乐、移动支付、位置服务、数字影视等信息服务关键支撑技术开发与产业化。

三是工业软件、行业解决方案。鼓励开发具有自主知识产权的工业软件产品，加快信息技术在研发、生产、管理、营销等环节的应用，积极培育工业互联网应用技术和产业发展；发展居于全国领先水平或具有区域特色的行业解决方案、东盟语种应用软件、数字内容加工处理技术软件、嵌入式软件、3D打印机等产品

四是信息安全服务。完善信息系统安全测评、信息系统安全风险评估、信息安全等级测评及技术支持、涉密信息系统安全保密测评服务等；支持银行业金融机构开展安全可控信息技术推进工作；进一步推进广西数字证书在全区各行业、各领域的推广应用。

（四）产业发展目标

2016年，广西软件和信息技术服务业实现主营业务收入132亿元，同比增长10%。

五、下一步工作

（一）工作重点

（1）开展软件和信息技术服务业、新一代信息技术产业发展前期研究，进一步明晰发展

目标、发展重点和保障措施；组织编制广西软件和信息技术服务业发展“十三五”规划，2016年上半年已完成规划初稿。

（2）加快广西申报国家级北斗导航应用及产业化省级示范工作，贯彻落实自治区人民政府印发的《广西推进北斗导航产业发展工作方案》，做好广西北斗导航应用及产业化的推进工作。

（3）贯彻执行《广西信息服务业发展专项资金管理暂行办法》和《广西信息服务业发展专项资金验收办法》。组织开展对广西信息服务业专项资金项目的验收工作。

（4）根据工业和信息化部《软件和信息技术服务业统计制度》，进一步完善广西软件和信息技术服务业统计模式，科学制定统计与评价指标体系，及时、全面反映广西软件和信息技术服务业发展现状。

（5）做好广西软件和信息技术服务业统计体系建设和行业统计工作，按时完成月报编制工作，加强对产业发展态势和运行情况的分析，为工作决策提供真实、可靠的数据。

（6）配合有关部门做好软件知识产权保护和正版化的推进工作，进一步推动软件服务外包工作。

（7）继续深入各市工信委、有关企业开展调研活动，及时了解产业发展动态，探索推进产业发展对策。

（二）工作措施

（1）贯彻落实《国务院关于印发进一步鼓励软件产业和集成电路产业发展若干政策的通知》以及自治区人民政府印发的《广西推进北斗导航产业发展工作方案》、《中共广西壮族自治区委员会　广西壮族自治区人民政府关于加快服务业发展的决定》、《广西壮族自治区人民政府关于加快信息服务业发展的实施意见》等产业政策，促进广西软件和信息技术服务业平稳、健康发展。

（2）贯彻落实自治区人民政府印发的《广西推进北斗导航产业发展工作方案》，做好广西申报国家级北斗导航应用及产业化省级示范工作和北斗导航应用及产业化推进工作。

（3）加强对广西软件和信息技术服务业的行业管理。组织开展“十三五”软件和信息技术服务业产业发展规划编制工作。积极推进大数据、云计算、可穿戴设备、3D打印机、无人航空器等新一代信息技术产业，培育新的增长点。

（4）力争广西壮族自治区技改资金、重大专项等财政资金向信息服务业项目倾斜支持，加大扶持力度，促进广西软件和信息技术服务业健康发展；做好自治区级信息服务业发展专项资金项目组织申报工作，认真贯彻执行《广西信息服务业发展专项资金管理暂行办法》和《广西信息服务业发展专项资金验收办法》，加强对自治区信息服务业发展专项资金的管理，做好项目的跟踪和推进工作，不断提高资金使用效益。

（5）引导企业加大对新产品研发的投入，加强技术研发中心的建设，有效发挥政府在基础性技术及关键技术领域的政策引导和组织协调作用，整合社会科技创新资源，建立关键领域的研发协作体系；加强产学研结合，完善重点领域共性技术开发平台，充分发挥科研机构、高等院校的科技资源和企业的资金、市场等优势，实现优势互补，联合攻关，突破物联网、云计算、软件、集成电路等关键技术，实现技术的产业化应用推广。

（6）继续开展软件和信息技术服务业品牌培育工作，在鼓励和指导企业积极开展品牌建设基础性工作的同时，重点选择一批有发展潜力的自主品牌，集中力量进行重点培育，以示范榜样作用带动品牌创建工作。充分发挥行业主管部门的职能作用，在加大培育力度的同时，积极帮助企业争创名牌。

（7）深入广西各市工信委、重点企业调查研究，加强政策宣传，落实目标责任，及时发现、协调、解决工作中遇到的困难和问题，落实国家和广西发展软件和信息技术服务业的各项政策措施，促进产业健康发展。

（8）根据工业和信息化部《软件和信息技术服务业统计制度》，进一步完善广西软件和信息技术服务业统计模式，科学制定统计与评价指标体系，及时、全面反映广西软件和信息技术服务业发展的现状。组织召开广西全区软件和信息技术服务业行业管理业务培训会，对各市工信委电子信息产业分管领导及相关科室负责人进行培训。加强行业统计工作，做好月报和年报统计数据的收集、审核、汇总等工作，做好产业发展态势和运行情况的分析，为指导产业发展提供真实、可靠的数据。

2015 年海南省软件和信息技术服务业发展概况

2015 年是“十二五”收官之年，面对复杂严峻多变的国内外经济形势，海南省主动适应经济发展新常态，按照中央和海南省委、省政府的决策部署，以抓投资、上项目、促增长、推落地、出政策、办实事为工作主要方向，培育发展新动力，积极实施“互联网+”行动计划，在推动软件和信息技术服务业发展工作中取得了一定成效。

一、基本情况

（一）产业规模情况

2015 年，海南省列入统计范围的规模以上企业有 122 家，实现软件业务收入 42.8 亿元，同比增长 151%。按照业务类型分类，软件产品收入 11.2 亿元，信息技术服务收入 31.6 亿元，分别占软件业务收入的 26%和 74%。全年实现利润总额 6.7 亿元，从业人员年末人数近万人。

（二）企业认定情况

2015 年，海南省具备计算机系统集成资质企业 77 家，其中，三级资质 16 家，四级资质 61 家；具备信息系统工程监理资质单位 2 家，其中，乙级资质 1 家，丙级资质 1 家；软件著作权登记数量 300 件，申请企业 92 家；7 家企业通过 ITSS（信息技术服务）运行维护服务能力成熟度符合性评估。

二、主要特点

（一）产业规模不断扩大

2015 年，海南省软件和信息技术服务业总体保持快速发展，产业规模快速扩大，增速远远高于全国平均水平。海南省软件业务收入增长 151%，比全国平均增速高出 100 多个百分点。

（二）信息技术服务收入强劲增长，所占比重继续提高

2015 年，海南省软件和信息技术服务业产业结构进一步得到调整，信息技术服务类呈现强劲增长势头，比重逐渐加大。信息技术服务收入占软件业务收入的 74%，比 2014 年所占比重提高 30 个百分点，是带动全行业增长的重要力量。

（三）产业发展区域集中

海南省软件和信息技术服务业发展区域比较集中，主要集中在海口、三亚、澄迈这 3 个城市，这 3 个城市的企业数量占全行业总数的 96%以上，软件业务收入占全行业的 95%以上（见图 1 和图 2）。

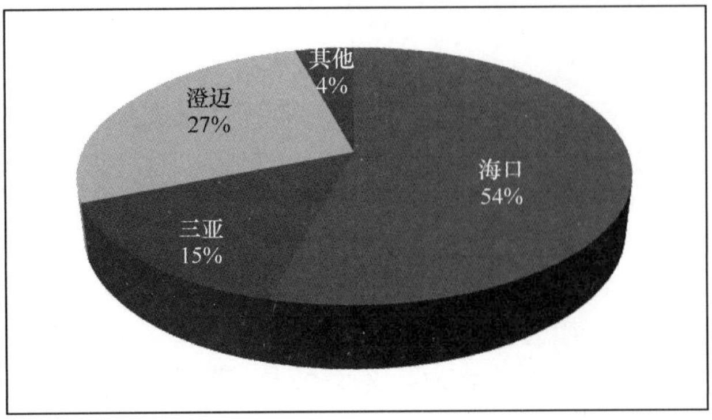

图 1　2015 年海南省各地软件业务收入比例情况表

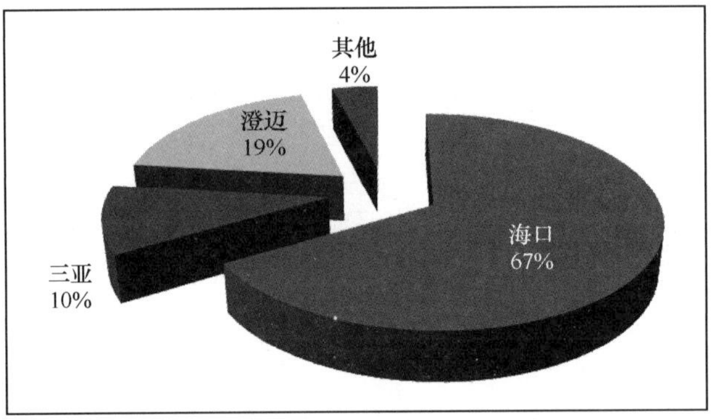

图 2　2015 年海南省各地企业个数比例情况表

（四）大力营造良好的政策环境

2015 年，海南省把信息产业作为“十三五”新经济增长点中的重中之重，积极把信息产业打造成海南省支柱产业。从省级到地方先后颁布实施《海南省人民政府关于加快发展互联网产业的若干意见》（琼府〔2015〕42 号）、《海南省人民政府关于印发海南省信息基础设施建设三年专项行动实施方案的通知》（琼府〔2015〕66 号）、《海口市促进互联网产业发展若干措施的实施细则》（海府〔2015〕56 号）、《儋州市人民政府关于印发扶持互联网产业发展实施意见的通知》（儋府〔2015〕70 号）等一系列政策文件，全方位促进软件和信息技术服务业发展。

（五）市场主体加快成长

海南省围绕产业增长目标，采取有效措施，不断加大对本土企业的培育力度，涌现了一批发展势头强劲的本土企业，如酷秀平台交易额比 2014 年增长超过 10 倍，易建、凯迪、天涯社区、新道科技等 4 家企业已在新三板上市。

三、面临问题

（一）软件和信息技术服务业各地区发展不平衡，产业集群效应有待提升

2015 年，海南省软件和信息技术服务业的企业主要集聚在海口、澄迈、三亚，其他市县的软件和信息技术服务业发展明显滞后，产业集群效益有待进一步加强；整体来看企业数量偏少，且年收入 100 万元以上的企业数量只有 100 多家，亿元以上龙头企业仅有十几家；大多数企业规模小，产业效率不高，竞争力不强。总体来看，海南省信息服务业还处在发展阶段。

（二）人才严重不足

软件和信息技术服务业是“智力产业”、“创造产业”，北京、上海、广州等信息产业发展好的地方，都是人才集聚的地区，与它们相比，海南一方面人才不能自给，另一方面，高端人才，尤其是技术型人才紧缺。

（三）市场竞争激烈

当前，各地都在竞相发展软件和信息技术服务业，抢占新一轮发展制高点，不少地方已经走在前面。与发达地方相比，海南省软件和信息技术服务业起点低，产业基础差，创新驱动不足，产业生态体系不完善。

四、下一步工作

一是继续加大力度开展招商和宣传工作，力促更多国内外知名企业落户海南，更多的软件和信息技术服务业人才到海南发展。

二是加快推动产业园区和众创空间建设，提高产业承载能力。大力推动以海南生态软件园、海口美安科技新城为核心的琼北高新技术产业基地和以三亚创意产业园、陵水清水湾国际信息产业园为核心的琼南创新创意产业基地建设。

三是全面贯彻落实《海南省人民政府关于加快发展互联网产业的若干意见》，确保政策落到实处。

四是切实加强人才建设，为产业发展提供智力支撑。

2015年重庆市软件和信息技术服务业发展概况

一、基本情况

2015年，全球经济持续调整、国内宏观经济下行压力依然较大，在重庆市委、市政府的科学决策和着力培育下，重庆市互联网经济蓬勃发展，新模式、新业态、新企业不断涌现，推动重庆市软件和信息技术服务业逆势迈上新台阶，成为重庆市经济高速发展的重要支撑行业。2015年重庆市共实现软件业务收入853亿元，同比增长20.8%。

二、主要特点

（一）收入效益同步增长，超过全国行业平均水平

2015年，重庆市软件和信息技术服务业保持快速增长态势，全行业企业共实现软件业务收入853亿元，同比增长20.8%，高出全国行业增速近5个百分点。在软件业务收入中，软件产品收入200亿元，同比增长18.1%，信息技术服务收入540亿元，同比增长23.2%，嵌入式系统软件收入113亿元，同比增长19.8%。全行业企业实现利润总额65.8亿元，同比增长16.7%；上交税金37.3亿元，同比增长11.7%。

（二）企业规模扩大，从业人数不断增加

目前，全行业企业数量超过5000家。2015年（第14届）中国软件业务收入前百家企业，重庆市两家企业上榜，相比上年增加一家。其中，中冶赛迪名列第22位，实现软件业务收入45.14亿元，中煤科工集团重庆研究院有限公司名列第91位，实现软件业务收入12.43亿元。重庆市软件和信息技术服务行业从业人数约11万人，比2014年同期增加14.6%，从业人员数量保持持续增长的态势。

（三）企业创新能力提升，行业发展内生动力增强

2015年，重庆市新登记计算机软件著作权数量继续增加，全年超过2100件，以金融财税、医疗健康、商贸服务等为代表的行业应用软件占新登记数量比重超过55%，以移动互联网、物联网、嵌入式、地理信息等为代表的热点领域软件登记量也呈现出了不同程度的快速增长。中冶赛迪钢铁行业云、城投金卡智慧交通应用获批成为国家工信部示范项目；梅安森智能窨井盖警示系统、方正高密基于云计算高密度互连线路板研发获批火炬计划“产业化示范项目”，本土企业自主创新能力不断提升，行业发展内生动力不断增强。

（四）产业结构优化，新兴信息技术服务业快速发展

2015年，移动互联网、物联网、云计算、电子商务等新兴信息技术服务业快速成长，成为重庆市软件和信息技术服务业快速增长的重要支撑。2015年，猪八戒网营业收入达到1.3

亿元，全年交易额达到75亿元，拥有超过1000万家线上服务商，并入选《福布斯》2015中国最快成长科技公司；大龙网全年交易流水超过300亿元，同比增长超过5倍；秒银科技2014年成立，2015年营业收入已达到1.4亿元。电子商务飞速增长，重庆市电子商务市场主体（含商户）总量达到14.04万户，比2013年翻一番，交易平台网站达到2966个。电子商务全年交易总额超过6000亿元，同比增长33%；跨境电商认证结汇额达到7.8亿美元，同比增长163%。

（五）传统软件业务发展放缓，部分企业业务下滑

在软件和信息技术服务业逐步向网络化、服务化转型的影响下，传统软件产品研发、系统集成等行业受到较大冲击，部分未能及时向互联网服务方向转型的企业营业收入和盈利能力都有所下降。2015年，重庆市传统软件产品开发收入占重庆市软件业务总收入比重的23%，较2014年同期下降6个百分点。其中煤科院、梅安森受煤炭行业不景气影响，2015软件和信息技术服务业务收入分别下降56%和82%。

（六）区县园区建设提速，产业集聚发展效应显著

2015年，重庆市软件和信息技术服务业重点园区差异化、专业化、集群化发展取得积极成效，两江国际云计算产业园建设稳步推进，北部新区互联网产业园、重庆仙桃大数据谷正式开园，腾讯重庆众创空间、永川互联网青创营等创业创新平台相继投入运营，渝中区电子商务和信息消费产业基地、南岸区物联网产业基地、大渡口重庆移动互联网产业园、江北网商产业园等一批专业突出、特色鲜明的重点园区也逐渐崭露头角。分区域统计，北部新区软件和信息技术服务业继续领跑重庆市，实现营业收入约668亿元，其中软件业务收入约420亿元，占比均超过重庆市整体规模的40%。

三、面临问题

（一）企业规模小，龙头企业少

重庆市软件企业发展迅速，但多为中小型企业，缺乏全国乃至全球领先地位的龙头企业和行业领头羊。在经营理念、研发及服务能力和资金实力等方面经验积累不够，知识产权观念淡薄，生产要素获取难度大，抗风险能力较弱，服务水平以及企业品牌建设能力都有待提升。

（二）部分行业衰退，波及效应明显

受实体经济下行，特别是煤炭、钢铁等行业影响，重庆市相关的软件企业、系统集成企业不同程度出现业绩下滑、回款困难的问题。

（三）取消“双软认定”行政审批对企业经营产生影响

自2015年年初“双软认定”行政审批取消以来，一是对企业享受税收优惠造成影响，新办企业无法享受税收优惠，处于政策优惠期内的企业享受政策标准执行不统一，给企业退税工作带来不便。二是企业遭遇证书门槛，没有软件企业认定证书的企业无法参与设定了该

项必备条件的项目招标竞争。

四、2016年展望与目标

2016年，重庆市将深入贯彻落实“互联网+”行动计划，快速做大做强软件和信息技术服务业，加快建设国家级信息枢纽和互联网经济高地。到2016年年末，力争重庆市软件和信息技术服务业收入达到2000亿元，从业人员达到12万人，培育1家主板上市企业、3~5家新三板上市企业；国际电子商务交易认证结汇量突破20亿美元。

五、下一步工作

（一）统筹推进重庆市“互联网+”行动计划

启动实施“互联网+”试点示范，建立“互联网+”重大项目库，推进互联网在教育、医疗、社区服务、文体、旅游等政务民生领域深入应用和信息化系统集约化建设，推动软件和信息技术服务业持续增长。

（二）抓好中新信息通信领域合作

立足高起点、高水平、高创意和示范性，牵头策划和推进中新信息通信领域战略性互联互通示范合作项目，引进更多新加坡企业来渝发展，培育重庆市信息通信领域和互联网经济新增长点。

（三）推动企业转型发展

鼓励本地从事传统软件业务的企业围绕云计算、大数据、移动互联网、人工智能、物联网等新兴领域加大投入，积极研究商业模式，研发完善相关产品和服务，加快形成新的业务板块和核心竞争力。

（四）突出产业集群发展

推进两江国际云计算产业园、渝北仙桃大数据谷、北部新区互联网产业园和南岸物联网产业基地等特色园区建设，加大招商引资力度，促进产业链上相关企业的集聚，推动重庆市软件和信息技术服务产业的协调发展。

（五）优化完善政策环境

贯彻落实《关于促进云计算创新发展培育信息产业新业态的实施意见》，出台《关于进一步促进大数据发展的实施方案》。在积极引进跨国公司的同时，扶持本地重点企业发展。加强软件和信息技术服务业和互联网经济的分析研究、运行调控工作，指导产业健康发展。

（六）做好人才培养引进

继续推动重庆市软件中高级人才培养工程，以企业需求为导向优化培养方案，扩大校企合作定制培养模式范围，鼓励国内外企业以市场化模式开展大数据、云计算等新兴信息技术服务领域的专业培训。

（七）浓厚产业发展氛围

联合中国电子信息行业联合会等国家级行业协会，积极谋划具有广泛影响力的行业大会固定在重庆市召开，进一步营造产业发展氛围，推动更多行业企业和项目来渝落户。

2015 年四川省软件和信息技术服务业发展概况

一、基本情况

（一）产业规模稳步扩大，软件业务收入突破 2000 亿元

2015 年，四川省软件和信息技术服务业继续保持平稳快速增长，增速比 2014 年略有回落。全年完成软件业务收入 2126 亿元，同比增长 12.1%，软件和信息技术服务业从业人数 25 万人，同比增长 8.5%。

（二）基础设施建设加快，产业承载能力增强

2015 年 9 月 10 日，四川在全国首次建成“全光网省”。截至 2015 年 9 月底，四川光网覆盖 2400 余万户家庭，光网宽带用户超过 730 万户，光网用户平均上网带宽达到 37.9M，居全国第一位。宽带单价从 7.5 元/M 下降至 1.9 元/M，降幅达 75%。中国电信云计算基地、中国移动（四川成都）数据中心基地、中国联通 IDC（成都）基地三大数据中心的建设，IBM 西南云计算中心项目实施等为产业发展与转型提供了更大的承载能力。

（三）以“中国软件名城”建设为抓手，产业集中度高

坚持以“中国软件名城”建设为产业发展抓手，规划先行，创新为本，加快园区与公共服务体系建设，提升产业发展的支持能力，为云计算、大数据、移动互联网、物联网、数字内容及娱乐等新业态发展提供良好的发展环境。形成了以国家软件产业基地（成都）、国家集成电路设计成都产业化基地、国家信息安全成果产业化基地（四川）、国家数字娱乐产业示范基地、武侯科技工业园、青城山软件产业基地、双流物联网产业园为主要载体的软件产业发展聚集区。成都营业收入与软件业务收入分别占四川省的 95.5%和 96.5%，较上年同期分别下降 0.7 个和 0.1 个百分点；绵阳市营业收入与软件业务收入分别占四川省的 4.1%和 3.05%，分别较上年同期上升 0.5 个和 0.05 个百分点。四川省软件和信息技术服务业依然呈现高度集聚态势。雅安、攀枝花等地利用智慧城市建设等契机，逐步做大做强软件和信息技术服务业。

（四）加快产业结构调整

四川省以加快新一代信息技术与工业深度融合为主线，以《中国制造 2025 行动纲要》为契机，积极服务“互联网+”制造业工程，在工业互联网、工业大数据、工业云等领域引进、培育一批服务企业。以高速宽带网络基础设施和大数据、云计算、移动互联等信息技术产业为支撑，积极培育新技术、新产品、新业态、新模式，集中资源重点培育和扶持一批龙头骨干企业。制定支持物联网、云计算、大数据、移动互联网、工业控制系统、特色游戏动漫产业的专项支持政策措施，加强相关产业与资本市场的融合，形成“人才+资本”的有效发展模式。引导企业技术创新、产业创新、商业模式创新，促进产业转型升级、结构优化、可持续发展。随着下一代互联网、移动互联、物联网、云计算、大数据等技术发展与应用兴

起，四川省软件和信息技术服务业产业结构进一步得到调整，信息服务类比重逐渐增大，2015年，信息技术服务收入占四川省软件业务收入的 61%。传统 IT 制造企业与基础运营商转型明显加快；基于云计算、移动互联的服务内容与模式不断丰富；数字内容产业快速发展，动漫游戏做大做强；信息安全产品发展势头旺盛；自主可控的产品门类覆盖逐步扩大。

（五）创新能力不断增强，产业可持续发展能力提高

2015 年，四川省电子信息产业拥有国家级企业技术中心 7 家，省级企业技术中心 89 家。长虹、九洲进入“中国电子百强”；信息产业电子第十一设计院科技工程股份有限公司、四川九洲电器集团有限公司、四川省通信服务有限责任公司三家企业，进入中国软件企业综合竞争力 50 强；成都天府软件园获中国骨干软件园区第 3 名。四川鹏博士、艾普网络入围 2015 年“中国互联网企业 100 强”。四川久远银海软件股份有限公司、成都勤智数码科技股份有限公司、四川创意信息技术股份有限公司、四川长虹佳华数字技术有限公司、成都四方信息技术有限公司、成都万江港利科技有限公司、四川大宇信息系统有限公司、四川格瑞特科技有限公司、四川省天财网络有限责任公司、四川中电启明星信息技术有限公司、成都国科海博信息技术股份有限公司、四川晨光信息自动化工程有限公司、成都海科时代科技有限责任公司、成都索贝运维数码科技有限公司、万国数据（成都）实业有限公司、成都云驰信息技术有限公司、成都超级计算机中心有限公司、四川浩特通信有限公司、成都汉康信息产业有限公司 19 家企业通过了 ITSS 标准符合性评估。

在各级政府的支持与参与下，四川省先后建立了国家软件基地（成都）公共技术支撑平台、移动互联网公共服务平台、公共服务信息系统、软件测试中心、信息安全测评中心、软件外包平台、数字娱乐软件开发平台、软件人才培训联盟公共服务平台、软件投融资平台等公共平台，为企业尤其是中小企业提升创新能力提供助力。

（六）优化产业发展环境，促进产业发展

2015 年，四川省继续积极落实国务院《进一步鼓励软件产业和集成电路产业发展若干政策的通知》（国发〔2011〕4 号），做好软件企业认证和软件产品登记等工作，截至 2015 年 3 月，四川省累计认证软件企业 1548 家，新认定软件企业 20 家，新增软件产品登记 7107 件，新登记软件产品 268 件。截至 2015 年年底，现共有系统集成资质企业 299 家（一级 8 家，二级 35 家，三级 160 家，四级 96 家），新增 142 家；计算机信息系统集成项目经理 1850 人，新增 425 人；高级项目经理 687 人，新增 156 人；监理企业 5 家［甲级 3 家，丙级 1 家，丙级（暂定）1 家］，监理工程师 155 人。

二、2016 年工作重点

（一）工作思路

为保证产业平稳发展，将继续在行政审批改革的新形势下，做好多方协调工作，保证软件产业优惠政策的落实；落实好稳增长奖励；做好运行监测和统计工作。

（二）行业运行目标

预计 2016 年完成营业收入 3162 亿元，同比增长 11%；完成软件业务收入 2358 亿元，

同比增长 11%；完成增加值 1084 亿元，同比增长 11%。

（三）发展方向

一是抓住大数据、云计算、移动互联网等发展机遇，努力推动新兴业态发展。积极争取“国家大数据产业示范基地”建设试点，探索大数据产业发展途径、模式，在试验基地探索建立大数据交易中心，促进四川省乃至全国的数据资产化，构建开放的数据流通生态；通过授牌等方式推动市（州）大数据、云计算产业基地及创业基地建设，充分发挥四川省人才优势、市场优势，在新一轮产业竞争中抢占先机；建立四川省大数据产业基金，支持一批龙头企业和产业化项目，尽快提升产业支撑能力；支持一批应用示范项目，对具有示范价值的项目进行奖励并逐步推广。

二是围绕“中国制造 2025”，推动“互联网+”相关工作。狠抓工业化、信息化深度融合，将“互联网+四川制造”相关工作纳入“中国制造 2025”工作通盘考虑：在传统产业信息系统建设、智能化升级等技改、投资中给予贴息、补贴等支持；搭建信产与传统产业牵手平台，促进信产企业对传统企业需求的深入了解，提高传统企业对信息化的认识，同时推出一批具有自主知识产权的解决方案；实施“互联网+”制造业和“互联网+”中小微企业工程，实现制造业生产自动控制普遍化；选择重点行业、典型企业开展数字车间、数字工厂试点，推动制造业网络化和智能化；推动工业行业龙头企业打造行业大数据服务平台，探索重点行业大数据在研发设计、生产制造、经营管理、市场营销、售后服务等产业链各环节的应用，提升重点行业领域企业的竞争力。

三是继续推动省政府与国内外知名企业的战略合作。利用好与腾讯、微软、浪潮、阿里、奇虎 360 等国内外知名企业的合作，为项目落地营造良好产业环境，为四川争取更多资源和业绩。

四是支持发展基础软件及工业软件。发展自主可控的嵌入式操作系统、智能手机操作系统、智能网络操作系统、智能电视操作系统及数据库、中间件、信息安全软件等基础软件。研发具有自主知识产权的移动通信、消费电子、智慧医疗等领域的嵌入式软件，提高对终端设备的配套能力，加快嵌入式软件在移动互联网、下一代通信网的智能终端和物联网行业的产业化应用。突破自主可控的制造业软件关键技术，建立工业研发设计平台和生产经营管理平台，开发面向电子信息制造、装备制造、饮料食品、钒钛钢铁、轨道交通等重点领域的研发设计类、数字控制类、智能生产类和管理类工业软件。

五是发展网络与信息安全。大力发展安全网络系统及设备、安全信息产品研发和产业化，推动电磁安全、频谱安全系统及产品的发展，打造涵盖网络设施安全、信息安全、数据安全、频谱安全及物理安全的全方位网络信息安全系统；发展安全通信网络芯片、设备、系统的研发和产业化，推动 5G 安全虚拟专网，安全物联网芯片、设备及系统的发展，打造涵盖基础芯片、安全通信专网、安全软件及安全信息系统的高安全通信系统与应用。

六是支持发展行业应用软件。支持基于物联网应用、北斗导航应用等服务企业发展，支持位置信息服务（LBS）市场拓展，大力发展地理信息产业，拓宽地理信息服务市场；加快教育、医疗、社保、社区服务等民生领域软件开发与服务创新；结合“智慧城市”建设，发展智能电网、智能交通等行业软件与服务；大力支持软件应用商店、软件即服务（SaaS）等服务模式创新，推进网络信息技术与服务模式融合创新，积极推动云计算服务商业化运营。

2015 年云南省软件和信息技术服务业发展概况

2015 年，在经济下行压力加大背景下，云南省软件和信息技术服务业业务收入平稳增长，利润快速增长。

一、基本情况

“十二五”期间，云南省扎实推进桥头堡信息化建设，加强信息化规划及政策体系建设，编制实施《“十二五”电子政务发展规划（2011—2015 年）》、《中国面向东南亚、南亚桥头堡通信枢纽建设规划》等系列政策文件。推进云南与美国微软公司合作，云南省政府与微软公司签署了合作备忘录。云南省被列为全国区域“两化”融合试点省之一，以大通关、大质量、大交通为主题的电子政务和桥头堡基础支撑课题研究取得先期成果。推动电子政务转型服务，推进各领域信息化建设，完善电子服务信息化平台建设，推进政府信息公开。云南起步较早的金融软件、物流软件等积累了一定的技术经验；阳光基业的节能运用，官房电子的智能化管理系统，东讯科技、新锐合达的政府管理平台都具有了自己的核心产品并已推向市场；金峰软件 JReport 产品 98%以上出口，思普投资研发的操作系统阿拉伯语版已销往中东阿拉伯国家。

2015 年，软件和信息技术服务业累计完成软件业务收入 44.2 亿元，同比增长 12.4%。实现利润 2.7 亿元，同比增长 289.5%；税金 1.5 亿元，同比下降 1.2%。从业人员平均人数 10741 人，同比增长 11%。

二、主要特点

（一）软件产品收入保持快速增长

2015 年，软件产品收入 11.5 亿元，同比增长 58.5%。

（二）信息技术服务和嵌入式系统软件收入低速增长

2015 年，信息技术服务收入 32.6 亿元，同比增长 2.7%。其中，运营服务收入同比下降 16.5；电子商务平台服务收入同比增长 8.6%；集成电路设计收入同比下降 32.5%。嵌入式系统软件收入 1731 万元，同比增长 0.8%。

（三）盈利水平不高

2015 年，软件和信息技术服务业每百元软件业务收入中，利润仅 5.15 元。

（四）投资大幅下降

2015 年，软件和信息技术服务业固定资产投资 6969 万元，同比下降 13.9%。

三、存在的问题

（一）产业发展水总体落后

云南省软件和信息技术服务业近年来有了较快发展，并成为新的发展热点，但与发达地区的差距也日趋明显，“十二五”期间，全国的软件和信息技术服务业保持了年均 20%以上的增速，云南省的软件和信息技术服务业年均增速不到 10%。产业总量还比较小，对云南省经济、社会发展的贡献很小。从企业看，有规模和影响的企业不多，随着全国软件收入前百家的门槛提高到近 10 亿元，云南省原来的全国软件收入前百家仅剩南天信息一家，目前，软件业务收入上亿元的有昆船物流、中通网信、云电同方、金隆伟业、邮电工程、盛云科技、能讯科技、爱迪科技 8 家公司，90%以上属于 50 人以下的小企业。

（二）区域发展不平衡

云南省统计内软件企业 113 家，有 111 家在省会城市——昆明。

（三）市场份额小竞争力弱

云南省电子信息行业有规模和影响的企业不多，产品品种多而分散，核心技术和市场竞争力缺乏。软件和信息技术服务业的范围依然集中在基础设施管理、应用开发和支持领域，行业用户主要分布于电信、政府、国有大企业、国家和省级大型重点建设项目，在协同开发大型软件方面的能力欠缺，产品结构严重失衡，产品重合度奇高，同质化严重是目前云南省软件企业的最大现状，云南省最多的软件产品就是各政府部门和各门类企业的运用软件。

（四）战略发展方向不明晰

云南省大多数软件企业市场基本局限在本省，市场拓展能力不足，有限的市场只能养活有限规模的企业。由于竞争激烈和考虑生存问题，软件企业没有发展主业，发展方向也没有把握好，只盲目注重拿单子，企业普遍陷于“单子化生存”泥沼。

（五）企业资金紧张融资困难

云南省的电子信息企业规模较小，多数软件企业主要通过自我滚动、自我积累扩大再生产，相当一部分企业资金周转困难，无法进行更深层次的研发创新，所以发展速度慢，实力不强。目前云南省软件企业资金还是以自有企业自主投资、政府投资为主，银行从信用评级和风险管理的角度考虑，都很少把资金贷给软件企业。企业规模小，发行证券的方式也不适用。

（六）人才结构问题突出

受限于地域、产业基础等因素，云南省外来人才交流不足，内在人才培育方面欠缺，缺少高端人才，从业人员整体素质和管理水平较低。加之企业薪酬和奖励激励措施不完善，致使人才流动率较高。缺乏高素质人才和人才流失成为制约云南省软件和信息技术服务业发展的瓶颈之一。

四、2016 年展望与目标

2015 年，在经济下行压力较大的背景下，云南省软件和信息技术服务业收入平稳增长，利润较快增长，取得了来之不易的成绩。展望 2016 年，随着全面落实《云南省人民政府关于加快信息化及信息产业发展指导意见》等一系列文件提出的各项目标和任务，实施“云上云”行动计划，大力推进云计算、大数据、物联网、移动互联网等新一代信息技术的应用和产业培育，促进信息化与三次产业融合发展，培育信息经济新业态，将推进云南省软件和信息技术服务业发展实现新突破。预计 2016 年云南省软件和信息技术服务业主营业务收入增长 8% 左右。

五、2016 年工作重点

（一）抓好重点园区和项目建设

大力加强软件和信息技术服务产业基地建设，以昆明为核心，曲靖、玉溪、楚雄为依托，打造云南软件产业核心区，建设一批国家软件产业基地、省级软件园区和面向“两亚”的软件和信息技术服务外包基地、软件出口加工基地。加快云计算重点项目建设。重点抓好玉溪—华为西南云计算数据中心、保山云计算产业园、北斗卫星应用示范、云能浪潮云计算中心、大数据中心、农村电商等重点项目的建设。

（二）大力培育互联网产业

加快呈贡信息产业园区、玉溪云产业及移动互联网产业基地、保山云服务产业园、昆明高新技术开发区以及昆明经济技术开发区的“园中园”等开工建设。围绕跨境电子商务、区域社交平台和呼叫中心、面向“两亚”小语种机器翻译、超算中心等新兴产业领域和重大项目，加快项目洽谈和企业引进。梳理编制云计算、大数据、物联网、电子商务产业、移动互联网产业、卫星导航产业、数字内容产业等相关领域的国内外知名企业名录，以州市作为招商主体，加强项目洽谈引进工作。强力推进“互联网+”应用，积极融入国家“互联网+”行动，全面推进云南省“互联网+”行动计划。

（三）加快推进软件研发及产业化发展

抓住新一代信息技术的发展机遇，以云南省在新一代信息产业发展方面的空前活跃为基础，重点发展云计算、大数据、物联网、移动互联网、高端软件和信息技术服务等新技术产业，加快云计算软件、大数据软件、行业应用软件、嵌入式软件、小语种软件的研发及产业化。

（四）加强行业运行监测分析

完善统计监测体系，加强统计业务培训；做好产业发展形势预判并及时采取应对措施，努力促进软件业平稳发展。加强对营改增政策实收税负水平的监测分析研究，及时提出对策措施和建议。

2015年陕西省软件和信息技术服务业发展概况

一、基本情况

陕西省作为实施习总书记“一带一路”战略构想的重要节点，省、市政府高度重视，着力发展软件和信息技术服务业的专业园区，积极打造“数字信息丝绸之路”核心区。历经16年的发展，平均增速超过30%，对区域经济发展发挥了重要的引领作用，成为陕西省转变经济发展方式、增强国际竞争力的助推器。

尤其是西安软件园，该园于1999年被认定为“国家火炬计划软件产业基地”，是全国四个拥有“国家软件产业基地、国家软件出口基地”双基地称号的园区之一。先后被认定为“国家服务外包基地城市示范区”、“国家电子商务示范基地”、“国家新型工业化产业（服务外包）示范基地”、“中国首批智慧软件园区试点”、“中国十大智慧软件园区”。在科技部公布的2013年全国38个火炬计划软件产业基地综合评估中，西安软件园综合排名第六位。2015年获评2014年度中国服务外包最佳园区十强第三。

西安软件园聚集了陕西省90%以上的软件和信息技术服务企业，2015年年底企业总数达到了1880家（其中，世界500强企业25家，IAOP全球服务外包百强企业10家，中国软件百强企业11家，火炬计划软件产业基地骨干企业16家，“中国十大服务外包领军企业”7家），从业人员15.4万人。

2015年，陕西省软件和信息技术服务业收入继续保持高速增长，软件业务收入达到1140亿元，同比增长21.06%；实现出口7.39亿美元，同比增长13.52%。

二、主要特点

（一）形成了“一核、一轴、一城”的产业布局，软件新城建设初具形象

“一核”即示范区，占地600亩，建筑面积55万平方米；“一轴”即国家服务外包基地，占地210亩，建筑面积40万平方米；“一城”即西安软件新城。

软件新城依据产城一体的规划理念规划14平方公里，是一个以“高端化、规模化、集群化、国际化”为发展思路，重点发展战略性新兴产业、新一代信息技术和现代服务业的产业新城，是一个绿色低碳、配套齐全的科技之城、智慧之城、生态之城。总水面面积800亩的高新湖现已建成120亩的云水公园对外开放；陕西省新图书馆项目已开工建设，建成后日接待读者将超万人次；3100套软件公寓即将投入使用。同时，软件新城正在积极促进一批国内外星级酒店、餐饮商业体系、金融服务、医院、文化教育配套入驻。

其中，软件新城研发基地一期规划用地面积约357亩，建筑面积约85万平方米，包括环普产业园、国家电子商务示范基地等省市重点建设项目，截至目前研发基地一期30万平方米研发办公空间已经投入使用。施耐德、中软国际、横河电机、活跃网络、东华软件、金花电商等知名企业的5000多人已经入驻。

研发基地二期用地面积 190 亩，建筑面积约 42 万平方米，其中多层部分已基本完工，正在进行室外工程，即将交付企业入驻装修，高层主体建设过半，信威通信、精雕、三星 SDS、三星电子研究院等一大批软件企业将相继入驻。

研发基地三期占地 600 亩，已启动策划及建设工作，确保 3 年内形成 300 万平方米的高端智慧型产业聚集的承载空间。

总部商务区 IBM 研发中心、微软创新中心、长城华韵、元征科技等项目已经开工建设。

（二）产业特色显著，成为世界级高端研发实施地和自主创新示范区

1. 自主创新特色显著

截至 2015 年，陕西双软认定企业达 814 家，企业软件著作权累计达 5682 余项，平均每家企业拥有著作权近 7 件，同比增长 32.14%。陕西省著作权数量前 10 名企业如表 1 所示。

表 1　陕西省著作权数量前 10 名企业

序号	企 业 名 称	著作权数	序号	企 业 名 称	著作权数
1	西安中兴新软件有限责任公司	180	6	西安市亿利达网络信息技术有限公司	111
2	西安三茗科技有限责任公司	143	7	西安煤航信息产业有限公司	91
3	西安联客信息技术有限公司	138	8	西安天网软件股份有限公司	78
4	陕西纷腾互动网络科技有限公司	133	9	西安华海盈泰医疗信息技术有限公司	77
5	西安华海医疗信息技术股份有限公司	116			

西安西电捷通无线网络通信股份有限公司制订的“WAPI 标准”、西安诺瓦电子科技有限公司的 LED 显示屏逐点校正技术、西安三茗科技有限责任公司研发的数据恢复软件、西安华迅微电子有限公司设计的导航芯片等产品和技术享誉业界。截至 2015 年 11 月，西电捷通国内外专利授权达到 430 件，诺瓦电子公司国内外专利申请数达到 415 件（其中，发明专利 222 件，授权 26 件），显示了这些企业在自主创新方面的实力。

2014 德勤-西安高成长 20 强中，软件企业占到了 55%，包括西部资信、诺瓦电子、灵境科技、山脉科技等 11 家企业。高新区 8 家企业入选德勤中国高科技高成长 50 强中 5 家为软件企业。2015 年，博达软件、交大捷普、山脉等 65 家企业被认定为科技小巨人企业，占高新区小巨人企业总数的 17%。远古信息、美林数据、邦正科技、通源石油等 14 家本土创新企业上市上柜。

2. 理想的 IT 业务实施地

西安软件园已成为美国 IBM、Intel、Oracle、Emerson；德国 SAP；日本 Fujitsu、NEC、NTTDATA、DENSO；韩国三星；中国港台地区无敌、研华、联咏、电讯盈科；中国大陆地区华为、中兴、中软国际、软通动力等众多国际知名公司的理想实施地，成为陕西国际化程度最高的区域。

3. 推动区域主导产业发展的动力

软件和信息技术服务业已成为陕西省通信产业向高附加值业务攀升，以及改造提升传统行业，如石油、煤炭、电力等高耗能行业和装备制造业，增强区域产业综合竞争力的重要推动力。同时，为调整提升区域产业结构，解决就业做出了应有的贡献。

（三）确定了六大产业发展重点板块

1. 行业应用软件服务

在煤炭、石油、电力、通信、金融、旅游、教育等行业应用软件服务方面，聚集了华光、美林电子、西软、石文软件、闻泰、龙旗、神码融信、银博、泰为、合众思壮等560余家优秀企业，市场覆盖全国，销售超过460亿元，尤其在行业标准、技术成果及产品等方面，形成了国内领先的局面。

西安西电捷通无线网络通信股份有限公司发明的网络安全接入标准——虎符TePA-WAPI，成为国际标准，为我国互联网、移动互联网信息安全提供了保障；西安三茗科技有限责任公司基于BIOS的信息恢复技术居国际领先地位，其一键恢复技术被众多世界知名计算机生产厂商广泛应用；协同软件是最完整的集成中间件系列产品提供商，拥有全球最快的工作流管理系统，获得了国家"核高基"项目的支持。

2. 嵌入式软件

陕西省具有发展嵌入式软件的雄厚基础，现已聚集了中兴、华为、酷派、易朴、锐嘉科、TCL、研华、和利时等一批龙头企业，在通信及工业控制方面处于国内第一方阵。

其中，华为、中兴在西安建立了其全球最大通信研发中心，研发人员均超万人，产品线覆盖有线、无线通信设备和智能终端等方面。西安诺瓦电子科技有限公司的LED显示屏逐点校正技术，可大幅提高LED显示屏的像素及色彩丰富度，被广泛应用于北京奥运会、抗战胜利70周年阅兵、上海世博会、广州亚运会、西安世园会等大型知名工程中，处于国际领先水平。

陕西省将发挥华为、中兴、酷派等龙头企业的带动作用，聚集从事终端设计服务、生产服务、测试服务的大中型科技企业，着力打造规模超千亿的智能终端产业集群。陕西省将紧密围绕高新区战略布局，大力发展以智能终端为主的嵌入式软件。

3. 集成电路设计与测试

全球第一大存储器芯片公司三星电子一期投资100亿美元的闪存芯片落户西安，全球第二大存储器公司美光在西安生产、测试、封装生产线不断扩大，带动了陕西省集成电路设计的快速发展。目前，在集成电路设计和测试服务方面，已聚集了英特尔、华芯半导体、联咏、航天华迅、展讯、全志、爱德万、智多晶、宏佑等140余家行业企业，在手机基带芯片、存储芯片、屏驱动芯片、可编程芯片、导航芯片等领域具备国内一流的研发实力。

在存储器芯片方面，西安华芯半导体有限公司研发的2Gb DRAM芯片是国内唯一自主可控、性能优良的存储器芯片。

在手机基带芯片方面，Intel西安研发中心研发成功体积最小的40纳米基带芯片，处于国际领先水平。

在导航芯片方面，航天华迅微电子公司自主研发了中国第一款GPS导航芯片。

4. 物联网

在物联网方面，陕西省拥有华迅微电子、优势科技、烽火集团、中星测控、大唐电信等一批优秀企业，技术和产品涵盖了物联网核心芯片、智能传感器、射频识别RFID、智能天线、软件与应用平台、系统集成方案等全产业链，形成了物联网相关标准。西谷微功率数据公司是国内2.4G有源RFID国家标准及2.4g RTLS实时定位系统国家标准的起草单位；优势微电子公司研发的“唐芯一号”芯片，是我国第一颗2.4gHz超低功耗射频可编程片上系统。

5. 移动互联网

陕西省聚集了泰为、活跃网络、极客、瑜乐、多听、联客等150多家移动互联网应用开发集群。其中，泰为软件有限公司的基于移动互联网LBS陌生交友应用——“兜兜友”，是Appstore排名第一的社交类应用。西安极客软件科技有限公司的“文件大师”应用，以专业、强大的手机文件管理功能，在全球揽获超过1亿用户，已获得投资3300万元。西安瑜乐软件科技有限公司的“每日瑜伽”，是全球下载量第一的移动瑜伽应用，全球用户数已超过2100万。

6. 信息技术服务

陕西省拥有IAOP全球服务外包百强企业中10家，中国十大服务外包领军企业7家，形成了以IBM、SAP、富士通、NEC、NTTData、艾默生、爱立信、中软国际、博彦科技、软通动力、文思海辉、奥博杰天、西步数据、百胜、平安保险、HOV、博通国际为代表的，以软件开发外包、金融后台服务、数据处理与分析、电子商务为主的信息技术服务企业集群，年创造出口7.39亿美元。其中，平安保险电话营销及客服中心坐席超过1.3万坐席；西安利安公司在全国13个城市设立近万个电超市门店，是全国最大的线上线下电子商务服务商。

（四）服务体系完善，创新扶持力度大

在创新创业扶持方面，陕西省以现有产业基础为依托，以战略性新兴产业不同业态为重点方向，紧密围绕“创新驱动、国际化提升、产城融合”战略，在创新创业方面做了较多尝试。

“双场双汇”孵化器空间集群：建设“双场双汇”孵化器空间集群，构建完善的创新创业体系。在西安园区划拨专用场地建设“移动梦工场”，面积近1000平方米，促进了移动互联网等产业小微企业发展和创新创业。“移动梦工场”自2014年3月开业以来，先后入驻了14个团队，有8个团队已经拿到了投资，总金额突破1.1亿元，被西安市科技局、人社局授予“西安市众创空间”、“西安市创业孵化基地”等称号。

在“移动梦工场”的基础上，计划针对不同领域建设“大云竞技场”（云计算和大数据）、“智联群英汇”（智慧化和物联网）、“电商百脑汇”等孵化器。同时，积极引进中关村“e谷”孵化器、亚马逊AWS联合孵化器等具有特色的科技孵化器，促进创新创业的进一步活跃。除此之外，西安软件园与创业家集团共建西安黑马全球路演中心，为创业者提供信息推广、创业融资、培训学习等创业服务，促进本地项目与全球资本的结合。计划到2016年年底，新增孵化器总面积将达到15000平方米。

创新创业交流和合作平台：每年组织各类培训、沙龙、论坛、大赛、项目路演和投资对接会等活动近百场，如组织举办了2014克莱斯勒杯第四届黑马大赛（西安） 软件与信息服务行业师徒选拔赛、2014中国（西安）国际软件外包大会黑马路演和项目对接会、2014智能穿戴技术高峰论坛、2015西安市“创新创业”奖企业推选活动、2015年西安软件园技术周系列活动等，通过多种形式的活动，选拔、推介优秀创新创业项目，促进企业交流和项目合作。2015年西安软件园技术周系列活动成为全国“双创周”活动西安分会场活动的重要组成部分，包含了2015 AWE Asia增强现实世界博览会、“互联网+”创新大赛、“互联网+智能制造”技术高峰论坛、西安黑马全球路演中心开业、“互联网+医疗”、“互联网+服务业”创新分享沙

龙等活动，极大地促进了本省创新创业氛围的活跃。

完善创新创业投融资体系：在2015年西安高新区已设立50亿元战略性新兴产业基金，计划设立3亿～5亿元软件和信息技术服务业基金，支持软件和信息技术服务业发展。西安软件园与招商资本等正在共同发起成立1亿元人民币的天使投资基金，助力初创企业发展。西安市科技局、高新区和软件园共同成立3000万元的移动互联网专项发展基金，专门针对移动互联网创业企业给予资金支持。积极与银行等金融机构探讨合作，提供更适合软件和服务外包中小企业的金融服务产品，为企业拓宽融资渠道。西安市互联网金融产业基地和西安黑马全球路演中心落户软件园，打造了投融资对接平台。

14个公共技术服务平台：在西安软件园建设了“四库九平台”，即人才库、企业库、项目库、资源库，以及产业统计、市场拓展、人才服务、产业扶持、技术支持、融资服务、物业服务、商务支撑等九平台。同时，建设了3G应用开发实验室、微软嵌入式公共服务平台、甲骨文技术资源中心、数据挖掘服务平台等14个公共技术服务平台，为中小企业提供全方位的服务。

11个产业联盟：推行“以市场凝聚企业，以联盟拓展市场”的模式，持续支持云计算产业联盟、移动互联网产业联盟、西安网络信息安全联盟、大数据产业联盟等11家企业联盟（见表2）开展企业间技术交流和合作，扩展产业链，实现创新产业集群特色发展。

表2　陕西产业联盟

序号	联盟名称	序号	联盟名称
1	西安对日外包企业联盟	7	西安能源信息化联盟
2	西安对欧美服务外包联盟	8	西安.NET技术创新联盟
3	西安移动互联网企业联盟	9	网络信息安全产业联盟
4	西安云计算企业发展联盟	10	软件和服务外包人才联盟
5	西安电子商务企业联盟	11	大数据产业发展联盟
6	西安呼叫中心产业联盟		

智慧园区建设：2013年7月，作为“智慧高新”重点板块，西安软件园启动了“智慧软件园”建设工作，围绕基础设施建设、IT系统配套、产业创新等6个维度，制定“智慧软件园”建设方案。首期进行“智慧能效管理”、“园区一卡通”、“智能停车及引导”三个系统试点建设，随后将根据试点经验进行扩展和推广。

三、面临问题

1. 金融手段缺乏

软件和信息技术服务企业属于轻资产公司，企业发展过程中融资难一直是困扰企业的难题，银行创新不足，缺乏相应融资产品，本地缺乏为创新型科技企业发展助力的金融体系和创业风险资本。

2. 人才优势遭遇瓶颈

陕西省软件和信息技术服务业一直引以为豪的是“西安人才优势”，但随着产业升级和发展，大量的“毛坯型”人才已不能满足企业发展需要。软件和信息技术服务业人才结构不尽合理，大量的基础人才亟待培训和实训才能上岗，中、高端人才难求，国际化人才匮乏。

3. 产业品牌宣传不足

软件和信息技术服务业是“品牌经济”，新形势下必须找准产业定位，凝炼产业品牌，通过精准渠道，向国内外业界准确传递陕西省软件产业特征，提高产业品牌城市认知度。当前，外界对陕西省的整体印象还是历史文化名省，软件和信息技术服务产业形象宣传仍有不足。

四、2016 年展望与目标

（一）总体工作思路

以建设丝绸之路经济带为抓手，以建设“丝路硅谷”为目标，紧抓新一轮产业重大变革以及国家大力发展智能制造带来的新机遇，一方面围绕互联网+、移动互联网、集成电路设计、电子商务、云计算等重点产业发展领域完善产业链，促进产业转型升级；另一方面鼓励创新创业，建设智慧软件园区及构建产业培育体系，强化产城融合，成为创新驱动发展的科技园区运营商。

（二）发展目标

软件和信息技术服务业增加值增速不低于 15%；
实现软件和信息技术服务业总收入 1976.47 亿元，同比增长 20%；
实现软件和信息技术服务业出口 8.5 亿美元，同比增长 15%；
企业数达到 1960 家，从业人员达到 17.79 万人，同比增长 10%。

五、下一步工作

（一）抢抓国家战略机遇，制定“赶超计划”

2016 年，积极贯彻国家“一带一路”、中国制造 2025 和“互联网+”战略，制定陕西省软件和信息技术服务业赶超计划，以软件新城建设为中心，实施 “互联网+”和“云管端”两大战略，突出投资促进、人才和创新创业 3 个重点，落实完善体制机制、优化产业环境、形成特色产业集群、投融资和市场等四大措施，力争实现产业突破发展。

“互联网+”战略：结合制造业攀登计划，加快与传统产业融合，催生骨干龙头企业，实现产业跨越发展。充分发挥交大、西工大、西电等高校在电子信息、云计算、大数据研发应用方面的学科和科研优势，加强政、产、学、研的合作，加快本地软件产业向传统行业渗透工作部署，重点放在原有航空、航天、先进制造、文化、旅游、教育等较强产业领域，关注汽车、医疗、金融等新兴领域的机遇。推动制造企业信息化和智能化提升，拓展 IT 企业市场和提升能力。同时，根据本地经济发展的基础和优势，关注地方特色农产品电商、传统商业转型、生活信息服务类电商和平台类电商研发的发展。

“云管端”战略：依托西安高新区打造千亿元手机产业链，重点关注智能终端设计、芯片设计、软件设计和移动互联网应用软件，与云计算和互联网结合形成产业特色。

“一带一路”战略：抓住国家“一带一路”战略构想的实施，通过加强与国际组织和“一带一路”沿线国家科技园区的合作，促进园区间交流合作和优秀企业“走出去”。

（二）实施特殊人才跨越计划，实现中高端人才快速聚集

结合实施特殊人才跨越计划，通过吸纳和培养，形成软件中高端人才池。通过线上建设全国最大的 IT 人才服务平台，线下打造软件人才服务基地，形成陕西省软件专业人才服务特色，成为中国多层次软件人才聚集的高地。力争 2020 年，实现软件和信息技术服务业从业人员达到 23 万人。

为推动“人才兴业”，建设“人才特区”，拟实施“111 人才行动”，围绕主导产业和重点发展领域，引进和培育“100 名”左右掌握国际领先技术、引领战略性新兴产业发展的领军人才，“1000 名”左右从事主导产业关键核心技术研发并转化重大科技成果的高端人才，“10000 名”高等院校优秀毕业生，引领带动陕西省软件和信息技术服务业人才数量和质量的整体提升。

（三）进一步完善服务体系，提升产业整体水平

（1）加强产业研究经济运行分析，每季度进行经济运行分析，为政策制定实施、产业引导提供依据。《软件和信息技术服务业赶超计划》全面实施，结合该计划，制定软件和信息技术服务业“十三五”发展规划，明确未来 5 年产业发展目标、思路和举措。

（2）加强行业交流。建立和完善细分产业联盟，协调建立合作机制，促进行业内和跨行业的交流和资源共享，形成上下游产业链，提升产业发展的整体水平。鼓励以联盟为主定期组织沙龙活动，分析行业咨询，探讨产业发展方向，促进企业间合作。组织企业参加西洽会、京交会、香港咨询展、丝博会等国际展会，寻求发展机遇。

（3）完善公共服务平台建设。每年对公共服务平台进行评估，针对企业需求完善动态管理。

2015 年甘肃省软件和信息技术服务业发展概况

2015 年，甘肃省软件和信息技术服务业认真贯彻落实国家、部省出台的一系列政策措施，紧紧围绕软件和信息技术服务业发展大局，积极谋划发展，创新发展思路、优化发展环境，重视典型带动、提升服务能力，承接产业转移、壮大产业规模，将发展软件和信息技术服务业作为甘肃省经济新的增长点来培育，甘肃省软件和信息技术服务业呈现快速增长的发展态势。

一、基本情况

2015 年，甘肃省软件和信息技术服务业现有资质企业 147 家，其中，软件企业 102 家（同时拥有系统集成企业资质、软件企业资质企业 39 家）、计算机信息系统集成企业资质 84 家（1 级资质企业 2 家、2 级资质企业 5 家）、信息系统工程监理资质 6 家（乙级 2 家）。

二、主要特点

一是企业数量增多。甘肃省现有从事软件和信息技术服务的企业有 2500 多家，其中电子商务企业 1500 多家，软件开发和信息集成企业近 1000 家。截至 2015 年年底，CMMI3 级认证企业 3 家，国家规划布局内重点软件企业 2 家，全国智能交通领域重点骨干企业 1 家，甘肃紫光、甘肃万维和甘肃万桥 3 家企业入选甘肃省战略性新兴产业总体攻坚战培育骨干企业。甘肃省拥有高级项目经理 139 人，项目经理 531 人，监理工程师 48 人。

二是产业规模扩大。软件和信息技术服务业增长较快。2015 年甘肃省软件和信息技术服务业实现软件业务收入 35.7 亿元，同比增长 63.1%。实现软件产品收入 11.5 亿元，同比增长 31%；信息技术服务实现收入 23.6 亿元，同比增长 73%。从业人员数 9119 人，同比增长 17%。软件和信息技术服务业实现利润 4.2 亿元，同比增长 70.7%；税金总额 1.3 亿元，同比增长 24.4%。

三是创新能力提升。2015 年，新增省级企业技术中心 6 家，全行业现有国家级企业（工程）技术中心 2 个、省级企业技术中心 21 个及省级重点实验室 6 个，软件产品 502 项，著作权 600 多项。先后获得省级以上科技奖励近 20 项、国家专利授权 120 多项，通过鉴定的新产品、新技术和新成果 100 余项，有 40 余种产品填补了国内空白，50 多项技术和产品达到国内领先或接近国际先进水平。兰州市三维数字社会服务管理中心正式上线，统揽 47 个部门的“12345 民情通热线”同步开通，三维数字社会服务管理系统已在甘肃省内 6 个市州、全国 11 个省、区、市推广建设。甘肃紫光公司信息安全智能管理与虚拟防护平台已开发完成，正在西北师范大学校园网（300 多个点）、甘肃省交通系统高速公路管理局（1000 多个点）试应用中。

四是示范带动突出。第十九届中国国际软件博览会甘肃省组织 11 家软件和信息技术服务业企业围绕云计算、物联网、大数据及“互联网+”等新一代信息技术在智慧旅游、智能交通、公共管理、农业、教育、水利、供热、冶金、建材等领域和行业的典型应用，突出新成果、新业态、新模式，宣传甘肃省软件新技术、新特色，全面展示甘肃省软件产业的新形象。工信部和软博会组委会对甘肃省给予了高度评价，在全国树立了甘肃软件良好的品牌和形象。7项软件产品获博览会金奖，6项软件产品获博览会创新奖。

五是项目稳步推进。兰州市三维数字社会服务管理系统联盟推广中心已完成主体二十三层建设，即将完成主体封顶。加快推进西北中小企业云服务平台、三维数字社会管理服务平台、北斗卫星导航综合服务平台、云计算软件研发应用中心平台、现代物流与信息技术服务平台、信息安全智能管理与虚拟防护平台等10个平台建设，不断壮大产业总体规模，优化产业结构，提升发展质量，带动产业快速发展。

六是产业集聚度高。兰州市以兰州新区为依托，加快"国家软件和信息服务业示范基地"、甘肃众力厚德北斗导航、甘肃信源软件产业园、联创智业园等一批软件和信息技术服务业重大项目建设，带动兰州市软件和信息技术服务业加快发展。目前，甘肃省经认定的软件企业98%集中在兰州市。

三、面临问题

目前甘肃省收入超过亿元的软件企业主要集中在电信、交通等专业领域，缺乏对整个软件行业的牵引和带动。创新能力不足，竞争力较弱。多数企业虽注重新产品、新技术的研发，但受资金、人才等因素的制约，高端产品研发没有大的突破，产品定位多处于产业链下游的应用软件，缺乏有竞争力的品牌。技术人才缺乏，投融资体系有待完善。甘肃省软件人才经过几年的培养，总数有所增加，流失现象初步遏制，但高端人才、技术核心人才缺乏的问题仍十分突出，造成企业发展缺乏智力保障。软件企业多是民营中小型企业，资金实力有限，致使企业研发投入不足，新产品开发减少，影响了软件业的快速发展壮大。

四、2016年展望与目标

2016年，甘肃省软件和信息技术服务业将围绕国家和甘肃省信息产业"十三五"发展规划，以加快产业发展为目标，以体制创新和技术创新为动力，以项目建设为重点，以园区基地建设为抓手，优化产业结构和产品结构，注重自主创新，加快园区基地建设，加强行业监管，突出政策扶持，引新入园，引强入甘，进一步壮大产业规模，努力实现软件和信息技术服务业跨越式发展。甘肃省软件和信息技术服务业力争实现主营业务收入50亿元，同比增长20%，为促进信息消费、推进两化深度融合提供有力支撑。

五、下一步工作

（一）抢抓发展机遇，培育发展重点

贯彻落实国家"一带一路"发展战略，以首届丝绸之路（敦煌）国际文化博览会的举办为契机，积极推进软件和信息技术服务业的发展。着力编制《甘肃省信息产业发展"十三五"规划》，突出顶层设计、政策引导、完善软件产业发展的财政、土地、税收、政府采购等方面配套措施，建立健全甘肃省软件产业发展的政策保障体系，切实抓好国家、部、省有关促进软件产业发展各项扶持政策的落实，进一步促进甘肃省软件产业发展。

（二）优化发展环境，推进产业发展

加强与工信部相关司局、甘肃省有关部门的衔接汇报，明确产业发展重点、调整方向，积极争取将发展重点、重点项目纳入国家整体发展规划和甘肃省经济社会总体规划中，完善实施《甘肃省信息产业“十三五”发展规划》。按照甘肃省委、省政府区域发展战略要求，充分考虑甘肃省软件和信息技术服务业发展现状和特色，加大扶持协调力度，加快基地园区建设，完善配套设施，引导企业入园发展，加快兰州软件园建设，大力推进兰州物联网产业园的建设。

（三）加强项目管理，健全配套措施

多渠道争取资金支持，加大项目扶持力度，以项目建设促进产业发展。以在建项目为依托，加强项目跟踪管理，推进重点项目建设。以新建项目为重点，进一步规范项目的申报管理，加强与工信部、省直有关部门沟通协调，积极争取国家资金，用好省级信息产业发展专项资金，加大各级政府对电子信息产业发展的投资支持力度，推动甘肃省信息产业企业规模化和集群化发展。

（四）强化行业管理，促进产业发展

着力加强产业指导，提高服务水平。加强对行业协会的监管指导，修订完善信息系统集成、软件企业和软件产品认定管理办法，搞好协会改选换届工作，做好集成资质、“双软认定”工作；进一步加强基础性工作，建立企业数据库、项目库，健全完善行业统计和运行监测分析工作，加强分析研究和预测、预警，做好信息发布。充分发挥地方配套资金导向作用，引导企业加大研发投入，提升企业自主创新能力，促使软件和信息技术服务业企业向系统集成、服务外包发展，重点扶持一批龙头骨干企业做大做强；围绕两化融合重点环节，引导企业积极开拓信息产业内需市场，重点发展工业软件和行业应用解决方案。

（五）提升产业水平，推进“两化融合”

重点围绕信息化促进传统产业改造升级和培育新型产业，结合新一代信息技术开发和应用的发展趋势，突出支持公共服务平台、工业产品研发设计、生产过程控制等环节信息技术的应用和生产性服务业发展。推进甘肃省内软件企业加大在钢铁、有色、冶金、石油、化工、医药、电子信息等重点行业的研究开发力度，引导软件企业大力发展工业软件、嵌入式软件、行业应用解决方案等，促进软件企业积极渗透“两化”融合，带动软件产业转型升级。

（六）加强人才培养，增强发展后劲

建立多层次的人才培养机制、多渠道的人才引进机制和灵活的用人机制，加强电子信息技术人才的培养和引进，建立信息产业人才库，为产业持续、快速、健康发展提供人才支撑。研究制定加大人才引进、人才培养、人才储备政策措施，积极扶持高等院校、科研院所科技人员和海外留学人员以自有技术成果创办软件和信息技术服务业企业，对新办企业的优秀创业项目予以资金补助。引导高校根据软件和信息技术服务业发展需要，增设软件和信息技术服务业相关专业学科。支持甘肃省软件和信息技术服务业企业与各类高校、培训机构建立软件和信息技术服务业人才基地，开展人才定制培训。

2015年青海省软件和信息技术服务业发展概况

一、基本情况

2015年，青海省软件和信息技术服务业克服工业经济增速下滑等不利因素的影响，总体保持了平稳发展势头。目前，青海省在统的规模以上软件和信息技术服务企业21家，从业人员876人，业务范围涵盖应用软件开发和维护、信息系统集成、信息技术咨询、数据处理和存储服务、嵌入式软件、互联网和电信增值服务、数字安防、数字内容及多媒体等多个领域。

二、主要特点

（一）上下一盘棋，发展思路明确

2015年，青海省委、省政府紧紧围绕国家“一带一路”战略和青海省“三区”建设目标，将信息化建设列为推动青海省工业经济转型和提质增效的一项重要工作。在2014年7月召开的青海省委网络安全和信息化领导小组第一次会议上，省委主要领导强调：要提高信息化应用水平，推进信息化与工业化深度融合，促进传统产业改造升级和培育发展战略性新兴产业，打造新的经济增长点。同时，成立了由青海省委书记任组长的省委网络安全和信息化领导小组，下设信息化和宽带青海建设领导小组办公室，由省政府常务副省长兼任办公室主任，省经济和信息化主任兼任办公室副主任，统筹负责青海省信息化工作和信息产业发展。

（二）行业运行平稳，发展均衡度提升

从产业结构来看，软件开发收入达到2962万元，信息技术服务收入达到8507万元，嵌入式系统软件收入673万元，产业整体均衡发展程度大幅提升。软件业务收入占营业收入比例增至16%，信息技术服务收入中电子商务平台收入增长明显，软件出口实现零的突破。

（三）加快宽带青海建设，发展“硬”环境进一步牢固

按照国家有关文件要求和青海省委、省政府工作部署，青海省把宽带青海建设作为信息产业发展的工作重点，2015年先后制定出台了《关于推进青海省国家农村信息化建设实施意见》、《加快宽带青海建设创建宽带中国示范城市工作方案》、《宽带中国2015青海专项行动实施方案》、《推进网络提速降费工作实施方案》、《关于积极推进“互联网+”行动的实施意见》等政策文件，基本构建了青海省宽带青海建设的基本政策框架，使政策导向性、工作指导性进一步增强。目前正在编制《青海省信息通信业“十三五”发展规划》。截至12月底，青海省固定宽带用户达到74.37万户，城镇宽带用户达到67.65万户，农村宽带用户达到6.81万户，3G/4G用户达到349.77万人；8M以上宽带用户占固定宽带用户数的比例、3G/4G用户占移动用户数的比例等两项指标高于全国平均水平；全面推进提速降费工作，固定宽带资费水平下降38.73%，移动流量资费水平下降46.45%。

（四）注重顶层设计，发展“软”环境进一步加强

一是为贯彻落实《国务院关于促进云计算创新发展培育信息产业新业态的意见》（国发〔2015〕5 号），结合青海省实际，在全国率先制定出台了《关于促进云计算发展培育大数据产业的实施意见》（青政办〔2015〕154 号），明确提出围绕大数据产业加快发展青海省软件服务业，积极引进国内软件服务业龙头企业，培育一批本地提供技术和外包服务的中小企业，加快云服务相关应用软件开发和信息技术服务推广。二是为量化反映青海省工业企业信息化与工业化融合发展水平，进一步促进信息化与工业化深度融合，在深入调研和征求意见的基础上，研究提出了《青海省工业企业两化融合发展水平评估办法（试行）》，鼓励支持青海省软件服务业企业主动开展企业信息化应用解决方案研究与应用。三是研究制定了《关于推进电子信息产业发展的重点工作思路》、《2015 年两化融合重点工作》、《2015 年信息产业招商引资目标任务分解落实意见》、《关于青海省信息化工作的报告》、《青海省稳步推进“互联网+”战略》等专题汇报材料，充分发挥软件服务业在青海省工业经济转型升级和两化深度融合方面的“助推器”、“倍增器”作用。四是研究提出了《关于“十三五”青海省电子信息产业发展思路的调研报告》、《关于“十三五”青海省信息化发展的调研报告》等“十三五”规划前期调研课题；正在编制的《青海省信息产业“十三五”发展规划》已列入青海省重点规划计划，该规划已通过初审并将于近期发布实施。

（五）以项目为牵引，发展速度加快

一是自 2014 年 4 月青海省十二届人大三次会议批准设立青海省信息服务专项资金支持信息化工作和信息产业发展以来，已累计投入 1.2 亿元支持了 137 项示范推广效应明显、经济和社会效益显著的重点项目。支持的方向主要涉及软件服务业、两化融合、信息技术应用等多个领域，获得支持的企业中三分之二为创业型、创新型中小微企业，带动企业投资超过 200 亿元。二是加强信息产业招商引资工作，在逐步扩大西宁经济技术开发区中小企业创业园发展规模的基础上，又确定了以海东信息产业园为重点的产业集聚发展区域，目前，已入驻企业 85 家。

（六）紧抓创新驱动，发展特色突出

一是大力发展少数民族语言应用项目。重点是支持海南州藏文信息技术研究中心的“云藏”搜索引擎系统建设，该项目建成后将对藏文信息安全、国内外涉藏舆情监测以及重要舆情分析提供可靠的参数和依据，加快提高藏区信息化水平；支持青海师范大学和北京科大讯飞股份有限公司合作成立联合语音实验室，进行藏语安多方言和康巴方言智能语音技术项目研究，并将实验室逐步建成国内外具有一定影响力的藏语语音及语言基础研究和技术成果转化基地；支持海南州洛藏数码科技有限公司的藏文点读笔等多种电子产品藏文应用软件研发与推广。二是全面布局发展大数据产业。重点是打造符合青海省实际的大数据中心格局，协调推进中国惠普有限公司数据中心、清华大学下一代互联网技术中心青藏高原分中心、浪潮集团数据服务中心等项目落地和全国首个藏区应用级容灾备份中心格尔木数据中心升级扩容等有关工作。

三、存在的主要问题和困难

一是产业规模仍然较小，对青海省经济社会发展的贡献不足。大部分为小微企业，缺少

具有带动作用的龙头企业。企业主要集中在青海省经济发展较好的地区，但分布分散，无论是企业数量还是企业规模，都难以形成一定的产业规模。二是产业链不完善，竞争力不强。产品批量生产和经营的能力不足，缺乏市场竞争力。社会信息资源开发利用不充分，信息技术应用领域的深度和广度不足，信息服务市场亟待全面开拓。软件和信息增值业务处于起步发展阶段，社会公共服务网络和服务业务范围相对较窄，服务能力弱，服务质量有待提高。三是人才缺乏的局面仍未有效改善。由于青海省经济发展落后，就业环境欠佳，无法吸引高端软件服务业人才来青发展，而青海省内高校相关专业毕业学生较少，人才回流不足，使企业引进人才难度加大。吸引人才、培养使用技术骨干的机制和环境还不能适应产业快速发展的需要，人才培育与市场需求不同步，企业员工培训制度尚未健全。四是国家取消软件企业认定及年审后，对软件服务业企业享受所得税等税收优惠造成了一定的不便，企业税金抵扣实际执行较为困难。五是统计数据的质量有待加强。企业瞒报、漏报的现象仍然存在，部分企业无专门的数据统计人员，人员频繁更换等客观原因造成数据填报不够及时。

四、2016 年展望与目标

（一）工作思路

充分利用青海省区位优势，抓住产业转移和西部开发的机遇，优化产业发展环境，抢抓新一代信息技术变革重大机遇，以“做大总量、提升层次”为目标，以“完善产业链、培育产业集群”为突破口，着力将软件服务业培育为新的经济增长点。

（二）工作目标

力争 2016 年软件服务业收入增长 10%。围绕“互联网+”、《中国制造 2025》、大数据产业和“双创”工作，支持建设一批软件服务业重点项目。继续做好软件服务业统计工作，加大企业调研摸底工作力度，对统计范围、企业数量、数据质量等方面加强规范要求，确保按时保质完成年度目标。

五、发展重点

（一）政策措施

一要正式发布《青海省信息产业“十三五”规划》和《青海省大数据产业发展规划》，并做好规划宣贯和组织实施工作。二要研究制定《关于加快推进“互联网+工业”行动的实施意见》，从财政、税收、金融、人才、科技、电力、土地等方面多措并举，强化支持互联网等新一代信息技术与工业经济融合发展的政策措施，统筹推进工业软件和工业大数据应用发展。三要制定发布《青海省工业企业两化融合发展水平评估报告》，切实提升各地工信部门对两化融合工作的认识，为全面掌握两化融合实际、指导两化融合实践提供参考。

（二）大数据产业

一是整合各方资源组建青海大数据产业有限公司和“一带一路”大数据交易中心。二是支持青藏高原大数据中心持续提升服务水平和青海电信云中心项目建设。三是支持面向电子政务、智慧旅游、智慧交通、地理信息、残疾人服务等领域的云平台建设和大数据在能源、网络舆情等领域的典型应用。四是选择典型企业开展工业企业大数据应用项目试点，积极推动制造业网络化和智能化。

（三）少数民族语言应用软件

重点是支持少数民族语言点读笔、移动智能终端等多种消费类电子产品少数民族语言应用软件研发，继续完善“云藏”搜索引擎系统建设，发展少数民族语言地理信息系统、多媒体软件、动漫游戏软件。

（四）民族文化数字内容服务

重点是加快少数民族特色信息内容开发和网站建设，加快培育少数民族数字动漫影视制作、游戏设计制作、数字音乐等数字内容服务业，创新数字文化服务业态，丰富数字文化应用；加强新兴媒体建设，实施少数民族文化信息内容建设工程，鼓励各类少数民族文化企业生产提供健康向上的信息内容，打造青海特色品牌。

（五）少数民族语言电商平台

重点是与国内知名电子商务平台运营企业合作，发挥青海省在少数民族语言方面的优势，开发运营少数民族语言电商平台，为青海及其他地区少数民族群众提供利用电商平台开展业务经营或购买产品、服务的机会。

（六）工业系统平台

一是建设青海省国资监管信息系统，提高青海省属出资企业生产调度管理效率和科学研判水平，实现信息技术在青海省属企业生产经营管理的主要领域、主要环节得到有效应用，推动业务流程优化再造和产业链协同能力显著增强。二是完成青海省中小企业公共服务平台网络的省枢纽平台及窗口平台线上线下建设，汇聚优质服务资源，为青海省中小微企业提供线上线下、全方位、立体化服务。三是做好盐湖资源综合利用信息一体化启航项目、基于物联网的盐湖化工生产自动化控制系统、熟料生产线 APC 专家控制系统等 2015 年重点工业系统平台建设项目的跟踪指导和验收工作。

2015年新疆维吾尔自治区软件和信息技术服务业发展概况

一、基本情况

（一）产业规模

2015年，新疆维吾尔自治区（以下简称新疆）软件和信息技术服务业在统的规模以上软件和信息技术服务企业111家，实现软件业务总收入45.5亿元，同比减少14.4%（见图1）。

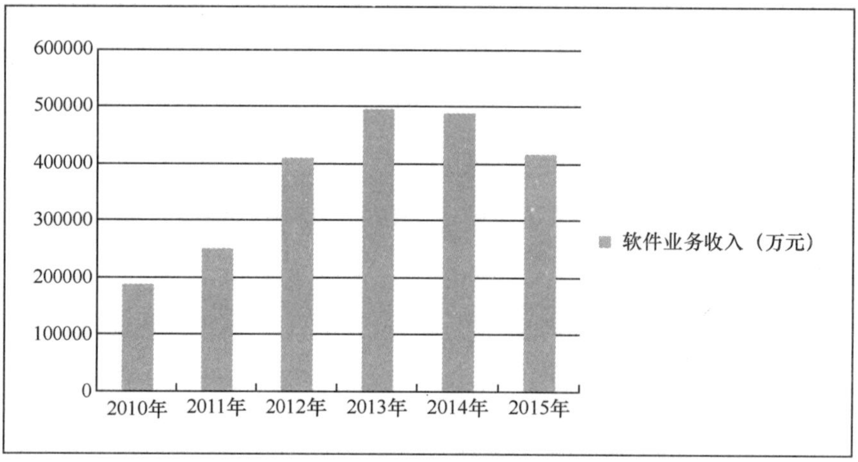

图1　2010—2015年新疆软件业务收入

2015年，新疆营业收入超过亿元的软件和信息技术服务企业达到18家。规模以上软件企业实现利税总额7.8亿元，同比增长33.2%，软件和信息技术服务业从业人数12866人，同比增长22.8%。

（二）产业结构

2015年，新疆规模以上软件和信息技术服务企业软件业务收入中，软件产品收入6亿元，同比增长39.9%；信息技术服务收入39.4亿元，同比下降29.8%；嵌入式系统软件收入329万元。

（三）特色产业园区集聚形成

2010年以来，在工业和信息化部、自治区人民政府的科学规划和重点引导下，新疆软件和信息技术服务业形成了以新疆软件园、乌鲁木齐云计算产业园区、克拉玛依云计算产业园区为重点的产业聚集区。

2015年，新疆软件园累计完成工商税务注册、变更企业178家，已批准租赁入园企业

45家、中介服务机构5家，租赁面积14899平方米，入园企业2015年营业收入超过10亿元，全口径税收突破5400万元，软件产业聚集效应初步显现。克拉玛依云计算产业园区华为云服务数据中心、中石油数据中心（克拉玛依）、新疆自治区重要信息系统异地灾难备份中心、中国移动集团（新疆）数据中心等大型数据中心建成投用；国家信息中心电子政务外网西北数据中心和灾备中心、国家天地图克拉玛依数据中心暨北方灾备中心、中国航天集团西部卫星通信网基地、天地图•中亚空间信息枢纽等国家重点项目驻扎启动；新疆亿赞普、钱宝公司、北京超图、乐桑光电、中斗科技等23家业内重要企业落户园区。新疆信息产业园于2015年5月10日在昌吉奠基，产业园区计划以服务外包业务为突破口，着力发展软件外包业务。目前，沿天山北坡经济带的云计算产业集聚区雏形初显，为新疆区云计算产业集约化、规模化发展夯实了基础。

（四）重点项目顺利实施

1. 云计算产业园区及重点项目建设快速推进

克拉玛依云计算产业园区通信、供电、供水等工程有序推进，自治区重要信息系统异地灾难备份中心、中国移动（新疆）数据中心年内即将上线运营；乌鲁木齐云计算产业园区道路和配套管网等基础设施正式开工建设，220千伏电力保障设施已经立项，园区重点项目“天山媒体云”即将开工，新疆君盾“丝绸之路信息安全云”项目已经签约落户乌鲁木齐园区。云计算应用示范和深化云应用全面展开，克拉玛依通过电子政务、卫生医疗、社区服务、行政管理、城市管理等领域实施云服务，已经逐步向新疆及西北地区推广。基于华为云平台的新农云，为用户提供了农产品追溯、农资追溯系统、县农业综合服务、农业信息等服务。新疆云计算中心针对电梯安全、车辆加油安全、基层医疗卫生信息化等需求，新部署了安全监管云、普惠医疗云，目前已经为14个地州的加气站、车辆、改装厂，以及10余所基层卫生所提供云服务。新疆怡林实业有限公司采用云计算技术研发的流域水质监测预警平台，已经在塔里木河、叶尔羌河、乌鲁木齐河流域推广使用。

2. 亚欧信息高速公路基础设施和通信枢纽建设开始启动

建立了以三大运营商为主体的亚欧信息高速公路基础设施建设工作推进机制，通过定期或不定期召开座谈会，联合研究建设中的重大问题，推进亚欧信息高速公路基础设施建设。2015年中巴光缆（境内段）已经建成，中塔、中俄等跨境光缆正在规划中，乌鲁木齐区域性国际通信业务出入口局已经开通了部分国际通信业务。加快亚欧信息高速公路基础设施和通信枢纽建设，有利于进一步推进新疆丝绸之路经济带核心区“五大中心”建设，促进丝绸之路经济带沿线国家与新疆区域经济文化的共同繁荣。

3. 现代物流综合公共信息平台建设进入规划设计阶段

积极利用新一代信息技术解决物流行业存在的效率低、成本高等突出问题，新疆以“西行班列”和“中欧班列货物集结分拨中心”需求为切入点，梳理了现代物流现状、存在的问题及发展瓶颈等情况。开展自治区跨境电商和现代物流综合信息公共平台体系研究，初步明确自治区现代物流综合信息公共平台体系框架、平台建设方案以及流行业信息系统互通互联和数据共享交换标准规范体系，为新疆现代物流互联互通、数据共享提供支撑。在新疆建设丝绸之路经济带核心区“五大中心”的战略背景下，现代物流综合公共信息平台将统一规划建设，整合集成和优化用户的基础物流信息，与线下物流资源相融合，与物流上下游企业互联互通，为建设智能、高效的丝绸之路经济带核心区交通枢纽和商贸物流中心提供支撑。

4. 持续推进多语种软件产业发展

鼓励和支持新疆信息技术企业开展基于云计算、大数据的多语种软件技术研发，充分利用自治区电子信息发展专项基金支持新疆特色产业发展。自 2008 年以来已经累计支持 12 个多语种信息化项目，支持金额达 530 万元。2015 年，自治区多语种软件产业发展成效显著，乌鲁木齐多语种基础软件产品在工业和信息化部电子信息产业发展基金“维、哈、柯语言文字软件开发及产业化”重大专项的支持下，依托新疆软件园，已形成包括具有自主知识产权的多语种 Windows 系列、Linux 系列系统平台、各类嵌入式操作系统、办公套件、工具软件等，其中嵌入式 Linux 系统已广泛应用于维文、汉文、英文等手机；锡伯文（满文）软件研发及应用工作正式启动；新疆云计算应用实验室已经筹建完毕，进入试运行阶段；多语种舆情信息处理研究联合实验室正在筹建中。

（五）骨干企业

1.“自治区软件企业十强”企业名单

克拉玛依红有软件有限责任公司
新疆熙菱信息技术股份有限公司
新疆西北星信息技术有限责任公司
新疆民航通信网络有限责任公司
新疆冠新世纪软件科技有限公司
新疆虹联软件有限责任公司
新疆华德软件科技有限公司
乌鲁木齐华域卓信电子科技有限公司
新疆亚泰信息技术有限公司
乌鲁木齐健讯科技有限公司

2.“自治区计算机信息系统集成企业十强”企业名单

新疆信息产业有限责任公司
中通服公众信息产业股份有限公司
立昂技术股份有限公司
新疆美特智能安全工程股份有限公司
新疆虹联信息技术有限责任公司
新疆天择数码科技有限公司
新疆航天信息有限公司
新疆浦汇信息技术有限公司
新疆怡林实业有限公司
新疆泰克软件开发有限公司

二、发展特点

（一）夯实基础，加快信息通信基础设施建设

积极贯彻落实自治区党委“加快亚欧信息高速公路基础设施建设，推进丝绸之路经济带通信枢纽建设，构建乌鲁木齐连接亚欧非的西向国际通信、信息传输光缆大通道。提升乌鲁

木齐国际通信出入口局和国际互联网节点地位”的要求，推动三大运营商建设跨境光缆和国际通信出入口局。信息通道方面，2015 年 9 月，中国电信中巴跨境光缆（新疆境内段）建成，中塔、中俄等跨境光缆正在规划设计中。通信枢纽方面，继中国电信之后，中国联通乌鲁木齐区域性国际通信出入口局建成试运行，已开通部分国际通信业务。

（二）发挥优势，大力推进云计算、大数据产业发展

新疆发展云计算产业具有气候、区位、资源、通信等多方面的优势，在国家“一带一路”战略中，新疆是丝绸之路经济带核心区，目前正在打造丝绸之路经济带五中心、三基地、三通道（区域交通枢纽中心、商贸物流中心、金融中心、文化科教中心、医疗服务中心，国家大型煤炭煤电煤化工基地、大型风电和光伏发电基地，国家能源、交通、通信等综合大通道）。2015 年，新疆云计算产业园区重点项目顺利实施，一批数据中心建成投运，新疆软件园正式开园，产业集聚区雏形初显。云计算应用示范项目在电子政务、卫生医疗、教育、农业、公共安全、水利等领域积极推进；《新疆维吾尔自治区关于促进云计算产业发展的若干政策》等政策即将出台，对云计算产业发展方向、目标和产业实现路径以及配套保障措施做出了明确部署，为新疆云计算产业的快速发展夯实了基础。

（三）提升能力，完善软件和信息技术服务支撑体系

2015 年国家出台了一系列促进云计算、大数据、互联网发展的指导意见。为适应软件产业平台化、网络化、服务化发展新形势，着重提升新疆信息技术企业“软件能力”和“系统能力”，利用自治区电子信息产业发展专项资金，设立云计算、大数据等技术研发和应用示范项目，引导信息技术企业向平台化、服务化转型。启动和开展 ITSS 符合性评估工作，指导新疆“IT 三会”积极申报信息技术服务运行维护符合性评估机构，并组织专业人员参加国家相关会议和符合性评估师培训。加大了对计算机信息系统集项目管理人才的培训力度，提升了企业实施科学管理能力。组织制定信息系统集成能力评估工作实施细则，规范工作流程、加强监督管理，提高服务质量。

（四）突出特色，大力发展多语种软件和信息技术服务业

为提高新疆少数民族信息技术企业管理和研发水平，促进多语种信息技术交流和创新，新疆软件行业协会组织了“多语种信息与通信技术专家论坛”，针对多语种软件开发流程与实践，多语种混合输入与混合显示技术，多语种自然语言机器翻译技术研究和发展状况等关键技术方面展开了讨论。2015 年举办了 4 次论坛，为致力于多语种信息技术研究的专家学者和青年科技骨干提供了相互学习、交流的平台，对鼓励少数民族青年科技人才成长，推动新疆多语种信息技术应用及产业发展具有积极意义。此外，新疆软件行业协会、新疆大学联合承办了“多语种信息处理新技术及产品展示会”，以推动多语种信息技术及其产品在“丝绸之路经济带”沿线国家和地区的研发与利用。

三、面临的主要问题

（一）云计算应用的深度与广度有待提高

2015 年 1 月，国务院印发《关于促进云计算创新发展培育信息产业新业态的意见》，提

出要加快发展云计算，打造信息产业新业态，推动传统产业升级和新兴产业成长，培育形成新的增长点，促进国民经济提质增效升级。但是由于新疆体制机制、部门或单位已有信息化基础设施先入为主、对云计算安全性认识不足等原因，仍然以各行业自建一套信息化设施为主，没有充分认识到云计算技术能加速整合和高效利用资源，导致新疆云计算应用发展缓慢，涉及领域、行业有限，尚未实现信息化资源基础设施集中共享，公共数据资源集中存储处理与共享。

（二）产业结构不合理，企业两个能力建设有待提高

新疆软件和信息技术服务业产业规模小，规模以上信息技术企业 2014 年收入仅占全国信息技术企业收入的 0.1%；企业自主研发能力弱，软件产品研发、信息安全产品研发、数据处理与运营服务、嵌入式软件等高附加值产业规模很小，软件产业整体处于价值链底端，产业结构不合理；绝大多数企业的业务集中在安防工程、综合布线、复杂度低的系统集成项目，同质化导致低水平市场竞争；企业服务化发展升级转型缓慢，不能满足互联网+、云计算、大数据等新一代信息技术的发展要求。

（三）产业发展环境有待进一步优化

新疆针对软件和信息技术服务产业的扶持政策较少，企业获得的优惠力度不够大，发展动力不强；新疆信息技术企业缺乏长远发展战略和目标，发展盲目性大，不了解产业发展趋势，以及产业发展政策，甚至很多企业连基本的优惠政策都不掌握，使得很多扶持政策无法享受；软件和信息技术服务业虽然受到自治区领导高度重视，特别是云计算、大数据产业的发展，但是重视和参与的信息技术企业并不多。

四、2016 年发展思路和重点工作

认真贯彻中央第二次新疆工作座谈会的重大决策部署，紧紧围绕新疆社会稳定和长治久安的总目标，以建设丝绸之路经济带核心区为契机，以促进“两化”深入融合和经济发展方式转变为重点，加快实施优势资源转换战略，坚持民生优先、市场起决定性作用的原则，充分发挥比较优势、后发优势，发挥企业主体作用，着力营造发展环境，把培育特色、扶持优势和做大做强作为推动软件和信息技术服务业加快发展的战略重点，提升产业核心竞争力，有力地推动和支撑新疆全面建成小康社会目标基本实现。

（一）加强软件和信息技术服务业顶层设计

根据十八届五中全会精神要求，坚持“创新、协调、绿色、开放、共享”的发展理念，结合自治区丝绸之路经济带核心区重点任务和自治区经信委“十三五”规划编制工作方案的部署要求，扎实做好新疆软件和信息技术服务业领域的专项规划编制工作，完成《自治区软件和信息技术服务业“十三五”发展规划》、《自治区云计算和大数据产业“十三五”发展专项规划》、《自治区电子信息产业出口集聚区发展专项规划》。

（二）加快推进亚欧高速信息公路基础设施建设

推动建立由国家部委和地方政府组成的部省联合工作体制和机制，共同推进亚欧信息高

速公路建设。推进中巴、中塔、中吉跨境光缆建设，启动中俄跨境光缆系统规划设计。完善乌鲁木齐区域性国际通信业务出入口局互联网国际转接点功能，开通互联网国际转接业务。请求国家工信部及有关部门批准乌鲁木齐国际局成为全国第四大全业务国际局。

（三）着力促进云计算、大数据产业发展

力促《新疆云计算大数据产业发展指导意见》出台。持续完善乌鲁木齐和克拉玛依云计算产业园区基础设施建设，引导制定具体配套政策。推进“中国移动（新疆）数据中心”、“天山媒体云”数据中心、“新疆云计算中心（浪潮集团和中国联通）综合平台”、“曙光云计算数据中心”（乌鲁木齐云计算中心）等重点云数据中心项目建设。推进云计算、大数据技术在智慧城市、电子政务、电子商务、现代物流、两化融合、医疗健康、现代农业等行业/领域或区域的应用示范。

（四）积极推进现代物流公共信息平台和电子商务平台建设

推动建立“现代物流公共信息平台工作厅局联席会议”制度，协调自治区有关部门积极推进项目建设。完成“自治区现代物流综合公共信息平台体系研究”、“自治区现代物流综合公共信息平台建设指引”等课题研究和规划工作，适时启动试点示范。

（五）促进软件和信息技术服务业发展，引导信息技术企业向平台化、服务化转型升级

充分利用自治区电子信息产业发展基金、战略性新兴产业发展基金等各类专项扶持资金，选择基础条件好、带动效应高、影响范围广的行业和领域，开展云计算、大数据应用示范，引导信息技术企业学习掌握云计算、大数据等新一代信息技术，逐渐适应新的研发、管理、运营和服务模式；支持企业技术中心、共性技术服务平台、测试评估机构等能力建设以及行业信息技术服务标准制定，推进《信息技术服务运行维护服务能力成熟度评估》工作，提升信息技术企业服务能力和服务质量。

2015年大连市软件和信息技术服务业发展概况

2015年，大连市软件和信息技术服务业根据国家两化深度融合、互联网+、云计算大数据发展战略及工作重点，积极贯彻落实工信部相关行动计划和工作部署，坚持以创新驱动产业发展、以高端化引领信息服务、以深度融合促进经济发展、以加速转型调整产业结构，有效推动了产业平稳较快发展。新兴业态保持快速增长，在云计算、大数据、物联网、移动互联网等新一代信息技术领域涌现出一批颇具潜力的企业。

一、基本情况

2015年，实现软件业务收入1507亿元，同比增长2.7%，实现出口37亿美元，同比下降19%；从业人员21.7万人，企业1764家，其中外资企业接近220家，70余家世界著名跨国公司在大连设立了全资的研发中心和信息技术服务中心。从业务结构上看，国内市场占85%，出口占15%，随着产业规模不断增大，上报统计数据的企业不断增加，但由于受经济大环境影响，各业务领域增长速度明显放缓。

（一）业务收入构成与分析

2015年度，软件产品收入608亿元，同比增长5%，占总销售收入的40%;信息技术服务收入817亿元，同比增长5.6%，占销售收入的54%;嵌入式系统软件收入81亿元，同比下降28%，占总销售收入的5%。反映出大连市软件和信息技术服务业目前增长的主要来源是信息技术服务和软件产品开发业务，这是近几年产业转型升级效果的重要标志，充分说明了结构正在不断优化，产业结构趋于合理。

（二）软件出口构成与分析

软件服务外包出口27.6亿美元，占总量的72%，嵌入式系统出口1.1亿美元，占总量的3%。在出口收入中，对日出口依然是主体，占总量的50%，但由于日元汇率下降及对日市场相对萎缩，导致对日出口销售收入与2014年相比增长缓慢。欧美外包收入比例与2014年相比有小幅增加，占总量的38%，其他地区出口占12%。通过对出口规模与增长速度的分析，大连市软件和信息技术服务业的外贸依存度下滑将是一个明显趋势。

（三）企业构成与分析

本着应统尽统的原则，2015年纳入统计范畴的企业1764家。其中，外资企业有218家。百人以上规模的企业716家，千人以上规模的企业达13家。从规模上看，与2015年相比千人以上企业数量略有减少，百人以上企业略有增加。这说明大连企业在面对人力成本的增加与业务结构改变时做出了相应的调整。同时，也说明大连软件和信息技术服务业的产业集中度随着中等规模企业的稳步增加而逐步降低，产业的生命周期仍处于成长阶段，市场中存在大量的整合发展机会。

（四）人力资源构成与分析

从人员规模来看，截至2015年年底，从业人员21.7万人，与2014年基本持平。其中软件开发人员 10.4 万人，占总人数的 48%以上；而管理人员 1.9 万人，占总人数的 8.8%。从人员的学历结构看，研究生以上学历的人数没有增加，占人员总数的 11%；本科生占 77%，其他为大中专以下人员。尽管行业发展速度在明显放缓，但行业对人才的需求并没有大幅减少，这一方面说明新增企业吸纳劳动力的能力提高，另一方面也说明企业在业务收入没有明显增长的情况下业务量有所增加。

二、主要特点

2015 年，通过扎实开展行业监测运行、“十三五”规划和行业研究、主要企业征集申报工作以及深入实施软件创新中心（技术联盟）及新兴技术成长扶持计划等一系列卓有成效的工作举措，大连市软件和信息技术服务业的业务领域不断拓展，已形成了软件研发、系统集成、信息技术服务、数字内容、业务流程外包、互联网服务、集成电路设计、工业设计等多类别、多业态互动发展的良好局面。大唐电信、华为、阿里巴巴、中兴通讯等一批重量级企业纷纷落户大连。产业主要呈现如下特点。

（一）产业规模与业态基础良好

致力于打造产业特色，对软件信息技术服务、网络产业、动漫产业和设计产业等特色产业持续投入。目前，旅顺南路软件产业带的软件研发、网络产业、动漫产业、设计产业、信息技术服务等特色产业规模已经形成，将进一步促进大连市软件和信息技术服务产业走上一条独具特色的创新发展之路。

（二）国际化特色鲜明

大连市软件和信息技术服务业的国际化主要表现在出口、引进世界 500 强和国际领先企业、引进国际化企业管理和服务质量标准。大连市软件和信息技术服务业的出口占产业总销售收入的近 20%。大连引进的外资软件和信息技术服务业企业占总企业数的 20%。先后引进英特尔、HP、IBM、戴尔等 70 余个世界 500 强企业投资项目，相继成立了埃森哲全球研发中心等近 20 个世界 500 强企业投资研发中心。鼓励软件公司按照国际标准生产软件，增强融入国际市场的能力。截至 2015 年年底，大连共有 60 多家企业通过各级 CMM/CMMI 评估。

（三）空间聚集效应日益明显

高新区软件和信息技术服务产业集群已经成为千亿产业集群，集聚了国内外一流软件和信息技术服务企业；金州新区工业软件产业集群发展迅速，已经形成 60 多亿元的工业软件产品和工业设计服务规模；生态科技创新城形成了研发设计产业园、创意产业园、国际教育产业园和金融服务产业园的“四区”布局。

（四）工业软件促进两化深度融合

立足大连现有工业基础，面向东北老工业基地振兴发展需要，加速传统产业改造提升，推动软件与自动化技术、制造技术、管理技术的相互渗透，研发了一批国际先进、国内领先、填补空白或替代国外产品的自主知识产权的软件和服务产品，形成了一批工业软件和信息技术服务在典型行业的应用示范项目工程。

（五）信息技术服务呈现高端化

大连软件信息服务外包经过多年的积累，目前业务层次大幅提升，软件研发中高端设计及整体解决方案提供业务的比重已占 30%以上，业务流程外包除以 IT 为主导的技术支持、软件开发、测试外，与传统行业相关联的设计、数据分析、营销、人力资源管理、金融分析、医药分析等 KPO 业务，以及部分 BMP（业务流程管理）都已在大连市开展。

（六）新一代信息技术发展势头良好

云计算、大数据、移动互联、物联网等新兴技术在企业产品创新和行业应用中快速发展。创新企业涌现，成为城市经济发展的重要技术支撑。

三、面临问题

一是受经济大环境影响，近两年东北经济下滑，政府和企业对 IT 需求收紧，对软件行业的波及影响逐步显现。二是市场竞争激烈，企业经营以及劳动力各项成本居高不下，企业利润空间在不断减小。三是日本市场业务收缩，汇率影响较大，部分企业外包业务关停并转。四是企业在转型过程中，行业经验和人才缺乏，创新能力不足，新兴业态发展不快；龙头企业缺失，拉动效果不足。五是软件企业轻资产型企业融资难问题没有得到有效解决。

四、2016 年展望与目标

2016 年是“十三五”规划的开局之年，大连市软件和信息技术服务业经济面临中国制造 2025、互联网+以及智慧城市建设、两化深度融合等难得机遇，在云计算、大数据、物联网、移动互联等新一代信息技术快速发展的影响下，加之各项产业政策的落实推动，“刚需”市场将会进一步释放，行业经济发展的基本面依然向好，将继续保持平稳运行、增速趋缓的发展态势。

大连市将认真贯彻落实工信部和省、市的部署和要求，准确把握新常态下的软件和信息技术服务业经济走势与特征，以加速推进产业转型升级为重点，围绕智慧城市、互联网+、智能制造 2025 发展战略，鼓励企业开展“大物云移”研发应用和关键技术攻关，重点在工业软件、高端信息技术服务、云计算、大数据、移动互联网领域培育骨干企业，提高核心技术研发能力和对行业的支撑能力，不断完善创新创业孵化环境，推动大连市软件和信息技术服务业平稳、健康发展。争取 2016 年大连市软件和信息技术服务业收入增长保持在 4%左右。

五、下一步工作

（一）支持与传统行业融合，鼓励“大物云移”研发应用。

结合智慧城市建设、互联网+等战略任务的实施，推进软件和信息服务外包高端化发展，加速软件与贸易流通、工业生产、金融服务等领域的融合联运，推进大数据、云计算、物联网、移动互联网产业发展。

（二）培育重点业务骨干企业，构建产业核心支撑体系

针对已建立的大连软件产业主要企业名录库，按照领域、技术和产品方向，积极培育骨干企业。统筹政策、资金、项目、市场等手段，有针对性地进行扶持，在基础软件、高端服务、工业软件、嵌入式、云计算、大数据等领域跟踪企业运行状况，支持企业间合作，鼓励成立技术联盟，联合攻关，逐步形成产业核心支撑队伍。继续深入实施软件创新中心（技术联盟）及新兴技术成长扶持计划及“一企一策”措施。

（三）推动工业软件研发应用，培育产业新的增长点

落实大连市智能制造 2025 发展行动计划，重点发展“互联网+”智慧工业云体系架构与标准体系，以智能化为核心重构产品开发、人机交互、试验与仿真等工业软件，推动工业企业互联网化，形成制造业应用软件新模式和新商业模式。积极扶持英特仿真、美恒、天翼等工业软件企业的产品研发与应用推广。

（四）重视公共服务平台建设，完善创新创业孵化环境

大力培育发展云计算，增强云计算服务能力，发展公共云计算服务，支持中小微企业发展和创业活动，鼓励本地有条件的企业搭建创业孵化平台。重点推动大连云计算公共服务平台和大连 CAD/CAE 公共技术服务云平台建设，以华信、华为公司为平台技术依托，加大扶持力度、扩充服务功能、培育云计算技术应用环境，推广应用群体，支持创新创业，培育新业态发展。

（五）推进重点项目建设，增强产业发展活力

以重点项目为牵动，进一步加大对企业和项目的扶持力度。协调推动高新区实施“IT+”战略，加快推进大唐电信移动互联（大连）研发孵化基地、华为公司软件云服务平台和云服务创新中心项目建设，带动大连市软件和信息技术服务业转型升级。建设完善华信云计算公共服务平台，扩大用户数量。开通猪八戒网大连频道，开辟全国市场，进一步释放大连市软件企业技术能力。推动中国 CAE 自主研发和应用联盟工作开展，积极为装备制造业转型升级奠定基础。

（六）加强行业管理与服务，把握经济运行动态

加强样本点企业跟踪，做好月报、年报统计工作，真实、客观地反映行业运行状况。做好企业各项认定工作及各级政府扶持资金申报组织与项目管理工作。编撰完成软件产业年度白皮书。发挥协会作用，做好企业服务。

2015 年宁波市软件和信息技术服务业发展概况

2015 年，宁波市认真落实《关于加快发展信息经济的实施意见》等文件要求，加强招商引资、企业培育、产业园区建设，软件和信息技术服务业保持快速增长态势，产业综合竞争力不断提升。

一、基本情况

（一）产业总体保持快速增长

2015 年，软件和信息技术服务业规模达到 386 亿元，同比增长 26.36%。电子商务平台收入领先增长，增幅达 30.52%，在信息技术服务收入的三个细分行业中增长最快，增长速度分别比运营服务收入（24.17%）、集成电路设计收入（14.53%）高 6.4 个和 16 个百分点。软件和信息技术服务业务出口保持平稳增长，全年实现软件和信息技术服务业务出口收入 5.7 亿美元，同比增长 10.32%。其中软件外包服务出口 3140 万美元，同比增长 6.65%，嵌入式系统软件出口 2.2 亿美元，同比增长 6.04%。嵌入式系统软件增速放缓，收入 112 亿元，同比增长 24.69%，增速低于软件产品和技术服务收入，嵌入式系统软件占软件和信息技术服务业收入的 29%。

（二）企业规模效益协调增长

软件企业的规模继续壮大，宁波市纳入软件和信息技术服务业统计的企业平均软件和信息技术服务业务收入 4760 万元，同比增长 21.9%。收入超过亿元的企业 23 家，比 2014 年增加 6 家；收入超过千万元的软件企业 184 家，比 2014 年增加 13 家；上市软件企业增长较快，纳入统计的 15 家上市软件企业，2015 年实现软件和信息技术服务业务收入 29.25 亿元，同比增长 62%，是全行业平均增速的 2.2 倍。利税稳步增长，但增幅下降，宁波市软件企业实现利税 42.7 亿元，同比增长 1.25%，其中实现利润总额 26.4 亿元，同比增长 1.12%；上交税金 16.3 亿元，同比增长 1.64%。

（三）企业自主创新能力得到提升

宁波市软件企业着力提升自主创新能力，不断推进技术创新、商业模式创新，支撑软件企业快速成长壮大。累计有宁波伟立机器人科技有限公司等 5 家企业技术研发机构被认定为浙江省重点企业研究院。宁波中青华云新媒体科技有限公司被评为浙江省大数据产业第一批应用示范企业。宁波高格软件股份有限公司等 5 家企业被评为宁波市信息化和工业化深度融合优秀服务机构；浙江中之杰软件股份有限公司等 2 家企业被评为宁波市服务业十佳“创新之星”企业。东蓝数码、云朵网络两家软件企业亮相世界互联网大会，展示企业的技术和产品。

（四）特色软件格局基本形成

宁波市软件企业已成为工业转型升级和信息化建设的重要支撑力量，在电力、石化、医疗、手机、外贸、智慧城市等领域具有明显特色，出现了理工监测、东蓝数码、金唐软件、TCL 移动通讯、畅想软件等一批具有较强影响力的企业。宁波市已有国家规划布局内重点企业和深交所上市公司 1 家，新三板挂牌上市企业 14 家，4 家公司通过股权并购上市。

（五）区域产业特色优势初步形成

各县（市）区结合经济基础，突出发展软件细分行业，区域产业特色优势初步形成。高新区、鄞州区充分发挥核心城区研发基础好、产业链完善的优势，重点发展软件研发和行业应用，软件和信息技术服务业务收入分别达到 92.89 亿元和 93.14 亿元，分别占宁波市总收入的 24.4%和 24.45%。海曙区、江北区、江东区大力发展电子商务产业，软件和信息技术服务业务收入分别达到 23.59 亿元、31.01 亿元和 8.2 亿元。慈溪、余姚、北仑大力发展嵌入式软件、生产控制软件，软件和信息技术服务业务收入分别达到亿元 45.38 亿元、35.53 亿元和 14.25 亿元。镇海、宁海、奉化、象山发展文化创意、行业运营服务、行业物联网应用等相关软件产业，软件和信息技术服务业务收入分别达到 9.1 亿元、5.84 亿元、4.02 亿元和 3.86 亿元。

（六）园区集聚态势初步建立

宁波市大力推进软件产业集聚区建设，一大批新的产业集聚区投入使用，产业发展的支撑载体得到强化，宁波市 13 个县（市）区已建软件集聚园区 17 个，建筑面积超过 40 万平方米。高新区软件园建筑面积 8.5 万平方米，入选中国服务外包园区十强、国家火炬计划软件产业基地；宁波电商城海曙园区入选国家级电子商务示范基地；和丰创意广场、鄞州大学生（青年）创业基地入选工信部第一批国家小微企业创业创新示范基地。

二、存在的问题

尽管宁波市软件和信息技术服务业增长较快，但产业规模仍然不大，在工信部公布的 15 个副省级城市中排名第 13 位。产业发展中还存在以下几个突出问题。

（一）大型骨干企业比较缺乏

宁波市软件企业规模普遍偏小，年产值超过亿元的企业虽有 70 多家，但年产值超过 5 亿元的软件龙头企业尚未形成，严重影响软件产业生态系统的形成。虽然宁波市软件企业在一些行业应用领域形成了特色，但在智慧城市、智能制造、重大行业应用等领域，龙头骨干企业支撑引领作用不明显，产品服务行业分散，产业链分工协作不够密切。

（二）核心技术创新能力不强

由于缺乏行业龙头企业，很难吸引高端优秀人才，特别是具有创新能力的领军型人才和高级技术人才落户宁波，对宁波市软件产业的创业创新形成了严重制约。另外，宁波市软件企业大多从事行业应用软件开发，很少有企业进行战略性、前瞻性核心技术布局，缺乏自主知识产权的核心技术及关键产品，在国内具有较强知名度和影响力的产品和企业不多。

（三）产业发展环境有待完善

宁波在区位优势、人才聚集、创新能力等方面具有先天不足，虽然采取了系列措施，但相比其他城市，环境营造、配套政策等方面明显不足。另外，软件产业发展的支撑载体亟待加强，产业园区、技术、信息、投融资以及生活配套设施等公共服务水平需要进一步提升。

三、2016 年发展目标和主要工作

2016 年，宁波市将坚持“创新、协调、绿色、开放、共享”五大发展理念，按照“互联网+”行动计划和“中国制造 2025”总体要求，进一步落实《关于加快发展信息经济的实施意见》要求，充分发挥软件产业在经济转型中的支撑引领作用，优化产业发展环境，提升企业自主创新能力，加快培育新业态新产品，构建产业发展梯队，全面增强企业核心竞争力，促进软件产业继续快速发展，全年力争完成软件和信息技术服务业务收入 475 亿元以上，同比增长 25%。

（一）提升企业创新能力

1. 增强技术研发能力

坚持“引进来、走出去”战略，支持软件企业引进和建设院士工作站、专家工作室，整合外部智力资源，引入“ITSS”能力持续改进体系，提升技术研发能力。同时，鼓励企业采取合作、合营、合资等方式走出去，提升企业服务能力。推动企业主持或参与国家（行业）技术标准制定，研发具有自主知识产权的核心技术和产品。开展国家级、省级研发中心（研究院）创建工作，提高技术研发队伍的组织和管理水平。

2. 培育新业态、新模式

深化“互联网+”发展战略和“软件即服务”发展理念，加快实现行业与大数据、物联网、移动互联网、网络金融、电子商务、3D 打印等新兴产业形态的融合、衍生和创新，抢占产业发展制高点。引导企业推进生产模式创新，大力发展云制造、网络协同制造、个性化定制、众包众创等新型制造、商业模式，培育信息服务运营型企业和平台型经济。

（二）构建产业梯队发展体系

加快建立宁波市软件产业的梯队发展体系和配套政策，培养一批行业骨干上市企业、细分领域龙头企业（行业单打冠军）和地方特色“小巨人”企业。

1. 重点发展骨干企业

以软件和信息技术服务业务收入超过 10 亿元的企业、国家软件百强企业、国家规划布局内重点软件企业培育为抓手，通过给予特殊优惠政策，鼓励企业通过重组、并购、上市等

多种手段，努力造就一批规模优势突出、技术领先、引领行业发展的骨干企业。高度重视骨干企业引领带动作用，充分发挥其业务、技术、人才外溢作用，围绕骨干企业完善配套环节、延伸产业链条，带动行业发展和中小企业成长。

2. 精准培育龙头企业

支持一批规模较大、技术领先、在细分领域处于前列的龙头企业快速成长，对年度软件产业首次突破 5000 万元、1 亿元、5 亿元的企业，在相关政策资源上给予企业倾斜支持。开展细分领域龙头企业认定工作，加强市重点软件企业评定和公布制度，对发展潜力突出的软件企业给予重点扶持和服务，培育一批拥有关键技术和特色商业模式、占据细分领域较高市场份额的龙头企业，夯实宁波市产业发展的中间力量。

3. 孵化营造特色企业

大力引导和弘扬创新、创业意识，完善企业孵化环境，持续优化小微企业融资和研发环境，不断壮大宁波市软件企业群体。建设一批贴近小微企业发展需求的公共软件开发与测试、人才培训和信息服务平台，给予小微软件和信息服务企业“天使入股”、科技研发、技术改造等资金倾斜，提供园区入驻优惠、支持上市融资，促进小微软件和信息技术服务企业迅速成长壮大。

（三）培育产业新增长点

1. 引培北斗和地理信息产业

依托宁波工业优势，以北斗智能终端和地理信息服务为切入点，重点引进北斗核心技术装备制造、北斗大数据应用和室内外一体化定位设备等上下游产业，构建宁波特色的北斗和地理信息产业生态系统，推动本地软件信息服务企业、硬件集成企业与北斗技术企业的联盟合作，带动北斗和位置服务产业全面发展。

2. 布局智能可穿戴物联产业

利用宁波智慧健康和“云医院”建设契机，推进智能可穿戴设备产业基地建设，引进和培育一批拥有核心关键技术、具有较强创新能力和国际竞争力的龙头企业，通过本地研发、生产、应用等全生命周期持续改进，实现智能可穿戴设备和系统的重大技术创新，推动形成产业链完整、配套分工明确的智能物联产业集群。

3. 发展集成电路应用设计

发挥胜芯科技集成电路产业平台公司的作用，引进有实力的集成电路设计企业，大力发展与汽车电子、智能家电、智能可穿戴设备、智能装备、移动通信、物联网等关键集成电路芯片相关的应用设计，加强集成电路产业链配套协作，促进宁波市集成电路产业发展。

4. 引进和谋划重大项目

主动谋划一批具有战略性、全局性、带动性的大项目，吸引国内外知名软件企业在宁波市落户，带动宁波市软件产业的发展。主动对接上级产业主管部门，取得政策和资金支持，争取全国性、区域性重点项目在宁波市的布局和落地。做好重大项目落地后的跟踪服务，促进项目建设的顺利开展和持续发展。

（四）推进应用试点示范

1. 实施智慧城市示范工程

推进国家信息消费试点、国家信息惠民试点、中欧绿色智慧城市合作试点、国家物联网示范城市建设等试点应用工程，加大软件和信息技术服务在医疗卫生、交通物流、社会保障、市场监管、环境监测、应急保障、治安防控、公共安全等城市公共服务和社会治理领域的集成应用、创新服务，通过应用拉动和促进软件企业发展。

2. 推广智能制造示范工程

开展智能制造应用示范、两化深度融合贯标试点、“机器换人”和“智能工厂”试点示范工作，支持软件企业与汽车电子、医疗电子、智能家电、智能家居、可穿戴设备等领域企业的合作，开展在集团管控、设计与制造集成、产供销一体、业务推广等方面的信息技术应用示范，推动制造业与软件和信息技术服务业互动发展。

（五）构建产业发展生态系统

构建市级统筹的集人才、资本、技术、资源于一体的公共服务平台，提升公共服务水平，大力开展合作交流，推进宁波市生产要素的市级统筹和优化配置，促进宁波市软件产业协同，构建高效、可持续发展的产业生态体系。

1. 提升园区服务水平

引导各软件和服务业产业园区，开展软件产区管理、服务知识和技能培训，加强与工商、税务、银行等部门的协调，完善企业经营和生活服务设施；开展示范性产业园区建设，制定示范园区评比办法，对评选出的优秀园区给予政策倾斜；继续推进“一县一品”软件特色园区建设，发展特色专业服务，突出园区品牌和影响力。

2. 发展特色众创空间

引进一批国内知名众创空间落户宁波，培育一批创客空间、创新工场等众创空间，形成若干特色示范众创空间。设立一批以提供产品设计、广告策划、营销管理、中介服务、投融资服务为主的专业服务众创空间，助推宁波市企业孵化、培育。整合银行、保险、担保、金融中介等力量，建设多层次、多元化的众创空间金融服务体系，为创业创新团队、企业建设提供有力支撑。

3. 加强公共平台建设

建设公共技术服务平台，支持软件开发平台、软件设计平台、动漫游戏开发测试平台、集成电路设计平台、智慧城市应用平台、IT服务行业大数据平台等公共平台的建设与升级，形成以产业平台为驱动的新型产业发展模式。创建区域产业发展联盟，搭建合作交流平台，建立区域间、企业间以产业链为基础的合作机制。

4. 开展产学研合作

通过举办技术和产品推介会、论坛，组团参加智博会、软博会、高洽会等会展活动，支持软件企业开展产品、技术对外合作，实施联合技术研发和攻关。增进企业与学校之间的联系与合作，帮助软件企业招引软件人才，推动IT人才在宁波市软件企业实习和就业。引进和培育培训机构，推动国内外知名 IT 人才培训机构到宁波市设立分支机构，或与宁波市培训机构开展合作，开展 IT 人才培训。

5. 培养创业型团队

引进国内外先进创业团队，开展本地创业团队培训工作，促进创业型团队茁壮成长。完善创业辅导体系，形成“创业者—企业家—天使投资人—创业导师”良性互动机制。鼓励企业与行业协会、中介机构合作，举办或承接国际性、全国性的创业创新大赛。

2015年厦门市软件和信息技术服务业发展概况

一、基本情况

2015年，在厦门市委、市政府的领导和高度重视下，围绕协同创建“中国软件名城”、创建信息消费示范城市，打造软件和信息技术服务业千亿元产业链发展的目标，通过打基础、优环境、建平台、抓项目，推进互联网+、创业创新建设，强化创新驱动，培育新增长点，软件和信息技术服务业在互联网经济、创业创新等领域起到了关键的引领作用。

2015年，厦门市软件和信息技术服务业继续保持快速平稳发展态势，全年实现业务收入921.7亿元，同比增长23.05%，基本完成“十二五”规划目标，增速高出全国6.5个百分点、全省3个百分点。

二、主要特点

（一）产业规模增长有力

2015年，厦门市认真深入实施“建设最有特色的中国软件名城”总体战略和打造千亿元产业链的工作目标，作为战略性支柱产业的软件和信息技术服务业继续保持平稳较快增长。厦门市实现软件业务收入 921.7 亿元，同比增长 23.05%。其中，软件产品收入230.5亿元，同比增长 19.55%； 信息技术服务收入578.4亿元，同比增长 20.61%；嵌入式系统软件收入112.8亿元，同比增长35.06%。

（二）园区产业集聚效应进一步增强

1. 软件园一期

截至2015年年底，软件园一期工商注册企业800家，企业员工约1.3万人。其中，软件和信息技术服务业企业620家，2015年全年实现销售收入75亿元，税收3.4亿元；股权投资及中介结构180家，管理基金规模170亿元，2015年股权投资税收0.95亿元。

2. 软件园二期

截至2015年年底，软件园二期工商注册企业1056家，企业员工约6万人，2015年全年实现销售收入483亿元，同比增长20.0%，国地税实现收入14.23亿元，同比增长21.9%。

截至2016年1月底，园区拥有5家上市公司，11家新三板挂牌企业。2015年，园区荣获中国金软件金服务方案商最信赖的产业园区、软件和信息技术服务业骨干软件园区（第七名）、2015优秀服务软件园区、中国IT服务最佳产业园区、2015年度中国软件和信息服务领军产业园区等荣誉称号。

3. 软件园三期

截至 2015 年年底，软件园三期意向投资企业累计 535 家，意向面积 308 万平方米；通过入园审核企业461家，核准面积约242.6万平方米。2015年共新增审核企业104 家，核准购房面积 21.83 万平方米。园区工商注册企业 143 家，实际入驻企业 138 家，入驻企业员工约 3300 人，全年实现销售收入 24.93 亿元，同比增长 332.81%。

（三）企业对接资本市场的能力增强

中小软件企业对接资本市场能力增强，2015 年海迈科技、蓝斯通信、求实智能、高士达等 13 家企业在新三板挂牌，其中动漫游戏企业在新三板实现了零的突破，有新游网络、本捷网络、飞博共创 3 家动漫游戏企业正式挂牌，目前行业有上市企业 24 家。此外，四三九九、吉比特、亿联网络、智业软件的 IPO 申请已被受理。

（四）加大扶持，提升核心竞争力

（1）积极开展软件信息服务领域国家现代服务业综合试点工作。认真组织项目申报，2015 年咪咕动漫平台等 10 个项目获得资金扶持 4410 万元，拉动投资 2.8 亿元，2015 年第三季度有 6 个项目通过三审，计划投资 1.5 亿元，第四季度推荐 7 个项目进入二审，计划投资 2.12 亿元。

（2）积极争取省级发展资金的支持。经认真组织、积极争取，厦门市共有软件评测中心等 35 个项目获得省软件资金补助 1656 万元，重点用于补助企业的资质认定、品牌创建、人才培养等；厦门信息集团有限公司“厦门市软件园三期众创空间集群服务平台”等 3 个公共服务平台项目获得电子信息产业集群创新发展专项资金支持。

（3）加大市级专项资金扶持力度。完善软件产业扶持政策，制定印发《关于进一步加快软件和信息技术服务业发展若干意见的实施细则》（厦经信软件〔2015〕104 号），2015 年预算安排 5000 万元专项资金用于厦门市软件和信息服务企业的扶持，较 2014 年增加了 3000 万元。经专家评审后，对 220 家企业的加大研发投入、标准制定、研发机构建设等进行补助，提升企业的创新能力，帮助企业做大做强，补助金额约 4800 万元，其中首次拨付 1120 万元用于支持企业做大做强。另外安排 200 万元支持第八届国际动漫节成功举办。

（五）精准服务，打造优良发展环境

1. 强化企业服务

完善领导挂钩服务企业工作机制，据不完全统计，全年走访的软件和信息技术服务业企业超过 100 家，实地协调解决企业发展中的困难和问题，为产业发展提供了良好的发展环境；对高成长企业开展调研，征集 4399、美图、咪咕等 20 家高成长性企业发展情况、上市计划及遇到的困难，提出政策建议；开展政策宣讲，积极利用多种机会开展产业政策宣讲，先后在软件园二期、三期、APP 手游测试中心、中小企业服务月活动以及省“6·18”招商环境推介会等场合介绍厦门市的软件产业扶持政策，并组织专场资金答疑会，对政策进行逐一解答，参会企业超过 600 家，取得较好成效；开展动漫企业认定工作，会同财政局、文广信局新认定青瓷数码等 24 家市级动漫企业，目前厦门市共有通过市认定企业 125 家，咪咕动漫等 4 家通过国家级动漫企业认定。

2. 积极帮助企业开拓市场

举办“中小企业借助互联网+资源，快速实现转型升级”专场对接会，组织软件企业（财务、HR、CRM 等）与中小企业进行对接，近百家企业参会，现场有 27 家软件企业与客户初

步达成了合作意向。此外，组织厦门市 15 家企业参加在北京举办的第 19 届软博会；配合做好 2015 年第二届移动游戏产业年度高峰会，32 家本地手机游戏企业参加商务对接交易会，飞鱼科技三个产品获“金翎奖”；充分发挥行业协会的积极性，组织 20 家动漫游戏企业参加在上海举办的 2015 中国国际数码互动娱乐产品及技术应用博览会（ChinaJoy），10 家动漫企业参加在东莞举行的东莞（国际）玩具礼品博览会；5 家企业参加在中国香港举行的中国香港国际授权展。

三、面临问题

（一）龙头企业规模较小，产业生态环境有待完善

厦门市软件企业虽然发展迅速，但尚无企业进入中国软件业务收入百强名列；辖区内自有市场容量不大，传统企业应用信息技术和软件产品的水平不高，利用信息技术改造传统产业的进程较慢，融合渗透不够深入，产业与应用互动效应有待进一步释放。

（二）自主创新能力不够，知识产权保护意识不强

相对于发达国家和地区而言，“小而散”是厦门市软件产业自主创新的一个显著特点，缺乏技术创新动力，企业对知识产权保护意识不到位，维权难度大。

（三）高端人才和实用人才缺乏，市场关键要素配置不足

高端人员、核心人员等人才资源供应不足，厦门市收入和消费不合比例，购房成本高，“引智留人”难度加大、成本提高。

四、2016 年展望与目标

2016 年是实施“十三五”规划的开局之年，是协同创建中国软件名城、打造软件和信息技术服务业千亿元产业链的考核年，厦门市将借助日臻完善的软件园载体平台，最大限度地放大政策效应，完善产业服务体系，提升产业发展质量和水平，软件和信息技术服务业业务收入预计可超过 1000 亿元，达到千亿元产业链的建设目标，争取超过 1100 亿元，同比增长 21%，基本完成软件名城的创建目标。

五、下一步工作

（一）落实政策规划，培育新兴产业发展

一是推进《厦门市人民政府关于加快互联网经济发展的意见》各项工作落实，促进互联网经济发展。二是按照《厦门市大数据应用与产业发展规划（2015—2020 年）》，推进政府数据开放和价值开发，培育大数据产业发展。三是继续按照协同创建中国软件名城、打造软件和信息技术服务业千亿元产业链的目标任务，推进软件和信息技术服务产业全面发展。

（二）细化企业服务，支持企业做大做强

一是加强政策服务，完善公共服务平台建设，支持行业协会和产业联盟发展，加大力度培育名企、名品、名人、名园。二是抓好招商工作，抓好产业链招商，继续会同有关部门推动世界 500 强、软件百强、移动互联网百强在厦投资企业的服务工作，促进集群发展。三是

强化软件重点企业服务工作，支持公共服务平台建设，做好精准服务工作。积极做好软件和信息技术服务业企业上市前的各项服务工作，推动它们尽早挂牌、上市。

（三）继续推进软件园建设，为产业发展提供载体

一是继续按照厦门市委、市政府的要求，在软件园二期及周边开展提升工作，支持软件园二期智慧停车公共服务平台建设，打造创新产业基地、创新人才基地、创新服务基地。二是积极配合加快推进软件园三期建设和招商工作，支持软件园三期“众创空间集群服务平台”项目建设。

（四）支持办好相关展会活动，营造产业发展良好环境

一是举办好第九届动漫节，推动其向市场化转化，支持以企业为主引进类似“GLOBAL GAME JAM”的活动，为企业提供创新人才和团队。二是做好福建省经信委主办的“中国大学生动漫游戏创意设计大赛”，进一步促进动漫游戏人才教育培养与产业发展精准对接。

（五）建设人才培养体系，提升市场配给力

积极引导厦门市本地高校与厦门市软件企业对接，针对厦门市软件研发等紧缺急需人才专业领域，开展“订单式”教育模式，建立人才实训基地，培养适用型人才，增加人才供应量。建设产、学、研公共服务平台，大力开展集成电路设计、软件开发、动漫设计、IT资格认证等人才培训。引导企业用足用好厦门市引进高层次人才住房补贴以及《厦门市进一步激励人才创新创业的若干措施》等政策，以吸引和留住软件精英人才。

2015年青岛市软件和信息技术服务业发展概况

2015年，青岛市扎实推进产业运行、行业管理、载体建设、软博会筹办、项目招商等各项工作，软件和信息技术服务业实现快速发展。

一、基本情况

（一）软件产业快速增长

2015年，青岛市列统涉软企业数量1298家，较2014年同期增长269家。青岛市软件业务收入达到1301.4亿元，位列副省级城市第9位，同比增长24.6%，高于全国平均增长率8个百分点。

（二）产业结构进一步优化

在软件业务收入的三个细分行业中，软件产品收入415亿元，同比增长20.8%；信息技术服务收入467.3亿元，同比增长27.9%；嵌入式系统软件收入419亿元，同比增长25%，结构进一步优化。软件百强、规划布局内和青岛市上规模等50家重点企业累计完成软件业务收入占青岛市软件业务收入的近50%，中小企业首超50%。大企业继续领跑软件产业增长，中小企业同步发展。

（三）企业培育成效明显

青岛市累计拥有通过认定的软件和信息技术服务企业548家，累计登记软件产品2112件，软件产品著作权5000多件，通过CMMI（软件能力成熟度模型集成）认证企业37家，获得各级计算机信息系统集成资质企业70家。海尔、海信分列2015中国软件百强企业第2、第5名，东软载波、海信网络科技2家企业被认定为国家规划布局内重点软件企业。

二、主要特点

（一）软件行业管理和指导取得成效

建立了软件产业推进市区主管部门工作运行机制，下发了《2015年青岛市软件与信息服务业工作要点》、《关于做好企业软件业务收入数据统计上报工作的通知》和《青岛市工业涉软企业软件业务收入列统指南》，明确年度目标任务，进一步扩大软件业务收入统计范围，指导各区（市）做好软件产业统计工作。按季度召开青岛市软件与信息服务业工作会议，定期通报产业经济运行情况，布置季度工作重点任务。进一步发挥软件行业协会的作用，加强行业自律和自我管理，指导协会举办30多场研讨会、企业家沙龙、产品推介会等多种形式活动；走访市北科技街、高新区软件科技城等园区多家重点涉软企业，宣传普及了软件产业扶持政策，促使了一批重点制造企业将软件收入纳入统计范畴。

（二）千万平方米软件园建设工作协调有力

坚持定期调度制度，按照“月调度、季汇总”制度要求，按月调度工程建设进展情况，每季度对工程进度通报，及时了解和掌握工程进展情况。实地调研和摸底，挖掘出海信研发中心、贵和软件园等一批以软件和信息技术服务业特色的载体，纳入“千万平方米软件园工程”；深入现场，及时发现和协调解决影响阻碍工程进度的问题，推进高新区率先制定了科技地产的分割预售制度，有效推进了建设工期。截至2015年年底，累计开工面积475万平方米，累计竣工面积380万平方米。东园、西谷、北城累计入驻企业400多家。做好千万平方米工程建设综合协调工作，完成工程中期评估，根据工程完成实际，提出调整5年总体建设规划的方案，已由市政府常务会议通过。顺利通过工信部国家软件和信息技术服务业示范基地复核。

（三）搭建软件产业发展平台得到业界认可

成功举办2015青岛国际软博会。本届软博会以“ICT助力互联网工业”为主题，突出国际化、专业化、市场化，促进创新、服务创业、助力创客，重点打造了展览、论坛、大赛、发布四大板块活动，总展览面积2万平方米。软博会上，以“发展历程展”形式创新展现了2000年至今青岛市软件产业从2亿元到100亿元再到1000亿元的发展历程，重点展示了在工业软件、工控系统、工业机器人和工业云平台等智能制造领域的最新成果。展会吸引了微软、IBM、SAP、神州数码和航天信息等196家国内外知名软件企业参展，参会对接5.8万人次，得到了与会人员的肯定。

组织青岛市展团参展2015中国软博会，协调市软协、各参展单位做好青岛展团组展参展等事项，顺利完成展会期间展览推介、定向招商等任务。青岛市参展企业16家，参展总面积224平方米，获得组委会11项大奖，招商局青岛网谷荣膺“2015年中国软件园区最佳投资奖”，4家公司的8项产品获得5项金奖、3项创新奖，青岛市经济和信息化委员会和青岛市软件行业协会荣获优秀组织奖。

（四）产业政策落实及时到位

依据青岛市委、市政府《关于推进青岛国家软件和信息服务业示范基地建设　促进软件产业跨越式发展的意见》（青发〔2012〕7号文件），对软件业务收入新达到上规模标准的企业实施奖励，东软载波、鼎信通讯等8家企业获得奖励资金500万元。自2013年以来，青岛市共有26家企业获得该项表彰奖励，累计获得奖励资金2150万元，促进了青岛市软件产业的发展。

支持软件人才基地建设，首次尝试以注资形式扶持高端软件人才培训基地建设，以青岛市工业科技发展实业公司作为投资主体，对青岛感知信息科技有限公司完成了500万元的股本注资，有力地助推了青软实训人才培训基地建设。加强软件人才培养与供需平台建设，与市人社局开展软件人才需求摸底调查，收集30家企业急需中高级职位100多个，在青岛国际软博会上举办软件人才对接会，近百家企业发布500多个职位需求，现场求职者达到3000余人次。

（五）定向招商工作积极推进

全面实施软件和信息技术服务业“东园西谷北城”发展战略，对现有项目做好跟踪服务，对增量项目做好对接。跟踪调度的累计 60 个软件园区支撑项目计划总投资 724 亿元，其中，超过亿元项目 34 个，截至目前，建设工程已完成投资额 170 亿元。以三大重点园区作为招商主体，成功引进了惠普全球大数据中心、IBM 软件技术创新中心、东软集团研创中心等一批高端产业项目，产业项目计划总投资额占全部支撑项目的 70%以上，三大电信运营商计划在青岛市建设云计算数据中心，其中，联通云计算数据中心已投入运营，电信和移动大数据服务中心继续推进建设。

三、面临问题

（一）跨界竞争加剧了软件企业转型升级压力

从 IT 产业发展形势看，软硬件服务一体化正逐步演变成为势不可挡的大趋势。软硬件厂商及互联网企业通过布局云计算、大数据等新兴领域，加快服务化转型步伐，服务替代产品的创新模式迅速推广。行业巨头在跨界转型大力推动产业融合发展的同时，也加剧了信息技术服务业的竞争。

（二）软件新兴业态行业应用步伐相对缓慢

当前，云计算、大数据等新兴技术快速发展，但在数据中心等基础设施加快建设的同时，相应的信息技术服务发展缓慢，缺乏企业市场应用。一方面，新兴领域仍在探索有效的应用模式；另一方面，新兴领域企业的能力和水平难以满足市场期望。

（三）信息技术快速发展的背景下，信息安全形势严峻

从“棱镜门”事件到“苹果门”事件，网络信息安全问题已从产业隐患上升到关系全局的战略性问题，在高速发展的新兴信息技术领域中尤为严峻。

四、2016 年展望与目标

2016 年，要抢抓“中国制造 2025”和“互联网+”行动机遇，对接国家“制造强国”和“网络强国”战略，按照《青岛市互联网工业发展行动方案》提出的工作目标，积极参与青岛市互联网工业信息化建设进程，提供所需各类工业软件产品及信息化解决方案，在两化深度融合中同步提升青岛市软件企业品牌实力。同时，抓好企业列统、载体建设、平台服务、项目招商、机制强化等项工作，持续做大软件产业，力争 2016 年软件业务收入增长 18%以上，实现收入 1500 亿元以上。

（一）对接互联网工业，着力推广青岛市工业软件产品

一是抓好示范推广。按照《互联网工业发展行动方案》，实施互联网工业支撑软件产品对接实施计划，分批征集软件企业优秀案例，按工业行业分领域选树一批软件市级示范企业和项目，汇编成册并在有关会议上印发推介。二是抓好供需交流。主动对接推荐互联网工业示范试点软件企业，发挥软件行业协会的作用，分行业举办软件与互联网工业对接交流洽谈会，为供需双方提供共享信息资源与技术对接服务。三是抓好引导服务。在优秀软件企业评比活动中，向积极对接互联网工业并取得成果的重点软件企业倾斜，鼓励企业借力互联网工

业做大做强。

（二）开展“推新创优”表彰活动

落实青发〔2012〕7号文件政策措施，2016年，按计划开展评选青岛市优秀软件企业及创新软件产品活动，按标准推选2014—2015年度“青岛市领军软件企业”和“高成长性软件企业”，选拔2015年度软件上规模企业，评选市优秀软件企业和优秀软件产品，对当选企业予以奖励表彰，进行大力宣传推广。

（三）加大企业列统力度，推动软件业务收入稳步增长

一是完善统计体系。借助中小企业云服务平台，完成软件企业直报系统升级，抓好软件企业数据网上直报；二是建立列统企业基本情况数据库，完善50家重点软件企业监测坐标，加强监测分析，按照工信部要求做好数据统计月（年）报；三是指导软件协会和区市主管部门，实施“双百”涉软企业培训列统服务行动，挖掘智能制造、电子商务、信息服务等企业，扩大行业统计规模，力争全年新增列统企业150家以上。

（四）全面推动“千万平方米”软件产业园区加快建设

一是努力完成建设目标。继续推进“千万平方米”软件园计划总投资700亿元的64个支撑项目建设，重点抓好惠普大数据中心、海尔国际信息谷、中国移动云计算研发基地、计世青岛软件园等项目的跟踪；加大千万平方米软件园建设调度力度，按季度通报软件产业重点区市建设进度，组织重点建设项目现场观摩会，以点带面、互相促进，努力实现2016年开工80万平方米、竣工60万平方米（初定），累计完成竣工面积440万平方米以上的目标；二是提高入驻率。推动相关区市加大招商力度，跟进有关区市抓好青岛网谷、科创慧谷、青软实训等重点产业项目企业入驻和运营，争取园区累计入驻企业达到500家以上。

（五）制定青岛市软件产业发展指导意见

依据《山东省软件和信息技术服务业实施方案》和《青岛市信息产业“十三五”发展规划》，研究制定青岛市软件产业发展指导意见，接续青发〔2012〕7号文件的继续实施。主要包括：全面总结“十二五”期间青岛市软件产业发展相关规划政策实施情况，认真研究成功经验和存在的问题，制定新的发展目标，进一步明确功能定位，优化“东园西谷北城”产业发展布局，提出有序推进软件产业集聚健康发展的意见和措施，充分发挥软件产业基地的示范作用，为争创“中国软件名城”创建试点城市做好基础工作。

2015年深圳市软件和信息技术服务业发展概况

一、基本情况

（一）产业规模

2015年深圳市完成软件收入4217.7亿元，同比增长19%（见图1），产业规模仍稳居全国前列。其中，软件出口213.4亿美元，同比增长5%；软件从业人员40.5万人，同比增长10%，其中软件研发人员为26.6万人。深圳软件产业整体实力仍保持在全国前列。

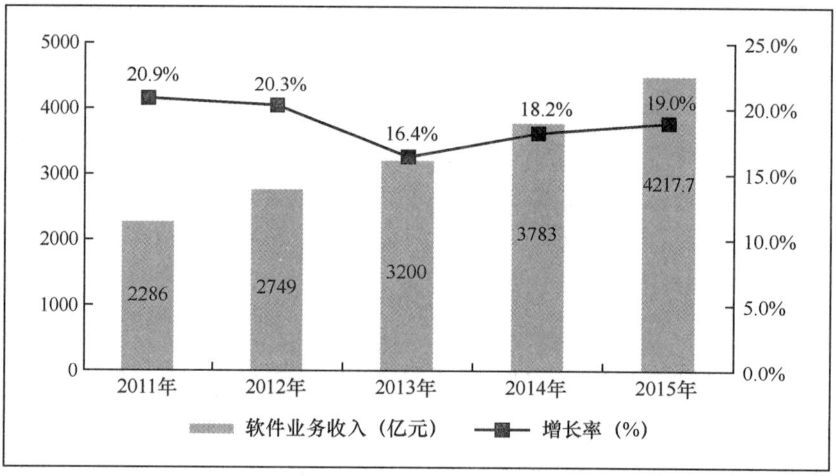

图1　深圳软件业2011—2015年增长情况

2015年深圳市软件产业利润总额为881.8亿元，同比增长41.5%。税金总额（主营业务税金、应交增值税之和）228.4亿元。软件研发投入603亿元，同比增长37.6%。

2015年是国家继续深化改革的一年，国务院不断推出简政放权的新政策、新举措。在国家取消“双软认定”这一行政审批事项后的过渡时期，协会开展软件企业及软件产品评估服务，为产业优惠政策的延续做好铺垫和支撑。2015年，经协会评估通过的新软件企业347家，软件产品2246件，办理软件著作权登记4544件。软件增值税退税105亿元。

（二）产业结构

2015年，软件和信息技术服务业各类收入分别为：软件产品收入750.3亿元，信息技术服务收入1654.3亿元，嵌入式系统软件收入1813亿元。

深圳软件业务收入仍以嵌入式系统软件收入为主，占总收入的43%，是深圳软件产业的主要收入。深圳的移动终端生产能力全球领先。以硬件及嵌入式软件为主的智能设备市场的兴起，也使得O2O模式，成为移动互联网公司的主流商业模式之一。

随着人们信息消费需求的增长，信息技术服务收入在软件总收入中的占比有所增加，形成了行业应用软件、系统集成和运维服务、IC设计等多种业态多元化发展的格局。

近年来，受软件服务化趋势的影响，软件已成为企业提供信息服务的主要媒介，信息技术服务收入已占深圳软件产业总收入的39%，是继嵌入式系统软件收入后，第二大软件业务收入。

（三）软件出口

2015年深圳软件出口总额213.4亿美元，占全市软件总收入的29%，深圳软件出口仍在广东省乃至全国软件出口收入中占主要比例。受国际市场低迷影响，出口增速继续放缓，但深圳软件企业凭借多年来积累的深厚的产品研发能力和市场开拓实力，在国际市场尚待提振的环境下，仍保持了国内出口前列。部分企业更为专注国内市场，并积极引进国外优秀资源，拓展国内业务。

（四）重点企业

根据华为2015年年报，销售收入3950亿元（约608亿美元），同比增长37.1%。其中中国市场营收1676.9亿元，同比增长54.3%，占总收入的42.5%；海外收入2185.1亿元，同比增长25.2%，占总收入的55.3%。受益于国内4G网络建设及智能手机的爆发式增长，中国市场比重从2014年的37.7%上升至2015年的42.5%。

中兴通讯2015年实现营业收入1001.9亿元，同比增长23%。其中国内市场营收531.1亿元，同比增长30.9%，占总收入的53%；国际市场营收470.8亿元，同比增长15.1%，占总收入的47%。国内市场比重从2014年的49.8%上升至2015年的53%，主要受益于FDD-LTE牌照的发放、“互联网+”及光纤改造热潮促使4G设备及宽带网络投资进一步增长。

华为和中兴通讯两家企业的软件出口占深圳市软件出口的87.7%，从两家年报中可以看出，2015年国际市场增长明显放缓，比重也随之下降，反观国内市场的表现则相当抢眼。除华为、中兴外，深圳在各领域的国际市场都有一席之地，如迈瑞、华讯方舟、大族激光、大疆创新、普联、海能达等软件企业，已逐步建立起自己的国际品牌。特别是大疆创新，2015年的营业收入约为60亿元，其中出口约为40亿元，占全球份额的70%～80%。

（五）利税贡献

软件产业对深圳利税的贡献极为突出，2015年实现利润总额881.8亿元，同比增长41.5%。税金总额（主营业务税金、应交增值税之和）228.4亿元，软件产业贡献的税金总额占深圳市税收总额的7.9%，人均税收贡献8万元。

（六）研发实力

2015年深圳软件产业研发投入达到602.9亿元，同比大幅增长37.6%。研发投入占软件收入的比重达14%，比重逐年上升，软件企业越来越注重自主研发实力，提高行业竞争能力。

深圳PCT国际专利申请连续12年居全国大中城市首位，2015年申请量达到13308件，同比增长14.3%，占全国申请总量的46.9%。在国内企业PCT申请量前10排名中，深圳软件企业占据半壁江山，华为、中兴位列前二（见表1），同时排名全球企业PCT申请量第一和第三位。深圳软件企业最早挺进国际市场，但由于缺少专利筹码，在竞争中面临不利局面，屡碰贸易壁垒，促使企业逐步增强知识产权的权利意识，也促进企业投入更多有效资源用于技术，尤其是核心技术的研发，增强自身自主创新能力，在国际市场中取得先机。

表 1　2015 年国内企业 PCT 申请量排名

排名	国内企业名称	申请受理量（件）	排名	国内企业名称	申请受理量（件）
1	华为技术有限公司	3538	6	腾讯科技（深圳）有限公司	365
2	中兴通讯股份有限公司	3150	7	宇龙计算机通信科技（深圳）有限公司	269
3	京东方科技集团股份有限公司	1414	8	百度在线网络技术（北京）有限公司	220
4	深圳市华星光电技术有限公司	1185	9	北京奇虎科技有限公司	218
5	小米科技有限责任公司	546	10	深圳市大疆创新科技有限公司	210

2015 年全球 PCT 申请人 50 强中，中国企业有 6 家入围，与 2014 年持平，其中 4 家企业来自深圳，3 家为软件企业（见表 2）。

表 2　2015 年全球 PCT 申请人排名（中国企业排名）

全球排名	申请人	专利数（件）
1	华为技术有限公司	3898
3	中兴通讯股份有限公司	2155
14	京东方科技集团股份有限公司	1227
20	腾讯技术（深圳）有限公司	981
27	深圳华星光电技术有限公司	710
39	华为终端有限公司	442

长期以来，由于缺乏核心技术，国产手机厂商都需向国外科技企业支付巨额的专利费用，但是依靠研发积累的专利技术，国产品牌也逐渐有了一席之地。据国家知识产权局最新公布的许可备案登记信息显示，2015 年华为向苹果公司许可专利 769 件，苹果向华为许可专利 98 件，苹果将向华为支付上亿美元的专利费用，意味着华为研发实力的提升，其在知识产权方面的话语权也逐步增强。华为 2015 年研发投入达到 596 亿元（约 92 亿美元），占营业收入的 15%，已超过苹果的 85 亿美元研发投入（占营业收入的 3.5%）。过去十年，华为研发投入累计超过 2400 亿元（约 370 亿美元）；全球研发人员约 79000 名，占公司总人数的 45%。

二、发展特点

（一）稳固传统优势领域

深圳在移动智能终端、高端智能装备、通信设备领域处于领先地位，产业基础非常好，并在技术上不断创新。近年来智能手机领域表现相当突出，据 TrendForce 公布数据，2015 年全球十大智能手机厂商中国企业占据七席，其中 3 家来自深圳，华为、OPPO（研发中心在深圳）、中兴分列第三、第八、第十位；就国内厂商而言，华为上升 4.4 个百分点至 20% 的份额，位列第一，OPPO 则以 9.1%的份额位列第五。华为和中兴在网络通信设备领域早已占有一席之地，在智能手机、智能手表等可穿戴设备上加大研发投入，特别是华为，自主研发高性能芯片，从核心技术上与国外企业竞争，2015 年华为智能手机出货量首度突破一亿部大关。

在全球通信设备领域，华为和中兴位列前五大厂商第一和第四位，占有绝对的优势。华为在2013年首次超越爱立信后，连续两年以20%～30%的增速拉开了与第二名爱立信的收入差距，财报显示，爱立信营业收入2015年与2014年基本持平，约为294亿美元，而华为2015年的营业收入则达到608亿美元，较2014年大幅增加143亿美元。中兴通讯以154亿美元的营业收入列第四位，细分到运营商领域收入，中兴则以88亿美元列第五位，但是是五大设备商中增幅最大的，达到了24%，主要是中兴在本土市场的中国电信和中国联通的FDD建设中获取了较大的市场份额。

（二）信息服务热度持续

移动互联网、云计算、大数据、信息安全等信息技术服务发展迅速，并逐步渗透到各行各业中。政府加强建设智慧城市、云平台、大数据服务，进一步推进在医疗、教育、安全、交通、生活等领域的应用。

深圳市政府明确提出“互联网+”计划，其中包括：互联网+制造、互联网+金融、互联网+商贸、互联网+物流、互联网+交通、互联网+文化创意、互联网+教育、互联网+健康医疗、互联网+公共安全、互联网+城市管理、互联网+政府服务等多个方面。“互联网+”计划目的在于加快构建以“互联网+”为代表的新兴经济形态、社会形态和创新体系，让互联网真正深刻改变人们的生产生活方式。“互联网+”是连接一切，而不是简单的“加法”，哪个领域、哪个行业能率先正确运用互联网，也就是率先实现了“互联网+”，就能抢得这轮产业革命的先机，迸发出巨大的创新创造能力。腾讯主导的微信“城市服务入口”目前已经在广州、深圳、佛山、武汉等五个城市上线。户政、交通、医疗、水电煤气缴费等十几项民生服务，全部被集成在微信的入口中，就像一个掌上的办事大厅，动动手指就能够完成这些业务的办理。目前，“微信城市服务”目前已经覆盖6000万人，累计服务用户超过1100万人次。2015年，蚂蚁金融服务集团、阿里巴巴集团与新浪微博共同启动“互联网+城市服务”战略，联合各地政府，提供“智慧城市”的一站式解决方案，深圳成为首批上线的12个城市之一。在深圳，包括车辆违法查询、生活缴费、违章提醒、全程路况、交通违法预约、驾照违法查询、电子警察分布在内的7项业务，均支持在手机上预约或办理。可以说，深圳的“互联网+”已经深度渗透到城市服务的各个环节。

在深圳，大数据对深圳的网络基础设施提供商、互联网企业、软件公司、科研机构等也意味着巨大的商机。深圳市软件行业协会为促进本地大数据产业的发展，联合会员单位中大数据领域的骨干企业共同成立了“深圳市大数据产业联盟”。大数据是信息技术的下一个发展重点，对深圳的发展具有战略意义，推动了政府基础数据的开放共享，将产生巨大的社会价值。大数据时代，网络基础设施先行，为深圳众多企业带来了商机。对深圳的网络基础设施提供商、互联网、金融软件、企业管理等领域的软件企业，大数据市场将给它们带来巨大商机，成为这些企业未来激烈竞争的领域。

深圳发展“云计算”产业，在网络基建上有较强优势。深圳的宽带网络以及IT基础设施建设处于国内领先水平，并且是全国4G试点城市之一。深圳的软件企业也在发展云计算产业方面具有一定的积累和优势。在云计算领域，深圳拥有一批行业高端的科研机构和企业。国家超级计算深圳中心（深圳云计算中心）购置的曙光6000“星云”超级计算机，具有丰富的计算资源、海量的存储资源；另外，超算中心还接入了充裕的网络资源，并建立了可靠的信息安全管理体系。

华为进军云计算领域，至今已有八年。在推动云计算发展中，华为已经得到了业界用户的广泛认可，在各个领域都已成为佼佼者。服务器、存储器等硬件设施是云计算实施的基础元素，华为的服务器全球出货量连续 7 个季度排名第四位，据 Gartner 报告显示，2014 年第四季度华为刀片服务器出货量居全球第二位；华为的存储全球收入增长率连续 6 个季度排名第一位，IDC 发布的 2015 年第一季度外部磁盘存储市场报告显示，华为存储全球收入增长率继续保持第一，已然成为国内存储市场中的“领头羊”。华为在全球建立了 480 个数据中心，其中有 160 个云数据中心。华为双活数据中心解决方案荣获 Frost & Sullivan“最佳解决方案技术领导奖”。

（三）创业创新气氛浓厚

在创新驱动发展战略的推动下，产业发展环境日趋优化。深圳创业公司众多，主要是网络技术、游戏、消费电子等科技领域较多，相对于其他城市，自由度、融合度、市场化、国际化程度都较高。深圳市作为移民城市也决定了其开放程度高，初创企业在推广产品的时候，更容易从用户接受程度、用户体验结果来调整战略布局。前海吸引金融、法律、咨询为代表的高端专行会组织为创新创业提供服务，其中前海深港青年梦工厂逐步成为引进国际创新创业平台机构。深圳国际科技商务平台则提供办公场所、优惠政策、专业化服务吸引境外非营利性科技商务机构入驻引领国际科技合作，在科技合作、技术转移、知识产权保护等领域探索更趋国际化的运营模式，成为构建全球创新生态圈的有效载体。

在“十二五”期间深圳完成科技进步贡献率超过 60%，三次位居福布斯中国大陆创新城市榜首。4G 技术、基因测序、超材料、3D 显示等领域创新能力跻身世界前沿。实现国家技术发明一等奖“零”的突破。获国家科学技术奖励 56 项，获中国专利金奖、优秀奖 130 项，PCT 国际专利申请超过 5 万件，分别是“十一五”期间的 1.8 倍、4.5 倍和 3.2 倍。有效发明专利累计近 8.4 万件，约占全国 1/10。拥有国家、省市级重点实验室、工程实验室、工程中心和企业技术中心等 1283 家，约为 2010 年的 3 倍。微软、英特尔、三星等 58 个世界 500 强项目落户深圳。深圳市政府在“两会”中提出打造“国际领先的创新型城市”，把创新摆在发展全局核心位置，加快全面创新改革试验，完善综合创新生态体系，形成以创新为主要引领和支撑的经济体系和发展模式，抢占未来发展制高点。增强自主创新能力，加强源头创新、开放创新、协同创新，加快从跟随式创新向引领式创新转变，提升创新发展能级。

三、产业环境进一步优化

（一）高端人才需求不断上升

2015 年深圳软件产业软件从业人员 40.5 万人，同比增长 10%，其中硕士及以上学历人员 5.7 万人，软件研发人员 26.6 万人。深圳市软件企业十分重视研发创新，积淀了一大批中高端软件人才，并积极聘用新兴领域的专业人才，为深圳市软件产业未来的发展奠定了坚实的人才基础。

2015 年，深圳市软件产业从业人员的职工薪酬为 519 亿元，较上一年度增长 32.1%，人均职工薪酬 12.4 万元/年，较上一年度增加了 1.4 万元/年。职工薪酬增长幅度远高于从业人员增长幅度，一方面，企业对于高端专业及复合型人才需求进一步扩大；另一方面，企业的用人成本也快速增加，给企业经营带来一定的成本压力。

深圳市特殊的发展环境以及相关人才政策，如孔雀计划、人才优先政策等吸引了大批初创人才来深创业，但是高企的房价及生活消费水平未能留下这些中高端人才，而人才红利正是被视作深圳在创新驱动中保持领先的重要竞争力，解决如何引进和留住人才，扩大人才政策覆盖面的问题是未来产业发展的重中之重。

（二）政府扶持力度不断加大

深圳市近年来为科技企业、软件企业打造优化的产业政策环境，顺应“大众创业、万众创新”号召，也出台了相关创新政策以吸引新创企业在深圳发展壮大。《深圳市关于进一步加快软件产业和集成电路设计产业发展若干措施的通知》从研发、知识产权、人才、投融资、税收等方面提出了措施。2014 年年底公布《深圳市机器人、可穿戴设备和智能装备产业发展规划（2014—2020 年）》指出，提升产业发展水平，促进产业高端聚集，打造国内领先、世界知名的机器人、可穿戴设备和智能装备产业制造基地、创新基地、服务基地。而《关于促进科技创新的若干措施》涵盖了创新科技管理机制、提升产业创新能力、强化对外合作、优化综合创新生态体系等四个方面。其中，以支持企业做大做强做优为例，提出深圳市政府将投资引导基金，参与设立规模 100 亿元的市级中小微企业发展基金，支持符合深圳市产业导向的种子期、初创期成长型中小微企业发展。

新业态发展快速、影响范围广，为规范行业发展，国家陆续出台新政策加以监管规范。银监会会同工业和信息化部、公安部、国家互联网信息办公室等部门研究起草了《网络借贷信息中介机构业务活动管理暂行办法（征求意见稿）》，促进 P2P 行业健康发展，以更好地满足中小微企业和个人投融资需求。对于互联网彩票，2015 年中央八部门联合叫停，2016 年叫停一周年之际，四大部门下发《关于做好查处擅自利用互联网销售彩票工作有关问题的通知》，严肃程度甚于 2015 年。虽然禁售给市场带来了巨大的压力，但由于配套法规、监管的真空和滞后，在疯狂发展的背后不停地出现负面问题，乱象层出不穷，国家出台相关规范监管政策在一定程度上遏制了问题的蔓延，使行业发展更为健康、有序。

II 综合统计

	企业数（个）	软件业务收入	其中： 软件产品收入
软件企业合计	**38222**	**428479159**	**136561432**
一、按企业登记注册类型分列			
内资企业	35009	337476444	114336926
国有企业	714	26285747	7661904
集体企业	53	4552179	524258
股份合作企业	178	2100022	944752
联营企业	79	633721	200792
国有联营企业	25	136181	54635
集体联营企业	12	113657	58322
国有与集体联营企业	11	177957	33495
其他联营企业	31	205927	54341
有限责任公司	14745	156033436	47834091
国有独资公司	165	3916598	1348706
其他有限责任公司	14580	152116837	46485384
股份有限公司	3534	64851244	25733532
私营企业	14769	77389009	28571580
其他内资企业	937	5631085	2866018
中国港、澳、台商投资企业	972	32661987	7326572
合资经营企业（中国港、澳、台资）	235	5449625	1006027
合作经营企业（中国港、澳、台资）	19	184924	168657
中国港、澳、台商独资经营企业	682	25957071	5836948
中国港、澳、台商投资股份有限公司	30	1015982	291560
其他中国港、澳、台商投资企业	6	54385	23379
外商投资企业	2241	58340729	14897934
中外合资经营企业	516	10006868	2388434
中外合作经营企业	29	332637	55237
外资企业	1637	45532357	11859236
外商投资股份有限公司	41	2349195	521174
其他外商投资企业	18	119672	73854
二、按经济类型分列			
国有经济	904	30338526	9065245

服务业主要指标汇总表（一）

单位：万元

		其中：
信息技术服务收入	嵌入式系统软件收入	软件外包服务收入
222109514	**69808213**	**20969169**
178549670	44589848	12878467
13959003	4664840	922843
2845352	1182570	33815
558065	597205	247694
373499	59431	27623
41908	39639	4962
55335		1569
143862	600	20895
132394	19192	197
88795458	19403887	6228988
1922006	645886	253827
86873451	18758002	5975160
28772528	10345183	2106747
41069219	7748211	3247484
2176547	588521	63274
20475548	4859867	857029
3163497	1280101	188832
6525	9742	5152
16900985	3219137	576429
373764	350658	86616
30777	228	
23084296	20358498	7233673
2842047	4776387	570799
214041	63360	13577
18923415	14749706	6321118
1064571	763450	319577
40223	5595	8602
15922917	5350364	1181632

	企业数（个）	软件业务收入	其中： 软件产品收入
集体经济	65	4665836	582579
股份合作经济	178	2100022	944752
股份制经济	18114	216968081	72218917
外商及中国港、澳、台投资经济	3213	91002715	22224506
其他经济	15748	83403978	31525433
三、按控股经济分列			
公有控股经济	4240	101660639	32590679
国有控股	2325	78190454	24947768
国有绝对控股	1685	54706674	16579390
国有相对控股	640	23483780	8368378
集体控股	1915	23470185	7642911
集体绝对控股	741	14446891	4014824
集体相对控股	1174	9023293	3628087
非公有控股经济	33982	326818520	103970753
私人控股	30899	241008755	83848376
私人绝对控股	24288	189627945	64071843
私人相对控股	6611	51380810	19776533
中国港、澳、台商控股	949	27647192	5859312
中国港、澳、台商绝对控股	789	24178914	5099059
中国港、澳、台商相对控股	160	3468278	760253
外商控股	2134	58162573	14263065
外商绝对控股	1824	51586994	12808784
外商相对控股	310	6575578	1454281
四、按软件出口基地分列			
北京软件出口基地	127	3912241	1357259
天津软件出口基地	33	312770	81251
大连软件出口基地	1764	15068197	6084642
上海软件出口基地	321	4757719	1367685
深圳软件出口基地	414	4967557	2031775
西安软件出口基地	1328	11397369	3165409

服务业主要指标汇总表（一）

单位：万元

		其中：
信息技术服务收入	嵌入式系统软件收入	软件外包服务收入
2900687	1182570	35384
558065	597205	247694
115645980	29103185	8081907
43559844	25218365	8090702
43522022	8356523	3331850
51536173	17533787	3663612
39435565	13807121	2756988
31096061	7031223	2125883
8339504	6775898	631105
12100609	3726665	906624
8347543	2084524	446441
3753065	1642141	460182
170573341	52274426	17305557
128246040	28914339	9528868
101486065	24070037	7508447
26759975	4844302	2020421
17261716	4526164	668889
15986097	3093758	577998
1275619	1432406	90891
25065584	18833923	7107800
22255579	16522632	6652745
2810006	2311292	455055
2552024	2958	494947
231519		27937
8169341	814214	4498889
3390034		515257
2151710	784071	166319
7116147	1115812	2344569

	企业数（个）	软件业务收入	其中：软件产品收入
五、按软件园区分列			
北京中关村软件园	1714	43795113	17878202
大连软件园	1764	15068197	6084642
上海浦东软件园	323	4831002	1367992
南京软件园	424	9444871	3751880
杭州软件园	657	22588739	6625443
山东齐鲁软件园	563	8756000	3891644
长沙软件园	174	1720469	701927
广州天河软件园	1645	20423438	7857519
珠海南方软件园	65	516812	116180
成都软件园	1093	6394719	3309986
西安软件园	1328	11397369	3165409
六、按行业分列			
软件产品行业	19821	142199841	114010007
信息技术服务行业	14670	201334414	14933353
嵌入式系统软件行业	3731	84944904	7618071
七、按企业规模分列			
大型企业	2725	264737051	72080991
中型企业	8417	115192954	41078079
小型企业	24180	47696233	23033153
微型企业	2900	852921	369208

服务业主要指标汇总表（一）

单位：万元

		其中：
信息技术服务收入	嵌入式系统软件收入	软件外包服务收入
25810782	106129	1168295
8169341	814214	4498889
3463010		515257
5100160	592831	187850
14787593	1175703	514631
4065993	798363	1297287
684308	334234	111231
11453420	1112498	1052900
281895	118737	18672
3014617	70116	217198
7116147	1115812	2344569
26181763	2008071	8858418
184089244	2311816	11232688
11838507	65488326	878063
145801452	46854608	13779391
56581989	17532886	5501541
19435540	5227539	1664981
290533	193180	23256

2015年软件和信息技术服务业主要指标汇总表（二）

单位：万美元

	软件业务出口收入	软件外包服务出口收入	嵌入式系统软件出口收入
软件企业合计	**4948703**	**960946**	**2292357**
一、按企业登记注册类型分列			
内资企业	3035566	337167	1608650
国有企业	72782	6961	57448
集体企业	20219	2889	14520
股份合作企业	1159	893	229
联营企业	501	501	
国有联营企业	300	300	
集体联营企业	54	54	
国有与集体联营企业	147	147	
其他联营企业			
有限责任公司	1845153	121220	971413
国有独资公司	10052	6209	3217
其他有限责任公司	1835101	115011	968195
股份有限公司	751324	109795	405748
私营企业	340134	93402	157736
其他内资企业	4293	1506	1555
中国港、澳、台商投资企业	451961	53192	162958
合资经营企业（中国港、澳、台资）	164916	2439	33802
合作经营企业（中国港、澳、台资）	844	844	
中国港、澳、台商独资经营企业	281253	45771	128613
中国港、澳、台商投资股份有限公司	4768	4138	543
其他中国港、澳、台商投资企业	179		
外商投资企业	1461176	570587	520750
中外合资经营企业	133365	28709	79683
中外合作经营企业	1695	1395	
外资企业	1287369	502150	440973
外商投资股份有限公司	37863	37448	94
其他外商投资企业	885	885	
二、按经济类型分列			
国有经济	83134	13470	60666

2015年软件和信息技术服务业主要指标汇总表（二）

单位：万美元

	软件业务出口收入	软件外包服务出口收入	嵌入式系统软件出口收入
集体经济	20273	2943	14520
股份合作经济	1159	893	229
股份制经济	2586425	224806	1373944
外商及中国港、澳、台投资经济	1913137	623779	683708
其他经济	344574	95055	159291
三、按控股经济分列			
公有控股经济	734814	91286	463740
国有控股	653676	50290	444112
国有绝对控股	296732	41198	100989
国有相对控股	356944	9092	343123
集体控股	81138	40996	19628
集体绝对控股	41333	13676	16720
集体相对控股	39804	27321	2908
非公有控股经济	4213888	869660	1828617
私人控股	2533894	271074	1175449
私人绝对控股	2352786	221056	1115172
私人相对控股	181108	50018	60276
中国港、澳、台商控股	246186	55045	141824
中国港、澳、台商绝对控股	219830	51110	123062
中国港、澳、台商相对控股	26355	3935	18762
外商控股	1433809	543541	511345
外商绝对控股	1322506	527177	438490
外商相对控股	111303	16364	72855
四、按软件出口基地分列			
北京软件出口基地	81135	81135	
天津软件出口基地	3964	3210	
大连软件出口基地	373881	276383	10916
上海软件出口基地	41094	37796	
深圳软件出口基地	90605	3936	39372
西安软件出口基地	73950	59234	14716

2015年软件和信息技术服务业主要指标汇总表（二）

单位：万美元

	软件业务出口收入	软件外包服务出口收入	嵌入式系统软件出口收入
五、按软件园区分列			
北京中关村软件园	191360	191151	174
大连软件园	373881	276383	10916
上海浦东软件园	39940	37796	
南京软件园	37480	14300	22257
杭州软件园	159514	32705	16054
山东齐鲁软件园	12077	11872	97
长沙软件园	1878	671	
广州天河软件园	61918	48560	956
珠海南方软件园	29851	1630	13439
成都软件园	55867	27642	830
西安软件园	73950	59234	14716
六、按行业分列			
软件产品行业	870363	440074	5014
信息技术服务行业	1104294	519953	19700
嵌入式系统软件行业	2974046	919	2267642
七、按企业规模分列			
大型企业	4239799	658490	2103014
中型企业	534869	232452	144359.0
小型企业	171290	68832	43755
微型企业	2744	1173	1229

2015年软件和信息技术服务业主要指标汇总表（三）

单位：万元

	利润总额	流动资产平均余额	资产合计	负债合计	固定资产投资额
软件企业合计	**57657000**	**332500339**	**618104968**	**316751509**	**16464418**
一、按企业登记注册类型分列					
内资企业	44865659	262753596	507559934	266103530	14611406
国有企业	2652946	20209609	39873202	24211161	1023980
集体企业	777996	214170	27371758	20492846	7571.94
股份合作企业	131461	1399456	3254645	1554933	87902.21
联营企业	94021	290450	592496	278224	15440.02
国有联营企业	12909	57554	166092	38138	3660.12
集体联营企业	-2959	23676	59004	30284	5863.2
国有与集体联营企业	22926	67491	185083	83915	2770.5
其他联营企业	61145	141729	182317	125887	3146.2
有限责任公司	21699370	112263195	202124188	108362321	6846300
国有独资公司	314833	3387401	6217112	2814918	158882.9
其他有限责任公司	21384537	108875794	195907077	105547403	6687417
股份有限公司	10804272	72201680	131621614	53029024	3001643
私营企业	8127569	55245651	92219874	51460900	3594826
其他内资企业	578024	929385	10502158	6714121	33743.52
中国港、澳、台商投资企业	7785283	36204913	53874077	22932491	624472.6
合资经营企业（中国港、澳、台资）	109559	3572683	5551486	3454700	130774.3
合作经营企业（中国港、澳、台资）	20582	799178	614630	277754	3331
中国港、澳、台商独资经营企业	7504750	30599514	46084426	18541047	477326.1
中国港、澳、台商投资股份有限公司	147259	1164300	1541208	631125	12454.76
其他中国港、澳、台商投资企业	3133	69239	82326	27864	586.37
外商投资企业	5006058	33541830	56670957	27715489	1228540
中外合资经营企业	786108	5195371	10358312	5474546	150728.2
中外合作经营企业	102000	218705	452313	170532	13371.96
外资企业	3957035	26841302	43734251	21225397	1015260
外商投资股份有限公司	130138	1159390	1941620	789429	44721.71
其他外商投资企业	30778	127062	184460	55585	4457.58
二、按经济类型分列					
国有经济	2980688	23654564	46256405	27064216	1186523

2015年软件和信息技术服务业主要指标汇总表（三）

单位：万元

	利润总额	流动资产平均余额	资产合计	负债合计	固定资产投资额
集体经济	775038	237846	27430762	20523130	13435.14
股份合作经济	131461	1399456	3254645	1554933	87902.21
股份制经济	32188809	181077474	327528691	158576427	9689060
外商及中国港、澳、台投资经济	12791341	69746743	110545034	50647980	1853012
其他经济	8789664	56384255	103089432	58384823	3634486
三、按控股经济分列					
公有控股经济	11714075	90136511	190775608	106797660	3220676
国有控股	8712587	76626641	130543206	72900015	2584018
国有绝对控股	6268302	56155964	92792659	53934366	1965906
国有相对控股	2444285	20470677	37750547	18965649	618111.9
集体控股	3001488	13509870	60232403	33897645	636658.5
集体绝对控股	2106463	7589090	47288335	27189461	210298.5
集体相对控股	895025	5920780	12944068	6708184	426360
非公有控股经济	45942925	242363828	427329360	209953849	13243742
私人控股	34344304	178829283	327061031	164107330	11622248
私人绝对控股	27901731	145512441	245285945	122129475	9621005
私人相对控股	6442573	33316841	81775086	41977855	2001243
中国港、澳、台商控股	6224810	31016964	45208466	19907433	444088.6
中国港、澳、台商绝对控股	6113897	28988946	42230098	17899755	392730
中国港、澳、台商相对控股	110914	2028019	2978368	2007678	51358.64
外商控股	5373811	32517581	55059863	25939087	1177405
外商绝对控股	4914608	28812612	47458514	21993992	1096243
外商相对控股	459202	3704969	7601349	3945094	81162.22
四、按软件出口基地分列					
北京软件出口基地	671774	3793898	6699369	2713981	72276
天津软件出口基地	14267	144286	383141	88119	6466.78
大连软件出口基地	570892	4642653	12527469	6961564	153125.4
上海软件出口基地	1404055	7448637	12992013	5911422	232770.3
深圳软件出口基地	1736014	6847210	11646194	4865460	400219.3
西安软件出口基地	576682	7449181	14041761	7500121	447345.7

2015年软件和信息技术服务业主要指标汇总表（三）

单位：万元

	利润总额	流动资产平均余额	资产合计	负债合计	固定资产投资额
五、按软件园区分列					
北京中关村软件园	6717539	48524322	76982292	35155576	1339417
大连软件园	570892	4642653	12527469	6961564	153125.4
上海浦东软件园	1406986	7441612	13033977	5912975	232567.3
南京软件园	1154077	8783153	24352820	13039471	569832.4
杭州软件园	6965073	22947057	39724480	14013612	423901.9
山东齐鲁软件园	1304236	3883923	9032407	6840939	123489.4
长沙软件园	235260	8745731	6154534	3710360	124003.3
广州天河软件园	2679822	19340245	36831917	14662218	300625.7
珠海南方软件园	91712	593968	1095669	393111	31047.2
成都软件园	936034	5196967	11087635	8345784	326850.8
西安软件园	576682	7449181	14041761	7500121	447345.7
六、按行业分列					
软件产品行业	22060585	137033559	222223825	103640268	9042932
信息技术服务行业	29412895	154380231	332005478	175505608	6620794
嵌入式系统软件行业	6183521	41086550	63875665	37605634	800692
七、按企业规模分列					
大型企业	40502306	208618382	415166877	215926422	8886353
中型企业	12283627	74688362	129154547	66902699	5982814
小型企业	4817332	48056929	71307717	33123301	1584711
微型企业	53735	1136665	2475828	799087	10540.87

2015年软件和信息技术服务业主要指标汇总表（四）

单位：万元

	主营业务税金及附加	年末所有者权益	年初所有者权益	应交增值税
软件企业合计	**8319325**	**301353459**	**240323881**	**11461565**
一、按企业登记注册类型分列				
内资企业	7375114	241456405	185388696	9395774
国有企业	374374	15662041	14700730	562144
集体企业	98519	6878912	4893806	8930
股份合作企业	30405	1699712	1302895	49238
联营企业	13899	314272	250365	10319
国有联营企业	2795	127954	114594	1567
集体联营企业	4900	28720	13954	1637
国有与集体联营企业	3616	101168	78798	4378
其他联营企业	2588	56430	43019	2738
有限责任公司	3481997	93761867	75402521	4797468
国有独资公司	91997	3402194	2914043	142328
其他有限责任公司	3389999	90359673	72488479	4655140
股份有限公司	1230205	78592591	56825934	1911881
私营企业	1926276	40758974	31433460	2008321
其他内资企业	219438	3788037	578986	47472
中国港、澳、台商投资企业	346699	30941586	34183634	1109259
合资经营企业（中国港、澳、台资）	38873	2096786	11216223	137864
合作经营企业（中国港、澳、台资）	2845	336876	309080	15755
中国港、澳、台商独资经营企业	265588	27543379	21794784	910191
中国港、澳、台商投资股份有限公司	39165	910083	815085	43909
其他中国港、澳、台商投资企业	227	54462	48461	1539
外商投资企业	597513	28955468	20751551	956532
中外合资经营企业	205397	4883766	4149177	235722
中外合作经营企业	9077	281781	240215	13505
外资企业	371644	22508854	15456650	676822
外商投资股份有限公司	9863	1152192	798010	22613
其他外商投资企业	1532	128876	107498	7871
二、按经济类型分列				
国有经济	469167	19192188	17729367	706039

2015年软件和信息技术服务业主要指标汇总表（四）

单位：万元

	主营业务税金及附加	年末所有者权益	年初所有者权益	应交增值税
集体经济	103419	6907632	4907760	10566
股份合作经济	30405	1699712	1302895	49238
股份制经济	4620204	168952264	129314412	6567021
外商及中国港、澳、台投资经济	944212	59897054	54935185	2065791
其他经济	2151919	44704608	32134262	2062909
三、按控股经济分列				
公有控股经济	1651519	83977948	69734174	2678316
国有控股	1143918	57643190	49616408	2029171
国有绝对控股	813485	38858293	35164707	1417346
国有相对控股	330433	18784897	14451701	611825
集体控股	507601	26334758	20117766	649145
集体绝对控股	356623	20098874	16335168	359976
集体相对控股	150978	6235884	3782598	289169
非公有控股经济	6667806	217375511	170589708	8783249
私人控股	5653208	162953702	130018730	6959557
私人绝对控股	3925589	123156471	100973184	5769620
私人相对控股	1727619	39797231	29045546	1189937
中国港、澳、台商控股	282387	25301033	20158197	937414
中国港、澳、台商绝对控股	231120	24330343	19265751	855190
中国港、澳、台商相对控股	51268	970690	892447	82224
外商控股	732211	29120776	20412781	886278
外商绝对控股	615265	25464522	17836605	767318
外商相对控股	116945	3656254	2576176	118960
四、按软件出口基地分列				
北京软件出口基地	25582	3985388	3437650	106295
天津软件出口基地	727	295022	245589	3143
大连软件出口基地	486972	5565905	4930016	236054
上海软件出口基地	117653	7080591	5628385	117033
深圳软件出口基地	53161	6780733	5258923	229361
西安软件出口基地	487584	6541640	6154421	131099

2015年软件和信息技术服务业主要指标汇总表（四）

单位：万元

	主营业务税金及附加	年末所有者权益	年初所有者权益	应交增值税
五、按软件园区分列				
北京中关村软件园	316472	41826716	33615197	1407853
大连软件园	486972	5565905	4930016	236054
上海浦东软件园	118104	7121002	5664438	117074
南京软件园	381217	11313349	4286316	320826
杭州软件园	225826	25710868	19085103	915761
山东齐鲁软件园	204981	2191468	2151494	155105
长沙软件园	15784	2444174	1552919	75975
广州天河软件园	427107	22169699	18489347	724870
珠海南方软件园	4128	702558	552367	22450
成都软件园	104214	2741851	3238993	196792
西安软件园	487584	6541640	6154421	131099
六、按行业分列				
软件产品行业	3451432	118583558	97272943	5262005
信息技术服务行业	3997546	156499870	123607958	4395585
嵌入式系统软件行业	870348	26270031	19442980	1803976
七、按企业规模分列				
大型企业	4827580	199240455	149642753	7507959
中型企业	2231782	62251847	47445167	2515276
小型企业	1239155	38184416	41659938	1409397
微型企业	20808	1676740	1576023	28932

2015年软件和信息技术服务业主要指标汇总表（五）

单位：万元

	应交所得税	出口已退税额	研发经费	主营业务成本
软件企业合计	**7152318**	**1187531**	**39069513**	**378593978**
一、按企业登记注册类型分列				
内资企业	5351081	871281	30639970	298243415
国有企业	410096	76252	1990743	24407773
集体企业	283958	773	694264	15279337
股份合作企业	25044	2745	103913	1899615
联营企业	6483	9704	42414	646728
国有联营企业	570	26	11097	117795
集体联营企业	925	575	4409	146786
国有与集体联营企业	3611	46	10317	131883
其他联营企业	1377	9057	16592	250264
有限责任公司	2419303	195114	14870666	119422968
国有独资公司	49745	4238	287955	2716982
其他有限责任公司	2369559	190876	14582711	116705986
股份有限公司	1172714	412576	6193895	61541264
私营企业	1011558	172796	6583575	60499015
其他内资企业	21924	1322	160500	14546715
中国港、澳、台商投资企业	1042253	151735	3928444	19856470
合资经营企业（中国港、澳、台资）	37022	99605	771225	3882280
合作经营企业（中国港、澳、台资）	5526	2637	22664	254601
中国港、澳、台商独资经营企业	991634	48458	2916411	14383181
中国港、澳、台商投资股份有限公司	7959	315	213759	1296742
其他中国港、澳、台商投资企业	110	720	4385	39665
外商投资企业	758984	164515	4501099	60494093
中外合资经营企业	116188	23693	562608	7935531
中外合作经营企业	5405	1276	11012	488029
外资企业	621627	139164	3823458	49802854
外商投资股份有限公司	13258	325	74074	2212767
其他外商投资企业	2506	57	29946	54911
二、按经济类型分列				
国有经济	460411	80516	2289794	27242550

2015年软件和信息技术服务业主要指标汇总表（五）

单位：万元

	应交所得税	出口已退税额	研发经费	主营业务成本
集体经济	284883	1348	698672	15426123
股份合作经济	25044	2745	103913	1899615
股份制经济	3542273	603451	20776606	178247250
外商及中国港、澳、台投资经济	1801237	316250	8429543	80350562
其他经济	1038470	183221	6770984	75427877
三、按控股经济分列				
公有控股经济	1909501	463878	10050857	102324813
国有控股	1359502	436630	7245757	72229105
国有绝对控股	966030	268049	4595455	50781070
国有相对控股	393472	168580	2650302	21448035
集体控股	549999	27249	2805101	30095708
集体绝对控股	429618	11372	1925223	22404307
集体相对控股	120381	15876	879878	7691401
非公有控股经济	5242817	723653	29018656	276269165
私人控股	3544192	515428	21929155	198563111
私人绝对控股	2886059	432419	17661986	145336291
私人相对控股	658133	83009	4267169	53226820
中国港、澳、台商控股	933306	29422	2702190	16982977
中国港、澳、台商绝对控股	912765	18175	2543763	13945533
中国港、澳、台商相对控股	20541	11247	158426	3037444
外商控股	765319	178803	4387311	60723077
外商绝对控股	674893	159929	3994259	55772561
外商相对控股	90425	18874	393053	4950516
四、按软件出口基地分列				
北京软件出口基地	126580		435454	2485364
天津软件出口基地	1819		43713	171986
大连软件出口基地	196107	5492	325496	11609652
上海软件出口基地	238832	2842	507326	2471857
深圳软件出口基地	146932	42190	696536	3184487
西安软件出口基地	69978	3932	858919	5991233

2015年软件和信息技术服务业主要指标汇总表（五）

单位：万元

	应交所得税	出口已退税额	研发经费	主营业务成本
五、按软件园区分列				
北京中关村软件园	951697		4449986	26459732
大连软件园	196107	5492	325496	11609652
上海浦东软件园	238787	2777	573845	2532528
南京软件园	199764	106683	768174	23157865
杭州软件园	874437	-1026	2388076	12197949
山东齐鲁软件园	121915	1617	466267	8030013
长沙软件园	25885	1349	161530	1572065
广州天河软件园	514331	7782	2826012	16693172
珠海南方软件园	7222	14657	62869	275468
成都软件园	118163	6384	719920	4494688
西安软件园	69978	3932	858919	5991233
六、按行业分列				
软件产品行业	2463360	416036	16297917	116788588
信息技术服务行业	4134173	343026	17915446	201864539
嵌入式系统软件行业	554785	428469	4856150	59940851
七、按企业规模分列				
大型企业	5093567	1005104	25537151	248422674
中型企业	1512620	124075	8438761	97035918
小型企业	532701	57899	5010830	32600242
微型企业	13431	453	82771	535144

2015年软件和信息技术服务业主要指标汇总表（六）

单位：万元

	应收账款	应付账款	固定资产折旧	本年应付职工薪酬
软件企业合计	**118051797**	**81727383**	**20192012**	**59396494**
一、按企业登记注册类型分列				
内资企业	97261434	69727305	14870371	43742435
国有企业	6853583	6243389	1831840	3241770
集体企业	20066852	6124922	16433	143406
股份合作企业	489409	324101	180382	454185
联营企业	73825	46784	20915	90157
国有联营企业	19391	9799	6155	22026
集体联营企业	11669	5040	4051	11363
国有与集体联营企业	3967	7780	3026	17622
其他联营企业	38798	24165	7682	39146
有限责任公司	32926850	27769433	6070507	19968226
国有独资公司	1336952	1193337	220686	570337
其他有限责任公司	31589899	26576096	5849821	19397889
股份有限公司	21221829	14861013	3549704	9986537
私营企业	15209425	13154093	3083235	9287968
其他内资企业	419662	1203570	117355	570186
中国港、澳、台商投资企业	8041078	3970441	1965353	5868206
合资经营企业（中国港、澳、台资）	1626646	745763	238595	799747
合作经营企业（中国港、澳、台资）	241581	160379	21926	35320
中国港、澳、台商独资经营企业	5648184	2940421	1619988	4800585
中国港、澳、台商投资股份有限公司	508883	121260	81484	222823
其他中国港、澳、台商投资企业	15784	2618	3361	9730
外商投资企业	12749285	8029637	3356287	9785853
中外合资经营企业	1964550	1267493	695842	1207587
中外合作经营企业	75897	37403	31621	40978
外资企业	10272827	6417186	2459257	8239364
外商投资股份有限公司	368512	288255	165802	252235
其他外商投资企业	67498	19299	3765	45689
二、按经济类型分列				
国有经济	8209926	7446525	2058682	3834133

2015年软件和信息技术服务业主要指标汇总表（六）

单位：万元

	应收账款	应付账款	固定资产折旧	本年应付职工薪酬
集体经济	20078521	6129962	20484	154769
股份合作经济	489409	324101	180382	454185
股份制经济	52811728	41437109	9399524	29384426
外商及中国港、澳、台投资经济	20790363	12000078	5321641	15654059
其他经济	15671851	14389607	3211298	9914922
三、按控股经济分列				
公有控股经济	50631319	33268175	5448871	15111245
国有控股	25866107	23106708	4693559	11743100
国有绝对控股	17749044	17451914	3411557	7971901
国有相对控股	8117063	5654794	1282002	3771199
集体控股	24765212	10161467	755312	3368145
集体绝对控股	22566652	7450863	289386	2004872
集体相对控股	2198559	2710604	465926	1363273
非公有控股经济	67420478	48459208	14743141	44285249
私人控股	48517174	37595115	9946413	29716623
私人绝对控股	38553791	28732572	8072228	23297514
私人相对控股	9963384	8862543	1874185	6419109
中国港、澳、台商控股	7064086	3235019	1570559	4853677
中国港、澳、台商绝对控股	6261070	2901835	1422879	4532919
中国港、澳、台商相对控股	803016	333184	147680	320758
外商控股	11839218	7629074	3226169	9714950
外商绝对控股	10104294	6863725	2839940	8848848
外商相对控股	1734924	765349	386229	866102
四、按软件出口基地分列				
北京软件出口基地	1447367	1023166	69861	1332746
天津软件出口基地	40172	4437	11527	49066
大连软件出口基地	1528213	1555646	689389	1296345
上海软件出口基地	1174936	1189971	298862	1173903
深圳软件出口基地	2708028	1197853	406317	1138269
西安软件出口基地	329044	206992	345814	805918

2015年软件和信息技术服务业主要指标汇总表（六）

单位：万元

	应收账款	应付账款	固定资产折旧	本年应付职工薪酬
五、按软件园区分列				
北京中关村软件园	12948294	8301473	1025226	9938844
大连软件园	1528213	1555646	689389	1296345
上海浦东软件园	1177310	1186456	298752	1176777
南京软件园	3947168	3370334	386829	1713973
杭州软件园	4874043	3807699	966431	3162126
山东齐鲁软件园	1352959	685224	360259	640699
长沙软件园	1238738	1359571	79224	252235
广州天河软件园	4894061	5743273	987068	3652362
珠海南方软件园	230425	68624	34324	96192
成都软件园	1948451	2051162	352078	1232142
西安软件园	329044	206992	345814	805918
六、按行业分列				
软件产品行业	43287507	28155847	6632605	25717918
信息技术服务行业	58884463	41687599	10517870	28642209
嵌入式系统软件行业	15879828	11883937	3041537	5036367
七、按企业规模分列				
大型企业	83414321	56427303	12991869	39684052
中型企业	23951638	16123199	4332935	12468622
小型企业	10425108	9064094	2810980	7110787
微型企业	260730	112787	56228	133033

2015年软件和信息技术服务业主要指标汇总表（七）

单位：人

	从业人员年末人数	软件研发人员	管理人员	硕士以上人员	大本人员	大专以下人员
软件企业合计	**5742713**	**2832712**	**899139**	**587234**	**3166913**	**1988449**
一、按企业登记注册类型分列						
内资企业	4685283	2383593	711683	462274	2641449	1581472
国有企业	328600	146262	38982	40932	158565	129108
集体企业	66210	1844	716	17819	43103	5288
股份合作企业	45459	40964	6099	4321	28414	12727
联营企业	10720	6503	1050	1225	5964	3529
国有联营企业	1738	2555	223	236	1112	389
集体联营企业	1566	472	95	132	971	463
国有与集体联营企业	2801	1175	357	215	1603	982
其他联营企业	4615	2301	375	642	2278	1695
有限责任公司	1859954	1000540	307449	198912	1054343	606675
国有独资公司	47206	24628	9665	6667	28558	11978
其他有限责任公司	1812748	975912	297784	192245	1025785	594697
股份有限公司	1027969	483787	142983	98540	578591	350832
私营企业	1266386	675298	199765	89507	719554	457264
其他内资企业	79985	28395	14639	11018	52915	16049
中国港、澳、台商投资企业	388291	186098	76031	49432	182190	156667
合资经营企业（中国港、澳、台资）	61380	38439	14779	8594	25292	27491
合作经营企业（中国港、澳、台资）	3855	462	314	335	1961	1559
中国港、澳、台商独资经营企业	307478	133103	59253	38992	145597	122889
中国港、澳、台商投资股份有限公司	14496	13658	1593	1503	8572	4422
其他中国港、澳、台商投资企业	1082	436	92	8	768	306
外商投资企业	669139	263021	111425	75528	343274	250310
中外合资经营企业	124761	87096	15729	8990	76004	39757
中外合作经营企业	6814	864	880	255	3253	3303
外资企业	512263	165708	93706	63928	249202	199116
外商投资股份有限公司	22536	7821	807	2014	13002	7523
其他外商投资企业	2765	1532	303	341	1813	611
二、按经济类型分列						
国有经济	377544	173445	48870	47835	188235	141475

2015年软件和信息技术服务业主要指标汇总表（七）

单位：人

	从业人员年末人数	软件研发人员	管理人员	硕士以上人员	大本人员	大专以下人员
集体经济	67776	2316	811	17951	44074	5751
股份合作经济	45459	40964	6099	4321	28414	12727
股份制经济	2840717	1459699	440767	290785	1604376	945529
外商及中国港、澳、台投资经济	1057430	449119	187456	124960	525464	406977
其他经济	1353787	707169	215136	101382	776350	475990
三、按控股经济分列						
公有控股经济	1345134	803594	193806	177856	696787	470484
国有控股	991218	610809	154990	130861	489784	370579
国有绝对控股	698325	443369	123514	88724	332610	276995
国有相对控股	292893	167440	31476	42137	157174	93584
集体控股	353916	192785	38816	46995	207003	99905
集体绝对控股	197952	62965	21082	33393	124223	40327
集体相对控股	155964	129820	17734	13602	82780	59578
非公有控股经济	4397579	2029118	705333	409378	2470126	1517965
私人控股	3389071	1611723	520716	298037	1962528	1128422
私人绝对控股	2518488	1216004	422360	235900	1445668	836858
私人相对控股	870583	395719	98356	62137	516860	291564
中国港、澳、台商控股	344462	154369	73155	38283	167390	138790
中国港、澳、台商绝对控股	286599	111392	69656	35315	134379	116902
中国港、澳、台商相对控股	57863	42977	3499	2968	33011	21888
外商控股	664046	263026	111462	73058	340208	250753
外商绝对控股	568058	208157	104551	66883	282234	218916
外商相对控股	95988	54869	6911	6175	57974	31837
四、按软件出口基地分列						
北京软件出口基地	53965	23325	30668	9769	33169	11027
天津软件出口基地	4546	2276	310	289	2891	1366
大连软件出口基地	216612	103604	18764	23013	167657	25938
上海软件出口基地	58204	21574	4874	9385	36173	12646
深圳软件出口基地	87698	47158	12889	5888	49000	32812
西安软件出口基地	121531	103157	18097	15542	73061	32930

2015年软件和信息技术服务业主要指标汇总表（七）

单位：人

	从业人员年末人数	软件研发人员	管理人员	硕士以上人员	大本人员	大专以下人员
五、按软件园区分列						
北京中关村软件园	505554	202193	302057	69667	276901	158983
大连软件园	216612	103604	18764	23013	167657	25938
上海浦东软件园	58997	22164	4970	9950	36397	12650
南京软件园	93040	35582	14948	14084	61317	17639
杭州软件园	185820	64898	18272	21125	114141	50549
山东齐鲁软件园	106831	30673	14268	11217	77270	18344
长沙软件园	34642	9621	3184	2549	19639	12455
广州天河软件园	355636	221637	35006	26752	203874	125010
珠海南方软件园	9473	4003	908	713	4750	4011
成都软件园	142246	46462	14941	10490	69586	62168
西安软件园	121531	103157	18097	15542	73061	32930
六、按行业分列						
软件产品行业	2363763	1017054	392431	255818	1446139	661806
信息技术服务行业	2643721	916570	453620	273263	1494709	875749
嵌入式系统软件行业	735229	899088	53088	58153	226065	450894
七、按企业规模分列						
大型企业	3418229	1835947	508543	376314	1771809	1270105
中型企业	1375926	551108	227522	120096	817971	437855
小型企业	931384	432191	159846	89460	566832	275025
微型企业	17174	13466	3228	1364	10301	5464

2015年软件和信息技术服务业分产品完成情况

项　　目	企业数（个）	本年收入（万元）	其中：本年出口（万美元）
软件业务收入明细合计	**38222**	**428479159**	**4948703**
软件产品行业（E6201）			
一、软件产品合计	26049	136561432	1057056
（一）基础软件	5808	24553135	310850
1. 操作系统	1560	8072765	144918
2. 数据库管理系统	1080	3482862	14889
3. 中间件	676	4495142	101679
4. 办公软件	1125	2409689	5940
5. 其他	1367	6092677	43424
（二）支撑软件	1633	5227731	14401
1. 开发工具和平台软件	850	3227113	7542
2. 测试工具软件	388	808730	2492
3. 其他支撑软件	395	1191888	4367
（三）应用软件	11976	67719206	379934
1. 通用应用软件	4892	20750050	142409
2. 行业应用软件	7084	46969156	237525
（四）工业软件	1802	9652843	39518
1. 产品研发类软件	716	3316315	9081
2. 生产控制类软件	1086	6336529	30437
（五）嵌入式应用软件	1763	11861753	107784
（六）信息安全产品	1632	9974598	93859
1. 基础类安全产品	265	1504677	6927
2. 终端与数字内容安全产品	213	1501756	53159
3. 网络与边界安全产品	265	2191359	13406
4. 专用安全产品	264	2167904	3717
5. 安全测试评估与服务产品	107	369978	4337
6. 安全管理产品	232	1052730	5039
7. 其他信息安全产品及相关服务	286	1186194	7274
（七）移动应用软件（App）	462	2602908	24114
（八）软件定制服务	973	4969257	86596

2015年软件和信息技术服务业分产品完成情况

项　　目	企业数（个）	本年收入（万元）	其中：本年出口（万美元）
信息技术服务行业（E6202）			
二、信息技术服务合计	24553	222109514	1599290
（一）信息技术咨询设计服务	7391	39398044	326239
1. 信息化规划	551	2600912	31782
2. 信息系统设计	1948	10158425	37114
3. 信息技术管理咨询	3214	17576324	237917
4. 信息系统工程监理	624	2781017	8903
5. 测试评估	284	4053584	6115
6. 信息技术培训	770	2227782	4408
（二）信息系统集成实施服务	6948	69646679	615791
1. 基础环境集成实施服务	637	16208651	552756
2. 硬件集成实施服务	1334	11185361	12908
3. 软件集成实施服务	1802	8672765	19954
4. 安全集成实施服务	454	2579370	1217
5. 系统集成实施管理服务	2721	31000531	28956
（三）运行维护服务	4198	15360054	65561
1. 基础环境运维服务	394	1779570	11313
2. 硬件运维服务	507	2091151	3853
3. 软件运维服务	1785	4263815	34799
4. 安全运维服务	277	1010747	567
5. 运维管理服务	1235	6214771	15029
（四）数据服务	1658	15149136	120461
1. 数据加工处理服务	967	8819613	65552
2. 数字内容处理服务	691	6329523	54909
（五）运营服务	2818	43035852	77352
1. 软件运营服务	652	4823082	18859
2. 平台运营服务	1731	32895955	42473
（1）物流管理服务平台	159	2458285	2097
（2）在线信息平台	432	8551795	677
（3）在线娱乐平台	428	13899024	14465

2015年软件和信息技术服务业分产品完成情况

项　　目	企业数（个）	本年收入（万元）	其中：本年出口（万美元）
（4）在线教育平台	208	776023	167
（5）其他在线服务平台	504	7210828	25067
3. 基础设施运营服务	270	3658383	4702
4. 呼叫中心服务	165	1658432	11319
（六）电子商务平台服务	938	28461586	28373
1. 在线交易平台服务	745	22270018	26115
2. 在线交易支撑服务	193	6191568	2258
（七）集成电路设计	602	11058163	365513
嵌入式系统软件行业（E6203）			
三、嵌入式系统软件合计	4624	69808213	2292357
（一）通信设备	1426	30018890	1728485
1. 通信传输设备	506	7763082	374229
（1）光通信设备	195	4125825	226013
（2）卫星通信设备	78	1379072	91898
（3）无线通信设备	233	2258186	56317
2. 通信交换设备	145	1411379	59821
（1）数字程控交换机	88	1085380	58997
（2）软交换机	28	163046	704
（3）光交换机	29	162953	120
3. 移动通信设备	80	12367517	1041825
（1）基站	56	12268068	1041691
（2）直放站	24	99449	134
4. 网络设备	695	8476911	252610
（1）网络控制设备	405	4861479	125027
（2）网络接口和适配器	80	798832	53546
（3）网络连接设备	151	2274165	73970
（4）网络优化设备	59	542435	67
（二）数字家用视听产品	147	4889768	109821
1. 电视接收机顶盒	65	2025523	86396
2. 家庭网关中心	82	2864246	23425

2015年软件和信息技术服务业分产品完成情况

项　　目	企业数（个）	本年收入（万元）	其中：本年出口（万美元）
（三）计算机应用产品	896	13131648	291130
1. 金融、商业、税务电子应用产品	87	605777	8429
（1）银行自助服务终端	36	155903	783
（2）POS机	26	203384	2497
（3）税控机	25	246490	5148
2. 汽车电子	300	6895459	22604
（1）传动系控制系统	59	1120905	10749
（2）行驶系控制系统	64	398623	1443
（3）车身控制系统	94	3344438	6217
（4）安全控制系统	83	2031492	4195
3. 智能交通	68	376984	1663
（1）交通信号控制机	68	376984	1663
4. 医疗电子设备	174	688876	34147
（1）医用电子仪器设备	143	599571	30279
（2）医学影像设备	31	89305	3867
5. 智能识别装置	183	4018985	220744
6. 自动检售票设备	23	101500	204
7. 超大屏幕控制器	61	444068	3341
（四）信息系统安全产品	130	1255229	21771
1. 边界防护类设备和系统	28	116552	40
2. 密钥管理类设备和系统	102	1138677	21731
（五）装备自动控制产品	2025	20512678	141150
1. 集散控制系统	679	12017854	68276
2. 电气传动及控制系统	592	4367582	46684
3. 装备制造工控系统	754	4127242	26190

出口国家和地区	一、软件产品合计	（一）基础软件	1. 操作系统	2. 数据库管理系统	（二）支撑软件
中国香港	56842	5323	985	1676	786
中国台湾	42184	1069	23	5	169
韩国	35193	773	198	315	348
美国	244171	67927	5393	1280	2709
日本	160830	21608	1964	1902	1781
德国	16621	8646	8401	8	10
法国	53876	48745	153	7	66
英国	6596	481	312	83	10
印度	1828	54	29	7	2
墨西哥	1364	104	102		
巴西	6193	20		10	2
俄罗斯	5020	3438	3404		143
南美洲其他国家	6083	4662	157	79	5
大洋洲					
亚洲其他国家	68149	5981	289		3640
西欧其他国家	10357	27			
东欧其他国家	3350	44	30		
非洲	5962	861	24	149	751

出口国家和地区表（一）

单位：万美元

（三）应用软件	1．通用应用软件	2．行业应用软件	（四）工业软件	1．产品研发类软件	2．生产控制类软件	（五）嵌入式应用软件
27458	10287	17171	2353	1149	1204	8252
3512	998	2514	411	200	211	25640
24322	11463	12859	522	177	345	6264
95908	14763	81145	11536	2388	9148	16895
88441	42066	46375	2323	1304	1020	8018
1337		1337	995		995	5632
3889	231	3658	407	300	107	599
3306	1850	1456	482	139	343	913
89	82	7	214	75	139	888
1155	808	347	46	46		42
6123	5908	215	12		12	10
578	35	543	198	178	20	
126	5	121	128	128		381
21551	8974	12578	10754	1052	9701	11401
7921	7288	633	115	115		718
957	169	788	1672	151	1521	8
1065	715	351	229	229		471

出口国家和地区	（六）信息安全产品	（七）移动应用软件（App）	（八）软件定制服务	二、信息技术服务合计	（一）信息技术咨询设计服务
中国香港	8095	1788	2787	132513	8321
中国台湾	242	109	11032	82719	3427
韩国	573	535	1856	15256	2619
美国	14935	11337	22925	411587	144836
日本	2405	98	36156	116635	41000
德国		1		4352	3506
法国	20		150	10020	1287
英国		701	703	22720	3795
印度	491		90	3192	1912
墨西哥	17			31	5
巴西	26			1377	33
俄罗斯	66	597		6250	27
南美洲其他国家	781			9976	4715
大洋洲				1303	805
亚洲其他国家	9175	404	5242	78223	34526
西欧其他国家	1553		23	22478	3172
东欧其他国家	95	574		817	2
非洲	42		2542	6857	1957

出口国家和地区表（二）

单位：万美元

（二）信息系统集成实施服务	（三）运行维护服务	（四）数据服务	（五）运营服务	（六）电子商务平台服务
15186	15956	3129	4993	441
4162	4268	44281	1794	2000
4163	781	1810	4623	56
7947	4777	14915	28431	3813
18676	15550	21809	11409	2176
60	67	70	207	36
2314	1942	1077	531	
	556	10297	5324	1164
	19	39	110	
	5	5	11	
877	201	110	156	
3237	88	1858	281	
530	828	686	3191	27
235		194		69
15292	1883	9853	5948	
902	9473	511	3835	
4118	507		275	

出口国家和地区	（七）集成电路设计	三、嵌入式系统软件合计	（一）通信设备
中国香港	84488	120232	48301
中国台湾	22787	239829	121958
韩国	1204	46016	44965
美国	206869	216221	82438
日本	6015	80244	46123
德国	406	19631	4461
法国	2868	1866	942
英国	1585	17056	11524
印度	1112	10630	7632
墨西哥		2872	160
巴西		8749	612
俄罗斯	760	4248	175
南美洲其他国家		4828	1225
大洋洲		142	19
亚洲其他国家	10721	39991	3344
西欧其他国家	4585	100612	93670
东欧其他国家	815	14438	454
非洲		6030	

出口国家和地区表（三）

单位：万美元

（二）数字家用视听产品	（三）计算机应用产品	1．金融、商业、税务电子应用产品	2．汽车电子	3．智能交通
396	47694	323	397	5
11570	78483		3366	
	3			
45918	66074	4852	708	65
13930	16740	2400	902	111
12	5275	427	3141	1335
	57		10	
65	5376		5236	
80	824	190	2	
2117	15	11		
	129	19	110	
60	981	128	55	
1301	1516		1516	
	41		41	
7910	8166	5	6138	94
531	2572		600	
3039	168			

出口国家和地区	4．医疗电子设备	5．智能识别装置	（四）信息系统安全产品
中国香港	206	46300	492
中国台湾		75114	16100
韩国	3		174
美国	219	57421	
日本	4173	9154	40
德国	47	325	
法国	40		
英国	40	100	
印度	205	387	
墨西哥	3		
巴西			
俄罗斯	758	40	
南美洲其他国家			401
大洋洲			
亚洲其他国家	962	807	374
西欧其他国家	11	1961	3000
东欧其他国家			
非洲	168		

出口国家和地区表（四）

单位：万美元

（五）装备自动控制产品	1. 集散控制系统	2. 电气传动及控制系统	3. 装备制造工控系统
23350	21962	1242	145
11718	6	382	11330
874	363	450	61
21791	13319	5987	2484
3411	703	1284	1424
9882	8612	1126	144
867	498	38	332
91	58	33	
2094	613	817	664
580	580		
8008	4	7944	60
3032	690	1241	1102
386		203	183
82	82		
20198	16357	3474	367
839		762	77
13984	613	13224	147
2823	233	1256	1334

2015年各省市软件和信息技术

	企业数（个）	软件业务收入	其中：1. 软件产品收入
软件企业合计	**38222**	**428479159**	**136561432**
（一）按省市分列			
北京市	2655	54228650	21712261
天津市	518	10078453	2502559
河北省	284	1844661	337104
山西省	115	241541	116210
内蒙古自治区	81	300980	134460
辽宁省	3610	30342198	10852227
吉林省	983	4405089	1275661
黑龙江省	494	1506691	653839
上海市	3030	33813497	11852435
江苏省	5291	70623774	16334771
浙江省	1763	30374129	9632211
安徽省	418	2055824	854767
福建省	2398	18271747	6281803
江西省	135	863578	299471
山东省	3750	37199486	13915899
河南省	286	2785437	771780
湖北省	2497	10152365	5331530
湖南省	463	3492194	2036254
广东省	4437	71051485	17236892
广西壮族自治区	206	747207	89928
海南省	122	427822	112096
重庆市	941	8533469	2002534
四川省	1772	21259096	8297108
贵州省	245	1102422	424495
云南省	106	442407	114548
陕西省	1328	11397369	3165409
甘肃省	95	356782	114629
青海省	21	12142	2962
宁夏回族自治区	67	114051	45573

服务业主要指标汇总表（一）

单位：万元

		软件外包服务收入
2. 信息技术服务收入	3. 嵌入式系统软件收入	
222109514	**69808213**	**20969169**
32373907	142482	1387929
6161888	1414005	112690
1487961	19596	14436
122468	2863	923
164822	1698	500
17012134	2477838	5632519
2555652	573776	201883
729242	123609	639204
20158202	1802860	1252105
28386536	25902467	1982419
18275180	2466737	680745
1060560	140497	44304
10589141	1400804	217697
553096	11011	9139
16244562	7039025	2920597
1709729	303929	2806
4251274	569560	255871
1001317	454623	127704
31290890	22523703	1613152
652088	5191	7709
315727		3859
5398205	1132730	894816
12821205	140784	574734
659197	18730	680
326127	1731	31100
7116147	1115812	2344569
236477	5676	6603
8507	673	105
53002	15476	196

2015年各省市软件和信息技术

	企业数（个）	软件业务收入	其中：
			1. 软件产品收入
新疆维吾尔自治区	111	454613	60015
（二）按副省级城市分列			
大连市	1764	15068197	6084642
宁波市	708	3859993	979287
厦门市	1022	9217448	2305490
青岛市	1298	13014088	4150229
深圳市	2097	42176299	7503225
沈阳市	1639	14831215	4573223
长春市	591	3079950	985522
哈尔滨市	417	982187	454501
南京市	1759	30940236	9522498
杭州市	675	25537982	8273886
济南市	1762	20611389	8912460
武汉市	2420	10060759	5286632
广州市	1695	22595572	8132900
成都市	1733	20542004	8073986
西安市	1328	11397369	3165409

服务业主要指标汇总表（一）

单位：万元

		软件外包服务收入
2. 信息技术服务收入	3. 嵌入式系统软件收入	
394269	329	8176
8169341	814214	4498889
1760949	1119757	103848
5783557	1128401	127999
4673210	4190650	81396
16543033	18130042	477101
8683253	1574739	1129414
1619982	474446	181764
412189	115497	399934
18213494	3204244	1316660
16088393	1175703	558401
10107280	1591649	2778024
4210647	563480	255827
13346751	1115921	1052900
12343074	124944	572628
7116147	1115812	2344569

2015年各省市软件和信息技术服务业主要指标汇总表（二）

单位：万美元

	软件业务出口收入	软件外包服务出口收入	嵌入式系统软件出口收入
软件企业合计	**4948703**	**960946**	**2292357**
（一）按省市分列			
北京市	227364	227147	182
天津市	9024	4546	
河北省	4158	348	
山西省			
内蒙古自治区	73	73	
辽宁省	445698	291766	24815
吉林省	11019	7864	643
黑龙江省	4159	2823	1336
上海市	351541	107460	
江苏省	770884	70578	544880
浙江省	279731	42723	40553
安徽省	11806	1298	3407
福建省	33425	17669	7192
江西省	10903	81	4
山东省	139927	22388	103897
河南省	513		
湖北省	13281	8465	97
湖南省	5634	727	370
广东省	2393628	58824	1541679
广西壮族自治区	103	25	
海南省	1754	133	
重庆市	19786	8519	7217
四川省	139414	27969	874
贵州省			
云南省	260	260	
陕西省	73950	59234	14716
甘肃省	519	27	492
青海省	147		
宁夏回族自治区			

2015年各省市软件和信息技术服务业主要指标汇总表（二）

单位：万美元

	软件业务出口收入	软件外包服务出口收入	嵌入式系统软件出口收入
新疆维吾尔自治区			
（二）按副省级城市分列			
大连市	373881	276383	10916
宁波市	56778	3140	21963
厦门市	25261	15558	6730
青岛市	78291	5392	63873
深圳市	2134226	7965	1401205
沈阳市	70097	15083	12505
长春市	7744	5964	643
哈尔滨市	3137	1977	1160
南京市	64732	34258	23790
杭州市	218380	38705	16054
济南市	17499	15963	1033
武汉市	13281	8465	97
广州市	61933	48560	956
成都市	139251	27850	830
西安市	73950	59234	14716

2015年各省市软件和信息技术服务业主要指标汇总表（三）

单位：万元

	利润总额	流动资产平均余额	资产合计	负债合计	固定资产投资额
软件企业合计	**57657000**	**332500339**	**618104968**	**316751509**	**16464418**
（一）按省市分列					
北京市	6982427	58279187	92582940	44141105	1487294
天津市	992373	5044907	13930913	2403157	128482
河北省	273095	1780217	2428709	1452351	38341
山西省	35575	442723	692363	287122	14644
内蒙古自治区	15389	170207	298233	133999	7549
辽宁省	1866232	6816320	17866591	8840095	401348
吉林省	361517	1006258	1669155	629788	132212
黑龙江省	218601	258448	963260	137487	44718
上海市	4004243	30537790	55545526	28657878	746927
江苏省	7968006	36922400	86266208	42569514	7005535
浙江省	7913457	29693613	48679085	18594120	588894
安徽省	355669	2018070	3827033	1530702	111374
福建省	1716628	15289294	19432734	14152487	1143119
江西省	135173	839421	1323450	578072	12532
山东省	4603859	20535649	59602629	40915230	679972
河南省	321069	2818803	4730665	2262732	86620
湖北省	1012476	13426418	21779491	11145071	784499
湖南省	640602	11660544	10567317	5388623	180973
广东省	13432596	71512719	129470452	67157463	1522214
广西壮族自治区	178422	511323	751511	363620	15658
海南省	66765	281585	629030	345555	5111
重庆市	657858	4055065	10722843	4314967	161945
四川省	3152583	7628517	16480077	11286355	658235
贵州省	40220	678714	1220388	545355	16758
云南省	26725	1788277	866812	469519	6970
陕西省	576682	7449181	14041761	7500121	447346
甘肃省	41573	495056	764398	380435	10339
青海省	-170	11484	13448	5508	84
宁夏回族自治区	11560	92262	170232	88133	3613

2015年各省市软件和信息技术服务业主要指标汇总表（三）

单位：万元

	利润总额	流动资产平均余额	资产合计	负债合计	固定资产投资额
新疆维吾尔自治区	55796	455890	787714	474947	21112
（二）按副省级城市分列					
大连市	570892	4642653	12527469	6961564	153125
宁波市	264122	2695802	4600240	2317191	85204
厦门市	1107437	4004765	5085944	3276562	117368
青岛市	991526	10340960	32960817	23337509	26383
深圳市	8818035	44702306	78681797	46946210	997996
沈阳市	1238267	1625623	4415516	1462786	226324
长春市	239263	781273	1359266	512938	39458
哈尔滨市	144723	211591	710402	105828	29097
南京市	5410983	27135654	56851899	30784610	6666096
杭州市	7547238	26087543	42596002	15503955	469976
济南市	3295951	8455432	22555660	16293120	539247
武汉市	1002501	13299100	21555746	11053315	776758
广州市	3767260	22040217	41017899	15935502	310888
成都市	3005694	6647520	14889916	10378140	633500
西安市	576682	7449181	14041761	7500121	447346

2015年各省市软件和信息技术服务业主要指标汇总表（四）

单位：万元

	主营业务税金及附加	年末所有者权益	年初所有者权益	应交增值税
软件企业合计	**8319325**	**301353459**	**240323881**	**11461565**
（一）按省市分列				
北京市	388942	48441835	38702743	1695729
天津市	136050	11527756	6366088	203545
河北省	18510	976359	890145	84967
山西省	3442	405241	340763	12424
内蒙古自治区	2492	164235	151241	7775
辽宁省	1286931	9026495	7481012	304297
吉林省	95176	1039367	731521	77081
黑龙江省	17100	825773	743705	31889
上海市	358360	26887648	22241785	759153
江苏省	1273522	43696694	27041602	1593963
浙江省	327595	30084964	22951576	1197881
安徽省	26254	2296331	1675707	63411
福建省	632938	5280247	4423031	381627
江西省	14278	745377	601102	18818
山东省	845021	18687399	14650726	771145
河南省	19810	2467933	2023124	116762
湖北省	148598	10634420	7601618	327278
湖南省	43822	5178694	3782456	206075
广东省	925135	62312989	50639287	2857010
广西壮族自治区	27031	387892	263740	6526
海南省	6137	283476	205697	9848
重庆市	113851	6407876	14590967	259250
四川省	1061612	5193722	4446995	302622
贵州省	33155	675033	614241	11954
云南省	5898	397293	362627	9211
陕西省	487584	6541640	6154421	131099
甘肃省	9234	383963	319950	4058
青海省	91	7939	7353	124
宁夏回族自治区	1674	82100	55584	2676

2015年各省市软件和信息技术服务业主要指标汇总表（四）

单位：万元

	主营业务税金及附加	年末所有者权益	年初所有者权益	应交增值税
新疆维吾尔自治区	9084	312767	263077	13367
（二）按副省级城市分列				
大连市	486972	5565905	4930016	236054
宁波市	52454	2283049	1914064	110889
厦门市	123877	1809382	1132735	33332
青岛市	291101	9623308	6883222	194326
深圳市	403698	31735587	25800338	1880144
沈阳市	788590	2952730	2134486	47781
长春市	62180	846328	592861	37631
哈尔滨市	12280	604575	541289	23140
南京市	918827	26067289	15626625	1291617
杭州市	265874	27092047	20456743	1052425
济南市	509924	6262541	5675375	519027
武汉市	146351	10502431	7481008	321718
广州市	464107	25082397	20755373	764053
成都市	1055419	4511775	3867680	297634
西安市	487584	6541640	6154421	131099

2015年各省市软件和信息技术服务业主要指标汇总表（五）

单位：万元

	应交所得税	出口已退税额	研发经费	主营业务成本
软件企业合计	**7152318**	**1187531**	**39069513**	**378593978**
（一）按省市分列				
北京市	1122621		5081798	32165495
天津市	98354	1236	328910	14632095
河北省	35092	2634	54006	1656854
山西省	5461		38431	273718
内蒙古自治区	5130	50	14841	268129
辽宁省	259141	17171	763442	21505681
吉林省	24325	3658	136230	3316364
黑龙江省	12338	1269	108148	1089867
上海市	579309	137383	4530035	25033316
江苏省	949694	396487	3824418	88931639
浙江省	1008297	106755	2840105	19951608
安徽省	41143	1626	233226	1989390
福建省	96811	38579	1719060	15732894
江西省	16860	6094	73486	1027900
山东省	733081	15792	3465721	45509634
河南省	48061	70	149496	2598912
湖北省	153377	81814	1325577	9608441
湖南省	97111	3850	355516	3403667
广东省	1441985	339784	9874145	56592403
广西壮族自治区	9577		22899	833349
海南省	2973		38167	263262
重庆市	138491	21836	1364361	7508281
四川省	176742	6636	1746494	16190443
贵州省	5821		32862	739363
云南省	5128	294	45695	503812
陕西省	69978	3932	858919	5991233
甘肃省	4656	464	14573	433494
青海省	6		899	21372
宁夏回族自治区	1449	116	11684	85887
新疆维吾尔自治区	9308		16367	735475

2015年各省市软件和信息技术服务业主要指标汇总表（五）

单位：万元

	应交所得税	出口已退税额	研发经费	主营业务成本
（二）按副省级城市分列				
大连市	196107	5492	325496	11609652
宁波市	58228	80636	156147	4766126
厦门市	26949	24071	589098	9494040
青岛市	304674	3031	1950936	21592697
深圳市	776683	237037	6029008	30079083
沈阳市	53159	10405	406400	9461912
长春市	19572	191	103852	2357288
哈尔滨市	9309	804	73360	690764
哈尔滨市	693424	248799	3030125	48219621
杭州市	937302	24280	2593251	14286769
济南市	327538	7597	1431990	20575068
武汉市	152607	81814	1310485	9533106
广州市	561104	7782	3184528	20390432
成都市	171744	6597	1668317	15257560
西安市	69978	3932	858919	5991233

2015年各省市软件和信息技术服务业主要指标汇总表（六）

单位：万元

	应收账款	应付账款	固定资产折旧	本年应付职工薪酬
软件企业合计	**118051797**	**81727383**	**20192012**	**59396494**
（一）按省市分列				
北京市	15571010	10075005	1246574	12827484
天津市	958468	653411	216263	884792
河北省	666605	449635	232672	557390
山西省	226770	90470	22326	44216
内蒙古自治区	77279	49187	14202	24864
辽宁省	2615170	2160195	1368581	2671302
吉林省	330380	415965	178209	189913
黑龙江省	61564	38204	20194	176289
上海市	10186880	7236191	1913675	6495454
江苏省	15579063	12444302	3730203	8625923
浙江省	6406708	4712654	1571611	3958017
安徽省	887779	565395	138923	310028
福建省	2745477	4432274	1323957	2126339
江西省	342869	212784	92214	125889
山东省	25074003	9131780	1527443	2962185
河南省	1582245	1093388	202931	304591
湖北省	4509602	2917126	751693	2000528
湖南省	2138934	1644857	252086	511220
广东省	22193046	18098457	3925644	10060524
广西壮族自治区	138317	76538	34444	119028
海南省	115603	71648	13004	70040
重庆市	1557813	1359253	346352	886377
四川省	2914876	2819740	571304	2331643
贵州省	190704	246558	45573	89006
云南省	216544	177827	11623	60581
陕西省	329044	206992	345814	805918
甘肃省	133737	89405	24709	50612
青海省	2764	172	894	2630
宁夏回族自治区	36471	19694	6326	22469
新疆维吾尔自治区	262074	238276	62568	101244

2015年各省市软件和信息技术服务业主要指标汇总表（六）

单位：万元

	应收账款	应付账款	固定资产折旧	本年应付职工薪酬
（二）按副省级城市分列				
大连市	1528213	1555646	689389	1296345
宁波市	732008	478307	254150	509876
厦门市	1216434	1418202	371481	1257686
青岛市	20452439	6453939	372084	949410
深圳市	14918376	10247945	2399878	5189498
沈阳市	815110	504271	611386	1325484
长春市	256085	384411	130860	134168
哈尔滨市	51181	27215	17162	123697
南京市	9944093	8950599	1712130	5218229
杭州市	5255073	4046923	1236267	3320275
济南市	4039228	2389286	801991	1691444
武汉市	4459653	2890109	730940	1983978
广州市	5277470	5989498	1056480	3835291
成都市	2620405	2581979	506414	2218933
西安市	329044	206992	345814	805918

2015年各省市软件和信息技术服务业主要指标汇总表（七）

单位：人

	从业人员年末人数	软件研发人员	管理人员	硕士以上人员	大本人员	大专以下人员
软件企业合计	**5742713**	**2832712**	**899139**	**587234**	**3166913**	**1988449**
（一）按省市分列						
北京市	682813	284695	396061	89375	381166	212271
天津市	81873	29794	6077	4922	47411	29538
河北省	35247	7639	2900	3225	18985	13035
山西省	8237	3478	1201	481	5142	2614
内蒙古自治区	4659	1503	615	176	3119	1364
辽宁省	415151	214825	45449	55661	303812	55674
吉林省	43745	16791	4781	3643	31896	8204
黑龙江省	26045	17643	4507	986	19714	5340
上海市	403482	152106	39827	57841	242198	103444
江苏省	1121680	839848	93907	74885	440961	605794
浙江省	280666	87554	29072	25813	155798	99037
安徽省	41622	15739	4920	3769	25071	12781
福建省	242943	80052	29745	13072	126226	103647
江西省	17165	5293	2055	1067	11057	5039
山东省	480286	110002	44377	64021	303273	112968
河南省	38602	11482	5457	3162	21071	14364
湖北省	280783	159168	31405	30291	184703	65784
湖南省	73428	19915	8324	4924	39993	28513
广东省	878008	535959	87528	91015	480140	306847
广西壮族自治区	23989	4640	2738	833	9603	13554
海南省	9764	2843	927	612	6076	3076
重庆市	122993	37580	10763	11142	74384	37461
四川省	251851	72225	21920	27122	132254	92473
贵州省	19081	8300	1951	2366	8387	8329
云南省	10741	5129	1464	400	6720	3621
陕西省	121531	103157	18097	15542	73061	32930
甘肃省	9119	2342	1255	394	5930	2795
青海省	876	231	74	47	428	402
宁夏回族自治区	3467	1203	463	96	2377	992

2015年各省市软件和信息技术服务业主要指标汇总表（七）

单位：人

	从业人员年末人数	软件研发人员	管理人员	硕士以上人员	大本人员	大专以下人员
新疆维吾尔自治区	12866	1576	1279	351	5957	6558
（二）按副省级城市分列						
大连市	216612	103604	18764	23013	167657	25938
宁波市	61218	11693	7380	1746	24107	35358
厦门市	126888	19973	17233	7676	53837	65378
青岛市	155319	13545	4908	25118	92290	37895
深圳市	405141	265811	42517	57243	221836	126059
沈阳市	186508	107223	25033	32068	131149	23288
长春市	29162	12050	3099	2390	21582	5188
哈尔滨市	19415	13488	3390	735	15065	3611
南京市	425642	135048	49744	51190	268654	105811
杭州市	198931	68632	19366	23515	121541	53870
济南市	265913	83144	33859	30634	187048	48224
武汉市	276914	157979	30878	30101	182468	64339
广州市	370279	230318	36826	27638	213073	129567
成都市	243446	69178	20418	26308	127271	89864
西安市	121531	103157	18097	15542	73061	32930

2015年各省市软件和信息技术

	软件产品合计		其中：							
			基础软件		支撑软件		应用软件		工业软件	
		位次		位次		位次		位次		位次
合计	**136561432**		**24553135**		**5227731**		**67719206**		**9652843**	
北京市	21712261	1	1840968	7	38750	15	14481053	1	475516	9
天津市	2502559	12	77277	17	13638	19	818668	12	384784	11
河北省	337104	20	36371	21	16758	18	104201	21	26657	20
山西省	116210	23	17981	27	2683	26	69238	24	7349	22
内蒙古自治区	134460	22	10429	29	3287	25	80464	23	31351	19
辽宁省	10852227	6	3072464	2	448866	3	4661703	6	812644	5
吉林省	1275661	15	188812	13	19996	17	902907	11	76628	17
黑龙江省	653839	18	114664	15	94856	12	226004	18	85558	16
上海市	11852435	5	934204	9	346153	5	8512807	3	435214	10
江苏省	16334771	3	2114594	6	1399257	1	8439777	4	1479378	1
浙江省	9632211	7	2949866	3	275275	6	2689310	9	847317	4
安徽省	854767	16	122901	14	183319	9	351645	15	54479	18
福建省	6281803	9	2120352	5	250980	7	2369900	10	622515	7
江西省	299471	21	41680	20	4904	22	156667	20	3570	25
山东省	13915899	4	4659075	1	1060835	2	5153415	5	761886	6
河南省	771780	17	51646	19	42216	14	175650	19	272326	12
湖北省	5331530	10	314203	12	229730	8	3026029	8	228548	13
湖南省	2036254	13	85930	16	25858	16	260072	17	919267	3
广东省	17236892	2	2877995	4	412205	4	10130485	2	1084636	2
广西壮族自治区	89928	27	22067	24	7450	21	47851	27	789	27
海南省	112096	26	18035	26	3460	24	84048	22		
重庆市	2002534	14	488063	10	69639	13	790230	13	216071	14
四川省	8297108	8	1820331	8	127648	11	3183139	7	193752	15
贵州省	424495	19	72314	18	8208	20	276306	16	5424	23
云南省	114548	25	21509	25	3961	23	65810	25	3099	26
陕西省	3165409	11	411643	11	133891	10	554979	14	602737	8
甘肃省	114629	24	29718	22	1262	28	65259	26	4157	24
青海省	2962	30	967	30	443	29	1176	30	130	28
宁夏回族自治区	45573	29	11301	28	277	30	15132	29	17000	21
新疆维吾尔自治区	60015	28	25776	23	1925	27	25283	28	61	29

服务业分产品收入汇总表（一）

单位：万元

嵌入式应用软件		信息安全产品		移动应用软件（APP）		软件定制服务	
	位次		位次		位次		位次
11861753		**9974598**		**2602908**		**4969257**	
202628	14	2132297	2	1178193	1	1362857	1
1082920	5	30714	15	14059	14	80498	11
147454	15	2700	24	205	23	2759	23
14337	20	2666	25	28	27	1928	26
6585	22	121	28	117	25	2106	25
459943	9	266325	10	49732	11	1080550	2
2384	24	63881	13	2021	18	19032	16
55092	19	18064	17	6657	16	52945	14
716025	6	376440	8	61178	9	470413	4
2084056	1	466628	7	22914	12	328168	6
1304686	3	831810	4	245472	2	488476	3
128340	17	11834	20	808	20	1443	27
269645	11	291083	9	239567	3	117761	9
77676	18	7851	21	1592	19	5531	19
454308	10	1332468	3	163738	5	330174	5
131841	16	26880	16	56037	10	15184	17
1234622	4	82599	12	142496	6	73304	12
686862	7	43749	14	7966	15	6548	18
1810077	2	531641	6	225491	4	164361	7
3448	23	5436	23	418	21	2470	24
		2050	26	182	24	4321	21
218855	13	129937	11	16661	13	73078	13
219736	12	2525313	1	86311	7	140878	8
272	27	12589	19	2385	17	46998	15
372	26	14128	18	232	22	5436	20
539668	8	756936	5	78398	8	87158	10
8682	21	1538	27			4013	22
						246	29
1240	25			50	26	574	28
		6920	22			50	30

2015年各省市软件和信息技术

	信息技术服务合计		其中：							
			信息技术咨询设计服务		信息系统集成实施服务		运行维护服务		数据服务	
		位次		位次		位次		位次		位次
合计	**222109514**		**39398044**		**69646679**		**15360054**		**15149136**	
北京市	32373907	1	4513196	3	7391295	3	1378490	5	2247665	2
天津市	6161888	11	736683	13	1038231	13	221670	15	319489	11
河北省	1487961	16	74402	19	941619	15	427433	13	22562	21
山西省	122468	28	9755	29	76724	28	27728	26	3539	25
内蒙古自治区	164822	27	29161	25	114222	26	9454	28	2538	27
辽宁省	17012134	6	7154114	1	3597368	8	1652156	3	1797576	3
吉林省	2555652	14	596770	15	984715	14	443080	12	229300	13
黑龙江省	729242	19	46669	22	273558	21	181824	17	99151	15
上海市	20158202	4	1875995	8	6210941	4	921097	6	1517251	4
江苏省	28386536	3	3585851	6	11755837	2	1633749	4	1220001	5
浙江省	18275180	5	1079548	10	2259057	11	600631	10	1066604	7
安徽省	1060560	17	99384	17	497806	16	51845	21	46663	19
福建省	10589141	9	638904	14	4880750	5	874549	7	727703	9
江西省	553096	22	134819	16	287538	20	51733	22	8157	24
山东省	16244562	7	5635900	2	4302054	6	2357799	1	936358	8
河南省	1709729	15	918935	11	387578	17	68328	19	21379	22
湖北省	4251274	13	1150578	9	1500017	12	472119	11	564764	10
湖南省	1001317	18	88139	18	343079	19	55643	20	46945	18
广东省	31290890	2	3963106	4	12343852	1	1751145	2	1116002	6
广西壮族自治区	652088	21	51550	21	238558	23	212886	16	101416	14
海南省	315727	25	46037	23	84762	27	21172	27	34515	20
重庆市	5398205	12	833799	12	2592891	9	721496	8	306390	12
四川省	12821205	8	2183253	7	4229971	7	684792	9	2523203	1
贵州省	659197	20	52844	20	349510	18	106781	18	14520	23
云南省	326127	24	12526	28	265760	22	41466	24	3057	26
陕西省	7116147	10	3811689	5	2322083	10	304438	14	95392	16
甘肃省	236477	26	14341	27	126148	25	36032	25	1280	28
青海省	8507	30	2433	30	2558	30	816	30	347	29
宁夏回族自治区	53002	29	14414	26	28389	29	3054	29		
新疆维吾尔自治区	394269	23	43249	24	219807	24	46650	23	75370	17

服务业分产品收入汇总表（二）

单位：万元

运营服务		电子商务平台服务		集成电路设计	
	位次		位次		位次
43035852		**28461586**		**11058163**	
14464274	1	1436797	7	942190	4
1107694	9	2151883	4	586240	7
20480	23	1466	22		
3776	28	35	28	911	20
9447	25				
2279578	5	284829	11	246513	10
296053	14	3103	20	2632	17
103126	18	24914	18		
3760787	3	3123604	3	2748527	1
2157504	7	5390644	2	2642951	2
2686515	4	10234666	1	348159	8
263518	15	58133	15	43211	13
2253460	6	499189	9	714586	5
57910	21	12774	19	166	22
2057693	8	779374	8	175385	12
20379	24	388	26	292742	9
433074	12	91007	14	39716	14
171020	16	259783	12	36709	15
8770526	2	1984848	5	1361412	3
44935	22	1456	23	1287	18
95242	19	33902	16	97	23
433868	11	319687	10	190073	11
977827	10	1575611	6	646548	6
109289	17	26252	17		
1591	29	728	25	999	19
383402	13	162934	13	36209	16
58675	20				
		2354	21		
5965	27	1180	24		
8244	26	48	27	901	21

2015年各省市软件和信息技术服务业分产品收入汇总表（三）

单位：万元

	嵌入式系统软件合计		其中：									
			通信设备		数字家用视听产品		计算机应用产品		信息系统安全产品		装备自动控制产品	
		位次		位次		位次		位次		位次		位次
合计	**69808213**		**30018890**		**4889768**		**7878219**		**6508658**		**20512678**	
北京市	142482	15	68650	11	12234	8	13401	14	45944	11	2253	21
天津市	1414005	7	35832	13	3918	12	807913	4			566342	6
河北省	19596	19	3273	21			3100	16	3600	16	9622	19
山西省	2863	25	2498	23			5	24	45	24	316	27
内蒙古自治区	1698	27	447	26			106	23	211	22	934	24
辽宁省	2477838	4	256621	7	132057	4	240142	10	182904	6	1666114	3
吉林省	573776	11	3935	20	3	15	387575	7	7855	14	174409	10
黑龙江省	123609	18	13082	17	10786	10	30473	13	18910	13	50358	15
上海市	1802860	6	137418	8	48611	6	1612047	2	238	21	4546	20
江苏省	25902467	1	6935049	2	2852756	1	1870015	1	2355106	1	11889542	1
浙江省	2466737	5	392289	5	11938	9	879709	3	168019	7	1014782	5
安徽省	140497	17	18026	16			1590	19	46498	10	74384	14
福建省	1400804	8	905475	4	68119	5	167583	11	94937	8	164689	12
江西省	11011	22	6983	18			788	21	1810	20	1430	23
山东省	7039025	3	2967652	3	942018	2	302055	8	868763	3	1958537	2
河南省	303929	14	35653	14			6600	15	5465	15	256210	9
湖北省	569560	12	114263	9	232	14	274973	9	35019	12	145074	13
湖南省	454623	13	33048	15					87341	9	334234	8
广东省	22523703	2	17546966	1	780883	3	625433	5	2037483	2	1532938	4
广西壮族自治区	5191	24	3194	22					63	23	1935	22
海南省												
重庆市	1132730	9	375930	6	19844	7	98562	12	193763	5	444632	7
四川省	140784	16	106602	10	6113	11	3086	17	2664	19	22318	16
贵州省	18730	20	4804	19			328	22	3203	18	10395	18
云南省	1731	26	562	25			1169	20				
陕西省	1115812	10	49271	12	256	13	549420	6	345605	4	171259	11
甘肃省	5676	23	6	27			2147	18	3214	17	309	28
青海省	673	28		28							673	25
宁夏回族自治区	15476	21	1361	24							14115	17
新疆维吾尔自治区	329	29									329	26

III 三资企业统计

	企业数（个）	软件业务收入	其中：1. 软件产品收入
软件企业合计	**3213**	**91002715**	**22224506**
一、按企业登记注册类型分列			
中国港、澳、台商投资企业	972	32661987	7326572
合资经营企业（中国港、澳、台资）	235	5449625	1006027
合作经营企业（中国港、澳、台资）	19	184924	168657
中国港、澳、台商独资经营企业	682	25957071	5836948
中国港、澳、台商投资股份有限公司	30	1015982	291560
其他中国港、澳、台商投资企业	6	54385	23379
外商投资企业	2241	58340729	14897934
中外合资经营企业	516	10006868	2388434
中外合作经营企业	29	332637	55237
外资企业	1637	45532357	11859236
外商投资股份有限公司	41	2349195	521174
其他外商投资企业	18	119672	73854
二、按经济类型分列			
外商及中国港、澳、台投资经济	3213	91002715	22224506
三、按控股经济分列			
公有控股经济	169	6551715	1945170
国有控股	114	5696655	1514641
国有绝对控股	45	2840412	709956
国有相对控股	69	2856243	804684
集体控股	55	855060	430530
集体绝对控股	28	276242	131734
集体相对控股	27	578818	298796
非公有控股经济	3044	84451000	20279336
私人控股	365	7213801	2332458
私人绝对控股	194	5184343	1398991
私人相对控股	171	2029458	933467
中国港、澳、台商控股	795	25249503	4929006
中国港、澳、台商绝对控股	678	22771562	4487460

主要指标汇总表（一）

单位：万元

		其中：
2. 信息技术服务收入	3. 嵌入式系统软件收入	软件外包服务收入
43559844	**25218365**	**8090702**
20475548	4859867	857029
3163497	1280101	188832
6525	9742	5152
16900985	3219137	576429
373764	350658	86616
30777	228	
23084296	20358498	7233673
2842047	4776387	570799
214041	63360	13577
18923415	14749706	6321118
1064571	763450	319577
40223	5595	8602
43559844	25218365	8090702
2830547	1775997	409324
2537471	1644543	213678
1585000	545455	168628
952471	1099088	45050
293076	131454	195646
98817	45691	61549
194259	85763	134097
40729296	23442368	7681378
3352231	1529111	264647
2638250	1147102	140358
713981	382009	124290
16533032	3787465	618010
15569799	2714303	567610

	企业数（个）	软件业务收入	其中：1. 软件产品收入
中国港、澳、台商相对控股	117	2477940	441545
外商控股	1884	51987697	13017872
外商绝对控股	1652	46996314	12071304
外商相对控股	232	4991383	946568
四、按软件出口基地分列			
北京软件出口基地	69	1797109	615250
天津软件出口基地	6	27586	14217
大连软件出口基地	302	4843894	1340920
上海软件出口基地	75	1837089	685393
深圳软件出口基地	36	1125004	455606
西安软件出口基地	97	1084426	284444
五、按软件园区分列			
北京中关村软件园	283	17021516	6748458
大连软件园	302	4843894	1340920
上海浦东软件园	75	1910065	685393
南京软件园	27	664659	138632
杭州软件园	7	1878153	7629
山东齐鲁软件园	29	425350	199038
长沙软件园	6	143399	117067
广州天河软件园	117	1879263	719654
珠海南方软件园	8	66634	5813
成都软件园	70	911568	543221
西安软件园	97	1084426	284444
六、按行业分列			
软件产品行业	1373	23701065	19878238
信息技术服务行业	1087	39612081	1188430
嵌入式系统软件行业	753	27689569	1157838
七、按企业规模分列			
大型企业	590	69200779	16098573
中型企业	1037	18571441	4828861

主要指标汇总表（一）

单位：万元

		其中：
2. 信息技术服务收入	3. 嵌入式系统软件收入	软件外包服务收入
963233	1073162	50400
20844033	18125792	6798721
18981414	15943596	6506931
1862619	2182196	291790
1181859		362340
13369		20502
3213531	289443	3480529
1151696		487683
260207	409191	15426
747188	52793	386267
10270275	2783	885700
3213531	289443	3480529
1224672		487683
173311	352716	82121
1863285	7239	6020
185569	40743	148993
26332		14822
1017374	142235	252740
53006	7815	11312
359075	9273	108742
747188	52793	386267
3777712	45115	3557145
38202772	220880	4434260
1579360	24952371	99296
35850791	17251415	6350856
6673368	7069212	1450254

	企业数（个）	软件业务收入	其中：1. 软件产品收入
小型企业	1427	3178449	1273759
微型企业	159	52047	23313
八、按省市分列			
北京市	496	20777455	7927399
天津市	72	4861845	483648
河北省	4	87806	70885
山西省	1	20650	4766
内蒙古自治区	1	1070	470
辽宁省	339	6666376	1552990
吉林省	32	591236	51247
黑龙江省	15	28419	17671
上海市	518	12490325	3968954
江苏省	706	22812789	2385311
浙江省	110	3502292	819273
安徽省	9	87463	33012
福建省	132	2586649	508294
江西省	4	113829	86486
山东省	112	1656920	435697
河南省	3	10723	10630
湖北省	56	345173	239507
湖南省	18	264296	193547
广东省	352	10158547	2293795
广西壮族自治区	1	300	180
海南省	3	4317	2483
重庆市	26	703584	104921
四川省	101	2143187	746499
云南省	2	1773	1648
陕西省	97	1084426	284444
甘肃省	2	808	396
宁夏回族自治区	1	457	352

主要指标汇总表（一）

单位：万元

		其中：
2. 信息技术服务收入	3. 嵌入式系统软件收入	软件外包服务收入
1024735	879955	282292
10951	17783	7301
12832279	17777	1071272
3215769	1162427	24932
16921		455
15884		
600		470
4649912	463473	3670166
224910	315079	13779
9474	1274	12585
7019844	1501528	1057978
3909953	16517525	475299
2373381	309638	35269
49074	5377	17525
971264	1107091	85512
26756	587	5963
356419	864804	239539
93		
86163	19503	15135
70749		15782
5174205	2690548	367700
120		250
1834		2381
425648	173015	140240
1380763	15925	450392
125		1648
747188	52793	386267
412		165
105		

	企业数（个）	软件业务收入	其中：1. 软件产品收入
九、按副省级城市分列			
大连市	302	4843894	1340920
宁波市	84	606340	135311
厦门市	78	1988815	236245
青岛市	41	498737	132525
深圳市	160	6307281	1519289
沈阳市	28	1804508	202517
长春市	17	551464	43828
哈尔滨市	14	24389	13736
南京市	140	3051269	988473
杭州市	10	2818874	637315
济南市	51	672204	293760
武汉市	56	345173	239507
广州市	123	1937711	749021
成都市	101	2143187	746499
西安市	97	1084426	284444

主要指标汇总表（一）

单位：万元

		其中：
2. 信息技术服务收入	3. 嵌入式系统软件收入	软件外包服务收入
3213531	289443	3480529
171862	299167	18887
762503	990067	40942
28576	337636	283
3731041	1056951	99306
1430810	171181	187611
192556	315079	12734
9379	1274	12585
1310693	752103	327961
2174320	7239	6020
305982	72462	238474
86163	19503	15135
1043032	145658	252740
1380763	15925	450392
747188	52793	386267

2015年三资企业主要指标汇总表（二）

单位：万美元

	软件业务出口收入	软件外包服务出口收入	嵌入式系统软件出口收入
软件企业合计	**1913137**	**623779**	**683708**
一、按企业登记注册类型分列			
中国港、澳、台商投资企业	451961	53192	162958
合资经营企业（中国港、澳、台资）	164916	2439	33802
合作经营企业（中国港、澳、台资）	844	844	
中国港、澳、台商独资经营企业	281253	45771	128613
中国港、澳、台商投资股份有限公司	4768	4138	543
其他中国港、澳、台商投资企业	179		
外商投资企业	1461176	570587	520750
中外合资经营企业	133365	28709	79683
中外合作经营企业	1695	1395	
外资企业	1287369	502150	440973
外商投资股份有限公司	37863	37448	94
其他外商投资企业	885	885	
二、按经济类型分列			
外商及中国港、澳、台投资经济	1913137	623779	683708
三、按控股经济分列			
公有控股经济	167490	28533	8208
国有控股	136920	3126	5469
国有绝对控股	134786	1713	5191
国有相对控股	2134	1413	278
集体控股	30570	25407	2739
集体绝对控股	3899	3462	437
集体相对控股	26671	21945	2302
非公有控股经济	1745647	595246	675500
私人控股	108094	13990	23549
私人绝对控股	72639	4426	11554
私人相对控股	35455	9563	11996
中国港、澳、台商控股	238419	52368	140989
中国港、澳、台商绝对控股	216411	51098	122227
中国港、澳、台商相对控股	22008	1270	18762

2015年三资企业主要指标汇总表（二）

单位：万美元

	软件业务出口收入	软件外包服务出口收入	嵌入式系统软件出口收入
外商控股	1399134	528889	510962
外商绝对控股	1303922	519791	438490
外商相对控股	95212	9097	72472
四、按软件出口基地分列			
北京软件出口基地	59397	59397	
天津软件出口基地	2557	2106	
大连软件出口基地	257687	194371	9938
上海软件出口基地	38041	35335	
深圳软件出口基地	45787	2144	28839
西安软件出口基地	30248	24933	5315
五、按软件园区分列			
北京中关村软件园	145189	145189	
大连软件园	257687	194371	9938
上海浦东软件园	36887	35335	
南京软件园	13659	12896	
杭州软件园	936	936	
山东齐鲁软件园	8627	8519	
长沙软件园			
广州天河软件园	33983	33539	243
珠海南方软件园	3206	564	415
成都软件园	26302	15731	80
西安软件园	30248	24933	5315
六、按行业分列			
软件产品行业	410928	265180	283
信息技术服务行业	756304	358599	2970
嵌入式系统软件行业	745905		680455
七、按企业规模分列			
大型企业	1567988	468020	573700
中型企业	282164	127136	95431
小型企业	61796	27870	14341
微型企业	1188	752	235

2015年三资企业主要指标汇总表（二）

单位：万美元

	软件业务出口收入	软件外包服务出口收入	嵌入式系统软件出口收入
八、按省市分列			
北京市	175610	175602	8
天津市	3246	2730	
河北省	1098	72	
山西省			
内蒙古自治区	73	73	
辽宁省	271107	201164	11478
吉林省	2619	2031	
黑龙江省	314	245	69
上海市	300463	95139	
江苏省	662217	42574	491999
浙江省	73327	3351	13258
安徽省	6581	474	
福建省	14745	6168	6730
江西省	10818		
山东省	45015	10083	33912
河南省			
湖北省	2321	1900	
湖南省	285	55	
广东省	200548	39462	116778
广西壮族自治区	25	25	
海南省	214	131	
重庆市	5621	1342	4081
四川省	106354	15939	80
云南省	260	260	
陕西省	30248	24933	5315
甘肃省	27	27	
宁夏回族自治区			
九、按副省级城市分列			
大连市	257687	194371	9938
宁波市	19555	1757	12954

2015年三资企业主要指标汇总表（二）

单位：万美元

	软件业务出口收入	软件外包服务出口收入	嵌入式系统软件出口收入
厦门市	13502	5681	6730
青岛市	619	13	
深圳市	87395	5045	42922
沈阳市	13132	6515	1540
长春市	2431	1897	
哈尔滨市	314	245	69
南京市	26065	24255	490
杭州市	52802	936	
济南市	10357	10038	
武汉市	2321	1900	
广州市	33983	33539	243
成都市	106354	15939	80
西安市	30248	24933	5315

2015年三资企业主要指标汇总表（三）

单位：万元

	主营业务税金及附加	利润总额	流动资产平均余额	资产合计	负债合计
软件企业合计	**944212**	**12791341**	**69746743**	**110545034**	**50647980**
一、按企业登记注册类型分列					
中国港、澳、台商投资企业	346699	7785283	36204913	53874077	22932491
合资经营企业（中国港、澳、台资）	38873	109559	3572683	5551486	3454700
合作经营企业（中国港、澳、台资）	2845	20582	799178	614630	277754
中国港、澳、台商独资经营企业	265588	7504750	30599514	46084426	18541047
中国港、澳、台商投资股份有限公司	39165	147259	1164300	1541208	631125
其他中国港、澳、台商投资企业	227	3133	69239	82326	27864
外商投资企业	597513	5006058	33541830	56670957	27715489
中外合资经营企业	205397	786108	5195371	10358312	5474546
中外合作经营企业	9077	102000	218705	452313	170532
外资企业	371644	3957035	26841302	43734251	21225397
外商投资股份有限公司	9863	130138	1159390	1941620	789429
其他外商投资企业	1532	30778	127062	184460	55585
二、按经济类型分列					
外商及中国港、澳、台投资经济	944212	12791341	69746743	110545034	50647980
三、按控股经济分列					
公有控股经济	42222	558297	4458237	7067324	4063220
国有控股	29529	400828	3966477	6256932	3550678
国有绝对控股	10998	238593	1977930	3635729	2189471
国有相对控股	18531	162235	1988546	2621203	1361208
集体控股	12693	157469	491760	810392	512542
集体绝对控股	3177	41680	103152	189990	91026
集体相对控股	9515	115789	388609	620402	421516
非公有控股经济	901990	12233044	65288506	103477710	46584760
私人控股	130000	1818828	5907819	10516033	3790338
私人绝对控股	72951	1514042	4125408	6981901	2494713
私人相对控股	57048	304786	1782411	3534132	1295625
中国港、澳、台商控股	248106	5912557	29241273	42392994	18718805
中国港、澳、台商绝对控股	204893	5931494	27431365	39868594	16910160
中国港、澳、台商相对控股	43213	-18937	1809907	2524400	1808644

2015年三资企业主要指标汇总表（三）

单位：万元

	主营业务税金及附加	利润总额	流动资产平均余额	资产合计	负债合计
外商控股	523884	4501659	30139415	50568683	24075617
外商绝对控股	422502	4200866	27370949	45102858	20903125
外商相对控股	101382	300794	2768466	5465825	3172492
四、按软件出口基地分列					
北京软件出口基地	14187	271668	1563742	2217341	1106847
天津软件出口基地	37	4270	22072	46322	3874
大连软件出口基地	89948	133083	919825	3252483	2258666
上海软件出口基地	6629	857682	2977258	3809112	672828
深圳软件出口基地	9868	448711	1536996	2177682	896553
西安软件出口基地	46833	40288	956311	1422961	706605
五、按软件园区分列					
北京中关村软件园	108653	3226654	17804183	24025743	9775409
大连软件园	89948	133083	919825	3252483	2258666
上海浦东软件园	7079	861111	2969406	3849948	673879
南京软件园	3401	26655	521147	668166	443153
杭州软件园	10779	868631	1157088	3837423	1003577
山东齐鲁软件园	10392	84659	211501	533404	428052
长沙软件园	2384	17751	767758	559165	262898
广州天河软件园	39489	359763	2360267	3396618	1214095
珠海南方软件园	1043	29795	82169	143873	29694
成都软件园	4766	238743	519595	1461701	518830
西安软件园	46833	40288	956311	1422961	706605
六、按行业分列					
软件产品行业	272827	3475744	23738289	31468834	14600678
信息技术服务行业	468507	8167843	37284626	65261363	28285989
嵌入式系统软件行业	202878	1147754	8723828	13814837	7761313
七、按企业规模分列					
大型企业	696860	10737764	53888422	85772887	38459708
中型企业	200124	1838801	11881935	18100718	8866169
小型企业	46542	217082	3697194	6391148	3140218
微型企业	686	-2307	279192	280282	181885

2015年三资企业主要指标汇总表（三）

单位：万元

	主营业务税金及附加	利润总额	流动资产平均余额	资产合计	负债合计
八、按省市分列					
北京市	128446	3026858	21393049	29495934	13183920
天津市	122184	637442	2284165	5932745	696403
河北省	2619	79126	353628	414301	122869
山西省	482	7401	60678	98786	47448
内蒙古自治区	4	78		1444	25
辽宁省	197211	275412	973872	3511065	2357766
吉林省	9305	38745	44714	141468	53299
黑龙江省	408	3452	15368	23747	5640
上海市	60828	1700730	11236084	17219253	8324505
江苏省	105181	1663950	7826098	15895931	6846996
浙江省	30330	1339752	4083193	6523686	2370212
安徽省	305	22159	80207	113419	33253
福建省	38249	240930	2973601	3668014	2655189
江西省	1952	16235	116095	133058	82345
山东省	25899	152118	869151	1158755	829598
河南省	233	6809	33126	45375	3776
湖北省	2690	93008	393548	642113	241644
湖南省	3416	-25637	922967	741652	349419
广东省	101993	2887425	14270446	21051844	10973423
广西壮族自治区	2	-26	14	84	4
海南省	216			933	119
重庆市	29751	32434	30396	350202	67654
四川省	35670	553664	826771	1950615	692975
云南省	2	-828	1646	2063	213
陕西省	46833	40288	956311	1422961	706605
甘肃省	2	9	43	1810	713
宁夏回族自治区	3	-192	1575	3776	1967
九、按副省级城市分列					
大连市	89948	133083	919825	3252483	2258666
宁波市	5866	17069	637556	974990	563113

2015年三资企业主要指标汇总表（三）

单位：万元

	主营业务税金及附加	利润总额	流动资产平均余额	资产合计	负债合计
厦门市	18619	144522	2190977	2546238	2114744
青岛市	6395	9794	213467	148926	88677
深圳市	55488	2365560	10878183	15712869	8780814
沈阳市	106824	138264	36474	224400	88073
长春市	8749	38849	40118	131845	49290
哈尔滨市	357	3100	10611	19866	3318
南京市	43672	493035	3295036	4218066	1835050
杭州市	23751	1301711	3346387	5348634	1727150
济南市	16453	127737	326740	825403	671194
武汉市	2690	93008	393548	642113	241644
广州市	40022	372419	2430189	3491962	1274459
成都市	35670	553664	826771	1950615	692975
西安市	46833	40288	956311	1422961	706605

2015年三资企业主要指标汇总表（四）

单位：万元

	年末所有者权益	年初所有者权益	应交所得税	应交增值税	出口已退税额
软件企业合计	**59897054**	**54935185**	**1801237**	**2065791**	**316250**
一、按企业登记注册类型分列					
中国港、澳、台商投资企业	30941586	34183634	1042253	1109259	151735
合资经营企业（中国港、澳、台资）	2096786	11216223	37022	137864	99605
合作经营企业（中国港、澳、台资）	336876	309080	5526	15755	2637
中国港、澳、台商独资经营企业	27543379	21794784	991634	910191	48458
中国港、澳、台商投资股份有限公司	910083	815085	7959	43909	315
其他中国港、澳、台商投资企业	54462	48461	110	1539	720
外商投资企业	28955468	20751551	758984	956532	164515
中外合资经营企业	4883766	4149177	116188	235722	23693
中外合作经营企业	281781	240215	5405	13505	1276
外资企业	22508854	15456650	621627	676822	139164
外商投资股份有限公司	1152192	798010	13258	22613	325
其他外商投资企业	128876	107498	2506	7871	57
二、按经济类型分列					
外商及中国港、澳、台投资经济	59897054	54935185	1801237	2065791	316250
三、按控股经济分列					
公有控股经济	3004104	2425289	56436	177582	88963
国有控股	2706254	2243117	47970	148335	86715
国有绝对控股	1446258	1292379	21895	40715	85934
国有相对控股	1259996	950737	26075	107620	781
集体控股	297850	182172	8466	29247	2248
集体绝对控股	98964	89528	1050	16059	313
集体相对控股	198886	92645	7416	13188	1935
非公有控股经济	56892950	52509896	1744801	1888209	227287
私人控股	6725695	14790885	161162	196235	35484
私人绝对控股	4487188	13056505	133144	130370	31291
私人相对控股	2238507	1734379	28018	65865	4193
中国港、澳、台商控股	23674190	18931415	897979	873287	29070
中国港、澳、台商绝对控股	22958434	18198724	880254	800908	17852
中国港、澳、台商相对控股	715756	732691	17725	72379	11218

2015年三资企业主要指标汇总表（四）

单位：万元

	年末所有者权益	年初所有者权益	应交所得税	应交增值税	出口已退税额
外商控股	26493066	18787597	685660	818687	162733
外商绝对控股	24199733	17137244	613227	720461	155891
外商相对控股	2293333	1650352	72433	98226	6842
四、按软件出口基地分列					
北京软件出口基地	1110494	937187	73662	42100	
天津软件出口基地	42448	39957	797	97	
大连软件出口基地	993817	857042	65186	66026	718
上海软件出口基地	3136283	2332022	127593	71049	86
深圳软件出口基地	1281128	1020357	45468	60532	9319
西安软件出口基地	716356	669678	6766	7621	1009
五、按软件园区分列					
北京中关村软件园	14250333	11494000	516617	539153	
大连软件园	993817	857042	65186	66026	718
上海浦东软件园	3176068	2366951	127548	71078	21
南京软件园	225013	187573	5457	15876	4143
杭州软件园	2833846	2013399	20310	51675	3
山东齐鲁软件园	105352	115415	6342	7735	47
长沙软件园	296267	258984	4308	16082	
广州天河软件园	2182523	2316512	62851	72014	711
珠海南方软件园	114179	59312	3890	6788	119
成都软件园	942871	340670	13849	37261	401
西安软件园	716356	669678	6766	7621	1009
六、按行业分列					
软件产品行业	16868156	13979106	462945	774057	65258
信息技术服务行业	36975374	36211183	1200916	1061060	186173
嵌入式系统软件行业	6053523	4744896	137376	230673	64819
七、按企业规模分列					
大型企业	47313179	34920015	1499608	1653256	276875
中型企业	9234549	7335783	256813	323137	33056
小型企业	3250930	12530455	36486	86509	6275
微型企业	98397	148932	8329	2889	44

2015年三资企业主要指标汇总表（四）

单位：万元

	年末所有者权益	年初所有者权益	应交所得税	应交增值税	出口已退税额
八、按省市分列					
北京市	16312014	13268237	572900	622310	
天津市	5236342	3067192	72046	115075	
河北省	291432	299836	19937	17814	437
山西省	51338	45048	1110	763	
内蒙古自治区	1419	1369			
辽宁省	1153299	919721	68334	70943	906
吉林省	88169	33150	4752	18975	1
黑龙江省	18107	18646	223	1052	
上海市	8894748	7620845	266888	222310	112741
江苏省	9048935	4901215	223045	199306	74730
浙江省	4153474	3306816	84563	118602	46609
安徽省	80166	56254	447	2037	
福建省	1012825	951933	17746	29490	2157
江西省	50714	49576	2047	3437	5748
山东省	329157	302335	12704	24833	1668
河南省	41599	32547	847	1956	
湖北省	400469	268805	11241	12998	1898
湖南省	392234	346933	5228	19553	
广东省	10078421	8698663	404089	478743	66585
广西壮族自治区	80				
海南省	814	796	13		
重庆市	282548	9711022	6407	42773	1015
四川省	1257640	358751	19897	55154	467
云南省	1850	2677			280
陕西省	716356	669678	6766	7621	1009
甘肃省	1097	1141	6	29	
宁夏回族自治区	1809	2001		18	
九、按副省级城市分列					
大连市	993817	857042	65186	66026	718
宁波市	411878	372328	5249	16729	21707

2015年三资企业主要指标汇总表（四）

单位：万元

	年末所有者权益	年初所有者权益	应交所得税	应交增值税	出口已退税额
厦门市	431494	467459	4453	2579	1890
青岛市	60249	44802	105	6677	4
深圳市	6932055	5604166	317030	359066	24660
沈阳市	136327	37624	2164	3837	166
长春市	82556	27487	4737	10597	1
哈尔滨市	16548	15309	223	1010	
南京市	2383016	1901249	107676	153724	61570
杭州市	3621484	2832549	75928	96625	24663
济南市	154209	157852	11440	14860	1664
武汉市	400469	268805	11241	12998	1898
广州市	2217503	2343119	64108	73690	711
成都市	1257640	358751	19897	55154	467
西安市	716356	669678	6766	7621	1009

2015年三资企业主要指标汇总表（五）

单位：万元

	研发经费	固定资产折旧	本年应付职工薪酬
软件企业合计	**8429543**	**5321641**	**15654059**
一、按企业登记注册类型分列			
中国港、澳、台商投资企业	3928444	1965353	5868206
合资经营企业（中国港、澳、台资）	771225	238595	799747
合作经营企业（中国港、澳、台资）	22664	21926	35320
中国港、澳、台商独资经营企业	2916411	1619988	4800585
中国港、澳、台商投资股份有限公司	213759	81484	222823
其他中国港、澳、台商投资企业	4385	3361	9730
外商投资企业	4501099	3356287	9785853
中外合资经营企业	562608	695842	1207587
中外合作经营企业	11012	31621	40978
外资企业	3823458	2459257	8239364
外商投资股份有限公司	74074	165802	252235
其他外商投资企业	29946	3765	45689
二、按经济类型分列			
外商及中国港、澳、台投资经济	8429543	5321641	15654059
三、按控股经济分列			
公有控股经济	909127	384401	1038564
国有控股	838804	358236	868507
国有绝对控股	556820	180314	506731
国有相对控股	281984	177922	361776
集体控股	70324	26165	170057
集体绝对控股	19069	14412	45823
集体相对控股	51255	11753	124233
非公有控股经济	7520416	4937240	14615496
私人控股	822660	374096	1208270
私人绝对控股	614973	283068	756620
私人相对控股	207688	91028	451650
中国港、澳、台商控股	2585666	1523650	4476854
中国港、澳、台商绝对控股	2462719	1395486	4240913
中国港、澳、台商相对控股	122947	128164	235941

2015年三资企业主要指标汇总表（五）

单位：万元

	研发经费	固定资产折旧	本年应付职工薪酬
外商控股	4112090	3039494	8930372
外商绝对控股	3823589	2717321	8410973
外商相对控股	288501	322173	519399
四、按软件出口基地分列			
北京软件出口基地	244819	38775	846733
天津软件出口基地	2823	2127	17303
大连软件出口基地	43205	263542	628078
上海软件出口基地	228065	89223	526377
深圳软件出口基地	146712	26161	249793
西安软件出口基地	112315	28008	132958
五、按软件园区分列			
北京中关村软件园	2051011	440355	4707044
大连软件园	43205	263542	628078
上海浦东软件园	294237	88974	526908
南京软件园	56260	145318	94173
杭州软件园	336745	74384	344012
山东齐鲁软件园	26296	13579	35716
长沙软件园	14882	19094	29170
广州天河软件园	341460	68301	564133
珠海南方软件园	6848	2502	9511
成都软件园	176631	33122	283234
西安软件园	112315	28008	132958
六、按行业分列			
软件产品行业	2558431	1220864	5784985
信息技术服务行业	5466114	3129703	8256295
嵌入式系统软件行业	404998	971074	1612780
七、按企业规模分列			
大型企业	6993368	4193942	12460239
中型企业	1126334	890657	2410818
小型企业	304574	230053	771873
微型企业	5267	6989	11129

2015年三资企业主要指标汇总表（五）

单位：万元

	研发经费	固定资产折旧	本年应付职工薪酬
八、按省市分列			
北京市	2355096	549875	6152086
天津市	74753	138909	340206
河北省	4599	27569	26515
山西省	1935	530	2294
内蒙古自治区		501	607
辽宁省	110937	369220	738059
吉林省	7747	23464	19378
黑龙江省	1717	610	5456
上海市	2319556	674893	2495316
江苏省	656097	1837951	2089841
浙江省	545912	377826	536501
安徽省	12949	2996	24590
福建省	205916	106849	290757
江西省	9912	11769	14303
山东省	95182	97346	98628
河南省	1674	1310	3363
湖北省	43823	22811	54022
湖南省	20139	24468	40377
广东省	1441537	933725	2123545
广西壮族自治区		55	260
海南省	1607	28	1317
重庆市	63082	48205	32258
四川省	341304	41393	429514
云南省	1734	35	1416
陕西省	112315	28008	132958
甘肃省		85	194
宁夏回族自治区	20	1207	297
九、按副省级城市分列			
大连市	43205	263542	628078
宁波市	22741	60922	74531

2015年三资企业主要指标汇总表（五）

单位：万元

	研发经费	固定资产折旧	本年应付职工薪酬
厦门市	123733	60587	164584
青岛市	52772	13285	28419
深圳市	1021366	636467	1394042
沈阳市	67042	104511	106973
长春市	7216	21375	16228
哈尔滨市	1717	472	4622
南京市	353071	295918	482265
杭州市	508639	296314	449206
济南市	41356	25605	54915
武汉市	43823	22811	54022
广州市	351973	69699	578090
成都市	341304	41393	429514
西安市	112315	28008	132958

2015年三资企业主要指标汇总表（六）

单位：人

	从业人员年末人数	软件研发人员	管理人员	硕士以上人员	大本人员	大专以下人员
软件企业合计	**1057430**	**449119**	**187456**	**124960**	**525464**	**406977**
一、按企业登记注册类型分列						
中国港、澳、台商投资企业	388291	186098	76031	49432	182190	156667
合资经营企业（中国港、澳、台资）	61380	38439	14779	8594	25292	27491
合作经营企业（中国港、澳、台资）	3855	462	314	335	1961	1559
中国港、澳、台商独资经营企业	307478	133103	59253	38992	145597	122889
中国港、澳、台商投资股份有限公司	14496	13658	1593	1503	8572	4422
其他中国港、澳、台商投资企业	1082	436	92	8	768	306
外商投资企业	669139	263021	111425	75528	343274	250310
中外合资经营企业	124761	87096	15729	8990	76004	39757
中外合作经营企业	6814	864	880	255	3253	3303
外资企业	512263	165708	93706	63928	249202	199116
外商投资股份有限公司	22536	7821	807	2014	13002	7523
其他外商投资企业	2765	1532	303	341	1813	611
二、按经济类型分列						
外商及中国港、澳、台投资经济	1057430	449119	187456	124960	525464	406977
三、按控股经济分列						
公有控股经济	56224	34340	5125	11025	32317	12878
国有控股	46481	30358	4054	9528	26362	10589
国有绝对控股	22306	9961	1575	4037	13897	4372
国有相对控股	24175	20397	2479	5491	12465	6217
集体控股	9743	3982	1071	1497	5955	2289
集体绝对控股	4273	1525	435	428	2653	1190
集体相对控股	5470	2457	636	1069	3302	1099
非公有控股经济	1001206	414779	182331	113935	493147	394099
私人控股	95747	32589	10939	9431	49910	36405
私人绝对控股	53819	13508	3743	6513	28395	18913
私人相对控股	41928	19081	7196	2918	21515	17492
中国港、澳、台商控股	318136	146128	67286	36421	153918	127799
中国港、澳、台商绝对控股	267505	106024	64507	33825	124635	109044
中国港、澳、台商相对控股	50631	40104	2779	2596	29283	18755

2015年三资企业主要指标汇总表（六）

单位：人

	从业人员年末人数	软件研发人员	管理人员	硕士以上人员	大本人员	大专以下人员
外商控股	587323	236062	104106	68083	289319	229895
外商绝对控股	528841	191612	98451	63854	258826	206141
外商相对控股	58482	44450	5655	4229	30493	23754
四、按软件出口基地分列						
北京软件出口基地	25524	10978	14546	6051	15574	3899
天津软件出口基地	1352	1204	112	77	1045	230
大连软件出口基地	63041	27996	3856	6713	47237	9089
上海软件出口基地	26732	6536	759	5526	16549	4657
深圳软件出口基地	14351	8958	4549	2051	9578	2723
西安软件出口基地	19620	14054	2971	2579	11851	5190
五、按软件园区分列						
北京中关村软件园	157408	62735	94772	33195	90359	33852
大连软件园	63041	27996	3856	6713	47237	9089
上海浦东软件园	27482	7092	846	6090	16733	4659
南京软件园	6762	3236	519	1159	3564	2038
杭州软件园	12277	2365	254	2654	7101	2522
山东齐鲁软件园	5998	2276	817	542	4367	1089
长沙软件园	3588	260	64	259	2057	1272
广州天河软件园	32239	22835	2888	3051	21509	7681
珠海南方软件园	946	609	257	51	548	348
成都软件园	13429	7744	762	2560	8862	2008
西安软件园	19620	14054	2971	2579	11851	5190
六、按行业分列						
软件产品行业	315794	133414	75282	50060	195287	70447
信息技术服务行业	510694	191855	102567	67463	273047	170184
嵌入式系统软件行业	230942	123850	9607	7437	57130	166346
七、按企业规模分列						
大型企业	816649	337631	144397	100248	392479	323916
中型企业	179123	79014	31022	18364	97105	63651
小型企业	60717	31798	11871	6269	35338	19094
微型企业	941	676	166	79	542	316

2015年三资企业主要指标汇总表（六）

单位：人

	从业人员年末人数	软件研发人员	管理人员	硕士以上人员	大本人员	大专以下人员
八、按省市分列						
北京市	239530	108002	131744	42511	139655	57360
天津市	24406	6928	2009	1667	12342	10396
河北省	3453	834	307	49	919	2485
山西省	332	69	95	20	154	158
内蒙古自治区	91	83	6	4	58	29
辽宁省	74764	35032	4938	8271	55286	11204
吉林省	2757	729	206	326	1787	643
黑龙江省	1037	695	182	30	842	166
上海市	143147	48574	8133	28129	86957	28058
江苏省	294366	110707	11906	13032	67892	213419
浙江省	29235	6823	1812	4959	14177	10098
安徽省	2165	1334	271	246	1495	424
福建省	23985	11792	3018	1489	11791	10706
江西省	1142	141	31	40	555	547
山东省	14248	4686	1616	1236	9460	3554
河南省	271	111	36	19	250	2
湖北省	7034	4819	764	928	5080	1023
湖南省	8583	703	328	274	2741	5568
广东省	135858	80253	13567	14534	82432	38895
广西壮族自治区	41	36	4	1	40	
海南省	148	65	11	25	72	51
重庆市	5701	2136	469	510	3792	1401
四川省	25240	10334	2992	4071	15614	5556
云南省	162	142	20	7	133	22
陕西省	19620	14054	2971	2579	11851	5190
甘肃省	65	17	5	1	54	10
宁夏回族自治区	49	20	15	2	35	12
九、按副省级城市分列						
大连市	63041	27996	3856	6713	47237	9089
宁波市	9196	2398	951	220	2437	6538

2015年三资企业主要指标汇总表（六）

单位：人

	从业人员年末人数	软件研发人员	管理人员	硕士以上人员	大本人员	大专以下人员
厦门市	14385	2894	2330	1001	5441	7945
青岛市	3245	381	161	276	1932	1038
深圳市	81122	52423	9528	11031	52783	17309
沈阳市	10746	6942	1019	1541	7877	1328
长春市	2003	535	149	233	1302	467
哈尔滨市	942	624	158	29	780	134
南京市	44797	18723	3665	7703	19964	17132
杭州市	18630	3810	692	4637	11070	2923
济南市	9380	3326	1224	886	6696	1799
武汉市	7034	4819	764	928	5080	1023
广州市	33436	23703	2963	3131	22347	7959
成都市	25240	10334	2992	4071	15614	5556
西安市	19620	14054	2971	2579	11851	5190

2015年三资企业软件和信息技术服务业分产品完成情况

项　　目	企业数（个）	本年收入（万元）	其中：本年出口（万美元）
软件收入明细合计	**3213**	**91002715**	**1913137**
软件产品行业（E6201）			
一、软件产品合计	1641	22224506	458416
（一）基础软件	255	3629826	41525
1. 操作系统	64	1502217	14826
2. 数据库管理系统	41	833093	1745
3. 中间件	28	150797	1928
4. 办公软件	38	110929	780
5. 其他	84	1032791	22245
（二）支撑软件	73	334777	2580
1. 开发工具和平台软件	36	208702	1841
2. 测试工具软件	22	60296	452
3. 其他支撑软件	15	65779	288
（三）应用软件	782	11545713	187813
1. 通用应用软件	322	2940704	30632
2. 行业应用软件	460	8605009	157181
（四）工业软件	115	855543	12394
1. 产品研发类软件	42	310813	4233
2. 生产控制类软件	73	544730	8162
（五）嵌入式应用软件	165	2079451	86403
（六）信息安全产品	90	1772492	71469
1. 基础类安全产品	14	122994	5001
2. 终端与数字内容安全产品	15	832386	51897
3. 网络与边界安全产品	18	597795	5185
4. 专用安全产品	10	39157	2925
5. 安全测试评估与服务产品	7	85529	2488
6. 安全管理产品	11	23856	
7. 其他信息安全产品及相关服务	15	70775	3974
（七）移动应用软件（APP）	32	579050	692
（八）软件定制服务	129	1427655	55539

2015年三资企业软件和信息技术服务业分产品完成情况

项　　目	企业数（个）	本年收入（万元）	其中：本年出口（万美元）
信息技术服务行业（E6202）			
二、信息技术服务合计	1571	43559844	771014
（一）信息技术咨询设计服务	460	6774823	276633
1. 信息化规划	21	472104	25715
2. 信息系统设计	102	1550789	19937
3. 信息技术管理咨询	271	3896922	213650
4. 信息系统工程监理	21	229637	8255
5. 测试评估	17	174108	5820
6. 信息技术培训	28	451263	3256
（二）信息系统集成实施服务	289	8346537	18378
1. 基础环境集成实施服务	29	529245	3057
2. 硬件集成实施服务	70	639468	1500
3. 软件集成实施服务	79	463644	4140
4. 安全集成实施服务	10	358682	720
5. 系统集成实施管理服务	101	6355498	8961
（三）运行维护服务	194	2181081	44441
1. 基础环境运维服务	17	333146	5407
2. 硬件运维服务	22	350661	3651
3. 软件运维服务	95	642529	30778
4. 安全运维服务	4	131578	537
5. 运维管理服务	56	723167	4068
（四）数据服务	164	2876425	87557
1. 数据加工处理服务	113	1801184	50721
2. 数字内容处理服务	51	1075240	36837
（五）运营服务	212	13965883	43374
1. 软件运营服务	39	1552953	7469
2. 平台运营服务	138	11437431	21137
（1）物流管理服务平台	9	330870	1001
（2）在线信息平台	27	5401996	
（3）在线娱乐平台	39	3491743	1214

2015年三资企业软件和信息技术服务业分产品完成情况

项　　目	企业数（个）	本年收入（万元）	其中：本年出口（万美元）
（4）在线教育平台	25	141979	78
（5）其他在线服务平台	38	2070843	18844
3. 基础设施运营服务	18	241452	3862
4. 呼叫中心服务	17	734046	10907
（六）电子商务平台服务	57	3783522	4947
1. 在线交易平台服务	40	2796491	2886
2. 在线交易支撑服务	17	987031	2061
（七）集成电路设计	195	5631574	295682
嵌入式系统软件行业（E6203）			
三、嵌入式系统软件合计	818	25218365	683708
（一）通信设备	274	7329556	317002
1. 通信传输设备	81	1365139	36106
（1）光通信设备	32	511471	6260
（2）卫星通信设备	12	423188	7330
（3）无线通信设备	37	430479	22515
2. 通信交换设备	19	518957	40690
（1）数字程控交换机	11	486296	40594
（2）软交换机	2	3218	
（3）光交换机	6	29442	96
3. 移动通信设备	9	477847	7463
（1）基站	8	471707	7463
（2）直放站	1	6140	
4. 网络设备	165	4967614	232743
（1）网络控制设备	76	2656071	108223
（2）网络接口和适配器	35	526669	53546
（3）网络连接设备	41	1417963	70974
（4）网络优化设备	13	366911	
（二）数字家用视听产品	33	2478344	54534
1. 电视接收机顶盒	18	1101775	43224
2. 家庭网关中心	15	1376569	11310

2015年三资企业软件和信息技术服务业分产品完成情况

项　　目	企业数（个）	本年收入（万元）	其中：本年出口（万美元）
（三）计算机应用产品	163	7169010	253648
1. 金融、商业、税务电子应用产品	10	202601	2723
（1）银行自助服务终端	2	9411	
（2）POS机	4	142077	2400
（3）税控机	4	51114	323
2. 汽车电子	85	3779685	10269
（1）传动系控制系统	22	634876	8777
（2）行驶系控制系统	15	248065	1357
（3）车身控制系统	22	1437644	100
（4）安全控制系统	26	1459099	34
3. 智能交通	1	26084	1300
交通信号控制机	1	26084	1300
4. 医疗电子设备	22	401187	30185
（1）医用电子仪器设备	19	370896	27250
（2）医学影像设备	3	30291	2935
5. 智能识别装置	42	2641039	206371
6. 自动检售票设备			
7. 超大屏幕控制器	3	118414	2800
（四）信息系统安全产品	17	512902	19600
1. 边界防护类设备和系统	3	1699	
2. 密钥管理类设备和系统	14	511203	19600
（五）装备自动控制产品	331	7728553	38923
1. 集散控制系统	147	5391655	18308
2. 电气传动及控制系统	80	1157778	4841
3. 装备制造工控系统	104	1179121	15774

IV 内资企业统计

	企业数（个）	软件业务收入	其中：1. 软件产品收入
软件企业合计	**35009**	**337476444**	**114336926**
一、按企业登记注册类型分列			
内资企业	35009	337476444	114336926
国有企业	714	26285747	7661904
集体企业	53	4552179	524258
股份合作企业	178	2100022	944752
联营企业	79	633721	200792
国有联营企业	25	136181	54635
集体联营企业	12	113657	58322
国有与集体联营企业	11	177957	33495
其他联营企业	31	205927	54341
有限责任公司	14745	156033436	47834091
国有独资公司	165	3916598	1348706
其他有限责任公司	14580	152116837	46485384
股份有限公司	3534	64851244	25733532
私营企业	14769	77389009	28571580
其他内资企业	937	5631085	2866018
二、按经济类型分列			
国有经济	904	30338526	9065245
集体经济	65	4665836	582579
股份合作经济	178	2100022	944752
股份制经济	18114	216968081	72218917
其他经济	15748	83403978	31525433
三、按控股经济分列			
公有控股经济	4071	95108924	30645508
国有控股	2211	72493799	23433128
国有绝对控股	1640	51866262	15869434
国有相对控股	571	20627537	7563694
集体控股	1860	22615125	7212381
集体绝对控股	713	14170650	3883090
集体相对控股	1147	8444475	3329291

主要指标汇总表（一）

单位：万元

		其中：
2. 信息技术服务收入	3. 嵌入式系统软件收入	软件外包服务收入
178549670	**44589848**	**12878467**
178549670	44589848	12878467
13959003	4664840	922843
2845352	1182570	33815
558065	597205	247694
373499	59431	27623
41908	39639	4962
55335		1569
143862	600	20895
132394	19192	197
88795458	19403887	6228988
1922006	645886	253827
86873451	18758002	5975160
28772528	10345183	2106747
41069219	7748211	3247484
2176547	588521	63274
15922917	5350364	1181632
2900687	1182570	35384
558065	597205	247694
115645980	29103185	8081907
43522022	8356523	3331850
48705626	15757789	3254287
36898094	12162578	2543310
29511060	6485768	1957256
7387033	5676809	586054
11807532	3595211	710978
8248726	2038834	384892
3558806	1556378	326086

	企业数（个）	软件业务收入	其中：1. 软件产品收入
非公有控股经济	30938	242367520	83691417
私人控股	30534	233794954	81515918
私人绝对控股	24094	184443602	62672852
私人相对控股	6440	49351352	18843066
中国港、澳、台商控股	154	2397690	930307
中国港、澳、台商绝对控股	111	1407352	611599
中国港、澳、台商相对控股	43	990338	318708
外商控股	250	6174876	1245193
外商绝对控股	172	4590680	737479
外商相对控股	78	1584196	507714
四、按软件出口基地分列			
北京软件出口基地	58	2115132	742009
天津软件出口基地	27	285184	67034
大连软件出口基地	1462	10224303	4743722
上海软件出口基地	246	2920630	682292
深圳软件出口基地	378	3842553	1576169
西安软件出口基地	1231	10312942	2880965
五、按软件园区分列			
北京中关村软件园	1431	26773597	11129744
大连软件园	1462	10224303	4743722
上海浦东软件园	248	2920937	682599
南京软件园	397	8780212	3613248
杭州软件园	650	20710587	6617814
山东齐鲁软件园	534	8330651	3692606
长沙软件园	168	1577070	584860
广州天河软件园	1528	18544174	7137865
珠海南方软件园	57	450179	110368
成都软件园	1023	5483150	2766765
西安软件园	1231	10312942	2880965
六、按行业分列			
软件产品行业	18448	118498776	94131769

主要指标汇总表（一）

单位：万元

		其中：
2. 信息技术服务收入	3. 嵌入式系统软件收入	软件外包服务收入
129844044	28832058	9624179
124893809	27385228	9264221
98847815	22922935	7368089
26045993	4462293	1896131
728684	738699	50880
416298	379455	10388
312386	359244	40491
4221551	708132	309079
3274165	579036	145814
947387	129095	163265
1370165	2958	132607
218150		7435
4955810	524771	1018360
2238338		27574
1891504	374880	150893
6368959	1063019	1958302
15540507	103346	282595
4955810	524771	1018360
2238338		27574
4926849	240116	105728
12924308	1168465	508611
3880424	757620	1148294
657976	334234	96409
10436046	970263	800160
228889	110922	7360
2655542	60843	108456
6368959	1063019	1958302
22404051	1962956	5301273

	企业数（个）	软件业务收入	其中：1. 软件产品收入
信息技术服务行业	13583	161722333	13744924
嵌入式系统软件行业	2978	57255335	6460233
七、按企业规模分列			
大型企业	2135	195536272	55982418
中型企业	7380	96621513	36249218
小型企业	22753	44517784	21759394
微型企业	2741	800875	345895
八、按省市分列			
北京市	2159	33451195	13784862
天津市	446	5216607	2018911
河北省	280	1756855	266219
山西省	114	220891	111444
内蒙古自治区	80	299910	133990
辽宁省	3271	23675823	9299236
吉林省	951	3813853	1224414
黑龙江省	479	1478272	636168
上海市	2512	21323172	7883481
江苏省	4585	47810986	13949460
浙江省	1653	26871837	8812938
安徽省	409	1968361	821755
福建省	2266	15685098	5773509
江西省	131	749749	212985
山东省	3638	35542565	13480202
河南省	283	2774715	761150
湖北省	2441	9807192	5092023
湖南省	445	3227898	1842707
广东省	4085	60892938	14943097
广西壮族自治区	205	746907	89748
海南省	119	423506	109613
重庆市	915	7829885	1897613
四川省	1671	19115909	7550609

主要指标汇总表（一）

单位：万元

		其中：
2. 信息技术服务收入	3. 嵌入式系统软件收入	软件外包服务收入
145886473	2090937	6798427
10259147	40535955	778767
109950661	29603194	7428535
49908621	10463674	4051287
18410806	4347584	1382690
279583	175397	15954
19541628	124705	316657
2946119	251577	87758
1471040	19596	13981
106584	2863	923
164222	1698	30
12362221	2014365	1962352
2330742	258697	188104
719768	122335	626619
13138359	301332	194127
24476583	9384942	1507119
15901800	2157099	645476
1011486	135120	26779
9617877	293713	132185
526340	10424	3176
15888143	6174220	2681058
1709636	303929	2806
4165111	550057	240736
930568	454623	111922
26116685	19833156	1245452
651968	5191	7459
313893		1478
4972558	959715	754576
11440442	124859	124342

	企业数（个）	软件业务收入	其中：1. 软件产品收入
贵州省	245	1102422	424495
云南省	104	440634	112900
陕西省	1231	10312942	2880965
甘肃省	93	355974	114233
青海省	21	12142	2962
宁夏回族自治区	66	113594	45222
新疆维吾尔自治区	111	454613	60015
九、按副省级城市分列			
大连市	1462	10224303	4743722
宁波市	624	3253653	843976
厦门市	944	7228633	2069245
青岛市	1257	12515351	4017703
深圳市	1937	35869019	5983936
沈阳市	1611	13026707	4370706
长春市	574	2528487	941694
哈尔滨市	403	957798	440765
南京市	1619	27888967	8534025
杭州市	665	22719109	7636571
济南市	1711	19939185	8618700
武汉市	2364	9715586	5047125
广州市	1572	20657861	7383879
成都市	1632	18398817	7327487
西安市	1231	10312942	2880965

主要指标汇总表（一）

单位：万元

		其中：
2. 信息技术服务收入	3. 嵌入式系统软件收入	软件外包服务收入
659197	18730	680
326002	1731	29452
6368959	1063019	1958302
236065	5676	6438
8507	673	105
52897	15476	196
394269	329	8176
4955810	524771	1018360
1589087	820590	84961
5021054	138334	87057
4644634	3853014	81113
12811993	17073091	377794
7252443	1403558	941803
1427426	159367	169030
402810	114223	387349
16902801	2452141	988700
13914073	1168465	552381
9801298	1519187	2539550
4124484	543977	240692
12303719	970263	800160
10962311	109019	122236
6368959	1063019	1958302

2015年内资企业主要指标汇总表（二）

单位：万美元

	软件业务出口收入	软件外包服务出口收入	嵌入式系统软件出口收入
软件企业合计	**3035566**	**337167**	**1608650**
一、按企业登记注册类型分列			
内资企业	3035566	337167	1608650
国有企业	72782	6961	57448
集体企业	20219	2889	14520
股份合作企业	1159	893	229
联营企业	501	501	
国有联营企业	300	300	
集体联营企业	54	54	
国有与集体联营企业	147	147	
其他联营企业			
有限责任公司	1845153	121220	971413
国有独资公司	10052	6209	3217
其他有限责任公司	1835101	115011	968195
股份有限公司	751324	109795	405748
私营企业	340134	93402	157736
其他内资企业	4293	1506	1555
二、按经济类型分列			
国有经济	83134	13470	60666
集体经济	20273	2943	14520
股份合作经济	1159	893	229
股份制经济	2586425	224806	1373944
其他经济	344574	95055	159291
三、按控股经济分列			
公有控股经济	567325	62754	455532
国有控股	516757	47164	438644
国有绝对控股	161946	39484	95799
国有相对控股	354810	7680	342845
集体控股	50568	15589	16889
集体绝对控股	37434	10213	16283
集体相对控股	13134	5376	606

2015年内资企业主要指标汇总表（二）

单位：万美元

	软件业务出口收入	软件外包服务出口收入	嵌入式系统软件出口收入
非公有控股经济	2468241	274414	1153117
私人控股	2425800	257084	1151899
私人绝对控股	2280148	216629	1103619
私人相对控股	145652	40455	48281
中国港、澳、台商控股	7767	2677	835
中国港、澳、台商绝对控股	3419	12	835
中国港、澳、台商相对控股	4348	2665	
外商控股	34675	14652	383
外商绝对控股	18584	7386	
外商相对控股	16091	7266	383
四、按软件出口基地分列			
北京软件出口基地	21738	21738	
天津软件出口基地	1407	1104	
大连软件出口基地	116194	82012	978
上海软件出口基地	3053	2461	
深圳软件出口基地	44818	1792	10533
西安软件出口基地	43702	34300	9401
五、按软件园区分列			
北京中关村软件园	46171	45962	174
大连软件园	116194	82012	978
上海浦东软件园	3053	2461	
南京软件园	23821	1404	22257
杭州软件园	158578	31769	16054
山东齐鲁软件园	3450	3353	97
长沙软件园	1878	671	
广州天河软件园	27935	15021	713
珠海南方软件园	26645	1067	13024
成都软件园	29565	11912	750
西安软件园	43702	34300	9401
六、按行业分列			
软件产品行业	459435	174894	4731

2015年内资企业主要指标汇总表（二）

单位：万美元

	软件业务出口收入	软件外包服务出口收入	嵌入式系统软件出口收入
信息技术服务行业	347990	161354	16730
嵌入式系统软件行业	2228141	919	1587188
七、按企业规模分列			
大型企业	2671812	190470	1529314
中型企业	252704	105315	48928
小型企业	109494	40961	29413
微型企业	1556	421	995
八、按省市分列			
北京市	51754	51545	174
天津市	5778	1816	
河北省	3060	276	
山西省			
内蒙古自治区			
辽宁省	174591	90601	13337
吉林省	8400	5833	643
黑龙江省	3845	2578	1267
上海市	51078	12321	
江苏省	108667	28004	52882
浙江省	206403	39372	27294
安徽省	5225	825	3407
福建省	18681	11501	462
江西省	85	81	4
山东省	94912	12305	69985
河南省	513		
湖北省	10960	6565	97
湖南省	5349	671	370
广东省	2193080	19362	1424902
广西壮族自治区	78		
海南省	1540	3	
重庆市	14165	7177	3136
四川省	33060	12031	794

2015年内资企业主要指标汇总表（二）

单位：万美元

	软件业务出口收入	软件外包服务出口收入	嵌入式系统软件出口收入
贵州省			
云南省			
陕西省	43702	34300	9401
甘肃省	492		492
青海省	147		
宁夏回族自治区			
新疆维吾尔自治区			
九、按副省级城市分列			
大连市	116194	82012	978
宁波市	37223	1383	9009
厦门市	11758	9877	
青岛市	77672	5379	63873
深圳市	2046831	2921	1358283
沈阳市	56964	8567	10965
长春市	5313	4067	643
哈尔滨市	2823	1732	1091
南京市	38667	10003	23300
杭州市	165578	37769	16054
济南市	7142	5925	1033
武汉市	10960	6565	97
广州市	27950	15021	713
成都市	32897	11912	750
西安市	43702	34300	9401

2015年内资企业主要指标汇总表（三）

单位：万元

	主营业务税金及附加	利润总额	流动资产平均余额	资产合计	负债合计
软件企业合计	**7375114**	**44865659**	**262753596**	**507559934**	**266103530**
一、按企业登记注册类型分列					
内资企业	7375114	44865659	262753596	507559934	266103530
国有企业	374374	2652946	20209609	39873202	24211161
集体企业	98519	777996	214170	27371758	20492846
股份合作企业	30405	131461	1399456	3254645	1554933
联营企业	13899	94021	290450	592496	278224
国有联营企业	2795	12909	57554	166092	38138
集体联营企业	4900	-2959	23676	59004	30284
国有与集体联营企业	3616	22926	67491	185083	83915
其他联营企业	2588	61145	141729	182317	125887
有限责任公司	3481997	21699370	112263195	202124188	108362321
国有独资公司	91997	314833	3387401	6217112	2814918
其他有限责任公司	3389999	21384537	108875794	195907077	105547403
股份有限公司	1230205	10804272	72201680	131621614	53029024
私营企业	1926276	8127569	55245651	92219874	51460900
其他内资企业	219438	578024	929385	10502158	6714121
二、按经济类型分列					
国有经济	469167	2980688	23654564	46256405	27064216
集体经济	103419	775038	237846	27430762	20523130
股份合作经济	30405	131461	1399456	3254645	1554933
股份制经济	4620204	32188809	181077474	327528691	158576427
其他经济	2151919	8789664	56384255	103089432	58384823
三、按控股经济分列					
公有控股经济	1609298	11155777	85678275	183708284	102734440
国有控股	1114389	8311759	72660164	124286273	69349337
国有绝对控股	802487	6029709	54178034	89156930	51744895
国有相对控股	311902	2282049	18482130	35129343	17604442
集体控股	494908	2844019	13018110	59422011	33385103
集体绝对控股	353445	2064783	7485939	47098345	27098435
集体相对控股	141463	779236	5532172	12323666	6286668

2015年内资企业主要指标汇总表（三）

单位：万元

	主营业务税金及附加	利润总额	流动资产平均余额	资产合计	负债合计
非公有控股经济	5765816	33709882	177075322	323851650	163369090
私人控股	5523208	32525477	172921464	316544998	160316992
私人绝对控股	3852638	26387689	141387034	238304044	119634762
私人相对控股	1670571	6137787	31534431	78240954	40682229
中国港、澳、台商控股	34282	312254	1775692	2815471	1188629
中国港、澳、台商绝对控股	26227	182402	1557580	2361504	989595
中国港、澳、台商相对控股	8055	129851	218112	453967	199034
外商控股	208326	872152	2378166	4491180	1863469
外商绝对控股	192763	713743	1441663	2355657	1090867
外商相对控股	15563	158409	936503	2135524	772602
四、按软件出口基地分列					
北京软件出口基地	11395	400106	2230156	4482028	1607134
天津软件出口基地	690	9997	122214	336820	84245
大连软件出口基地	397024	437809	3722828	9274986	4702898
上海软件出口基地	111025	546373	4471379	9182901	5238594
深圳软件出口基地	43294	1287303	5310213	9468512	3968907
西安软件出口基地	440752	536394	6492870	12618800	6793516
五、按软件园区分列					
北京中关村软件园	207819	3490886	30720139	52956549	25380167
大连软件园	397024	437809	3722828	9274986	4702898
上海浦东软件园	111026	545875	4472206	9184029	5239096
南京软件园	377816	1127422	8262005	23684654	12596318
杭州软件园	215047	6096442	21789969	35887057	13010035
山东齐鲁软件园	194590	1219577	3672422	8499004	6412888
长沙软件园	13401	217509	7977974	5595369	3447463
广州天河软件园	387618	2320058	16979978	33435299	13448123
珠海南方软件园	3085	61917	511799	951796	363417
成都软件园	99448	697291	4677373	9625934	7826955
西安软件园	440752	536394	6492870	12618800	6793516
六、按行业分列					
软件产品行业	3178605	18584841	113295270	190754992	89039590

2015年内资企业主要指标汇总表（三）

单位：万元

	主营业务税金及附加	利润总额	流动资产平均余额	资产合计	负债合计
信息技术服务行业	3529039	21245051	117095605	266744114	147219619
嵌入式系统软件行业	667470	5035767	32362722	50060828	29844321
七、按企业规模分列					
大型企业	4130721	29764541	154729960	329393990	177466714
中型企业	2031658	10444826	62806428	111053829	58036530
小型企业	1192614	4600250	44359735	64916569	29983082
微型企业	20121	56042	857473	2195546	617203
八、按省市分列					
北京市	260496	3955569	36886138	63087006	30957185
天津市	13866	354930	2760742	7998168	1706754
河北省	15891	193969	1426589	2014408	1329482
山西省	2960	28174	382045	593577	239674
内蒙古自治区	2488	15311	170207	296789	133974
辽宁省	1089720	1590821	5842448	14355526	6482329
吉林省	85871	322772	961545	1527687	576489
黑龙江省	16692	215149	243080	939513	131847
上海市	297532	2303513	19301706	38326273	20333373
江苏省	1168341	6304056	29096302	70370276	35722518
浙江省	297265	6573705	25610420	42155399	16223909
安徽省	25949	333510	1937863	3713614	1497449
福建省	594689	1475698	12315693	15764720	11497297
江西省	12326	118938	723326	1190392	495728
山东省	819122	4451741	19666498	58443874	40085631
河南省	19577	314260	2785678	4685290	2258956
湖北省	145908	919468	13032870	21137379	10903427
湖南省	40406	666239	10737577	9825665	5039205
广东省	823142	10545170	57242273	108418608	56184040
广西壮族自治区	27030	178448	511308	751428	363616
海南省	5921	66765	281585	628097	345436
重庆市	84100	625425	4024669	10372641	4247313
四川省	1025942	2598919	6801746	14529462	10593380

2015年内资企业主要指标汇总表（三）

单位：万元

	主营业务税金及附加	利润总额	流动资产平均余额	资产合计	负债合计
贵州省	33155	40220	678714	1220388	545355
云南省	5896	27553	1786632	864749	469306
陕西省	440752	536394	6492870	12618800	6793516
甘肃省	9232	41564	495013	762588	379722
青海省	91	-170	11484	13448	5508
宁夏回族自治区	1671	11752	90687	166456	86166
新疆维吾尔自治区	9084	55796	455890	787714	474947
九、按副省级城市分列					
大连市	397024	437809	3722828	9274986	4702898
宁波市	46588	247054	2058247	3625249	1754078
厦门市	105257	962915	1813789	2539706	1161818
青岛市	284706	981731	10127493	32811891	23248832
深圳市	348210	6452476	33824124	62968928	38165396
沈阳市	681765	1100003	1589149	4191116	1374713
长春市	53431	200414	741155	1227420	463648
哈尔滨市	11924	141623	200981	690537	102509
南京市	875155	4917948	23840618	52633833	28949560
杭州市	242123	6245527	22741156	37247368	13776805
济南市	493472	3168215	8128692	21730257	15621926
武汉市	143661	909493	12905552	20913633	10811671
广州市	424084	3394841	19610028	37525937	14661043
成都市	1019749	2452030	5820749	12939301	9685165
西安市	440752	536394	6492870	12618800	6793516

2015年内资企业主要指标汇总表（四）

单位：万元

	年末所有者权益	年初所有者权益	应交所得税	应交增值税	出口已退税额
软件企业合计	**241456405**	**185388696**	**5351081**	**9395774**	**871281**
一、按企业登记注册类型分列					
内资企业	241456405	185388696	5351081	9395774	871281
国有企业	15662041	14700730	410096	562144	76252
集体企业	6878912	4893806	283958	8930	773
股份合作企业	1699712	1302895	25044	49238	2745
联营企业	314272	250365	6483	10319	9704
国有联营企业	127954	114594	570	1567	26
集体联营企业	28720	13954	925	1637	575
国有与集体联营企业	101168	78798	3611	4378	46
其他联营企业	56430	43019	1377	2738	9057
有限责任公司	93761867	75402521	2419303	4797468	195114
国有独资公司	3402194	2914043	49745	142328	4238
其他有限责任公司	90359673	72488479	2369559	4655140	190876
股份有限公司	78592591	56825934	1172714	1911881	412576
私营企业	40758974	31433460	1011558	2008321	172796
其他内资企业	3788037	578986	21924	47472	1322
二、按经济类型分列					
国有经济	19192188	17729367	460411	706039	80516
集体经济	6907632	4907760	284883	10566	1348
股份合作经济	1699712	1302895	25044	49238	2745
股份制经济	168952264	129314412	3542273	6567021	603451
其他经济	44704608	32134262	1038470	2062909	183221
三、按控股经济分列					
公有控股经济	80973845	67308885	1853065	2500734	374916
国有控股	54936937	47373292	1311532	1880837	349915
国有绝对控股	37412035	33872328	944135	1376632	182115
国有相对控股	17524902	13500963	367397	504205	167799
集体控股	26036908	19935593	541533	619898	25001
集体绝对控股	19999910	16245640	428568	343917	11060
集体相对控股	6036999	3689953	112965	275981	13941

2015年内资企业主要指标汇总表（四）

单位：万元

	年末所有者权益	年初所有者权益	应交所得税	应交增值税	出口已退税额
非公有控股经济	160482560	118079812	3498016	6895040	496366
私人控股	156228007	115227845	3383030	6763322	479944
私人绝对控股	118669282	87916678	2752915	5639251	401128
私人相对控股	37558724	27311167	630115	1124071	78815
中国港、澳、台商控股	1626843	1226783	35327	64127	352
中国港、澳、台商绝对控股	1371909	1067027	32510	54282	323
中国港、澳、台商相对控股	254934	159756	2816	9844	29
外商控股	2627711	1625184	79659	67591	16070
外商绝对控股	1264790	699360	61667	46857	4039
外商相对控股	1362921	925824	17992	20735	12031
四、按软件出口基地分列					
北京软件出口基地	2874894	2500463	52918	64195	
天津软件出口基地	252575	205632	1022	3046	
大连软件出口基地	4572088	4072974	130921	170028	4774
上海软件出口基地	3944307	3296363	111239	45984	2756
深圳软件出口基地	5499605	4238567	101464	168829	32871
西安软件出口基地	5825284	5484743	63212	123478	2923
五、按软件园区分列					
北京中关村软件园	27576382	22121197	435080	868700	
大连软件园	4572088	4072974	130921	170028	4774
上海浦东软件园	3944933	3297487	111239	45996	2756
南京软件园	11088337	4098743	194307	304950	102541
杭州软件园	22877023	17071704	854127	864086	-1029
山东齐鲁软件园	2086116	2036080	115573	147370	1570
长沙软件园	2147907	1293935	21577	59894	1349
广州天河软件园	19987176	16172835	451480	652856	7071
珠海南方软件园	588380	493056	3332	15663	14538
成都软件园	1798980	2898322	104314	159532	5983
西安软件园	5825284	5484743	63212	123478	2923
六、按行业分列					
软件产品行业	101715401	83293837	2000415	4487947	350779

2015年内资企业主要指标汇总表（四）

单位：万元

	年末所有者权益	年初所有者权益	应交所得税	应交增值税	出口已退税额
信息技术服务行业	119524495	87396776	2933256	3334524	156853
嵌入式系统软件行业	20216508	14698084	417410	1573302	363650
七、按企业规模分列					
大型企业	151927276	114722739	3593958	5854703	728230
中型企业	53017299	40109385	1255806	2192139	91018
小型企业	34933487	29129483	496215	1322889	51624
微型企业	1578343	1427090	5101	26043	409
八、按省市分列					
北京市	32129821	25434506	549721	1073419	
天津市	6291414	3298896	26308	88470	1236
河北省	684927	590309	15155	67153	2197
山西省	353903	295715	4351	11661	
内蒙古自治区	162816	149872	5130	7775	50
辽宁省	7873197	6561290	190807	233354	16265
吉林省	951198	698371	19573	58107	3656
黑龙江省	807666	725059	12115	30836	1269
上海市	17992900	14620940	312420	536843	24642
江苏省	34647759	22140387	726649	1394657	321757
浙江省	25931490	19644760	923734	1079279	60147
安徽省	2216166	1619452	40696	61375	1626
福建省	4267422	3471098	79065	352136	36422
江西省	694664	551526	14813	15381	347
山东省	18358243	14348391	720376	746311	14124
河南省	2426334	1990577	47213	114805	70
湖北省	10233951	7332813	142137	314280	79916
湖南省	4786460	3435524	91883	186522	3850
广东省	52234568	41940624	1037895	2378268	273200
广西壮族自治区	387812	263740	9577	6526	
海南省	282662	204901	2960	9848	
重庆市	6125329	4879945	132084	216478	20822
四川省	3936082	4088244	156845	247468	6169

2015年内资企业主要指标汇总表（四）

单位：万元

	年末所有者权益	年初所有者权益	应交所得税	应交增值税	出口已退税额
贵州省	675033	614241	5821	11954	
云南省	395443	359950	5128	9211	14
陕西省	5825284	5484743	63212	123478	2923
甘肃省	382866	318809	4650	4029	464
青海省	7939	7353	6	124	
宁夏回族自治区	80290	53583	1449	2659	116
新疆维吾尔自治区	312767	263077	9308	13367	
九、按副省级城市分列					
大连市	4572088	4072974	130921	170028	4774
宁波市	1871171	1541737	52979	94160	58929
厦门市	1377889	665276	22496	30752	22181
青岛市	9563059	6838420	304569	187649	3027
深圳市	24803532	20196171	459653	1521078	212378
沈阳市	2816403	2096861	50995	43944	10240
长春市	763772	565374	14835	27034	190
哈尔滨市	588027	525980	9085	22131	804
南京市	23684273	13725375	585748	1137892	187229
杭州市	23470564	17624194	861374	955800	-383
济南市	6108331	5517523	316098	504168	5933
武汉市	10101962	7212204	141367	308720	79916
广州市	22864894	18412254	496996	690363	7071
成都市	3254136	3508929	151847	242480	6130
西安市	5825284	5484743	63212	123478	2923

2015年内资企业主要指标汇总表（五）

单位：万元

	研发经费	固定资产折旧	本年应付职工薪酬
软件企业合计	**30639970**	**14870371**	**43742435**
一、按企业登记注册类型分列			
内资企业	30639970	14870371	43742435
国有企业	1990743	1831840	3241770
集体企业	694264	16433	143406
股份合作企业	103913	180382	454185
联营企业	42414	20915	90157
国有联营企业	11097	6155	22026
集体联营企业	4409	4051	11363
国有与集体联营企业	10317	3026	17622
其他联营企业	16592	7682	39146
有限责任公司	14870666	6070507	19968226
国有独资公司	287955	220686	570337
其他有限责任公司	14582711	5849821	19397889
股份有限公司	6193895	3549704	9986537
私营企业	6583575	3083235	9287968
其他内资企业	160500	117355	570186
二、按经济类型分列			
国有经济	2289794	2058682	3834133
集体经济	698672	20484	154769
股份合作经济	103913	180382	454185
股份制经济	20776606	9399524	29384426
其他经济	6770984	3211298	9914922
三、按控股经济分列			
公有控股经济	9141730	5064470	14072681
国有控股	6406953	4335323	10874593
国有绝对控股	4038635	3231243	7465169
国有相对控股	2368318	1104081	3409423
集体控股	2734777	729147	3198088
集体绝对控股	1906154	274974	1959049
集体相对控股	828623	454173	1239039
非公有控股经济	21498240	9805901	29669754

2015年内资企业主要指标汇总表（五）

单位：万元

	研发经费	固定资产折旧	本年应付职工薪酬
私人控股	21106494	9572317	28508353
私人绝对控股	17047013	7789160	22540894
私人相对控股	4059481	1783157	5967459
中国港、澳、台商控股	116524	46909	376822
中国港、澳、台商绝对控股	81044	27393	292006
中国港、澳、台商相对控股	35480	19515	84817
外商控股	275221	186675	784578
外商绝对控股	170670	122619	437875
外商相对控股	104552	64056	346703
四、按软件出口基地分列			
北京软件出口基地	190635	31086	486013
天津软件出口基地	40890	9400	31763
大连软件出口基地	282291	425847	668267
上海软件出口基地	279261	209639	647526
深圳软件出口基地	549824	380157	888477
西安软件出口基地	746604	317806	672960
五、按软件园区分列			
北京中关村软件园	2398975	584871	5231800
大连软件园	282291	425847	668267
上海浦东软件园	279608	209778	649869
南京软件园	711914	241511	1619800
杭州软件园	2051331	892047	2818114
山东齐鲁软件园	439971	346680	604983
长沙软件园	146648	60130	223065
广州天河软件园	2484552	918767	3088229
珠海南方软件园	56021	31821	86681
成都软件园	543288	318956	948908
西安软件园	746604	317806	672960
六、按行业分列			
软件产品行业	13739486	5411741	19932933
信息技术服务行业	12449332	7388167	20385915
嵌入式系统软件行业	4451152	2070463	3423587

2015年内资企业主要指标汇总表（五）

单位：万元

	研发经费	固定资产折旧	本年应付职工薪酬
七、按企业规模分列			
大型企业	18543783	8797927	27223813
中型企业	7312427	3442278	10057804
小型企业	4706256	2580927	6338914
微型企业	77504	49239	121904
八、按省市分列			
北京市	2726702	696699	6675398
天津市	254157	77354	544586
河北省	49407	205103	530875
山西省	36496	21796	41922
内蒙古自治区	14841	13701	24257
辽宁省	652505	999361	1933243
吉林省	128482	154745	170534
黑龙江省	106431	19584	170832
上海市	2210479	1238782	4000139
江苏省	3168321	1892251	6536082
浙江省	2294193	1193785	3421516
安徽省	220277	135927	285438
福建省	1513144	1217108	1835582
江西省	63574	80445	111585
山东省	3370539	1430097	2863557
河南省	147822	201621	301228
湖北省	1281754	728881	1946506
湖南省	335376	227618	470844
广东省	8432608	2991919	7936979
广西壮族自治区	22899	34388	118768
海南省	36560	12976	68722
重庆市	1301279	298147	854119
四川省	1405190	529911	1902129
贵州省	32862	45573	89006
云南省	43961	11589	59165
陕西省	746604	317806	672960

2015年内资企业主要指标汇总表（五）

单位：万元

	研发经费	固定资产折旧	本年应付职工薪酬
甘肃省	14573	24624	50418
青海省	899	894	2630
宁夏回族自治区	11663	5119	22172
新疆维吾尔自治区	16367	62568	101244
九、按副省级城市分列			
大连市	282291	425847	668267
宁波市	133406	193228	435345
厦门市	465365	310894	1093102
青岛市	1898164	358798	920991
深圳市	5007642	1763411	3795456
沈阳市	339358	506875	1218511
长春市	96636	109484	117940
哈尔滨市	71643	16690	119075
南京市	2677054	1416212	4735965
杭州市	2084612	939953	2871069
济南市	1390634	776385	1636529
武汉市	1266662	708129	1929956
广州市	2832555	986781	3257202
成都市	1327013	465021	1789419
西安市	746604	317806	672960

2015年内资企业主要指标汇总表（六）

单位：人

	从业人员年末人数	软件研发人员	管理人员	硕士以上人员	大本人员	大专以下人员
软件企业合计	**4685283**	**2383593**	**711683**	**462274**	**2641449**	**1581472**
一、按企业登记注册类型分列						
内资企业	4685283	2383593	711683	462274	2641449	1581472
国有企业	328600	146262	38982	40932	158565	129108
集体企业	66210	1844	716	17819	43103	5288
股份合作企业	45459	40964	6099	4321	28414	12727
联营企业	10720	6503	1050	1225	5964	3529
国有联营企业	1738	2555	223	236	1112	389
集体联营企业	1566	472	95	132	971	463
国有与集体联营企业	2801	1175	357	215	1603	982
其他联营企业	4615	2301	375	642	2278	1695
有限责任公司	1859954	1000540	307449	198912	1054343	606675
国有独资公司	47206	24628	9665	6667	28558	11978
其他有限责任公司	1812748	975912	297784	192245	1025785	594697
股份有限公司	1027969	483787	142983	98540	578591	350832
私营企业	1266386	675298	199765	89507	719554	457264
其他内资企业	79985	28395	14639	11018	52915	16049
二、按经济类型分列						
国有经济	377544	173445	48870	47835	188235	141475
集体经济	67776	2316	811	17951	44074	5751
股份合作经济	45459	40964	6099	4321	28414	12727
股份制经济	2840717	1459699	440767	290785	1604376	945529
其他经济	1353787	707169	215136	101382	776350	475990
三、按控股经济分列						
公有控股经济	1288910	769254	188681	166831	664470	457606
国有控股	944737	580451	150936	121333	463422	359990
国有绝对控股	676019	433408	121939	84687	318713	272623
国有相对控股	268718	147043	28997	36646	144709	87367
集体控股	344173	188803	37745	45498	201048	97616
集体绝对控股	193679	61440	20647	32965	121570	39137
集体相对控股	150494	127363	17098	12533	79478	58479

2015年内资企业主要指标汇总表（六）

单位：人

	从业人员年末人数	软件研发人员	管理人员	硕士以上人员	大本人员	大专以下人员
非公有控股经济	3396373	1614339	523002	295443	1976979	1123866
私人控股	3293324	1579134	509777	288606	1912618	1092017
私人绝对控股	2464669	1202496	418617	229387	1417273	817945
私人相对控股	828655	376638	91160	59219	495345	274072
中国港、澳、台商控股	26326	8241	5869	1862	13472	10991
中国港、澳、台商绝对控股	19094	5368	5149	1490	9744	7858
中国港、澳、台商相对控股	7232	2873	720	372	3728	3133
外商控股	76723	26964	7356	4975	50889	20858
外商绝对控股	39217	16545	6100	3029	23408	12775
外商相对控股	37506	10419	1256	1946	27481	8083
四、按软件出口基地分列						
北京软件出口基地	28441	12347	16122	3718	17595	7128
天津软件出口基地	3194	1072	198	212	1846	1136
大连软件出口基地	153571	75608	14908	16300	120420	16849
上海软件出口基地	31472	15038	4115	3859	19624	7989
深圳软件出口基地	73347	38200	8340	3837	39422	30089
西安软件出口基地	101911	89103	15126	12963	61210	27740
五、按软件园区分列						
北京中关村软件园	348146	139458	207285	36472	186542	125131
大连软件园	153571	75608	14908	16300	120420	16849
上海浦东软件园	31515	15072	4124	3860	19664	7991
南京软件园	86278	32346	14429	12925	57753	15601
杭州软件园	173543	62533	18018	18471	107040	48027
山东齐鲁软件园	100833	28397	13451	10675	72903	17255
长沙软件园	31054	9361	3120	2290	17582	11183
广州天河软件园	323397	198802	32118	23701	182365	117329
珠海南方软件园	8527	3394	651	662	4202	3663
成都软件园	128817	38718	14179	7930	60724	60160
西安软件园	101911	89103	15126	12963	61210	27740
六、按行业分列						
软件产品行业	2047969	883640	317149	205758	1250852	591359

2015年内资企业主要指标汇总表（六）

单位：人

	从业人员年末人数	软件研发人员	管理人员	硕士以上人员	大本人员	大专以下人员
信息技术服务行业	2133027	724715	351053	205800	1221662	705565
嵌入式系统软件行业	504287	775238	43481	50716	168935	284548
七、按企业规模分列						
大型企业	2601580	1498316	364146	276066	1379330	946189
中型企业	1196803	472094	196500	101732	720866	374204
小型企业	870667	400393	147975	83191	531494	255931
微型企业	16233	12790	3062	1285	9759	5148
八、按省市分列						
北京市	443283	176693	264317	46864	241511	154911
天津市	57467	22866	4068	3255	35069	19142
河北省	31794	6805	2593	3176	18066	10550
山西省	7905	3409	1106	461	4988	2456
内蒙古自治区	4568	1420	609	172	3061	1335
辽宁省	340387	179793	40511	47390	248526	44470
吉林省	40988	16062	4575	3317	30109	7561
黑龙江省	25008	16948	4325	956	18872	5174
上海市	260335	103532	31694	29712	155241	75386
江苏省	827314	729141	82001	61853	373069	392375
浙江省	251431	80731	27260	20854	141621	88939
安徽省	39457	14405	4649	3523	23576	12357
福建省	218958	68260	26727	11583	114435	92941
江西省	16023	5152	2024	1027	10502	4492
山东省	466038	105316	42761	62785	293813	109414
河南省	38331	11371	5421	3143	20821	14362
湖北省	273749	154349	30641	29363	179623	64761
湖南省	64845	19212	7996	4650	37252	22945
广东省	742150	455706	73961	76481	397708	267952
广西壮族自治区	23948	4604	2734	832	9563	13554
海南省	9616	2778	916	587	6004	3025
重庆市	117292	35444	10294	10632	70592	36060
四川省	226611	61891	18928	23051	116640	86917

2015年内资企业主要指标汇总表（六）

单位：人

	从业人员年末人数	软件研发人员	管理人员	硕士以上人员	大本人员	大专以下人员
贵州省	19081	8300	1951	2366	8387	8329
云南省	10579	4987	1444	393	6587	3599
陕西省	101911	89103	15126	12963	61210	27740
甘肃省	9054	2325	1250	393	5876	2785
青海省	876	231	74	47	428	402
宁夏回族自治区	3418	1183	448	94	2342	980
新疆维吾尔自治区	12866	1576	1279	351	5957	6558
九、按副省级城市分列						
大连市	153571	75608	14908	16300	120420	16849
宁波市	52022	9295	6429	1526	21670	28820
厦门市	112503	17079	14903	6675	48396	57433
青岛市	152074	13164	4747	24842	90358	36857
深圳市	324019	213388	32989	46212	169053	108750
沈阳市	175762	100281	24014	30527	123272	21960
长春市	27159	11515	2950	2157	20280	4721
哈尔滨市	18473	12864	3232	706	14285	3477
南京市	380845	116325	46079	43487	248690	88679
杭州市	180301	64822	18674	18878	110471	50947
济南市	256533	79818	32635	29748	180352	46425
武汉市	269880	153160	30114	29173	177388	63316
广州市	336843	206615	33863	24507	190726	121608
成都市	218206	58844	17426	22237	111657	84308
西安市	101911	89103	15126	12963	61210	27740

2015年内资企业软件和信息技术服务业分产品完成情况

项　　目	企业数（个）	本年收入（万元）	其中：本年出口（万美元）
软件收入明细合计	**35009**	**337476444**	**3035566**
软件产品行业（E6201）			
一、软件产品合计	24408	114336926	598640
（一）基础软件	5553	20923309	269325
1. 操作系统	1496	6570548	130092
2. 数据库管理系统	1039	2649769	13144
3. 中间件	648	4344346	99750
4. 办公软件	1087	2298760	5160
5. 其他	1283	5059886	21179
（二）支撑软件	1560	4892954	11821
1. 开发工具和平台软件	814	3018411	5702
2. 测试工具软件	366	748434	2039
3. 其他支撑软件	380	1126109	4080
（三）应用软件	11194	56173494	192121
1. 通用应用软件	4570	17809346	111777
2. 行业应用软件	6624	38364148	80344
（四）工业软件	1687	8797301	27124
1. 产品研发类软件	674	3005502	4849
2. 生产控制类软件	1013	5791799	22275
（五）嵌入式应用软件	1598	9782301	21381
（六）信息安全产品	1542	8202106	22390
1. 基础类安全产品	251	1381684	1927
2. 终端与数字内容安全产品	198	669371	1262
3. 网络与边界安全产品	247	1593564	8221
4. 专用安全产品	254	2128747	792
5. 安全测试评估与服务产品	100	284449	1849
6. 安全管理产品	221	1028874	5039
7. 其他信息安全产品及相关服务	271	1115418	3300
（七）移动应用软件（APP）	430	2023859	23422
（八）软件定制服务	844	3541603	31056

2015年内资企业软件和信息技术服务业分产品完成情况

项　　目	企业数（个）	本年收入（万元）	其中：本年出口（万美元）
信息技术服务行业（E6202）			
二、信息技术服务行业合计	22982	178549670	828276
（一）信息技术咨询设计服务	6931	32623221	49605
1. 信息化规划	530	2128808	6067
2. 信息系统设计	1846	8607635	17176
3. 信息技术管理咨询	2943	13679402	24268
4. 信息系统工程监理	603	2551380	648
5. 测试评估	267	3879476	294
6. 信息技术培训	742	1776519	1152
（二）信息系统集成实施服务	6659	61300142	597413
1. 基础环境集成实施服务	608	15679406	549699
2. 硬件集成实施服务	1264	10545893	11408
3. 软件集成实施服务	1723	8209122	15814
4. 安全集成实施服务	444	2220688	497
5. 系统集成实施管理服务	2620	24645033	19995
（三）运行维护服务	4004	13178974	21120
1. 基础环境运维服务	377	1446424	5907
2. 硬件运维服务	485	1740490	202
3. 软件运维服务	1690	3621286	4020
4. 安全运维服务	273	879170	30
5. 运维管理服务	1179	5491604	10961
（四）数据服务	1494	12272711	32903
1. 数据加工处理服务	854	7018429	14831
2. 数字内容处理服务	640	5254282	18073
（五）运营服务	2606	29069969	33978
1. 软件运营服务	613	3270128	11391
2. 平台运营服务	1593	21458524	21336
（1）物流管理服务平台	150	2127415	1096
（2）在线信息平台	405	3149799	677
（3）在线娱乐平台	389	10407281	13251

2015年内资企业软件和信息技术服务业分产品完成情况

项　　目	企业数（个）	本年收入（万元）	其中：本年出口（万美元）
（4）在线教育平台	183	634044	89
（5）其他在线服务平台	466	5139985	6223
3. 基础设施运营服务	252	3416932	840
4. 呼叫中心服务	148	924386	411
（六）电子商务平台服务	881	24678064	23426
1. 在线交易平台服务	705	19473526	23228
2. 在线交易支撑服务	176	5204538	197
（七）集成电路设计	407	5426589	69831
嵌入式系统软件行业（E6203）			
三、嵌入式系统软件合计	3806	44589848	1608650
（一）通信设备	1152	22689333	1411483
1. 通信传输设备	425	6397944	338123
（1）光通信设备	163	3614353	219753
（2）卫星通信设备	66	955884	84568
（3）无线通信设备	196	1827706	33802
2. 通信交换设备	126	892422	19131
（1）数字程控交换机	77	599084	18403
（2）软交换机	26	159828	704
（3）光交换机	23	133510	24
3. 移动通信设备	71	11889671	1034362
（1）基站	48	11796361	1034228
（2）直放站	23	93309	134
4. 网络设备	530	3509297	19867
（1）网络控制设备	329	2205408	16804
（2）网络接口和适配器	45	272163	
（3）网络连接设备	110	856202	2996
（4）网络优化设备	46	175524	67
（二）数字家用视听产品	114	2411424	55287
1. 电视接收机顶盒	47	923748	43172
2. 家庭网关中心	67	1487676	12115

2015年内资企业软件和信息技术服务业分产品完成情况

项　目	企业数（个）	本年收入（万元）	其中：本年出口（万美元）
（三）计算机应用产品	733	5962639	37482
1. 金融、商业、税务电子应用产品	77	403176	5706
（1）银行自助服务终端	34	146492	783
（2）POS机	22	61307	97
（3）税控机	21	195376	4825
2. 汽车电子	215	3115774	12335
（1）传动系控制系统	37	486028	1972
（2）行驶系控制系统	49	150558	86
（3）车身控制系统	72	1906794	6117
（4）安全控制系统	57	572393	4160
3. 智能交通	67	350900	363
交通信号控制机	67	350900	363
4. 医疗电子设备	152	287689	3961
（1）医用电子仪器设备	124	228675	3029
（2）医学影像设备	28	59014	932
5. 智能识别装置	141	1377946	14373
6. 自动检售票设备	23	101500	204
7. 超大屏幕控制器	58	325654	541
（四）信息系统安全产品	113	742327	2171
1. 边界防护类设备和系统	25	114853	40
2. 密钥管理类设备和系统	88	627474	2131
（五）装备自动控制产品	1694	12784124	102227
1. 集散控制系统	532	6626199	49967
2. 电气传动及控制系统	512	3209804	41843
3. 装备制造工控系统	650	2948121	10416